VOYAGES
AGRONOMIQUES
EN FRANCE.

Imprimerie de E. DUVERGER, rue de Verneuil, n° 4.

VOYAGES AGRONOMIQUES

EN FRANCE

PAR

M. FRÉDÉRIC LULLIN DE CHATEAUVIEUX,

Membre de la Société des Arts de Genève,
Associé étranger de la Société royale et centrale d'Agriculture,
Correspondant de l'Institut de France,
de la Société d'Agriculture de la Côte-d'Or et de l'Académie
de Géographie de Florence ;

OUVRAGE POSTHUME

PRÉCÉDÉ D'UNE NOTICE BIOGRAPHIQUE SUR L'AUTEUR,

PUBLIÉ

PAR M. NAVILLE DE CHATEAUVIEUX.

TOME SECOND.

PARIS

AU BUREAU DE LA MAISON RUSTIQUE,

QUAI MALAQUAIS, n° 19.

EN PROVINCE

Chez tous les Libraires et Correspondants du Comptoir
central de la Librairie.

1845

VOYAGES AGRONOMIQUES

EN

FRANCE.

LIVRE V.

DES ANIMAUX DOMESTIQUES EN FRANCE.

CHAPITRE Ier.

Des races de chevaux.

Il faut, pour qu'un pays puisse élever beaucoup de chevaux, qu'il contienne de grandes superficies incultes et une faible population, ainsi qu'il en est en Hongrie et dans le midi de la Russie ; ou qu'il ait, comme l'Angleterre, la Suisse et la Normandie, une surabondance de prairies dont la végétation soit favorisée par la fraîcheur du climat ou par la fertilité qui provient des irrigations.

Or, il n'y a en France de steppes que dans le delta du Rhône, où il existe, en effet, des haras voisins de l'état sauvage. Des communaux livrés à la vaine pâture remplacent ailleurs ces steppes où s'élèvent en plus ou moins grand nombre des chevaux qui, pour la plupart, demeurent chétifs, parce que les parcours communs sont toujours beaucoup trop chargés de bestiaux.

On peut donc admettre que tout ce qui s'élève de chevaux en France dans les steppes ou les pâturages communs du midi n'en fournit que du plus petit modèle, et dont l'emploi est borné aux travaux de l'agriculture locale.

Mais au nord et à l'ouest du royaume, il y a de plus riches herbages et des moyens de nourriture beaucoup plus abondants, qui se distribuent, soit à la crèche, soit au parcours.

La race chevaline partage avec les bœufs qu'on y engraisse le produit de ces herbages; aussi le nord et l'ouest procurent-ils à la France les chevaux du grand et moyen modèle que ses divers services exigent. Dans l'ouest et le centre, on consacre beaucoup de juments à porter le mulet. Il s'y en fait une élève importante, dont les femelles passent en Espagne et jusqu'en Afrique; tandis que les mâles se répandent dans le midi pour y faire les travaux que les bœufs ne sont pas propres à exécuter, et pour lesquels les chevaux que fournit la contrée sont trop faibles.

Une loi physiologique semble avoir réglé cette distribution, en décidant que le cheval serait toujours souple, fin et léger dans les pays méridionaux, c'est-à-dire plus propre à être monté qu'à traîner des fardeaux dont le poids dépasse ses forces; tandis qu'en revenant dans les régions tempérées, sa taille se renforce, son poids augmente et ses formes s'épaississent avec le développement qu'une nourriture plus grossière, mais beaucoup plus abondante, donne à son système lymphatique.

Aussi, pour obvier à cette tendance dont le cheval flamand offre le plus haut terme, que de soins n'a-t-il pas fallu prendre pour maintenir, par de perpétuels croisements avec des étalons venus de l'Orient, les qualités de vitesse, d'haleine et de vigueur qui sont l'attribut des chevaux qu'on élève dans les déserts et sous la tente de l'Arabe.

En revanche, les climats du midi, en resserrant les vaisseaux lactifères de la vache, impriment au bœuf une énergie et une vigueur musculaire, dont ceux du nord sont entièrement dépourvus, ils deviennent par là propres à exécuter tous les travaux de l'agriculture, ainsi qu'il en est en Italie, en Espagne et dans le midi de la France où ils ne partagent ces fonctions qu'avec le mulet.

Les chevaux sont ainsi d'une taille et d'un poids beaucoup plus grands dans les provinces du nord; mais ils y sont aussi infiniment plus nombreux, parce qu'ils y exécutent tous les travaux agricoles, pendant que le bœuf n'y vient que pour y être engraissé.

Ainsi la Normandie, et surtout les départements de l'Orne, de la Manche et du Calvados, où les herbages abondent, produisent l'espèce la plus distinguée; plus à l'est se trouvent les chevaux picards et boulonnais qui fournissent ceux du plus grand échantillon, et qui, pour la plupart, y sont amenés poulains de la Belgique et de la Flandre.

Au midi de la Normandie, s'élèvent en grand nombre les chevaux de la race percheronne, à laquelle appartient la plus grande partie de ceux du moyen échantillon, auquel se réunissent les élèves que produisent les pays d'alentour. A l'ouest enfin, on trouve l'espèce poitevine, osseuse et difforme, mais de grande taille, et douée de beaucoup de vigueur et d'haleine. Cette race principalement destinée à la production du mulet se répand sous cette forme dans le commerce, et les chevaux ne sortent guère du pays. Les limites qu'elle occupe s'étendent au midi jusqu'à Carcassonne, au nord jusqu'à Tours, à l'est jusqu'au point de sa rencontre avec les chevaux du Limousin.

Le service des chevaux connus sous le nom de percherons s'étend de ce point de rencontre, en remontant au nord jusqu'à Paris, et vers l'est et le midi en suivant une ligne qui passe par Roanne, Autun, Dijon et va finir à Toul. Au nord de la ligne qui court de Toul à Strasbourg, le service du moyen échantillon se fait par des chevaux que les Juifs y amènent d'Allemagne, et au sud de cette ligne, jusqu'à la Méditerranée et jusqu'au point où elle rencontre, soit la race percheronne, soit la poitevine, ce service se fait par des chevaux de Suisse ou de Franche-Comté.

En dehors de ces services de grand et moyen échantillon, l'agriculture est desservie par les puissants chevaux normands ou picards dans le nord; par les juments percheronnes dans les provinces qui bordent la rive droite de la Loire. Les juments poitevines travaillent concurremment avec les bœufs sur toute la superficie qu'occupe cette race. Enfin dans tout l'est et le midi du royaume, là où manquent les mulets et les bœufs, les travaux champêtres se font à l'aide de chevaux plus ou moins chétifs, dont l'espèce n'a pas de nom et dont les meilleurs s'élèvent dans le Morvan et les moins bons en Lorraine.

A la suite du rapide aperçu que nous venons de tracer de la distribution des races de chevaux que l'exploitation agricole et commerciale emploie dans le royaume, il nous reste à dire un mot des espèces de chevaux propres au service de luxe, qui s'y élèvent. Elles se borneront à deux, celle de la Normandie et celle du Limousin.

Le cheval le plus parfait que nous ayons vu nulle part a fini, à l'âge de 37 ans, dans les écuries du roi Georges III. Il avait été élevé par M. Ramel auprès de Limoges. C'était le plus beau type de cette ancienne race qui avait eu le privilége de fournir des chevaux de guerre aux chefs des corps militaires. Cette race avait un type à elle, aussi distinct de celui des chevaux andaloux que de ceux qu'on a faits en Angleterre: c'était le cheval arabe, avec moins de docilité, mais avec autant de feu et d'élasticité, grandi de quelques pouces; l'encolure moins rouée et le port de tête plus élancé. Que sert-il, au reste, de décrire une race qui n'existe plus? Elle s'est perdue durant les années de la révolution, et par l'effet, soit des mœurs qui ont réformé l'usage des chevaux de selle, soit de la mode qui veut que ces chevaux appartiennent au type anglais.

Aussi l'élève du mulet a-t-il remplacé dans le Limousin l'éducation du cheval, et ceux d'entre les amateurs qui conduisent des juments au dépôt de Pompadour les ont choisies parmi celles venues de Normandie ou d'Angleterre, et que le service de Paris a trop promptement usées ; car leur unique but est de faire en limousin des chevaux du type anglais, parce que ce sont les seuls que l'on paie chèrement.

La Normandie a également altéré sa race en voulant la forcer à produire des sujets qui imitent le type anglais. On y est assez bien parvenu. Cependant ces chevaux sont plus mous, leurs formes sont plus rondes et ils n'ont pas le même feu.

Ce qui s'élève ailleurs en France, en fait de chevaux de luxe, se borne aux exceptions que présentent çà et là quelques amateurs qui se plaisent à consacrer une parcelle de leur fortune à la production de quelques chevaux fins. Mais la remonte nécessaire pour alimenter la consommation de tels chevaux en France s'élève à peine à quatre mille par année, dont huit cents viennent d'Angleterre et le double, à peu près, du nord de l'Allemagne. L'élève des chevaux en France se borne donc à fournir annuellement au luxe du pays environ quinze cents sujets.

Loin d'augmenter, ce luxe doit plutôt tendre à décroître, par la raison que l'ensemble du système qui régit le pays tend à la division des fortunes, de même que tout en Angleterre avait aidé à les concentrer.

Au reste, toute comparaison entre l'Angleterre et la France sur un tel sujet est non-seulement fautive, mais elle l'est encore plus, si c'est possible, sous le point de vue des usages adoptés dans les deux pays, en matière hippique.

On a divisé en deux catégories l'espèce des chevaux dont on se sert en Angleterre, savoir : ceux dont le service doit se faire au trot, quelle que soit la nature de l'équipage auquel ils sont attelés, et ceux dont le travail se fait au pas. Tous ceux qui appartiennent à la première de ces catégories sont pris dans le type des chevaux de luxe; ils en ont l'allure et l'harnachement; on leur donne les mêmes soins; ils proviennent de la même source. Jamais un fermier n'y dételle sa jument grise de la herse pour l'atteler à son tilbury; il ne va à la foire voisine qu'avec un cheval qui, à la distinction de ses qualités près, est fait sur le modèle de ceux de lord Jersey. Le service de la poste et des innombrables diligences qui sillonnent l'Angleterre se fait en entier avec des chevaux fins. Consommation immense pour laquelle le marché des chevaux de luxe est toujours ouvert.

Il en est tout autrement en France, où, hors le service des chevaux de maître et des équipages de remise de Paris, celui des postes, des diligences, des pataches, enfin de tout ce qui se meut sur des roues, est fait avec des chevaux communs.

Cet usage universel tient à l'état général des routes et des chemins vicinaux qui présentent généralement trop de résistances à vaincre pour le poids que des chevaux fins peuvent traîner. Il tient aux mœurs du pays, à leurs exigences et à leurs besoins, à leur économie qui ne s'accommoderait pas des frais d'un attelage plus recherché; il tient enfin aux habitudes d'une population qui n'a pas l'instinct des soins que demandent des chevaux fins, des harnais élégants et des équipages dont le vernis serait destiné à briller au soleil.

Ce parti pris de négligence est tellement dans les habitudes de vie des conducteurs de diligence et des postillons; ils consentiraient si peu à donner la moindre attention à ce qui n'est pas le bavardage, le bruit ou la boisson, que les maîtres de poste et les entrepreneurs de diligence ne sauraient confier à de telles gens des chevaux qui ne seraient pas d'une complexion assez robuste pour supporter la brutalité et la négligence avec lesquelles ils sont traités. La même répugnance doit empêcher de faire la dépense de harnais et de voitures qui exigeraient des soins intelligents et soutenus.

Dès lors, toute comparaison entre la France et l'Angleterre doit cesser, sous le rapport du rôle que l'élève des chevaux joue dans leur économie respective, puisque celle des chevaux de luxe est bornée en France à la plus petite consommation possible et que l'exploitation du pays se fait presque en entier par l'espèce de chevaux qui sert à l'agriculture.

Celle-ci emploie les juments et les chevaux jusqu'à l'âge de quatre ou cinq ans. Le roulage, les postes et messageries et tous les autres services de voitures ou de rivières rachètent alors les chevaux, lorsqu'ils appartiennent à un échantillon assez étoffé pour faire leur service. Là où ceux dont se sert l'agriculture sont trop chétifs pour de tels emplois, on les remplace par des mulets ou des chevaux venus de la Suisse ou de l'Allemagne.

L'amélioration des races de chevaux de luxe est donc de la plus minime importance pour l'économie du royaume, et on y dépense annuellement, dans les dépôts d'étalons, beaucoup au-delà du capital que vaut la remonte annuelle de ces chevaux, lesquels, estimés même jusqu'à 1,500 fr. par tête, ne donnent pour les quinze cents élevés en France qu'un chiffre de 2,250,000, et 3,600,000 fr. environ pour ceux importés d'Angleterre et d'Allemagne.

On ne peut pas même se flatter d'augmenter cette production à l'aide de droits d'entrée ; car s'ils étaient assez élevés pour s'opposer à l'entrée des 2,400 chevaux de luxe qui arrivent annuellement de l'étranger, on proscrirait du même coup celle des 12,000 chevaux de travail qu'on tire de Suisse, d'Allemagne et de Belgique pour le service de l'est et du midi, où l'on ne saurait s'en passer dans l'état actuel des choses. Ces derniers acquittent, à leur entrée, un droit qui équivaut au 5 p. 100 de leur valeur, et qui n'est qu'un peu plus du 2 et demi p. 100 de celle des chevaux de luxe. En sorte que ce droit n'est qu'une bagatelle sur le prix de ces chevaux, tandis qu'il pèse sur le maître de poste ou le roulier de la Franche-Comté ou du Mâconnais.

Appliquée aux chevaux de guerre, l'amélioration a sans doute plus d'importance. Cependant elle est très bornée aussi, car le type de cette espèce de chevaux ne se trouve en France, pour ceux de taille, que dans la région du nord et de l'ouest. Or, ils y présentent un grave inconvénient : l'usage des éleveurs de ces pays n'étant pas de hongrer les chevaux, il s'ensuit qu'ils ne sont opérés qu'à l'âge de quatre ans, époque où quelques-uns d'entre eux succombent et où les survivants sont éprouvés de manière à voir leurs formes viciées, et leur énergie détruite. Il en résulte que l'armée ne se recrute de pareils chevaux qu'à contre-cœur et très chèrement.

La remonte des troupes légères se fait beaucoup mieux dans l'Auvergne, le Limousin et les Pyrénées, et lorsque les chevaux qu'on y élève auront regagné une taille suffisante, ces troupes y trouveront des sujets d'un beau choix. Quant à l'artillerie qui consomme aujourd'hui tant de chevaux, sans leur demander ni qualités, ni formes, elle se remonte avec des chevaux que l'on trouve partout.

Mais le ministère de la guerre, dans les attributions duquel ne se trouvent pas la direction des haras et les encouragements à donner à l'élève des chevaux, a fixé à ses fournisseurs des prix inférieurs à ceux où les chevaux se vendent en France, d'après le cours du commerce, de telle sorte qu'il leur serait impossible de les fournir, s'ils n'allaient pas les chercher tant en Suisse qu'en Allemagne. Il y a plus, il faut de toute nécessité qu'au moment de la guerre, ils aillent y faire les grands approvisionnements qui deviennent indispensables ; car la France, si généralement pauvre en fourrages, n'a nulle part cette surabondance de chevaux qu'une demande extraordinaire semblerait devoir produire inopinément sur le marché.

Pareille chose ne peut avoir lieu qu'en Allemagne et en Suisse, où tel cultivateur qui pourrait à la rigueur opérer ses travaux au moyen de deux chevaux, en a six dans son écurie. Non contents de ce nombre, les cultivateurs attellent indifféremment les bœufs et les vaches à la charrue ; en sorte qu'au besoin et lorsque le prix des chevaux s'élève, on les voit surabonder dans les foires de ces pays, parce qu'on y amène tous ceux dont on peut se passer, suppléés qu'ils sont dans les travaux champêtres par le bétail à cornes.

Dans une telle disposition des choses, qui tient à la situation générale de la France, dont la culture est essentiellement arable et vignicole, dont les mœurs et les habitudes n'y font considérer l'entretien des animaux domestiques que comme une nécessité qu'il faut subir, en la réduisant à ses moindres termes, il n'y a pas d'éléments préparés pour l'accroissement de l'espèce chevaline.

Cependant les besoins de la consommation, d'une part, de l'autre le mouvement agricole qu'on tend à propager sur tous les points et dont le but est d'augmenter, avec les fourrages, le nombre et la qualité des animaux domestiques, peuvent modifier l'état actuel des choses. Ces deux circonstances agissant simultanément doivent profiter à la race chevaline, qui prendra sa part dans le mouvement d'amélioration imprimé à l'agriculture comme à toutes les autres branches de l'économie de la France.

Toutefois, nous devons reconnaître qu'elle sera la dernière à y participer, parce qu'entre toutes les espèces des animaux domestiques, c'est le cheval qui paie le plus mal la nourriture et les soins qu'on a consacrés à son élève. La raison en est simple; on n'exige du porc que son poids, de la vache que son poids et son lait, du mouton que son poids joint à l'abondance et aux qualités de sa toison; mais on demande compte au cheval de sa taille, de ses formes, de ses qualités et enfin de son caractère. L'usage qu'on en fait exige en effet la réunion de ces diverses conditions; aussi combien de chevaux manqués et quelle perte leur débit n'occasionne-t-il pas à l'éleveur? Nous en apportons deux preuves irrécusables.

Aucun des nombreux établissements d'agronomie qu'on a vu s'établir n'a songé à faire entrer l'éducation des chevaux dans son économie; tout y porte sur celle des bêtes à cornes ou des bêtes à laine et sur celle des porcs. Non-seulement en France, mais en Angleterre non plus, aucun des agronomes qui ont illustré ce pays n'a préconisé l'éducation des chevaux, quelque importante qu'elle y soit; ils l'ont à peine regardée comme une branche de leur art, tandis que des milliers de volumes traitent avec une complaisance inouïe de tout ce qui concerne la vacherie et la bergerie.

C'est que ces agronomes ont bien su ce qu'il y avait d'onéreux dans l'éducation de l'espèce du cheval, et qu'elle offrait des difficultés qu'il n'était pas au pouvoir de l'agriculteur de combattre ni de vaincre.

Ces difficultés se démontrent enfin par le seul fait du besoin où l'on a été de faire intervenir le gouvernement en faveur de cette éducation, par l'établissement de haras et de dépôts d'étalons, chose qui ne s'était faite que pour les mérinos, tandis qu'on n'a jamais songé à faire ni haras ni dépôts de taureaux ou de porcs.

C'est que l'administration, en outre de ses propres besoins, avait la conscience du peu d'avantages qu'offrait l'éducation d'une race qu'elle tenait à maintenir et aux frais de laquelle elle a consenti à participer, en mettant des étalons au service des propriétaires améliorateurs.

De l'amélioration de l'espèce chevaline.

Il s'est écrit de nombreux volumes sur le sujet que nous allons traiter ici ; mais tous les écrivains ont abordé la question sous le rapport des procédés à mettre en pratique, et nul, que je sache, n'a envisagé ceux par lesquels elle se lie si intimement avec les usages, les mœurs et la culture du pays ; en un mot, avec son économie. C'est sous ce point de vue que nous allons considérer l'amélioration dont l'espèce chevaline est susceptible en France.

La France est l'un des pays les moins propres à l'éducation des chevaux, par cela seul qu'il est l'un des plus pauvres en prairies et l'un de ceux où la propriété est le plus divisée, et par cela même qu'elle y est peu propre ; le cultivateur n'y a point appris à s'en occuper, ni à lui donner les soins qu'elle exige. Ces dispositions ne se retrouvent que sur les points du royaume que nous avons désignés comme offrant les caractères que demande cette éducation. Nous avons vu en même temps quelle était, d'après les mœurs du pays, l'espèce des chevaux que réclamaient les besoins de son économie ; besoins d'après lesquels l'élève des chevaux de luxe n'occupait qu'un point minime dans cette économie.

Cependant l'amélioration de l'espèce est une conséquence du progrès général de l'agriculture et des relations commerciales. Ces parties d'un même tout s'appellent et s'entr'aident mutuellement ; en sorte que cette question ne saurait rester sans issue ni solution.

Lorsqu'on sortit des orages de la révolution, le

gouvernement impérial se proposa de concourir à l'amélioration de la race chevaline; il considéra de haut la carte du royaume, et s'efforça d'y répartir aussi également que possible un nombre d'étalons, réunis en dépôts, lesquels devaient s'y distribuer de telle sorte que l'amélioration qui en résulterait se répandît partout en filons imperceptibles.

Une pensée unique dominait alors toutes les mesures administratives que prenait le gouvernement, c'était de fournir des matières premières à la guerre; aussi cette restauration des haras dut meubler les dépôts d'un choix d'étalons propres à reproduire des chevaux pour remonter la cavalerie.

Le résultat de ce mode de procéder a été nul, parce que ce n'est pas d'après les règles de la justice distributive que se répartissent les conditions agricoles d'un pays, mais d'après des lois qu'il n'est au pouvoir de personne d'établir ni d'enfreindre. Ce n'est pas en effet parce qu'on aura mis des étalons à la portée des cultivateurs, qu'ils y conduiront leurs juments, mais bien parce qu'il conviendra à l'économie de leur agriculture d'élever des poulains.

Ainsi, d'après la première répartition des dépôts et des haras, ceux qu'on avait affectés aux races normande, poitevine et limousine ont été tout-à-fait insignifiants, en proportion des juments; tandis que ceux qu'on a placés ailleurs y ont été tout-à-fait superflus, par l'absence de ces juments. Le temps et l'expérience ont apporté de notables changements à cette répartition fautive, et on a supprimé ceux des dépôts qui n'avaient rien produit; mais il en reste encore d'inutiles, et on n'a pas accru en proportion le nombre de ceux des provinces où l'élève des chevaux a une importance majeure et des éléments de succès.

Cette erreur peut encore se corriger; mais il en est une autre dont les suites sont plus graves et dont il est plus difficile de se défendre, parce qu'elle tient aux connaissances et aux vues particulières du personnel auquel le gouvernement est obligé de confier la remonte de ses dépôts d'étalons. Nous voulons parler des notions et du discernement qu'il faut pour déterminer le choix des espèces d'étalons et leur distribution dans les dépôts.

L'idée qui domine tout ce personnel est toujours de concourir, par le choix de ces étalons, à produire des chevaux distingués, des chevaux de luxe : c'est une tendance naturelle aux amateurs de chevaux, et que nous sommes loin de blâmer ; car de tels établissements coûtent trop pour être appliqués à l'élève des espèces communes. Mais son application même demande de la perspicacité et du bon sens. Ainsi, la Normandie peut élever des chevaux de carrosse de haute taille et de grand poids, dont la demande est de beaucoup la plus considérable. Ce serait une erreur que de placer dans ces dépôts des étalons venus d'Arabie, qui dénatureraient tout d'un coup ce qui faisait le mérite de la race locale, mérite le plus rare de tous, puisqu'on ne peut élever nulle part de chevaux fins, et en même temps de haute taille, qu'en Angleterre, en Holstein et dans la Normandie.

La chose, en revanche, étant impossible dans le Limousin, où le cheval devient toujours trop léger pour le trait, c'est dans ses vallons qu'on devrait diriger tout ce qu'on avait pu se procurer d'étalons méridionaux.

L'amélioration tentée par le gouvernement a donc obtenu quelques succès dans les alentours du Pin et de Pompadour et en Bretagne. Elle aurait pu, avec plus d'entente de la matière, en avoir de beaucoup plus importants; mais ils ont été à peu près nuls ailleurs.

Cette amélioration n'ayant porté, du reste, que sur l'espèce des chevaux fins, il ne faut pas citer, en effet, les deux ou trois étalons qu'on tenait au fond des écuries du dépôt, pour le service des juments rustiques du pays. Les conseils généraux d'un grand nombre de départements ont, de plus, voté des fonds pour procurer au pays qu'ils représentent une répartition locale d'étalons.

Le levier mis en action par ces conseils généraux était, en effet, de nature à pourvoir aux besoins de l'agriculture par une autorité qui était en mesure de les apprécier.

Mais peu de ces conseils ont su prendre les voies qui auraient été propres à remplir leurs intentions. Presque tous, après avoir voté les fonds nécessaires, ont chargé un fournisseur de pourvoir le département du nombre d'étalons qu'on pouvait acquérir avec leur montant. Ce fournisseur leur a présenté d'assez beaux chevaux à tête longue et busquée, à côte plate, à reins plongeants, à membres lonjointés, qu'il avait été chercher dans la vallée d'Auge et qui étaient exempts de tares, au jugement de l'artiste vétérinaire. Ils ont donc été acceptés et répartis avec des conditions diverses chez les cultivateurs qui s'étaient offerts pour garde-étalons.

Ces chevaux ont produit beaucoup pendant les trois premières années de leur introduction dans la localité; mais les cultivateurs se sont aperçus que les jeunes chevaux se montraient trop endormis pour la selle, trop mous pour la charrette, trop incomplets enfin dans leur ensemble pour le carrosse. Ils ont éprouvé de grands embarras, soit à s'en servir, soit à s'en défaire; ils ont cessé de conduire leurs juments aux étalons départementaux, et les ont ramenées au poulain de deux ans de l'espèce locale, dont le propriétaire avait retardé, dans cette prévision, la castration; car si ces cultivateurs n'avaient en perspective qu'un débit incertain de l'élève qu'ils devaient en obtenir, au moins pouvaient-ils compter qu'il serait propre un jour à leur usage?

Voici où, suivant nous, devrait se borner l'action publique dans l'amélioration de la race chevaline.

Le gouvernement, sur les fonds généraux du pays, pourrait entretenir, en Normandie et dans le Limousin, y compris le département du Cantal, des dépôts d'étalons appropriés à la nature du pays et de l'espèce locale, pour y favoriser l'élève des chevaux de choix. Il se garderait surtout de l'établissement de haras, dont le but serait d'y élever lui-même des étalons de ses dépôts, parce qu'un gouvernement est toujours un très mauvais éleveur de chevaux, et n'a pas la chance qu'un seul de ses poulains sur dix lui procure un étalon de haute destination. Cet étalon lui reviendra donc beaucoup plus cher que s'il le faisait acheter tout fait d'un éleveur du métier. S'il veut vendre ses neuf élèves de rebut, il ne peut s'en défaire qu'à vil prix; et s'il veut les placer dans ses dépôts, il retarde l'amélioration et gâte son propre ouvrage.

Toute autre action devrait être laissée à l'autorité départementale; car il ne vaut pas la peine que le gouvernement y applique des fonds dont il ne saurait surveiller l'emploi, et qui ont été jusqu'ici peu profitables au pays. Mais cette autorité départementale, bien que plus à même d'apprécier les besoins de chaque localité, ne l'est guère mieux de les servir d'après un système qui demande une exécution suivie. C'est à un simple vote de fonds, applicables en primes à distribuer aux propriétaires d'étalons, que nous aimerions à voir se borner toute cette action.

La quotité des fonds annuellement votés serait proportionnelle à la nature et aux besoins du département. L'élément en serait fourni par la statistique même des juments qu'il contient. Les primes qu'ils devraient servir seraient de trois classes, savoir : de 100 fr. pour les chevaux de deux ans, de 200 pour ceux de trois, et de 300 pour ceux de quatre ans. On sera surpris de voir que, contrairement à tous les ouvrages d'hippiatrique, nous proposions l'emploi d'étalons aussi jeunes; nous répondrons : qu'en pareille matière, nous proposons non le mieux, mais le possible; que l'habitude est formée de se servir d'étalons souvent de deux ans, habituellement de trois, et rarement de quatre ans. Il vaudrait mieux sans doute ne s'en servir qu'à cet âge, mais les races communes ont un développement tout autrement prompt que les espèces nobles, et tel cheval limousin n'est fait qu'à sept ans, tandis qu'un franc-comtois est passé à cet âge. Enfin la garde des étalons qui dépassent quatre ans est aussi incommode qu'onéreuse aux cultivateurs des pays où l'habitude est de se servir de chevaux hongres. Or, là où cette habitude n'existe pas, comme dans le nord et le Perche, les conseils généraux n'ont rien à faire parce qu'il y a des étalons de reste pour le service du pays, et c'est aussi pourquoi les races s'y sont aussi bien maintenues.

Mais il n'en est pas de même dans le reste du royaume, et c'est pour engager les garde-étalons à les conserver tels jusqu'à l'âge de quatre ans, que nous proposons de tripler la prime qu'ils auront méritée.

Ainsi, il y a tel département où, à l'aide d'une somme de 20,000 fr., on distribuerait quatre-vingt-dix primes, savoir : trente de 100 fr. et autant de 2 et de 300 fr., conservant une somme de 2,000 fr. pour les frais de tournée des vétérinaires et inspecteurs que le département chargerait de visiter les chevaux et de les admettre à la prime. Il importe que ces admissions se fassent au concours par arrondissement, afin que tous puissent apprécier les motifs de l'exclusion comme de l'admission. Il résulte d'ailleurs de ces concours une certaine émulation et une sorte de préoccupation de l'objet mis au concours qui provoquent puissamment l'amélioration.

Le montant de ces primes nous paraît suffisant, appliqué à une race de chevaux dont la valeur est minime, et qui permettrait à l'éleveur d'obtenir 600 fr. du même produit, avant l'âge du travail. L'effet en serait de fixer dans le département quatre-vingt-dix étalons pris dans ce que l'espèce du pays offre de mieux ; car nous entendons que ces primes soient décernées à l'espèce locale, quelque commune qu'elle puisse être, et que les chevaux de Lorraine y aient droit dans la Moselle ou la Meurthe, aussi bien que les francs-comtois dans le Doubs; mais on peut les proportionner au prix vénal de l'espèce locale.

Ceci se rattache au principe agricole que nous avons développé dans tout le cours de cet ouvrage, savoir : que dans un pays où l'agriculture se fait par de petits ou moyens cultivateurs et par des métayers, et par conséquent avec les plus modiques avances de capitaux, il n'y avait nulle chance de réussite pour des entreprises qui sortent de leur savoir, de leurs habitudes et de leurs moyens. Les métis provenus du croisement avec une race étrangère courent trop de chances de pâtir par défaut de nourriture et des soins nécessaires; ils languissent et découragent les éleveurs, qui ne s'en prennent point à eux-mêmes de ce manque de succès; mais aux défauts de l'espèce qu'on a voulu importer parmi eux; dès lors ils n'en veulent plus, et l'amélioration avorte. Ces mêmes cultivateurs cependant distinguent fort bien dans l'espèce locale les bons des mauvais individus; ils savent comment s'y prendre pour élever et nourrir les premiers. La marche de l'amélioration consistera ainsi à ramener la généralité de cette race locale au type de ces meilleurs individus, parmi lesquels on verra sans doute figurer les étalons approuvés; toutefois, dans ce type amélioré, il y aura toujours des individus supérieurs qui serviront de points de comparaison aux éleveurs pour les atteindre, et ce mouvement une fois imprimé, se poursuit lentement, mais avec persistance, et autant que les procédés de l'agriculture procurent d'accroissement dans les moyens d'alimentation.

Aucune bévue ne peut se faire, aucuns revers ne peuvent avoir lieu dans cette marche progressive, puisqu'elle ne s'aventure sur aucun terrain inconnu, qu'elle ne demande aucun apprentissage, et qu'elle prend les choses à l'état où elles sont pour les amener au point indiqué par la nature du pays et l'amélioration de son agriculture.

Un très grand nombre d'observations viennent affirmer la théorie que nous proposons d'appliquer à l'amélioration des espèces communes de chevaux, c'est-à-dire de toutes celles qu'emploie l'agriculture dans les provinces du centre et de l'est du royaume; celles du midi étant presque étrangères à cette éducation, et celles du nord et de l'ouest étant pourvues des meilleures espèces connues. Partout nous avons vu s'élever et grossir les chevaux avec l'adoption de la culture du trèfle; tous les voyageurs agronomes peuvent en porter témoignage. Nous pourrions citer de nombreux exemples de ce fait; nous nous bornerons à dire que sans autre secours que celui de cette culture, on a changé en peu d'années le type des chevaux du bassin de la Saône dans toutes les communes où elle s'est introduite; tandis que la chétive espèce de haridelles qui y préexistait subsiste encore telle dans celles des communes de cette région, dont les cultivateurs ont eu jusqu'ici le triste courage de résister à cette innovation.

Ainsi, la nature des choses ne demande pas que le public fasse de grands sacrifices pour l'amélioration de la race chevaline en France. Il en est quelques-uns cependant qui deviennent indispensables de la part des garde-étalons qui se décident d'autant moins à les faire, que l'état de l'éducation est moins avancé. Il en est autrement en Angleterre, en Normandie, en Allemagne même, où cependant les gouvernements apportent de puissants secours à cette éducation; mais ils sont presque impossibles en France, parce que la matière manque et qu'il n'y a chez les cultivateurs ni zèle ni entraînement pour la créer.

Mais, à notre avis, tous les sacrifices à demander au public en faveur de l'amélioration de l'espèce chevaline devraient, de la part du gouvernement, se borner à l'achat et à l'entretien de deux ou trois cents étalons de première distinction à répartir entre la Normandie, le Limousin et le pied des Pyrénées. On y ajouterait une allocation de 20 à 30,000 fr. à répartir en primes dans ceux des départements qui élèvent le plus de chevaux, soit environ la moitié de la France. Ce serait près d'un million à la charge des départements, et autant à la charge du gouvernement.

Mais l'état de la race chevaline se lie à un autre élève dont l'importance est d'autant plus grande, que la France en a presque le monopole; car ce n'est que dans ses provinces de l'ouest où s'élève le puissant mulet, dont le service est indispensable dans les régions méridionales, partout enfin où il est nécessaire d'avoir un puissant instrument de travail. Le Poitou fournit des mulets dont la force, l'énergie et la longue vigueur ne se trouvent chez aucun autre animal connu en Europe; car si leur force dans le collier peut être égalée par celle des puissants chevaux de la Belgique, ceux-ci sont bien loin de posséder le feu, l'énergie ni la durée du grand mulet poitevin.

Aussi cette production est-elle constamment recherchée et payée à haut prix. C'est pourquoi le gouvernement n'a nul besoin de faire des sacrifices pour l'aider; ses secours sont dans ses profits. En effet, le baudet qu'on ne désigne que par le nom d'*animal* dans le pays, appartient à une race d'ânes que les éleveurs ont en quelque sorte créée, et qui se distingue de toutes celles du midi par l'épaisseur des membres et l'ampleur des formes. Nourris des meilleurs grains, constamment enchaînés dans leur étable, ils y contractent une sorte de férocité qui rend leur approche dangereuse, même pour les juments qu'on leur amène. Nous en avons vu dont l'aspect avait quelque chose d'effrayant. Leur prix tombe rarement au-dessous de 8,000 francs, il s'élève quelquefois jusqu'à dix mille. Les juments qu'ils sont destinés à servir appartiennent à la grosse race poitevine; mais la demande du mulet est si considérable, et leur élève offre un si grand avantage sur celle du cheval, qu'elle n'est pas restée renfermée dans les provinces où elle a pris naissance; toutes celles de l'ouest, ainsi que l'Auvergne et le Limousin, l'ont adoptée au détriment de celle des chevaux, et bien que la taille et le prix des mulets diminuent avec les fortes juments et les abondants fourrages du Poitou, ils n'en trouvent pas moins leur débit.

Ce débit a lieu pour les mulets dans tout le midi de la France, et pour les mules en Espagne, et jusqu'en Afrique. La Provence et le Dauphiné s'approvisionnent à part au moyen de muletons qui naissent en Savoie, ou ils proviennent d'un croisement de juments suisses avec des baudets de la Toscane ou de Gênes.

Moins puissants que ceux du Poitou, les mulets qui en proviennent, ont néanmoins une belle taille et beaucoup de vigueur.

L'exportation des mules compense à peu près pour la France l'importation qu'elle fait en chevaux soit de Suisse, soit d'Allemagne ou d'Angleterre; importation qui s'accroît en proportion même du développement qu'acquiert l'éducation du mulet, puisque cette dernière absorbe les plus belles juments et qu'on ne conduit à l'étalon que les plus chétives d'entre elles. Le déficit qui en résulte dans la production chevaline se comble à l'aide des juments qu'on fait venir du dehors; mais la différence est en faveur de la France, en sorte qu'il lui vaut peut-être mieux laisser prendre le plus grand développement à une production dont elle a le monopole. Un tel avantage ne s'acquiert pas à volonté, parce qu'il demande un long apprentissage de la part de la population qui le possède et en profite.

Au reste, qui peut savoir aujourd'hui ce qu'il en adviendra de l'économie chevaline, dans un temps où la science n'est occupée qu'à trouver des moyens de s'en passer; où chaque jour on propose de creuser un nouveau canal ou d'établir un chemin de fer? Quelqu'imparfaits qu'aient été jusqu'ici les essais qu'on a faits de ces chemins, on peut néanmoins prévoir que l'expérience enseignera à les mieux établir et à les mieux administrer; alors leur service, joint à celui des canaux, laissera peut-être un grand nombre de chevaux de relais, et l'importance de leur éducation baissera en proportion.

CHAPITRE II.

Des races de bêtes à cornes.

Il n'en est pas de même des bêtes à cornes, car plus la population s'élève et plus elle consomme de produits animaux. Or, l'espèce bovine est celle qui en fournit le plus, par sa chair, son lait et son cuir. Nous ajouterons par son travail, car celui que fait le bœuf est le plus précieux pour l'agriculture, et c'est un malheur pour celle de la France qu'il n'y soit pas en usage sur de plus grandes superficies ; car il produit plus d'engrais que le cheval, il ne consomme pas d'avoine, et son capital, loin d'éprouver une déperdition, s'accroît au contraire par l'engrais.

Ces motifs ne peuvent être combattus que par deux considérations qui ont été décisives pour un grand nombre de cultivateurs ; ceux d'entre eux qui se trouvaient dans des localités favorables ont employé leurs chevaux aux transports dans les temps ou les travaux agricoles ne réclamaient pas impérieusement la présence de leurs attelages. D'autres localités se trouvaient éloignées des contrées où ils auraient pu se procurer des bœufs de travail d'une bonne race, et cette difficulté les en a dégoûtés : c'est le cas à peu près général de toute la zone des départements du nord.

La France possède néanmoins trois races distinctes de bêtes à cornes, savoir : la race de Flandre, qui occupe la Picardie et la Normandie, et se propage dans les environs de Paris ; celle du Charolais et celle du bassin de la Garonne, car l'espèce à poil rouge que produisent l'Auvergne et le Limousin nous paraît provenir d'un croisement opéré, à une date inconnue, entre la race indigène et celle de la Suisse.

La race du Charolais se retrouve, avec tous les degrés de la dégénération qu'elle a subie, dans les départements de l'est. Plus concentrée, la belle race des bœufs à poil fauve, qui labourent avec tant de vigueur et de docilité les plaines fertiles qu'arrose la Garonne, occupe les contrées voisines de l'Espagne.

La Bretagne possède une petite race à poil gris, assez estimée comme laitière pour que des cultivateurs anglais en aient fait venir. Il y a enfin dans les terres salées et les alluvions que le Rhône a déposées vers son embouchure, quelques troupeaux sauvages de la race hongroise ; troupeaux qu'on reconnaît partout à leurs cornes élevées, à leur poil ardoisé et à la légèreté de leurs mouvements ; mais qui ne servent plus qu'à fournir des taureaux pour courir dans les joutes qu'on célèbre encore aujourd'hui sur la place d'Arles, et qui conservent à cette ville et aux déserts qui l'environnent je ne sais quel caractère étrange et d'un autre âge.

Les traits particuliers qui distinguent les trois races que nous avons regardées comme le type de toutes les variétés sont très distincts. Celle de Flandre est haute, fine, élancée, peu chargée en cornes et en fanon ; sa côte est plate, son ventre profond, ses hanches tombantes ; elle a la tête de biche et les membres déliés, c'est-à-dire qu'elle offre tous les signes qui indiquent dans les vaches de bonnes laitières.

La race du bassin de la Garonne a des caractères entièrement opposés. Ses membres sont nerveux, son corps cylindrique, ses hanches élevées, son rein droit, ses cornes et sa tête sont fortes, sa queue très relevée sur le rein, son poitrail est plus étoffé que son arrière-main. On peut juger ainsi que toutes les parties du corps, dans lesquelles réside la force, sont très prononcées dans cette race, dont le poil est généralement fauve, parfois légèrement marronné. De là vient aussi que les bœufs qui en proviennent sont excellents travailleurs, tandis que les femelles ne donnent que de chétives laitières.

La race qui atteint dans le Charolais à toute sa perfection est remarquable par sa carrure, ayant les hanches et les épaules d'égale force, le corps cylindrique, le rein droit, la queue mince et courte, les membres courts et ronds, la tête fine et le fanon assez fourni. Les éleveurs mettent un grand prix à ce que leurs élèves soient tous sous poil rouge, galonné de blanc; mais ce caractère s'altère dans les variétés qui deviennent totalement blanches dans le département de l'Ain, et se nuancent de diverses manières dans les deux Bourgogne, et jusqu'en Lorraine, où l'espèce arrive à ses moindres dimensions.

Les bœufs, provenant de cette race, bien qu'inférieurs à ceux de la Garonne, sont néanmoins de bons travailleurs; mais ils sont de beaucoup supérieurs pour l'engraissement, étant, sous ce rapport, une des plus précieuses races parmi celles que nous connaissons. Aussi cette industrie est très bien entendue dans le Charolais, la Bresse et le Morvan.

Elle est chargée de l'approvisionnement de Lyon,

et envoie dans le midi le très petit nombre de bœufs gras qui s'y consomment. Le surplus, provenant du Morvan, arrive jusqu'au marché de Sceaux. Les vaches du Charolais, inférieures comme laitières à celles de la race flandrine, ne sont pas néanmoins à dédaigner sous ce rapport. Aussi aimerions-nous à voir cette race recherchée et se propager; car elle satisferait bien mieux au service et aux besoins de l'agriculture, qu'aucune de celles que les agronomes font venir à grands frais du dehors.

Ce n'est donc que dans les provinces du nord, dans le département de Saône-et-Loire, et dans le bassin de la Garonne, que l'on peut reconnaître le vrai type de ces races et en apprécier les qualités. Mais ces contrées mêmes ne fournissent pas à un grand approvisionnement, parce que la plus nombreuse de ces races, celle qui occupe le nord du royaume, ne voit pas ses produits arriver à l'état de bœufs, attendu qu'ils n'y sont d'aucun usage, et que le grand nombre des cultivateurs ne se doutent même pas que le bœuf puisse être un animal de trait. Ils ne conservent que les taureaux indispensables au service des vaches, et ne les opèrent, pour les engraisser, qu'alors qu'ils deviennent trop lourds pour l'emploi d'étalons.

La race du Charolais reste à peu près concentrée dans sa localité, parce qu'elle s'y élève et s'y engraisse. Au sud-ouest, la race fauve reçoit plus d'extension ; elle se répand par l'Auvergne jusqu'en Dauphiné, et termine de proche en proche son exportation dans les vallées de la Savoie.

Le commerce se borne donc à transplanter de stations en stations les bœufs de réforme jusque sur les herbages où ils doivent s'engraisser. Ces bœufs ont pris naissance dans les hautes régions du centre de la France, principalement dans les départements de la Creuse, du Cantal, de la Haute-Vienne et de la Corrèze, où se trouvent de vastes parcours assez riches pour y élever des bestiaux, mais trop pauvres pour les y engraisser. Inhabiles dans l'art de fabriquer le fromage, les pâtres de ces régions montagneuses estiment surtout les veaux mâles que leurs vaches mettent bas, et ils les conservent tous jusqu'à l'âge de dix-huit mois ou deux ans. Ils descendent alors par grands troupeaux de ces sommités pour se répandre dans les plaines de l'ouest, aussi bien que dans la Touraine et le Berry. On les y emploie aux travaux rustiques qu'ils exécutent jusqu'à l'âge de cinq ou six ans; puis, ils sont revendus pour aller s'engraisser en Normandie.

Ces bœufs, un peu plus élevés que ceux du Charolais, sont tous aujourd'hui sous poil rouge, les herbagers ne tolérant ceux d'aucune autre couleur. Leurs formes se rapprochent de celles des bœufs de la race fribourgeoise de la Suisse; si ce n'est que leur dimension et leur poids restent moindres. C'est ce qui nous a porté à croire que cette espèce provenait de croisements opérés au moyen de taureaux suisses. Nous ne pouvons même en conserver aucun doute, puisque nous avons envoyé nous-même de ces taureaux dans le Cantal, et que nous avons connaissance de diverses autres migrations dirigées sur ces régions. Or, lorsqu'on connaît l'influence que peut avoir, à l'aide des métis, l'envoi de trente ou quarante taureaux sur le type d'une race, on ne saurait être surpris de la voir se modifier au bout de quelques années.

Nous avons trouvé, il y a près de vingt-cinq ans, dans le département de l'Aveyron, une de ces importations, qui, depuis lors, si elle a répondu à ce qu'elle promettait, peut avoir embelli l'espèce sur un grand rayon. Nous venions de parcourir le littoral de la Méditerranée et les plaines où coule la Garonne; venu de Toulouse à Albi, d'où quittant les routes frayées nous avions atteint jusqu'à Rhodez à l'aide d'un guide et d'un vieux roussin. Ce sentier, à peine frayé, s'est transformé aujourd'hui en une belle route, sans respect pour les solitudes de ces contrées qui portaient alors le nom de pays de Ségala.

Notre but était de traverser le plateau central de la France pour en observer l'économie, et nous avions quitté Rhodez dans l'intention d'aller à Buzaringue voir les établissements agricoles qu'y avait fondés M. Giroud.

Nous avions quitté à une demi-lieue de Rhodez le chemin de Sainte-Affrique pour tourner à l'est, en suivant des sentiers qui traversaient une vallée agreste.

Des rochers couronnaient la cime des monts dont les pentes étaient tapissées de riches prairies, les ruisseaux qui coulaient dans leurs replis allaient se perdre dans un torrent dont le cours sillonnait le fond de la vallée. Çà et là s'élevaient dans ces prairies des groupes de frênes et de cerisiers, témoignage pittoresque d'un sol heureux et d'une culture négligée.

On apercevait dans le lointain, au nord et au-delà de la première enceinte des monts, des têtes pyramidales de sapins qui nous annonçaient le voisinage d'une région plus élevée et d'un plus difficile accès; mais la vallée même que nous parcourions n'avait pas encore des traits aussi sauvages. Les domaines y étaient vastes, les fermes spacieuses et éparses au milieu des prairies, signe certain d'une culture pastorale qui n'occupe qu'une faible population, et où il convient de placer les troupeaux au centre des pâturages où ils doivent se nourrir.

Nous avions déjà dépassé un grand nombre de ces fermes, lorsqu'il s'en présenta une plus vaste encore, dont les nombreux bâtiments étaient abrités par des monts rocailleux et des bosquets de frênes et de sapins. Nos chevaux prirent d'eux-mêmes le chemin mal uni qui conduisait à cette ferme et vinrent s'arrêter à la porte de l'une des écuries. Le guide nous invita à mettre pied à terre, débrida et plaça les chevaux au râtelier, sans attendre qu'aucun des habitants de la ferme fût venu l'y inviter.

A la manière cavalière dont il en usait, nous fûmes autorisé à croire que nous arrivions dans une auberge; mais il n'en était rien : nous étions dans la ferme des Bourines, qui appartenait à M. Blanc de Montpellier, beau-père de M. Giroud de Buzaringue. L'usage des passants était d'y prendre ainsi et d'y recevoir l'hospitalité. Au fond d'une vaste cour délabrée, se trouvait la maison d'habitation; ce n'était ni un château ni un cottage, mais une bonne maison des champs, sans entours ni clôtures. C'est là que nous fûmes reçu par la famille du propriétaire, en vertu des seuls droits de l'hospitalité la plus bienveillante. Un intérêt commun nous rapprocha bientôt; nous voyagions par amour de l'agronomie, et nous étions sous le toit de l'un des plus grands propriétaires et des meilleurs cultivateurs du pays. Il voulut bien nous exposer le système tout pastoral de son agriculture : six cents hectares de prairies nourrissaient durant huit mois de l'année cinq cents têtes de bétail et soixante juments destinées à l'élève du mulet.

Ces troupeaux étaient alors sur les montagnes du Cantal. Il ne restait dans la ferme que les juments nécessaires aux travaux rustiques, et quelques bêtes à cornes. Leur race était forte, mais grossière, et les bœufs nous parurent très supérieurs aux vaches. Les juments appartenaient à la grosse espèce poitevine; mais elles étaient trop difformes pour servir à une autre élève que celle des mulets. Le propriétaire y attachait beaucoup d'importance, car c'était son meilleur revenu ; aussi avait-il pour se l'assurer deux beaux animaux du Poitou, achetés à grand prix. Il ajouta que, dans le désir d'améliorer ses bêtes à cornes, il en avait fait venir de Suisse, qu'il avait échangées contre des mérinos. Lui ayant dit alors que nous étions nous-mêmes habitant de la Suisse, toute la famille s'empressa de nous questionner, en nous priant de voir le troupeau venu de notre pays, afin de lui dire si celui des Bourines était d'un beau choix, et s'il nous paraissait être en bon état.

Nous nous acheminâmes alors vers le pâturage qu'on avait réservé à ce troupeau d'élite. L'herbe y était abondante et fraîche; entourée de rochers et de bois, de belles eaux ruisselaient dans la prairie, et ces bestiaux pouvaient se croire encore sur les pâturages qui tapissent le pied des Alpes.

Les vaches étaient couchées à l'ombre des frênes, et ruminaient l'herbe qu'elles avaient broutée, pendant que la rosée l'humectait encore. Les génisses, imitant la gravité de leurs mères, s'étaient couchées près d'elles. Pesamment étendues, ces vaches se bornaient à nous considérer, jusqu'à ce qu'excitées à se lever, elles s'y décidèrent à regret.

Elles étaient en effet d'un très beau choix, et s'étaient maintenues en bon état. Après avoir eu le plaisir de l'affirmer à leur possesseur, nous avons quitté cette demeure hospitalière, sans en avoir appris depuis lors d'autres nouvelles que sa mise en vente annoncée par les journaux.

Les importations de bestiaux tirés de la Suisse s'étaient multipliées dès lors dans une grande proportion, puisqu'on apprend par le tableau de celles de 1826, qu'il était entré en France vingt-trois mille têtes de gros bétail, dont une grande fraction devait appartenir à la Suisse et le surplus à la Belgique. Une portion de ces bestiaux rentrait sans doute dans la catégorie des bœufs gras; mais jamais le nombre ne s'en est élevé à ce point; et l'on doit attribuer une grande part de ces importations au désir qu'ont eu les agronomes d'améliorer l'espèce bovine, et surtout à la mode qui a voulu meubler les parcs et les jardins pittoresques nouvellement dessinés, d'une élégante bergerie. C'est ainsi qu'avait été construit le chalet de Malmaison, et nous avons vu à la même époque, à Saint-Ouen, une belle vacherie garnie de vaches suisses.

Mais ce qui a manqué à la plupart de ces migrations, c'est d'avoir été faites avec assez de connaissance de cause, c'est-à-dire d'être appropriées, soit à la nature, soit aux besoins de la localité où s'opérait l'importation, et d'y être suivies avec assez de constance et de soins. Souvent même les importateurs ne sont pas décidés sur ce qu'ils se proposent d'obtenir. Ce n'est que vaguement qu'ils ont l'intention d'améliorer, sans s'être rendu compte de tout ce qu'il faut faire pour y réussir, sans avoir calculé les besoins de la nouvelle race qu'ils se proposaient d'introduire dans leurs domaines, et sans avoir examiné dans quel rapport se trouvait la race locale avec celle qu'ils importaient.

Aussi, la plupart des importations faites sans égard à ces conditions ont-elles bientôt disparu du pays sans y laisser de traces ; car, pour changer le type d'une race quelconque d'animaux, il faut opérer d'une manière à la fois réfléchie et systématique, avec une longue patience et sur une échelle assez grande pour que les chances nombreuses qui menacent une telle entreprise ne viennent pas anéantir la nouvelle race avant qu'elle ait pris pied.

Ainsi, nous établirons pour conditions nécessaires au succès de l'importation d'une race de bêtes à cornes, par laquelle on se propose de remplacer l'espèce indigène : 1° d'introduire à la fois et dans une même étable un *minimum* de dix vaches et deux taureaux ; car nous avons eu bon nombre d'occasions de remarquer que les trop petites importations, ou celles qu'on éparpillait en petits lots dans le pays, disparaissaient promptement, parce qu'on multipliait d'autant les chances de cas d'ovailles, si fréquents en pareilles circonstances ; 2° de n'opérer l'introduction que dans des contrées favorables au gros bétail, c'est-à-dire où il soit dominant et attire par conséquent l'intérêt du cultivateur ; 3° de savoir précisément d'avance les résultats qu'on se propose d'obtenir par l'introduction, c'est-à-dire de savoir si le but en est de faire une race propre au travail, à l'engrais ou à la production du lait, afin de chercher dans l'espèce dont on fait choix des qualités propres à la destination voulue ; 4° enfin, de s'être assuré que les moyens alimentaires qu'on a préparés pour les animaux importés sont en suffisance et analogues à ceux qu'ils consomment dans leur pays.

Après la difficile réunion de ces diverses conditions, nous donnerons encore à l'agronome importateur le sage conseil de renoncer à son entreprise, à moins toutefois qu'il n'exploite une de ces fermes destinées à servir de modèles, et où la dépense est comptée pour rien, parce qu'elle est toujours considérable. D'ailleurs, nous dirons que les bêtes à cornes n'ont point en elles de traits si distinctifs, ni de qualités tellement à part, qu'il soit nécessaire de transformer subitement l'espèce, ainsi qu'il en est pour les chevaux et qu'il en a été pour les mérinos.

Nous avons signalé, avec ses conditions de succès, une importation qu'on aurait à exécuter dans une région où les bêtes à cornes seraient l'espèce dominante parmi les animaux domestiques. Or, c'est précisément dans de telles régions qu'il importe le moins d'en changer l'espèce, puisque c'est là où elle est, en général, supérieure. Ainsi nous ne savons quel bénéfice trouveraient les nourrisseurs de Normandie ou de Flandre à importer des vaches de la Suisse ; car nous pouvons certifier, qu'aux formes près, leur espèce bovine équivaut à celle des Alpes, et dépasse, en qualités laitières, les vaches de la race rouge de Fribourg et de Berne ; si tant est qu'elle reste inférieure à l'espèce grise qui peuple les petits cantons de la Suisse.

Ces espèces alpestres sont supérieures, il est vrai, à celles du Charolais ; mais celle-ci est en tout conforme aux moyens alimentaires qu'offre le pays, et les vaches suisses ne feraient qu'y dépérir. Quant aux espèces méridionales, ce serait folie de vouloir les changer ; car, dans ces régions, le laitage ne sera jamais assez abondant pour qu'il vaille la peine d'y nourrir des vaches laitières ; la chèvre et la brebis les remplacent. Ce sont des bœufs de travail, dont on y a essentiellement besoin ; et nulle espèce, si ce n'est celle de Hongrie, n'équivaut, à cet égard, à la race fauve des départements que baigne la Garonne.

Les importations de races ne sauraient être tentées que dans les départements élevés du centre de la France, où l'éducation du gros bétail, et surtout celle des bœufs, est la principale industrie agricole du pays. Car, en ces cas, il importe de pourvoir l'animal qu'on produit de toutes les qualités qui peuvent le faire rechercher.

Mais si nous nous prononçons si fortement contre les essais d'importations d'individus pris dans les deux sexes, avec l'idée de changer l'espèce du pays contre une race qui est, ou que l'on croit être supérieure, en revanche, nous donnerons une pleine approbation aux entreprises qui n'auront pour effet que d'améliorer l'espèce locale en la croisant avec des taureaux d'un échantillon supérieur.

La race bovine se proportionne à la qualité et à la quantité des substances alimentaires que l'on met à sa disposition, condition qui n'est pas en rapport avec la richesse native du sol, mais avec les usages agricoles du pays. Ainsi on voit des bestiaux chétifs dans les riches plaines qui bordent le cours de la Saône et de la Meuse. Cette anomalie provient de ce que les cultivateurs, se confiant à l'étendue de leurs prairies, qu'ils font pâturer en commun, ne se sont pourvus d'aucune nourriture pour l'hiver; si ce n'est de la paille, que leurs fertiles champs ont produite en abondance, et de ce que le parcours, se faisant en commun, chacun d'eux s'efforce de le couvrir d'autant de bestiaux qu'il lui est possible d'en loger; en sorte que ces vastes pâturages, surchargés de bétail et de chétives haridelles, leur refusent la nourriture dont ils auraient besoin.

Cet effet est général là où les bestiaux sont livrés à la vaine pâture; c'est un oreiller de paresse pour les cultivateurs, qui cessent de s'occuper de leurs bestiaux, et finissent par se persuader, faute de point de comparaison, que le type dégénéré qu'ils envoient sur les communaux est le seul qui existe, et qu'il ne saurait y en avoir d'autres.

Ils ont raison, en effet, tant qu'ils ne changeront pas le mode de vivre de ces bestiaux; aussi serait-il superflu, dans ce cas, d'importer ou de croiser l'espèce, ce serait même nuisible, car celle du pays s'est faite à son régime et pour son régime; elle peut le poursuivre indéfiniment sans augmenter ni décroître, tandis qu'une race qui lui est étrangère, aussi bien que des métis provenant d'un taureau d'espèce supérieure, pâtiront de ce régime, y succomberont ou ne donneront que des animaux mal venus et disproportionnés. Leur production, en un mot, sera plus défectueuse que celle de l'espèce indigène.

Les croisements que nous provoquons de nos vœux, doivent donc se faire sous condition de proportionner, 1° le taureau à l'état et aux formes de la race qu'il doit croiser. Ainsi, croyant arriver d'un seul coup au mieux possible, des propriétaires, placés dans les départements de l'est, ont produit les métis les plus difformes, en croisant l'espèce si chétive de leurs vaches avec les plus puissants taureaux qu'ils ont été choisir en Suisse. 2° De proportionner la taille de ce taureau avec les moyens d'alimentation qu'on aura préparés pour les métis qui doivent en provenir.

C'est-à-dire que nous subordonnons toute entreprise de croisements à l'amélioration rurale, et, avec cette amélioration, aux rapports qui doivent se trouver entre la race croisante et la race croisée ; car avec un très mauvais régime, un animal très dégénéré auquel il suffira, vaudra beaucoup mieux qu'un individu de qualité supérieure que ce régime laisserait en souffrance. Comme aussi un individu chétif dont on change le régime prospère de façon à étonner, et atteint quelquefois en croissance ceux de race supérieure qui étaient accoutumés à ce meilleur régime.

Ainsi le seul changement de nourriture résultant d'une amélioration rurale par laquelle on aura remplacé une jachère par un trèfle, donnera aux bestiaux un développement inattendu. Or, c'est à ce développement, et dans ce cas seulement, que nous estimons convenable d'aider par un croisement judicieux avec un taureau assorti à l'espèce et propre à corriger ses défauts de conformation.

Il y a beaucoup à faire en France dans ce double but; car c'est un des pays de l'Europe les moins bien peuplés en bétail à cornes. Mais aussi le moment arrive où l'amélioration rurale d'une part et les besoins de la consommation de l'autre doivent provoquer l'amélioration de la race bovine, à la suite de celle qui s'est opérée sur les bêtes à laine.

Celle-ci a dû la précéder, en effet, en ce qu'elle était dans le domaine des agronomes et de la grande propriété qui dispose des capitaux considérables comme des grandes superficies. La vache, au contraire, est essentiellement l'animal domestiqué de la petite propriété, aux besoins de laquelle elle pourvoit par son lait, son engrais et souvent par son travail. La vache se nourrit de débris, s'en va, conduite à la corde par la petite fille, chercher partout le brin d'herbe qu'elle découvre avec une sagacité toute particulière, et ses produits augmentent dans la proportion où abondent ces brins d'herbe. La ménagère est soigneuse de les lui réserver, car dès le matin l'abondance du lait qu'elle distribue à sa famille la récompense amplement du soin qu'elle a donné à la nourriture de la vache, compagne du bien-être de la chaumière.

L'amélioration de l'espèce bovine doit donc être à l'ordre du jour dans un pays où la propriété se subdivise sans cesse, où par conséquent la petite culture se substitue à la grande, en même temps que cette culture reçoit le genre d'amélioration dont elle est susceptible, savoir : l'adoption faite en petit du trèfle, de la luzerne et des tubercules, soit betteraves, soit pommes de terre.

Sans toutefois que l'on puisse inférer de là que l'amélioration des bêtes à cornes puisse devenir très notable en France, à moins que, d'une part, le bon sens des cultivateurs ne les porte à substituer, autant que possible, le travail des bœufs à celui des chevaux ; à moins que ces cultivateurs n'apprennent à tirer un meilleur profit de leur laitage, en imitant ce qui se fait en Suisse, en Franche-Comté et dans la Vendée, c'est-à-dire des sociétés pour fabriquer en commun des fromages d'une longue conservation ; à moins enfin que les habitudes du pays ne changent, et qu'il n'en vienne à consommer beaucoup plus de produits animaux qu'il ne le fait aujourd'hui. En admettant même ces diverses circonstances, l'amélioration de l'espèce bovine restera circonscrite par celle des bêtes à laine, qui demeureront toujours maîtresses du sol dans ce qu'on appelle les pays à moutons, pays dont la France abonde, grâce à la disposition du sol dans ses contrées diverses.

Peu d'agronomes, enfin, resteront fidèles aux soins de l'amélioration du gros bétail, parce que les profits ne peuvent en être que faibles, et nous les verrons se dépiter, comme il en a été à Roville, d'abord contre la vacherie, puis contre l'engraissement des bœufs, et on les échangera contre des bêtes à laine, partout où la nature des lieux le permettra ; par cela seul qu'elles font ressortir à un meilleur prix le fourrage qu'elles ont consommé.

C'est au travers de toutes ces résistances, c'est là surtout où les ayants droit auront décidé entre eux du partage ou de l'amodiation des communaux, que l'amélioration des bêtes à cornes pourra s'accomplir.

Alors nous conseillerons à tous les cultivateurs des départements de l'est, à savoir du Dauphiné jusqu'aux Ardennes, de s'approvisionner de taureaux qu'ils auront le soin d'aller quérir, non pas en Suisse, où ils sont beaucoup trop puissants pour s'assortir avec leurs vaches et avec leur râtelier, mais dans le Charolais ; à ceux des départements qui occupent le nord du royaume, d'aller choisir en Belgique ou en Angleterre de beaux individus pris dans les races d'élite de ces pays, lorsqu'ils auront épuisé ceux que la Normandie est en mesure de leur fournir. En revanche, nous pensons que de beaux taureaux de la race rouge de Suisse croiseraient avec avantage les races des pays montagneux du centre, en ce qu'ils imprimeraient à leurs produits les formes qui les rendraient puissants pour le travail et avantageux pour l'engraissement ; tandis que, plus au midi, ils ne doivent, sous aucun prétexte, croiser ni altérer une race qui s'accorde avec le climat, comme avec les travaux qu'elle est chargée d'exécuter.

L'amélioration des bêtes à cornes, d'après les conditions agricoles de la France, y doit être lente et se borner à suivre la marche de l'amélioration rurale, et principalement celle de la petite culture. Car elle ne promet aucun avantage qui soit de nature à exciter l'émulation des grands améliorateurs, si ce n'est de ceux qui exploitent des terres où les moutons ne sauraient s'établir à demeure. Loin de tendre à restituer la charrue aux bœufs qui la traînaient jadis sur le plus grand nombre des exploitations agricoles, d'où on les a bannis pour y substituer les chevaux et les mulets, les cultivateurs, allant à contre-sens dans leur intérêt bien entendu, poursuivent ce remplacement, et rien n'annonce qu'ils s'apprêtent à revenir de leur erreur. Erreur dont nous croyons qu'une des principales causes tient à leur caractère actif et impatient; lequel s'accommode mal avec les dispositions lentes et pesantes du bœuf. Le claquement perpétuel du fouet, dont le bruit insupportable retentit sans relâche, et qui plaît tant au charretier français, perd son prix auprès des sensations inertes du bœuf; et il suffit d'un motif qui tient au personnel des laboureurs pour écarter et faire perdre peu à peu l'habitude de s'en servir.

Nous avons vu enfin de quelle manière se faisait l'approvisionnement des bœufs que consomment les grandes cités. Cet approvisionnement pourvoit à leurs besoins actuels; et quant aux villes petites et moyennes, elles se contentent, ainsi que les bourgs, du plus chétif approvisionnement. En effet, la gastronomie des petites cités trouve à se satisfaire à l'aide de la volaille qui abonde partout en France, du poisson et du gibier; et le surplus des besoins se contente à bon marché de la vache, du porc, du veau et du mouton, qui sont à la portée de toutes les fortunes comme de toutes les localités. Il ressort de là, que les abatteurs de ces moyennes et petites villes courraient le risque de ne pas trouver, dans le temps donné, le débit d'un bœuf gras de 500 kilogrammes, s'ils s'avisaient de vouloir en amener de tels à leur boucherie. Ils se gardent par conséquent d'en demander à l'agriculture, comme l'agriculture d'en produire de pareils. Il faut donc attendre que le temps ait établi des rapports équivalents entre la consommation et la production, pour que celle-ci puisse faire de grands progrès.

CHAPITRE III.

Des bêtes à laine.

A l'époque où Arthur Young voyageait en France, l'importation des mérinos, à Rambouillet, comptait déjà trois années d'existence; mais les résultats étaient encore dans le domaine des expériences; les savants s'en occupaient seuls, et les agriculteurs ne se doutaient pas de la grande révolution qu'elle devait occasionner dans leurs cultures et dans leurs troupeaux.

Renfermé dans le parc auquel il a donné tant de célébrité, ce troupeau s'y développait ignoré du public, et ce n'est que dix ans après son importation, que ce public, convaincu à la fois de la supériorité de cette race et de la possibilité de l'élever en France, a paru aux ventes qui s'ouvrirent à Rambouillet. Ce n'est qu'alors qu'a commencé, par les produits de ce troupeau, une amélioration qui devait être si prompte et aussi décisive pour la prospérité de l'agriculture française.

Young ignorait donc ce que pouvait devenir cette amélioration, lorsqu'il traçait le tableau de l'état où était alors l'industrie des bêtes à laine dans le royaume.

Quel était alors cet état?

Il n'y avait nulle part ce qu'on peut appeler des races de bêtes à laine, si ce n'est dans le midi, en Berry et dans le nord du royaume, où l'on retrouvait la grande espèce flandrine plus ou moins dégénérée. Nulle part, si ce n'est dans les provinces méridionales, il n'existait des troupeaux importants soumis à des soins réguliers et destinés à la reproduction des élèves. On ne trouvait quelque finesse que dans les laines provenant des races du Berry et du Larzac; le reste de cette production offrait tous les mélanges et tous les degrés de l'abâtardissement.

Les moutons étaient généralement élevés par petits lots, sans ordre ni soins, dans les contrées les plus ingrates; le commerce les rassemblait à l'âge de deux ans, pour les conduire dans les pays de grande culture, où ils prenaient de la graisse en parquant les terres, jusqu'à ce que, ayant acquis l'embonpoint nécessaire, ils étaient conduits sur les marchés et livrés aux abattoirs.

Toutes les espèces se trouvaient mélangées par l'effet d'un tel système. Les moutons élevés pour la plupart dans la petite culture, sur des régions montagneuses, ou dans les mauvais pâturages des pays d'ajoncs, manquaient partout de provisions pour l'hiver, en sorte qu'ils ne prospéraient que pendant la belle saison. Avec un tel régime, on conçoit que l'espèce prenait quelque volume là où le pâturage était naturellement riche, ainsi qu'il en est dans la Normandie et la Picardie; mais qu'elle demeurait chétive dans tous les sols pierreux, maigres et rocheux.

L'art du cultivateur n'avait donc rien fait pour l'amélioration des troupeaux, avant que M. Daubenton vînt en fixer les principes, ni par un choix d'espèce et de générateurs, ni par un bon régime de nourriture. Aussi les fabricants ne pouvaient-ils se procurer, dans la généralité du royaume, aucun assortiment de laine ; on en trouvait à peu près dans chaque troupeau de toutes les sortes et de toutes les teintes. Aussi les étoffes de premier choix ne se confectionnaient qu'avec des laines d'Espagne.

Cependant, au milieu de ce désordre, on pouvait distinguer quelques races dont le type était arrêté et dont les laines assorties étaient d'une bonne qualité.

Au premier rang de ces races, il faut placer celles des régions méridionales, non-seulement parce qu'elles fournissent une laine égale, forte, et dont les assortiments font de la bonne draperie commune, mais parce qu'elles donnent des sujets de forte taille et de belles formes, avantage que ces races doivent à la douceur d'un climat qui conserve une végétation d'hiver, et procure ainsi aux bêtes à laine un pâturage perpétuel. Elles les doivent aussi à ce qu'elles sont dans ces régions le seul animal domestique que le climat tolère, et qui fournisse à la fois l'engrais, le laitage et la viande que le pays consomme.

Aussi, l'espèce est-elle généralement très supérieure dans toute la portion du midi où il n'y a pas de bêtes à cornes, c'est-à-dire de Montélimart jusqu'à Toulouse, espace qui comprend tout le littoral de la Méditerranée. Dans cet espace, les cultivateurs, et nommément ceux du Languedoc, prodiguent tous leurs soins aux bêtes à laine, dont l'engrais doit servir à faire croître les productions précieuses de ces régions. Ils leur réservent les recoupes de luzerne, les regains des prés arrosés, les feuilles du maïs, et ils vont jusqu'à conserver pour elles dans la saumure les dernières feuilles de la vigne et du mûrier.

Dans le nombre des espèces de bêtes à laine qui peuplent le midi de la France, il faut distinguer :

1º Une espèce plus fine, venue évidemment d'Espagne à une époque ignorée et qu'on trouve dans le Roussillon et dans la partie de l'Aveyron qu'on nomme le Larzac. Leur laine s'employait à Carcassonne pour la confection des bérets et des draps lévantins. Aujourd'hui le métissage a répandu dans tous les alentours les qualités de laines propres à cet emploi;

2º Une espèce plus grossière, que nous appellerons provençale, et de laquelle se rapprochent plus ou moins toutes les autres variétés du midi.

La race provençale atteint à son plus beau type dans les troupeaux transhumans qui pâturent pendant l'hiver dans les steppes de l'île de Camargue. En fait de lainage, de taille et de formes, ces troupeaux laissaient en effet peu à désirer. Leur laine forte, égale et tassée fournissait des toisons du poids de deux à trois kilogrammes, et l'animal, nourri de plantes à soude, fournissait une chair d'une qualité rare. Nous avons nous-même, il y a maintenant trente ans, commencé sur ces troupeaux les premiers essais de métissage. Secondés par l'établissement d'une bergerie qu'y avait fondée le gouvernement, nous avons vu ce genre d'entreprise se développer au point qu'il ne reste aujourd'hui qu'un petit nombre d'individus de la race-mère, et qu'elle est venue s'absorber dans les métis qu'y a produits la race mérine, sans avoir d'ailleurs changé le régime auquel étaient astreints ces troupeaux.

La race transhumante, qu'on hiverne dans les cent lieues carrées qui forment le delta du Rhône, compte plus d'un million de têtes, et voyage chaque printemps des rivages de la Méditerranée sur les hautes Alpes de la Provence et du Dauphiné, où ils pâturent pendant l'été.

Les procédés de cette industrie sont les mêmes que ceux qu'on suit en Espagne et en Italie, c'est-à-dire partout où il y a des montagnes et un désert à portée les unes de l'autre. Le désert a fait naître l'industrie, mais aussi l'industrie à son tour conserve le désert, parce qu'elle rend son exploitation commode et profitable.

Le profit résulte à la fois de l'absence de tous les faux frais de construction et de toutes les avances d'exploitation ; et la commodité résultant de ce que rien n'est si facile et ne demande moins de prévision qu'une agriculture où tout consiste à lancer des troupeaux sur des steppes où ils pourvoient eux-mêmes à leur nourriture. Ainsi, un hectare de la Camargue nourrit trois brebis avec leurs agneaux, et rapporte 9 fr. à son propriétaire, sans qu'il ait à faire aucuns débours.

Depuis que nous avons quitté ces contrées, il s'y opère de grands changements, ainsi que nous en avons pu juger par les écrits du baron de Rivière et de M. le comte de Gasparin. La compagnie des dessèchements s'en est emparée, dans l'espoir qu'en dessalant le sol au moyen des irrigations d'eau douce, on lui rendrait toute la fertilité arable d'un sol d'alluvion.

Après avoir quitté le midi, il fallait aller jusqu'au Berry pour retrouver, au milieu du mélange informe de tous les types de brebis et de toutes les qualités de laines, une race arrêtée et une laine homogène. Aussi avait-elle, comme l'espèce du Roussillon et du Larzac, une réputation faite et des marchés ouverts; mais, précisément aussi en raison de cet avantage, c'est la province où l'introduction des mérinos a été la plus lente et où les propriétaires ont le plus résisté au croisement qu'on leur proposait.

La race flandrine à grand corsage et à laine longue occupe le département du Nord et se retrouve sur quelques points de ceux de l'ouest; elle s'est introduite, par quelques croisements, dans l'espèce picarde, dont elle a grandi la taille. C'est la seule en France qui fournisse de la laine de peigne; mais trop faible et trop inégale pour supporter ce traitement, elle se feutre et donne un grand déchet à la fabrication.

Tel était le pauvre état où se trouvait l'industrie des bêtes à laine en France, lorsque les longs efforts des Tessier et des Daubenton furent enfin couronnés de succès. Un mouvement nouveau, imprimé par les circonstances générales dans lesquelles la guerre avait placé le commerce des laines, dirigea l'attention simultanée d'un grand nombre de propriétaires vers cette production, et le premier symptôme de ce fait s'annonça par une demande inattendue des béliers mérinos de Rambouillet, qu'on croisa avec des brebis de la Beauce et de la Picardie.

Ce mouvement devint bientôt général, et la multiplication des bêtes à laine étant rapide, on vit naître de nombreux troupeaux métis; tandis que l'espèce pure, soigneusement élevée, multipliait de son côté d'après la proportion de cette race.

Pour accélérer la reproduction de la race pure, le

gouvernement obtint, par un article du traité de Bâle, le droit d'importer quatre mille mérinos choisis dans les plus belles cavagnes de l'Espagne. M. de Lessert se chargea de faire cette importation. La guerre survenue bientôt entre les deux royaumes permit de tirer encore d'Espagne de nombreuses importations, au nombre desquelles les plus remarquables ont été celles du duc de Montebello, du général Solignac, et celle qu'on a vue à Malmaison, et dont une portion fut remise à M. de Vitrolles. Dans ce nombre enfin s'est trouvée une petite traite faite par M. Fonce de Niort, laquelle, acquise par MM. Girod et conduite à Naz, y est devenue, par les soins les mieux entendus, la souche de ce troupeau célèbre.

Cette guerre faisait en même temps renchérir les laines, en sorte que celles du cru de France se vendaient à des prix élevés, en dépit des mauvaises raisons que prodiguaient alors les fabricants pour prouver qu'elles ne valaient rien. Ces toisons, dont on obtenait de 5 à 6 fr. le kilo, donnèrent une haute valeur à l'animal qui les produisait, et l'on vit, pour la première fois en France, des capitaux se placer en améliorations agricoles et des spéculateurs avancer des fonds aux fermiers et associer leurs espérances aux bénéfices que devaient donner les troupeaux acquis par ces capitaux.

Le plus remarquable de ces bénéfices est provenu d'une vente de 300 mérinos faite au prince d'Esterhazi, pour le prix énorme de 240 mille francs, et à laquelle nous avions nous-même fourni un contingent. Cependant le meilleur jeu dans cette entreprise a été celui des joueurs à la baisse : car il était évident que dans de telles circonstances, la propagation des troupeaux à laine fine, soit purs, soit métis, devait avoir lieu sur des échelles immenses, et qu'après avoir atteint à peu près le point de saturation, la hausse des prix devait tomber avec la fin du monopole.

C'est aussi ce qui est arrivé. Les laines offertes aujourd'hui de toutes parts se sont réglées sur le prix moyen du revient de leur production, comme sur celui de leur part dans la production des tissus, et les animaux sont retombés à leur valeur intrinsèque et agricole. Il ne peut plus y avoir de monopole que pour le petit nombre de ceux qui, par des soins minutieux et constants, sont parvenus à conserver dans leurs troupeaux des types supérieurs de formes ou de finesse, à l'aide desquels ils ont acquis le privilége de fournir les étalons et les brebis dont on a besoin pour remonter les troupeaux qu'on a laissé dégénérer.

Mais il n'est pas moins résulté de ce mouvement un bénéfice immense pour l'agriculture de la France dans la conquête qu'elle a su faire de cette nouvelle production. Ce bénéfice se divise en plusieurs branches qu'il faut savoir apprécier.

Il s'est concentré, sans doute, principalement dans la grande plaine qui s'étend de la Loire à la mer du Nord, parce que c'est essentiellement dans cette région que domine la grande culture, et que là, par conséquent, se trouvent les conditions nécessaires à l'établissement des grands troupeaux : c'est-à-dire les vastes superficies, les grands capitaux et les marchés où se vendent, soit les laines, soit les animaux engraissés.

En effet, l'industrie des laines fines ne pouvait s'établir que là où se trouvait de la grande ou de la moyenne culture, et si elle a bien réussi dans les régions montagneuses, c'est grâce à ces montagnes qui offraient aux troupeaux, pendant cinq mois d'été, un parcours dont la finesse et le climat convenaient de tous points aux mérinos. Car cette industrie exigeait pour première condition que le troupeau où l'on introduisait des béliers fins fût assez considérable pour que leurs produits pussent dédommager du prix de leur achat, et pour seconde que le nombre de têtes de ce même troupeau fût tel qu'il pût couvrir les frais du berger auquel on en confiait le soin.

Or, ce berger devait être à la fois expérimenté et capable. Le troupeau qu'il avait en garde devait donc compter environ 200 têtes pour que les frais du personnel ne dépassassent pas 3 fr. par tête de mouton. Ce qui suppose la disposition d'un parcours d'au moins 40 ou 50 hectares, non compris les aliments d'hiver.

Beaucoup de propriétaires ont, sans doute, essayé d'établir des troupeaux fins dans des provinces plus distantes de la capitale; mais ces troupeaux y sont restés pour la plupart isolés les uns des autres; ils ne se sont pas emparés du pays pour y fonder une race, et ils ont éprouvé de grandes résistances pour s'ouvrir des marchés, soit pour les laines, soit pour les animaux, parce qu'ils n'ont pas pu offrir des masses de produits capables d'attirer des chalands. Ces troupeaux placés de la sorte, dans des circonstances défavorables, loin d'exciter les cultivateurs du voisinage à s'engager dans cette industrie, les en ont, au contraire, éloignés.

Un grand nombre de petits propriétaires, alors que

l'espèce fine s'est répandue, ont introduit des béliers dans leurs petits troupeaux ; mais sans y mettre ni méthode ni soins, ils ont ainsi métisé à un degré quelconque leur espèce locale, et n'ont par là obtenu aucune supériorité de produits, ni rien qui pût avoir des suites avantageuses. Ils ont tant soit peu augmenté le volume de leurs toisons, mais ils ne sont pas arrivés à produire des assortiments pour le commerce.

Ce n'est donc encore que là où se trouvent de la grande culture et de vastes parcours, soit dans les steppes, soit sur les montagnes, que la race mérinos s'est établie et indigénée. On peut même dire que les anciennes espèces locales ont presque disparu de ces contrées, et on n'y en revoit quelques individus que parmi ceux des moutons qu'on fait venir de loin pour parquer les terres.

C'est précisément parce que les troupeaux fins, dont l'éducation exige une meilleure nourriture et plus de soins, se sont indigénés sur les localités que nous avons indiquées ; c'est à cause de cette exigence que l'introduction de ces troupeaux a exercé une si grande influence sur l'agriculture de ces mêmes contrées.

Il s'y est formé une école de bergers, parmi lesquels les bonnes méthodes, après avoir été si longtemps et si vainement prêchées par Daubenton, se sont répandues au point d'être devenues maintenant la pratique générale du pays. Il en a été ainsi, parce qu'il y a eu de l'émulation entre ces bergers, et cette émulation a eu pour mobile le haut prix des animaux confiés à leurs soins, le grand intérêt qu'y portaient les propriétaires et le cas que le public en faisait. Ils se sont trouvés ainsi en présence d'une opinion publique à laquelle l'agriculture avait été jusqu'alors étrangère, et ce grand levier a agi sur les pâtres de la Beauce, comme sur tous ceux qui en reçoivent l'impression pour la première fois. L'importance qu'ont acquise ces bergers a été jusqu'à leur donner une teinte de pédanterie ; mais il ne faut pas s'en plaindre, car elle a servi à donner à leurs voisins une haute opinion d'eux, en même temps qu'ils en gardaient une plus haute encore d'eux-mêmes.

Dès lors les troupeaux ont été gouvernés en France d'après un bon système. Ce système a fait autorité, et de proche en proche les troupeaux, même ceux de races communes, ont éprouvé à leur tour l'effet de cette amélioration, effet que le temps doit rendre chaque jour plus efficace, si ce n'est dans ces provinces arriérées, où tout en agriculture est encore chétif et languissant.

Après avoir donné de meilleurs bergers aux troupeaux, il fallait les placer dans des bergeries saines et bien tenues ; il fallait enfin mettre à leur portée des moyens suffisants d'entretien, car que n'aurait-on pas fait pour des brebis dont les produits se vendaient à si haut prix ?

Aussi a-t-on construit de telles bergeries partout où l'on s'apprêtait à loger des mérinos. On les a pourvues de litières abondantes, afin de conserver la beauté des laines, et on a du même coup ajouté à la masse des engrais. On a préparé des luzernes, des trèfles, des sainfoins pour la nourriture des troupeaux, on a cultivé des racines pour ajouter à cette nourriture, et l'on a ainsi adopté et répandu, dans un intérêt spécial, la culture des prairies artificielles, et tracé l'ébauche d'un système d'assolement que le temps et l'expérience n'auront qu'à compléter.

Tel est le point ou l'industrie des bêtes à laine est parvenue, après une période d'un tiers de siècle. La France possède aujourd'hui une masse considérable de troupeaux fins ou affinés ; une partie même de ces espèces grossières s'est améliorée par l'exemple que les éducateurs de mérinos ont donné à tous les cultivateurs. Des bergers plus entendus gouvernent ces troupeaux, leurs bergeries sont mieux disposées et l'agriculture a préparé des fourrages artificiels et des racines pour l'aliment de ces animaux.

Les fermiers ont donc appris, suivant le vœu qu'Young exprimait il y a cinquante ans, qu'on pouvait faire de l'argent avec autre chose que du blé.

Mais en se livrant à l'affinement des troupeaux, les cultivateurs français étaient pour la plupart dans une inexpérience complète des qualités intrinsèques que devaient avoir les laines qu'ils s'efforçaient d'obtenir. Ils ignoraient les moyens de les perfectionner et manquaient des points de comparaison qui leur auraient appris ce qu'ils ignoraient.

Ils manquaient même des renseignements que les fabricants auraient pu leur donner à cet égard : car ces mêmes fabricants, accoutumés qu'ils étaient à n'acheter leur laine qu'en Espagne, ne savaient la comparer qu'à elle-même et ne distinguaient ce produit qu'autant qu'il avait été traité sous la forme à laquelle ils étaient accoutumés par les envois qu'ils en recevaient. Ces fabricants se bornaient donc alors à déprécier les laines indigènes, sans savoir motiver même leur dédain, et sans pouvoir apprendre aux producteurs de laine en quoi péchait leur production.

Cependant le haut prix, occasionné par les circonstances où s'étaient élevées les laines d'Espagne, forçait les fabricants à payer chèrement ces laines indigènes. Ils les payaient non-seulement chèrement, mais sans distinction de choix ; soit que dans la pénurie on se montre facile, soit qu'ils ne sussent pas apprécier suffisamment la qualité d'une laine qu'on ne leur présentait qu'en suint. Le producteur, dans de telles circonstances, semblait donc n'avoir d'autre intérêt que de produire la plus grande quantité de laine possible, puisqu'on se refusait à lui payer la prime qu'auraient dû lui valoir la finesse et la qualité de sa production.

A la suite de cette inexpérience et de ces tâtonnements, il s'est manifesté une tendance assez générale à ne produire que des toisons pesantes et par conséquent à choisir pour la reproduction les animaux les plus tassés, sans avoir égard à leur finesse. Cette tendance, d'ailleurs, était excitée par ces motifs, que les moutons les plus tassés sont aussi ceux dont les formes sont les plus belles, dont la vigueur et le poids dépassent ceux des autres ; c'est-à-dire que ces moutons sont ceux qui donnent la plus belle apparence à un troupeau, qui s'engraissent le mieux et acquittent le mieux l'octroi.

En négligeant ainsi les conditions de finesse dans le choix des générateurs, les productions, au lieu de se rapprocher d'un type commun qui leur aurait été donné par caractère d'uniformité de choix, ont tendu au contraire à désassortir les laines et les animaux, parce qu'elles se sont rapprochées au hasard de tous les types inférieurs.

La plupart des éleveurs de troupeaux, loin de s'occuper à pourvoir à ce que leur nourriture fût à peu près la même en toutes saisons, les ont laissés tantôt se repaître surabondamment, et tantôt jeûner; différence dont l'action détériore promptement l'égalité et la finesse du brin de laine.

Il est arrivé de ces diverses circonstances que les fabricants, devenus plus justes appréciateurs des laines indigènes et rendus plus difficiles par leur abondance, n'ont pas trouvé à former dans les troupeaux de France des piles assorties et propres à servir à leurs divers genres de fabrication. Ces piles n'ont pu s'obtenir que par le triage qu'ils étaient obligés de faire dans une multitude de toisons. Opération fatigante pour les fabricants, en ce qu'elle les charge de masses de laines impropres à leur genre de travail et qu'ils sont obligés de replacer comme ils le peuvent.

Cet inconvénient est devenu d'autant plus saillant pour les manufacturiers, qu'ils ont trouvé de tels assortiments dans les laines fines que l'Allemagne leur a offertes sous le nom de laines de Saxe.

Que s'était-il en effet passé en Allemagne pendant la période de cette industrie dont nous venons de tracer l'histoire?

Les gouvernements et les grands propriétaires de ces pays de grande culture avaient aussi importé des mérinos soit d'Espagne, soit de France. Ces animaux placés sur les vastes et fertiles pâturages d'un pays moins chargé de population, confiés aux soins d'une race de pâtres plus patients que les Français, plus naturellement pasteurs, plus enclins à donner les soins que demandent les troupeaux, ont été gouvernés avec plus de méthode et de suite.

Partout dans ces grandes cavagnes on a fait ce que négligeaient les Espagnols eux-mêmes, c'est-à-dire le choix d'un troupeau d'élite, trié parmi les individus les plus fins et tenu à part du reste. Les animaux de cette élite ont été seuls admis à fournir les béliers de monte; en sorte que les soins et l'hygiène les mieux entendus, prodigués à ces troupeaux, sont parvenus à leur imprimer un seul et même type, dont la finesse et l'égalité des toisons étaient l'unique but; car dans ces régions la viande est trop abondante et de trop minime valeur pour entrer en comparaison avec celle des laines.

Ces mêmes laines étant destinées à être transportées au loin par le commerce pour y chercher un emploi qu'elles ne sauraient trouver à proximité, ne pouvaient se livrer en suint par les producteurs. Obligés de les préparer par un lavage, il les ont en même temps assorties en primes, secondes et tierces; en sorte qu'elles arrivent aux fabricants d'Angleterre, de Belgique et de France sous la forme qui leur est la plus convenable.

L'industrie des mérinos en était à ce point, lorsque les producteurs et les fabricants français ont réciproquement senti qu'ils s'étaient placés dans de faux rapports les uns vis-à-vis des autres. Les fabricants en donnant une préférence marquée aux laines d'Allemagne sur les laines indigènes, et les producteurs en ayant négligé de faire ce qu'il aurait fallu pour s'attirer cette préférence.

Ce fut alors qu'il se fit une enquête dans le but d'obtenir un rapprochement entre ces deux classes, entre les producteurs et les acheteurs. Un jury fut nommé dans cette intention; il chercha à s'éclairer et y parvint.

Une société pastorale établie aux pieds du Jura s'était occupée pendant vingt-cinq ans de perfectionner la finesse des laines d'un troupeau de mérinos extrait d'Espagne.

Placé dans de vastes bergeries ombragées de sapins, ce troupeau cherchait sa pâture d'été parmi les herbes menues qui tapissent les pentes calcaires du Jura; tandis qu'on amassait ses provisions d'hiver dans les prairies arrosées par les ruisseaux que la montagne verse dans la vallée. C'est dans ce séjour agreste où cette société est parvenue, en choisissant sans cesse pour la reproduction les animaux les plus parfaits, à créer une race dont le lainage réunit toutes les qualités qui le rendent précieux.

Ces agronomes ont perfectionné les laines de leur troupeau, non-seulement par la sévérité dans le choix des générateurs, mais aussi par une étude suivie du mode d'entretien le plus propre à conserver la finesse et l'égalité du brin de la laine. Ils ont trouvé que ce mode consistait essentiellement à donner aux troupeaux pendant tout le cours de l'année une nourriture modérée, mais aussi égale que possible; en sorte qu'ils n'eussent jamais des alternatives de maigreur et d'embonpoint : secret inconnu des cultivateurs jusqu'à ce qu'il leur ait été dévoilé par les écrits de M. le vicomte Perrault de Jotems.

C'est ainsi que s'est formé le célèbre troupeau de Naz ; c'est ainsi que l'époque est venue où ses propriétaires ont dû recueillir le fruit de vingt-cinq années d'études, de patience et de soins. Cette époque a été celle où, peu satisfaits des qualités moyennes des laines indigènes, on a fait la revue de ce que la France produisait de distingué, afin d'y chercher des modèles et des types pour ceux des cultivateurs qui auraient le dessein d'améliorer leurs troupeaux.

Cette épreuve a démontré que la France pouvait, dans les localités qui y sont favorables, produire des laines superfines, aussi bien que l'Allemagne, pourvu qu'à l'exemple de Naz, on choisît sévèrement les générateurs d'après la finesse et non d'après le poids de leurs toisons, et qu'on réglât le régime des troupeaux sur leurs principes adoptés dans l'établissement que nous avons cité.

Avec ces deux conditions soigneusement remplies, on parviendra, en plus ou moins de temps, à affiner les laines, à les rendre égales, fortes et moelleuses, sans avoir à perdre sur la valeur des toisons, bien que leur poids soit moindre ; car les expériences de la société de Naz ont prouvé ce grand point, que la valeur numérique d'une toison n'était pas en raison de son poids absolu, mais du plus grand poids relatif qu'elle donnait en laine prime.

Il n'y a donc rien à perdre sur le moindre poids de ces toisons, pourvu toutefois qu'on ne les vende qu'après en avoir fait le triage et l'assortiment, sans quoi la mieux-value appartient au fabricant qui en a fait l'acquisition en suint. La condition première de l'affinement des troupeaux tient donc à l'établissement de lavoirs à proximité, où le triage et l'assortiment des laines se fassent en commission, ainsi qu'il en est, tant en Espagne qu'en Allemagne.

De tels établissements ne peuvent se fonder, sans doute, que dans les localités où les troupeaux fins se sont, en quelque sorte, emparés du pays ; c'est-à-dire là où la denrée abonde. Or, la dispersion de ces troupeaux, dans leur origine, explique seule l'incurie avec laquelle les propriétaires français ont consenti à laisser, depuis plus de trente ans, à la merci des marchands, le bénéfice qu'ils faisaient seuls sur le triage et l'assortiment de leurs laines. La perte annuellement réalisée sur l'abandon des laines primes vendues en suint avait découragé à son tour les cultivateurs de chercher à en produire. Ils se sont efforcés, au contraire, d'accroître le poids de leurs toisons, ce poids étant pour eux la seule base du prix qu'ils en obtenaient.

Mais les expériences faites et publiées à cet égard par la société que nous avons citée, tant à Naz qu'à Croissy auprès de Paris, ont démontré la manière de traiter les laines pour en obtenir toute leur valeur, et il est temps que ces méthodes s'établissent, afin de donner à l'amélioration des laines l'indispensable encouragement qui lui a manqué jusqu'ici.

Nous devons marquer ici le commencement de la troisième époque que l'industrie des laines est appelée à parcourir ; désignant, comme étant la première, celle dont l'unique but avait été l'introduction de la race mérine, c'est-à-dire depuis l'arrivée du troupeau de Rambouillet jusqu'à la fin des importations de M. de Lessert, et regardant comme la seconde celle où les propriétaires n'ont été occupés que du soin de multiplier l'espèce par toutes les voies possibles. Aujourd'hui il s'agit de choisir, d'affiner, d'améliorer systématiquement le grand nombre des troupeaux que l'on a créés durant le cours de la seconde période.

Tel nous semble être le problème qui reste à résoudre. Les faits qui se sont passés à Naz démontrent que sa solution n'a rien d'impossible; mais il est, avant d'y arriver, un point de vue plus général, sous lequel il importe de considérer cette question.

Les contrées orientales de l'Europe n'ont été jusqu'ici que faiblement peuplées; une grande portion de leur sol appartient même encore à la culture nomade; les troupeaux y abondent, et par conséquent tous les produits animaux; les troupeaux vivent dans les steppes, dont le capital foncier est à peu près nominal, et n'est, par conséquent, chargé d'acquitter que le plus minime intérêt. Les frais occasionnés par la garde des bestiaux sont eux-mêmes modiques. L'introduction des mérinos dans de telles contrées a donc été, pour les propriétaires, un bénéfice énorme, puisque leurs toisons ont plus que doublé leurs revenus. La chair des moutons étant à peu près sans prix, par défaut de consommateurs, ces propriétaires ont, d'une part, apporté leur unique soin au perfectionnement des laines que le commerce leur achetait, puisqu'elles composaient la presque totalité du revenu de leurs troupeaux. Non-seulement ils ont amélioré leur lainage, mais ils ont pu le céder à des prix inférieurs, par cela seul que le revient en était très inférieur à celui des laines qu'on fait croître là où le capital de la terre est beaucoup plus cher, où les frais de manutention s'élèvent bien au-dessus, et où enfin les besoins de la consommation donnent à la chair de l'animal une valeur tout autre.

Dès lors aussi la production de la laine n'est plus que d'un intérêt relatif pour les cultivateurs qui se proposent d'obtenir de leurs troupeaux, non-seulement des laines, mais des engrais pour leurs terres, en les y faisant parquer, et des moutons gras à présenter aux marchés de Sceaux et de Poissy.

Ainsi, en ne s'occupant que de l'affinement de leurs laines, ils craignent de perdre sur le parc et l'engraissement. En les affinant, ils craignent de voir diminuer le poids de leurs moutons, et de s'exposer à les voir rebuter par ceux qui doivent en payer l'octroi. Ils craignent enfin qu'après avoir bravé ces considérations, et en dépit des droits établis sur l'entrée des laines étrangères, ces laines n'en viennent pas moins faire concurrence aux leurs, parce que leur revient les met à même de supporter ces droits.

Mais il est une réponse à ces questions, un terme à ces craintes.

Sans doute qu'il viendra beaucoup de laines des steppes orientaux de l'Europe; il en viendra de fort belles, parce que ces contrées leur sont éminemment favorables; sans doute qu'elles pourront se livrer à bas prix au commerce, car elles supporteront tous les droits, hors la prohibition; parce que, au moyen du Drawback, tous les droits sont illusoires, et que sans Drawback, l'exportation des objets fabriqués deviendrait nulle. Sans doute que le prix des laines indigènes en sera affecté; mais quel que soit ce prix, la terre peut-elle se passer d'engrais et la population d'aliments? Il faut nécessairement que la culture entretienne des troupeaux ; il faut, nous le répétons encore, qu'elle supporte la perte qui est attachée à la production de l'engrais.

Ce fait admis, le problème se resserre et ne consiste plus qu'à pourvoir, avec le moins de perte possible, à la production des engrais et aux besoins de la consommation. Or, le meilleur moyen de réduire cette perte est encore d'ajouter au produit de la viande et des engrais la valeur des laines.

Dès que l'on en vient à considérer les bêtes à laine comme des animaux nécessaires à l'agriculture et à la consommation, ce n'est plus sous le rapport de leur profit absolu, mais de leur profit relatif qu'il faut les envisager ; et sous ce dernier point de vue, il faut reconnaître que, entre tous les animaux domestiques, après les porcs, ce sont les bêtes à laine qui paient le mieux leur nourriture; et parmi ces dernières, celles dont la toison a la plus haute valeur.

Mais ce qui s'est opposé à ce que la tendance vers la production des toisons superfines ait été générale en France, ainsi qu'elle aurait dû l'être, c'est qu'on a fait de ce degré de finesse un caractère d'exclusion pour la taille des animaux et le poids des toisons ; en sorte que les animaux superfins n'ont pas paru propres à remplir les trois conditions sous lesquelles nous avons vu que les troupeaux demandaient à être élevés dans les pays d'une haute population.

Mais ne serions-nous point autorisé à croire que

l'opposition qu'on a cru remarquer entre le type des animaux superfins et celui des animaux de poids tient à l'enfance de l'art et à certaines circonstances qui ont tendu à produire séparément ces deux types ; c'est-à-dire que là où la nature du pays disposait les animaux au renflement de leurs formes, on a fait de leur poids le type par excellence, et que là, en revanche, où la nature du pays maintenait les animaux fluets, on s'est efforcé de compenser cette disposition, en cherchant exclusivement à obtenir l'affinement des laines?

Cette double tendance tient sans doute aux dispositions d'une nature qui a déterminé que la finesse serait l'attribut des animaux les moins volumineux, et a désigné les conditions locales où devaient se produire, soit les espèces fines, soit les espèces volumineuses. Ainsi, le cheval arabe réunit toujours la finesse à l'exiguïté du poids ; mais nous savons aussi qu'il est au pouvoir de l'industrie agricole d'intervertir ces lois naturelles, sans quoi les éleveurs anglais ne seraient pas parvenus à élever aux plus hautes dimensions le type du cheval arabe, en lui conservant sa vigueur, son haleine et sa légèreté.

Il est donc permis de croire, d'après cet exemple, que l'on parviendra, par des soins analogues, à grandir de même le type des mérinos superfins, sans oblitérer les qualités qui les rendent tels. Il faut sans doute de longues années et des soins réfléchis et continuels, peu compatibles, il est vrai, avec le caractère des cultivateurs français; il faut de longues années avant de parvenir, par de judicieux croisements et par un système de nourriture approprié, à combiner les traits opposés qui séparent aujourd'hui les animaux superfins des animaux puissants.

Mais il suffit de savoir que, par l'effet d'un meilleur entretien également et longtemps réparti, on peut agrandir, sans détérioration, le type des petits animaux superfins qui vivent sur des sols ingrats, en n'y conservant que des béliers, dont l'attribut soit une extrême finesse. De même qu'on peut affiner une grosse espèce mérine, accoutumée à vivre sur de gras pâturages, en changeant leurs puissants béliers contre des étalons superfins, pour affiner, avec le temps, le type de toute l'espèce, sans affecter notablement sa taille, si ce n'est momentanément et sur les produits de la première génération.

Il suffit, disons-nous, de connaître ce mystère de la physiologie animale, secret que la nature ne cache pas à ceux qui veulent l'observer, pour que les agronomes tentent d'arriver à la solution du problème que nous avons posé.

L'obstacle le plus grand qui nous semble s'opposer à cette tentative, c'est la disposition bien connue d'un grand nombre d'agronomes, à croire que le troupeau qu'ils possèdent et qu'ils ont élevé, vaut mieux que ceux de leurs voisins ; que ses toisons, ses formes et sa taille sont et demeurent exempts de reproches. Cet aveuglement, en faveur de ses œuvres et de sa propriété, arrête l'amélioration qui ne saurait provenir que de la comparaison sévère que l'on fait entre son bien et celui d'autrui. Mais les préceptes et les conseils viennent échouer contre une disposition de l'esprit humain, dont le mérite est au moins de contribuer au bonheur de celui qui vit sous son influence.

Il faut se dire toutefois que la marche suivie aujourd'hui par la propriété, en France, est éminemment contraire à l'établissement des troupeaux à laine fine. Ces troupeaux demandent à jouir de vastes parcours et à être gouvernés par un berger capable. Ces deux conditions demandent de la grande culture et des propriétés étendues. Or, les mœurs, aussi bien que la législation du pays, tendent de plus en plus à en morceler l'exploitation, ainsi que nous l'avons vu au début de cet ouvrage ; et là même où les grands capitaux défendent encore la grande propriété, elle tend à se convertir en bois ou à s'affermer à la parcelle. C'est donc dans les mauvais pays que l'on trouverait le mieux à placer des troupeaux superfins d'une taille proportionnée à la pauvreté du sol ; car, là, il existe encore beaucoup de vaines pâtures, et il n'est pas rare qu'on y laisse se prolonger la jachère pendant plusieurs années, pour rendre, par ce repos, à la terre, la dose de fécondité dont elle a besoin pour reproduire des céréales. En ajoutant à ces parcours des aliments d'hiver à l'aide de racines et de prairies artificielles, on créerait une valeur territoriale dans des pays qui n'en ont pas ; mais ces pays sont ceux où l'exploitation des terres n'est confiée qu'à des métayers trop ignorants pour savoir qu'il existe d'autres moutons que les chétifs animaux qu'ils possèdent, ou trop pauvres pour s'en procurer sans le secours du propriétaire.

Le fermier général, dont ces malheureux dépendent, ne sacrifierait pas 3 francs pour une telle amélioration ;

et le propriétaire, qui n'a jamais été dans sa terre, faute d'un chemin pour y arriver, se contente d'attendre avec quelque impatience l'arrivée du groupe d'argent que son fermier général doit lui expédier par la diligence, à l'échéance des termes de son fermage.

Dans de telles conditions agricoles, il faut attendre, pour essayer l'amélioration, que les circonstances viennent à les changer. C'est, il est vrai, ce que prédisent la marche des choses et l'accroissement perpétuel de la population et des capitaux qui finiront par s'emparer des terres situées à quarante lieues de Paris, et qu'on offrait dernièrement encore à des prix peu élevés.

Après avoir épuisé le champ des spéculations auxquelles les mérinos avaient donné lieu, de nouveaux agronomes s'étaient proposé d'essayer d'une race toute différente en important le type des bêtes anglaises à longue laine. Ces essais avaient redonné quelque mouvement à l'industrie des bêtes à laine, mais ils n'ont pas produit de grands résultats, parce que les animaux de New-Leicester sont habitués à un climat, à une nature et à un régime entièrement opposés à ce que la France pouvait leur offrir, si ce n'est dans les herbages de la Basse-Normandie, qui se trouvent déjà occupés par des bœufs.

Il devait donc arriver qu'en dépaysant cette race, on la laisserait en souffrance et qu'elle ne devait faire que décliner. Or, rien ne donne d'aussi mauvais résultats qu'une race qui dépérit, parce que tout chez elle s'altère à la fois, et le succès qu'ont eu les mérinos a tenu au contraire à ce que les pâturages qu'ils laissaient au-delà des Pyrénées n'équivalaient pas à ceux qu'ils ont trouvés en France.

On a essayé d'y importer aussi des bêtes à laine de la race des dunes si prisée par les gastronomes anglais; mais, sous le rapport du lainage et de la taille, les Southdowns ne sont que des métis grossiers et peu chargés de laine, et sous celui de la chair, les gastronomes français ne sont pas tellement avides de celle du mouton, qu'ils consentent à lui donner une prime. Au surplus, ils pourraient en faire venir de Provence qui, pour les formes et la qualité, ne le cèdent en rien à ceux qui pâturent sur les dunes de l'Angleterre.

Nous avons dit ailleurs que la vache était l'animal domestique de la petite culture et de la petite propriété; peut-être certaines races de moutons pourraient-elles la remplacer. Il existe en Piémont, dans la province de Lomelline et dans la vallée de Bielle, une race d'origine africaine, d'une taille supérieure à celle de toutes les espèces anglaises, à reins larges et droits, à hanches ouvertes, à tête busquée et oreilles tombantes, à laquelle toute nourriture est bonne, puisque elle pâture dans les rizières, après l'enlèvement de la récolte; race qui produit toujours deux agneaux, et dont l'abondance du lait est telle chez les mères, qu'après avoir engraissé ces agneaux, elles fournissent pendant plusieurs mois le lait du ménage.

Le lainage de cette race est grossier; il ne produit guère que de la laine à matelas. Mais elle s'encadrerait merveilleusement dans la petite culture où elle remplirait l'office de la vache avec un profit très supérieur. Nous avons été toujours surpris qu'aucun agronome ne l'ait préconisée et ne s'en soit procuré, car rien n'est si facile, et son prix équivaut à celui des moutons les plus communs des grandes races de la France. Nous nous estimerions heureux si nous pouvions diriger sur une telle importation l'attention de quelques-uns d'entre eux.

La France est donc pauvre en chevaux, plus pauvre encore peut-être en bêtes à cornes, mais elle est presque riche en bêtes à laine. Car toute la région méridionale est abondamment peuplée d'une belle race de moutons communs. Elle en a de tels encore dans la Beauce, le Berry et la Picardie, et de plus elle a fait la conquête de la race mérine, dont les nombreux croisements ont amélioré de proche en proche une foule de troupeaux auparavant chétifs et grossiers.

Cette race est sortie du domaine de l'agronomie et s'est répandue chez la généralité des cultivateurs; en sorte que la race est maintenant indigène pour le royaume; mais elle l'est devenue, grâce à ce qu'on a improvisé pour elle un système de soins et d'alimentation qu'on ne pratiquait guère, et qui est aujourd'hui devenu usuel.

C'est en cela surtout que les périodes de l'introduction et de la multiplication des mérinos ont été précieuses pour l'agriculture de la France; elles ont servi de mobile à son amélioration, parce qu'elles en ont été le point de départ et le motif déterminant. On n'a pas craint de semer de la luzerne lorsqu'elle a dû servir à la nourriture d'animaux aussi précieux; on n'a pas craint de préparer pour eux des betteraves et des pommes de terre et de les faire suivre par du trèfle. On n'en aurait vraisemblablement pas fait autant si ces fourrages n'avaient dû servir qu'à la nourriture d'animaux vulgaires ; tandis qu'on voit maintenant les campagnes de l'Orléanais, de l'Ile de France et de la Picardie se couvrir de riches récoltes de luzerne et de trèfle. L'usage de ces cultures est adopté et ne cédera plus de terrain ; par là, la France est entrée dans un système progressif d'améliorations, dont le terme est indéfini et dont l'arrivée des mérinos a été l'origine.

CHAPITRE IV.

Des races de porcs.

Parmi les animaux domestiques, le porc est le plus nécessaire à la consommation du peuple, et nommément de celui des campagnes. La raison en est que le porc donne avec sa chair la graisse qui sert à l'accommodage ; mais il est surtout précieux en ce qu'au moyen de la salaison, il fournit pour toute l'année un approvisionnement à la portée des moindres ménages et qu'on se procure indépendamment des boucheries, là où la population est trop faible pour pouvoir consommer dans un temps donné la quantité que fournit l'abattage d'un bœuf.

Le porc est enfin celui des animaux domestiques qui paie le mieux sa consommation, parce qu'il est le plus fécond et celui dont la croissance est la plus prompte. Il est bon à abattre dès l'âge de 15 à 18 mois. A deux ans, il a atteint son plus grand poids.

Le porc est d'ailleurs commode à nourrir en ce qu'il est omnivore, et que de l'herbe à la chair, il absorbe tout. On peut l'élever à l'herbe et l'engraisser avec tous les débris et les rebuts du ménage. Il se nourrit aux champs, dans les bois aussi bien qu'à l'étable; il peut ainsi prospérer dans les bons comme dans les mauvais pays, puisque dans ceux-ci, on peut suppléer à volonté à la nourriture que le pâturage lui refuse. Mais, pour être ainsi un absorbant universel, il n'en consomme pas moins beaucoup, et ne prospère qu'autant que sa nourriture est abondante.

Ces conditions ont rendu l'usage du porc presque universel, et il est répandu en France avec plus de profusion que nulle autre des espèces domestiques; on l'entend grogner à l'heure de ses repas dans toutes les fermes; il habite sous tous les toits, et il n'est pas de chaumière autour de laquelle on ne le voie rôder, en cherchant à atteindre de son groin informe, mais adroit, les bribes de toute espèce, dont sa gloutonnerie s'accommode.

Cependant il ne s'élève pas partout indistinctement; il s'est fait à cet égard une sorte de répartition qui ne se fonde guère que sur des habitudes, d'après lesquelles se rencontrent certaines contrées où les ménagères sont fières de promener leur truie au long corsage, accompagnée d'une douzaine de nourrissons; tandis que, près de là, les mêmes ménagères ne conçoivent ni cette joie, ni cet orgueil champêtre, et qu'elles ne mettent les leurs qu'à étaler aux yeux de leurs voisines, le jour de l'abattage, l'épaisseur des flancs entr'ouverts du porc qu'elles ont engraissé.

Ces animaux sont donc partout un grand objet de commerce, d'autant plus sûr, qu'il n'offre jamais de rebut, et, tandis que tant de chevaux et de bêtes à cornes viennent figurer en vain sur les foires, il est rare qu'un porc en ait été ramené invendu. Mais quoique cette espèce animale soit en général fort semblable à elle-même, néanmoins les porcs élevés dans tels ou tels districts ont certains traits distinctifs qui font reconnaître la race à laquelle ils appartiennent.

Il y a en France trois de ces races : l'une est celle de Westphalie, qu'on distingue par la couleur rougeâtre de ses soies, son dos arqué, son ventre retroussé, le rapprochement et le redressement de ses oreilles. Elle est médiocrement féconde, facile à nourrir; son poids ne dépasse guère 100 à 120 kilogr. Elle se plaît beaucoup dans les bois, et semble tenir du sanglier plus que nulle autre. Si elle fournit moins de graisse, c'est, en revanche, entre toutes les races, celle dont la chair est la plus succulente. Elle occupe la contrée la plus forestière du royaume, car on la trouve répandue au nord-est des Vosges jusqu'aux Ardennes.

La seconde race est celle d'Italie, qui occupe le Dauphiné et la Provence; sa couleur est toujours noire, sans mélange de taches. Elle a le corps plus allongé que la race rouge, le groin plus long, les oreilles évasées et tombantes, le dos arqué, mais assez large, les flancs retroussés, les jambes très menues. Cette race est tardive, médiocrement féconde, difficile à nourrir; mais le lard qu'elle fournit demeure blanc et serré, et sa chair est savoureuse. Elle ne dépasse guère le poids de 160 à 180 kilogr. On ne trouve dans tout le reste du royaume qu'une seule race, plus ou moins blanche, et découpée en taches tantôt noires et souvent rouges ou même roses. Les variétés d'une race qui occupe un si grand espace et des régions si diverses doivent être infinies. Mais c'est plutôt par les dimensions que par des traits caractéristiques, que ces variétés diffèrent entre elles. Nous indiquerons ici ceux qui appartiennent aux plus belles variétés. Leur tête est grosse et courte, leurs oreilles longues et tombantes de manière à cacher leurs yeux, leur col est court et épais, leurs jambes fortes et courtes, leurs épaules et leur dos larges et plongeants, leur corps est très long, leur ventre bas.

Ces traits sont ceux qui désignent les meilleures espèces, et dans toutes on recherche les individus qui s'en rapprochent. Les belles variétés de la race blanche sont fécondes, précoces, faciles à nourrir comme à engraisser. Leur poids s'élève de 200 à 300 kilogr.; j'en ai même vu qui ont pesé jusqu'à 400; mais on les montrait comme curiosité. Il nous reste à ajouter que leur lard est beaucoup plus poreux et d'une teinte plus jaune que celui des deux autres races, leur chair plus insipide, parce qu'elle est plus enveloppée de graisse.

On a fait en dernier lieu des essais d'importation de la race chinoise indigénée en Angleterre. Elle offre de très grands avantages aux cultivateurs, en ce qu'elle est de beaucoup la plus précoce, pouvant être grasse dès l'âge de 10 à 12 mois; c'est-à-dire que cette race a une incroyable disposition à prendre de la graisse; on dirait que toute sa force d'assimilation se tourne à la production de cette substance. Aussi ses formes finissent-elles par se noyer dans un tel amas d'embonpoint, que si l'on prolonge tant soit peu l'engraissement leur ventre traîne sur le sol, et le raccourci de leurs jambes ne leur permet plus de se soutenir; leurs yeux s'obstruent, et ces malheureux animaux en arrivent au point de ne pouvoir plus se mouvoir ; mais la graisse qu'on en obtient est peut-être celle de toutes qui revient au plus bas prix, en raison de l'incroyable faculté de cet animal à convertir en graisse, dans le moins de temps possible, les aliments qu'il a consommés. Fondue avec partie égale d'huile de colza, on en fait une provision de ménage précieuse dans les cuisines rurales.

Cette même disposition nuit aussi à la fécondité de sa race, parce qu'elle s'obstrue de graisse avant l'époque de sa puberté, à moins qu'on n'ait le soin de ne lui laisser manger jusqu'alors que de l'herbe, et de la laisser courir en liberté. On pourrait croiser avantageusement cette race avec celle à poil rouge et à poil noir, auxquelles elle transmettrait les qualités qui leur manquent.

Quant à la race pie, nous pensons qu'elle provient d'un tel croisement, opéré vers l'époque où la découverte du chemin des Indes permit d'importer facilement ses productions, puisqu'antérieurement les Romains, et plus tard les Francs, avaient dû transporter dans les Gaules les races indigènes de leur pays.

L'éducation des porcs a dû plus que tiercer depuis quarante ans, par la double raison que la consommation de cet animal est le premier signe d'aisance par lequel les ménages villageois dénotent leur mieux-être, et que l'entretien des porcs est le plus facile dans l'économie de la petite culture.

Ainsi il doit non-seulement y avoir suffisamment de ces animaux pour satisfaire aux besoins de la consommation des 8 millions dont la population de la

France s'est accrue, mais aussi pour le surplus de mieux-être des 33 millions de cette population.

A cela il a été pourvu par l'introduction simultanée de la culture des pommes de terre, qui fournissent un aliment toujours prêt pour ces animaux, qu'on leur fait consommer crus pendant leur croissance et qu'on leur donne en soupe pour les engraisser, et par celle de la betterave champêtre, que les porcs consomment avec un grand profit, soit cuite, soit crue. Ces aliments permettent de disposer ainsi d'un approvisionnement considérable et facile à se procurer, en dehors des débris de ménage, du dessous de lait, des grains et des glands qu'on a partout l'usage de réserver aux porcs.

Lorsque ces animaux sont convenablement logés et conduits dans le but d'en obtenir de l'engrais, on peut leur faire animaliser beaucoup de litières et produire beaucoup d'un engrais qui n'est pas à dédaigner. Nous avons l'usage, dans le domaine que nous cultivons nous-même, d'accorder en partage aux journaliers du village un hectare environ de terre qu'ils cultivent à la bêche dans la saison morte, qu'ils fument avec l'engrais de leur ménage et de leurs porcs, mêlé avec celui que leurs enfants ramassent partout, et qu'ils jardinent en pommes de terre, choux, haricots, chanvre, à condition qu'ils nous rendent le terrain nu au 1er octobre, époque où nous y semons le blé, que nous faisons suivre au printemps par du trèfle ou du sainfoin. Ces provisions permettent à leur tour à ces journaliers d'entretenir le porc qui nourrit leur famille, tandis qu'il sert à engraisser nos terres. Nous savons que cet usage se propage beaucoup en France, et nous devons l'en féliciter ; car c'est le meilleur moyen d'obtenir une amélioration également profitable au propriétaire et au journalier.

LIVRE VI.

DESCRIPTION AGRICOLE DU TERRITOIRE DE LA FRANCE.

CHAPITRE I⁽ᵉʳ⁾.

De la carte agricole de la France[1].

Arthur Young avait accompagné la publication de son voyage en France de deux cartes, l'une géoponique, et l'autre destinée à indiquer les lignes que suivaient la direction de ces différents climats. Nous avons cru devoir joindre au travail que nous venons de faire sur son économie rurale, une carte sur laquelle nous avons divisé son territoire en huit régions agricoles. Ce n'est pas que la nature agricole de ces régions soit aussi nettement tranchée qu'elles se trouvent elles-mêmes classées par le géographe, car

---

(1) L'éditeur de cet ouvrage, dans la pensée de donner un degré de plus d'intérêt à la carte qui l'accompagne, y a joint le relevé officiel en 1843 des institutions agricoles répandues sur la surface des 86 départements. On y compte 157 Sociétés d'agriculture, 22 fermes-modèles, dont quelques-unes avec écoles, 15 écoles et chaires d'agriculture et pénitenciers agricoles, 664 comices agricoles ou comités d'agriculture.

ce n'est pas de la sorte assurément qu'ont procédé les cataclysmes qui ont façonné la surface du globe, en y soulevant des montagnes, en y creusant des bassins, en y répandant des alluvions. Ce n'est pas sans doute avec cette méthode qu'ont pu se produire les accidents naturels, avec toutes leurs circonstances, qui ont fondé dans les diverses localités les mœurs et les habitudes agricoles dont nous avons entrepris d'examiner les effets sur l'économie rurale.

Mais, c'est aider puissamment à l'intelligence d'un sujet, que d'en présenter, autant que possible, l'analyse dans des cadres méthodiques. Nous avons donc cru pouvoir diviser en groupes distincts des régions que la nature des choses n'a sans doute pas délimitées avec cette rectitude; demandant qu'on excuse les anomalies que pourrait présenter la division à laquelle nous nous sommes arrêté.

Cette division comprend huit régions agricoles, savoir :

N° 1. *Région du Nord.*

Elle est limitée au nord par la mer, à l'est par une ligne qui part d'*Avesnes* pour finir à *Auxerre;* au sud par une autre ligne allant d'*Auxerre* à la Loire, et suivant son cours jusqu'à *Blois*, puis de là à l'ouest jusqu'à *Grandville;* elle comprend les départements suivants :

    Pas-de-Calais.
    Somme.
    Seine-Inférieure.
    Oise.

Calvados.
Eure.
Seine-et-Oise.
Seine.
Seine-et-Marne.
Eure-et-Loir.
Nord.
Aisne.
Marne.
Aube.
Yonne.
Loiret.   } en partie.
Loir-et-Cher.
Sarthe.
Mayenne.
Orne.
Manche.

N° 2. *Région du Nord-Est.*

Elle est limitée au nord et à l'est par la frontière, au sud par une ligne allant d'*Auxerre* à *Ferney-Voltaire;* puis par la ligne dont nous avons parlé plus haut, qui la limite à l'ouest en allant d'*Avesnes* à *Auxerre.*

Ardennes.
Meuse.
Moselle.
Bas-Rhin.
Meurthe.
Haute-Marne.
Vosges.

Haut-Rhin.
Haute-Saône.
Doubs.
Nord.
Aisne.
Marne.
Aube.
Yonne.   } en partie.
Côtes-d'Or.
Saône-et-Loire.
Jura.

N° 3. *Région du Sud-Est et des Alpes.*

Elle est limitée au nord par la ligne allant d'*Auxerre* à *Ferney*, à l'ouest par les Alpes, au sud par une autre ligne qui part de *Colmars*, passe à *Digne* jusqu'à *Donzère*, remonte le Rhône jusqu'à *Lyon*, puis à l'ouest jusqu'à *Roanne*, remonte la Loire jusqu'à *Nevers* et de là à *Auxerre*.

Ain.
Isère.
Hautes-Alpes.
Yonne.
Côtes-d'Or.
Nièvre.
Saône-et-Loire.
Jura.   } en partie.
Loire.
Rhône.
Drôme.
Vaucluse.
Basses-Alpes.

N° 4. *Région du Sud ou des Oliviers.*

Elle est limitée au nord et à l'ouest par une ligne qui part de *Bellegarde*, passe à *Carcassonne*, à *Le Vigan*, à *Donzère*, à *Digne* et à *Colmars;* à l'est par les Alpes, au sud par la Méditerranée, et vers l'ouest par les Pyrénées.

Bouches-du-Rhône.
Var.
Corse.
Ardèche.
Drôme.
Gard.
Vaucluse.
Basses-Alpes.   } en partie.
Hérault.
Aude.
Pyrénées-Orientales.

N° 5. *Région du Centre et des Montagnes.*

Elle est limitée au nord par une ligne qui part de *Montmorillon*, passe à *Roanne*, à *Lyon*, suit le cours du Rhône à l'ouest jusqu'à *Donzère*, puis au sud, passe à *Le Vigan*, à *Carcassonne*, à *Castelnaudary*, à l'ouest, à *Montauban*, à *Sarlat*, à *Confolens*, pour finir à *Montmorillon*.

Corrèze.
Cantal.
Haute-Loire.
Aveyron.

Lozère.
Tarn.

Vienne.
Indre.
Creuse.
Allier.
Puy-de-Dôme.
Loire.
Rhône.
Ardèche.
Gard.   } en partie.
Hérault.
Aude.
Haute-Garonne.
Tarn-et-Garonne.
Lot.
Dordogne.
Haute-Vienne.
Charente.

N° 6. *Région du Sud-Ouest ou des Pyrénées.*

Elle est limitée au nord par une ligne partant de *Blaye* et allant au sud-est à *Montauban*, à *Castelnaudary*, à *Carcassonne*; de là à l'est jusqu'à *Bellegarde*; au sud par les Pyrénées, et à l'ouest par l'Océan, elle contient :

Landes.
Gers.
Basses-Pyrénées.
Hautes-Pyrénées.
Arriège.

Gironde.
Lot-et-Garonne.
Tarn-et-Garonne.
Haute-Garonne.
Aude.
Pyrénées-Orientales.
} en partie.

N° 7. *Région de l'Ouest.*

Elle est limitée au nord en partant de *Nantes* par la Loire jusqu'à *Saumur*, à l'est par la ligne partant de cette dernière ville et passant à *Montmorillon*, à *Confolens*, à *Sarlat*, et à *Montauban* ; de là elle remonte au nord-ouest jusqu'à *Blaye*, à l'ouest par l'Océan.

Vendée.
Deux-Sèvres.
Charente-Inférieure.
Loire-Inférieure.
Maine-et-Loire.
Vienne.
Charente.
Dordogne.
Haute-Vienne.
Lot.
Tarn-et-Garonne.
Lot-et-Garonne.
Gironde.
} en partie.

N° 8. *Région du Nord-Ouest ou des Landes et des Ajoncs.*

Elle est limitée au nord par la Manche et par une

ligne qui part au sud-est de *Grandville* pour se terminer à *Blois*, où elle suit le cours de la Loire jusqu'entre *Châteauneuf* et *Sully*, pour se diriger à l'est vers *Auxerre*, de là elle va au sud-ouest à *Nevers*, suit le cours de la Loire jusqu'à *Roanne*, puis se dirige à l'ouest jusqu'à *Montmorillon*, et remonte à *Saumur*, où elle suit de nouveau le cours de la Loire jusqu'à *Nantes*; au sud-ouest et à l'ouest par l'Océan.

Finistère.
Côtes-du-Nord.
Morbihan.
Ile-et-Vilaine.
Indre-et-Loire.
Cher.

Manche.
Orne.
Mayenne.
Sarthe.
Loir-et-Cher.
Loiret.
Yonne.
Nièvre.
Allier. } en partie
Saône-et-Loire.
Loire.
Puy-de-Dôme.
Creuse.
Indre.
Vienne.
Maine-et-Loire.
Loire-Inférieure.

CHAPITRE II.

Des motifs d'après lesquels on a tracé la division agricole de la France.

C'est d'après la similitude des conditions agricoles, que nous avons cru devoir former l'enceinte qui sépare les huit groupes que nous avons appelés régions, parce que c'est essentiellement de ces conditions que dépendent partout et le système rural qui y est en usage et l'application des procédés d'après lesquels on peut l'améliorer.

Nous reconnaissons toutefois qu'il y a une autre division, toute géographique, que nous aurions pu suivre, parce qu'elle est aussi géoponique, et qu'elle offre par conséquent des rapprochements dans les conditions du système rural. Cette division est celle des bassins qu'a tracés le cours des principaux fleuves et rivières, en creusant leurs lits dans les vallées que ce cours a formées. Cette division fluviale a quelque chose de séduisant en ce qu'elle est naturelle et féconde en résultats; mais elle morcelle la superficie du pays en un plus grand nombre de subdivisions qu'il n'y a de différences dans la nature des conditions agricoles qui se partagent entre elles l'économie rurale du royaume.

Aussi nous bornerons-nous à signaler dans la description que nous aurons à faire des huit régions entre lesquelles nous avons divisé sa superficie, les bassins qui se trouvent renfermés dans chacune d'elles, car ces bassins en forment partout la portion la plus fertile et la plus civilisée, si nous pouvons nous exprimer ainsi. Car vastes ou reserrées, qu'elles appartiennent à un fleuve ou à un ruisseau, les vallées sont toujours le résultat des alluvions que les courants ont déposées, après les avoir enlevées des points supérieurs du pays. Ces points, soit qu'ils appartiennent à des montagnes ou seulement à des plateaux, sont toujours plus ou moins stériles en comparaison des bassins.

Les courants fluviatiles sont généralement proportionnés à l'élévation et au volume des monts où ils prennent leur source. Ainsi les courants qui proviennent des Alpes et des Pyrénées ont plus de puissance que ceux qui s'écoulent des Vosges, du Jura, ou des plateaux de la Bourgogne et du grand massif montagneux du centre du royaume.

Ces courants se comportent aussi différemment dans leur écoulement, en raison de la hauteur de leur chute.

Ceux que les Alpes versent dans le grand bassin que s'est ouvert le Rhône, ont creusé profondément leur lit en dévastant leurs rives, et n'ont commencé le dépôt de leurs alluvions qu'au point ou le niveau de la mer s'est opposé à leur violence. Le fond de leur lit s'est graduellement élevé par les dépôts qui s'y sont entassés, et les débordements qui en sont résultés ont formé le delta des Bouches-du-Rhône, delta qui s'agrandit chaque année aux dépens de la mer. Il en est de même du Rhin et des effluves que versent les Pyrénées, quoique avec des conditions et des résultats différents; parce que la nature des pays que ces courants ont à traverser présente des formes et occasionne des accidents différents.

Mais il est à remarquer que les courants qui s'écoulent des Alpes et des Pyrénées proviennent tous des frontières du royaume; qu'ils ne font en quelque sorte qu'en effleurer la superficie, en y apportant des alluvions qu'ils dérobent à l'étranger, ou qu'ils enlèvent à ses plus hautes et à ses plus inabordables limites.

Tout se passe autrement pour les courants qui proviennent des montagnes du centre, de celles du Jura, de la Bourgogne et des Vosges. Ceux-ci ont peu de chute; leurs sources sont divisées, et ce n'est qu'après avoir réuni plusieurs ruisseaux qu'ils reçoivent un nom en débouchant de ces hauteurs. Ces courants, loin de creuser leur lit dans les plaines qu'une douce pente les appelle à parcourir, y promènent au contraire leurs eaux presque à fleur du niveau des terres, en sorte qu'à chaque crue, elles les inondent sans les dévaster; et la lenteur de leur course et la douceur de leurs flots, permettent à ces courants de déposer les limons dont ils sont chargés sur toutes les terres qui tombent dans le domaine de chaque inondation.

C'est ainsi que se sont fertilisés tous ces bords de la Loire, de l'Allier, de la Saône, de l'Yonne, de la Seine, de la Meuse et de toutes les rivières qui promènent leurs eaux tranquilles dans les bassins qu'elles ont formés jadis par la violence d'un des cataclysmes dont notre globe a été le théâtre.

Ces bassins affectent la forme d'un triangle plus ou moins irrégulier, dont le sommet est appuyé là où le courant prend son origine, et dont la base est le long du rivage maritime où il vient aboutir. Ainsi, le pays se compose en quelque sorte de triangles, très irréguliers, il est vrai, qui vont s'élargissant de l'intérieur à la circonférence, si ce n'est sur les frontières de l'est, où ces courants viennent de la circonférence pour emprunter sur le territoire du royaume le passage par lequel ils doivent arriver à la mer.

Ces triangles tracent les lignes de fertilité, comme les triangles opposés, c'est-à-dire ceux dont le sommet est à la mer et la base vers les montagnes où sont leurs sources marquent les lignes de stérilité.

Mais nous devons répéter que ces grands triangles ne doivent pas leur formation aux inondations ordinaires dont nous sommes périodiquement témoins. Elles seraient complétement insuffisantes pour avoir produit de tels effets, qui ne peuvent avoir été dus qu'à des révolutions, où le volume des eaux avait dépassé tout ce que nous pouvons nous figurer. Le cours des fleuves avait alors entraîné et déposé çà et là, suivant l'inclinaison des plans qui existaient, d'immenses et profondes alluvions, dont l'espèce des détritus décident aujourd'hui de la nature aussi bien que de la fécondité des sols.

Ainsi, nous avons compris dans la première région, celle du Nord, le territoire dépourvu de montagnes, qui s'étend de la Loire à la mer, et dont le sol, généralement fertile, paraît avoir été formé par le cataclysme qui permit aux eaux de la Seine, de l'Yonne et de la Marne d'y apporter le sol, non-seulement de la superficie, mais des profondes crevasses qui sillonnent aujourd'hui les montagnes où elles prennent leur source.

Les dépôts que le transport de ces débris a formés dans la vaste plaine que nous avons comprise dans cette région ne s'y sont pas régulièremnet répartis, sans doute, aussi le sol est-il loin d'en être homogène. Ils y ont, au contraire, formé des bancs de natures très diverses, que l'action des petits courants tend à modifier sans cesse; mais le degré d'homogénéité qu'en a conservé cette région a suffi pour imprimer des caractères agricoles assez analogues à son ensemble.

Ainsi, le pays étant, à peu près dans sa généralité, sous un même niveau, et par conséquent ouvert, présente un vaste champ à la grande culture. C'est aussi dans cette région que ce système de culture est dominant, et c'est aussi là que se trouvent les plus grandes propriétés, qui sont d'ailleurs défendues contre le morcellement par l'action des grands capitaux, qu'y fait surabonder le voisinage de la capitale.

Ainsi, cette région, en raison de son climat et de la forme de sa superficie, est celle où manque la culture du vignoble et celle du maïs. Sa nature la rapproche de celle de l'Angletere; aussi est-ce là que se trouve la plus grande quantité de céréales et d'herbages.

Tels sont les motifs pour lesquels nous avons cru devoir circonscrire en une seule masse agricole toute la localité que renferme cette région, pour traiter ensemble de l'agriculture qu'on y pratique et des améliorations qu'elle y appelle.

La région numéro 2, que nous avons désignée d'après la position géographique qu'elle occupe dans le royaume, par le nom de région du Nord-Est, présente, il est vrai, de bien plus grandes variétés dans la nature ainsi que dans la configuration de son sol, puisqu'il comprend à la fois les plaines stériles de la Champagne, les trois chaînes des montagnes du Jura, des

Vosges et de la Bourgogne, avec les vallées et les bassins qui les séparent, et enfin la fertile plaine qui, par-delà les Vosges, s'étend le long du Rhin. L'action des courants en a donc tout autrement sillonné la superficie ; et de la meilleure à la pire, on y rencontre toutes les nuances de fertilité.

Mais, au milieu de cette variété de sols, il y a, dans les conditions agricoles de cette région, d'assez grandes analogies pour que nous ayons dû en réunir l'ensemble pour considérer son agriculture d'un seul coup d'œil. Car, par exemple, la culture forestière y domine, tandis qu'elle comprend aussi celle du vignoble. Et si quelques plaines spacieuses y comportent la grande culture, la très majeure partie en est soumise à la petite et moyenne culture. Toutes leurs conditions s'y trouvent jusqu'à celle qui n'a pas permis qu'il pût s'y accumuler de grands capitaux, parce qu'il n'y a ni grandes villes, ni grandes communications, ni par conséquent de grands marchés. Aussi l'action tant agricole qu'industrielle a-t-elle ici une tendance à se disséminer.

Enfin, un trait commun à cette région, est le défaut général de la production des herbages ; d'où il résulte qu'elle est, entre toutes, celle où les animaux domestiques sont les plus chétifs, et où, par conséquent, cette branche de l'économie rurale demande le plus impérieusement une prompte amélioration.

Celle des régions qui porte le numéro 3, et que nous avons nommée du Sud-Est ou des Alpes, comprend, jusqu'à la hauteur de Lyon, une nature de sol, de climat et des conditions agricoles qui la rendent tout-à-fait semblable à la précédente, avec laquelle nous aurions pu la comprendre. Il y a cette différence, cependant, que la culture qui domine dans le triangle rentrant que forme cette région dans le pourtour de la précédente, entre Lyon, Ferney et Auxerre, est celle du vignoble ; ce qui donne à son agriculture un trait semblable à celle de la partie de cette région qui renferme le Dauphiné. La petite culture domine dans l'une et l'autre de ses deux parties, et toutes les deux sont sillonnées par les vallons qu'ont formés les courants qui les traversent. L'un et l'autre renferment beaucoup de montagnes, car elles s'élèvent de celles du Morvan et du Charolais jusqu'à celles des Hautes-Alpes.

Mais la culture du mûrier caractérise la portion méridionale de cette région, tandis qu'elle est presque inconnue à celle du nord. Aussi, n'est-ce pas sans hésiter que nous avons réuni dans un même ensemble agricole des contrées dont les caractères communs sont d'appartenir également à la petite culture, d'être adonnées de même à la culture vinicole, et d'avoir des mœurs, des habitudes et des conditions agricoles pareilles, bien qu'il y ait de grandes différences dans leur climat et leurs productions.

La région n° 4, ou la région du Sud, présente une superficie et des conditions agricoles beaucoup plus homogènes. La petite et moyenne culture y sont entièrement dominantes, puisqu'on ne trouve de la grande que dans les steppes du delta que forment les Bouches-du-Rhône. Ces cultures ont bien moins pour but d'en obtenir des céréales que de faire produire les précieuses récoltes que l'heureux climat du littoral de la Méditerranée permet d'y cultiver, savoir ;

en premier lieu, la vigne, puis le mûrier et l'olivier. A côté de ces importantes productions, il en est d'autres qu'on y recueille en abondance, telles que les amandes, les fruits secs, les câpres ; enfin le grenadier et l'oranger y croissent en pleine terre; et l'on peut voir s'élever à l'horizon les palmiers qui font une si noble parure du jardin que M. de Beauregard possède auprès d'Hières.

De telles circonstances ont motivé la circonscription que nous avons cru devoir donner à cette région, unique en elle-même, et qu'on ne saurait confondre, sous le rapport géographique ou agricole, avec aucune de celles qui l'avoisinent.

Il en est à peu près de même de la région centrale des montagnes, à laquelle nous avons appliqué le n° 5; car son enceinte contient tout le massif de la contrée élevée dont les deux versants séparent en France les deux climats du midi et du septentrion. Le Cantal renferme le point culminant de cette région, dont les monts vont en s'abaissant dans toutes les directions jusqu'à ce qu'elles atteignent au midi les plaines du littoral de la Méditerranée, à l'ouest celles qui se prolongent jusqu'à l'Océan, au nord le bassin aplani qu'a formé le cours de la Loire, et enfin à l'ouest la limite que leur a tracée le cours inégal du Rhône.

Dans cette enceinte on trouve à peu près partout les mêmes conditions agricoles, c'est-à-dire celles des pays de montagnes, où dominent à la fois la très petite culture dans les vallons et la culture pastorale sur les sommités. On y retrouve également les mêmes mœurs agricoles, avec l'usage des émigrations périodiques pour les hommes valides, parce que les travaux qu'y exige l'agriculture sont trop menus pour les occuper; mœurs où se remarque un grand esprit de parcimonie motivé sur la défiance même qu'inspire aux montagnards l'âpreté du sol qu'ils habitent et qu'ils désespèrent de féconder. Aussi, trouve-t-on partout chez eux une accumulation de petits capitaux, dérobés aux regards, et qui n'apparaissent qu'alors qu'ils peuvent trouver à se placer sur quelques petits carrés de terre. Cette terre s'y vend au taux de un ou de un et demi pour cent. Souvent ces cultivateurs ajoutent les produits d'une industrie à ceux de leur agriculture. Il en est ainsi dans les Vosges et le Jura; mais les habitants des Alpes françaises, des Pyrénées et des montagnes du centre n'en connaissent guère d'autres, que le salaire qu'ils vont gagner ailleurs.

Les habitants laborieux de ces régions vont de la sorte remplir les vides qu'éprouvent les populations des villes et des plaines dans certaines saisons et pour certains travaux, tandis que la population plus faible et plus sédentaire reste dans la montagne et y pourvoit aux travaux de la petite culture.

Aussi avons-nous scindé sans scrupule les limites d'une région qui n'offre que de faibles dissemblances dans ses conditions, comme dans ses mœurs agricoles; circonstances locales dont nous prions le lecteur de faire également l'application aux pays montagneux qui appartiennent à celles des régions que nous avons déjà tracées.

La région n° 6, que nous avons appelée du Sud-Ouest ou des Pyrénées, contient en revanche deux natures agricoles entièrement différentes; savoir, au midi, celle des hautes montagnes, dont la chaîne sépare la France de l'Espagne, et au nord-ouest les admirables plaines que parcourt la Garonne, et qui s'ouvrent comme un croissant en arrivant aux rives de l'Océan. Quelque notable que soit une telle dissemblance, nous avons néanmoins réuni ces deux contrées, parce que les Pyrénées n'offrent aucuns points de vue agricole distincts de ceux que nous aurons à traiter lorsque nous en viendrons à nous occuper de la région qui concerne les pays montagneux.

Sous le rapport agricole, d'ailleurs, les montagnes offrent une si minime importance, qu'il ne nous a pas semblé nécessaire de former des régions séparées ni pour les Pyrénées ni pour les Alpes françaises. Les plaines de la région à laquelle nous avons appliqué le n° 6 se distinguent d'ailleurs par des conditions agricoles semblables, par des habitudes et des productions pareilles. La grande culture s'y montre rarement, il en est de même de la petite; la moyenne y domine et s'applique à trois productions principales; savoir : le vignoble, les céréales et les prairies artificielles. C'est dire que la culture de ce riche bassin de la Garonne est l'une des plus avancées du royaume, après celle des départements du Nord et du Rhin.

A la vérité, cette région comprend dans son enceinte le territoire connu sous le nom de Landes de Bordeaux, dont la nature, tout-à-fait à part, ne saurait s'appeler une agriculture, puisqu'elle ne consiste guère qu'en étangs, en misérables pâturages et en pinades, dont le principal revenu provient de la résine qu'on en retire. Les travaux qu'ont exécutés le baron d'Haussez, durant sa préfecture, et, après lui, plusieurs sociétés, pour l'amélioration de cette contrée, nous démontrent que c'est à l'immensité de la propriété communale qu'il faut principalement attribuer le mauvais état où est demeurée jusqu'ici l'agriculture des Landes; car les propriétaires qui ont bien voulu y tenter quelques efforts ont obtenu d'heureuses réussites.

La région de l'ouest, qui porte le n° 7, et s'étend entre la Gironde et la Loire, le long du littoral de l'Océan, à l'ouest, et de la région des montagnes, à l'est, offre une belle superficie agricole, qu'aucune montagne ne traverse, que de belles rivières arrosent, où la douceur et l'égalité du climat favorisent la culture du vignoble, et permettraient celle du mûrier, si les cultivateurs laborieux mettaient plus d'intelligence dans l'application de leur travail. La moyenne et la petite cultures dominent dans cette région, où les grands propriétaires divisent même leurs exploitations entre plusieurs fermiers, lorsque leurs terres atteignent aux dimensions de la grande culture.

Telle qu'est cette culture, elle produit des vins communs en grande abondance, des céréales et beaucoup d'animaux domestiques, parce qu'elle possède de très belles prairies et s'est adonnée à l'établissement du trèfle et du sainfoin. Mais ces animaux sont loin de reproduire les belles formes de ceux qui s'élèvent en Normandie. Ils sont robustes, étoffés, mais difformes, et c'est aussi pourquoi l'élève du mulet s'est autant propagée dans cette région, où elle a fini par acquérir une haute importance, puisqu'elle fournit à une exportation qui s'élève à 4 millions par année.

Il y a donc dans la nature et les conditions agricoles de cette région assez de conformité pour que nous ayons dû en grouper ensemble les diverses parties.

Nous avons dû en faire autant pour celle qui porte le n° 8, et que nous avons nommée région des Landes ou des Ajoncs, quelle que soit d'ailleurs l'irrégularité de la forme d'une division géographique qui commence à Roanne et vient finir à Brest, en s'allongeant entre Blois et Montmorillon, et côtoyant jusqu'à Blois la rive gauche de la Loire, pour passer de ce point sur son autre rive.

Mais dans ce long trajet, cette région embrasse des contrées où l'on retrouve les traits communs qui fixent son caractère agricole et que nous avons dû suivre. Le principal de ces traits se dénote par la reproduction générale et spontanée de l'ajonc ou genêt épineux qui s'empare partout du sol qu'on laisse dans son état inculte, production dont les cultivateurs ont dû tenir compte dans les procédés de leur agriculture et qui lui a imprimé des méthodes particulières. Ces méthodes, à leur tour, ont donné à cette région des mœurs et des conditions agricoles particulières. Les productions enfin qui appartiennent à la culture de cette région sont à peu près partout les mêmes, c'est-à-dire qu'on y récolte plus de seigle que de blé, plus de sarrasin que de seigle ; on y manque à peu près partout de prairies et on n'y a guère suppléé par des fourrages artificiels, en sorte que les bestiaux y sont rares et chétifs. C'est en tout la portion de la France qui, bien qu'en plaine, sous un heureux climat, avec une situation géographique favorable, est néanmoins la plus pauvre, parce qu'elle en est la moins fertile et celle où l'industrie a fait le moins de progrès. Aussi ne s'y est-il formé aucunes villes considérables, partant pas de communications, pas de débouchés, pas de marchés et pas de capitaux.

Aussi avons-nous lu en dernier lieu sur les affiches qui remplissent le quart du *Journal des Débats* l'offre d'une terre de 740 hectares, y compris une maison dans le bourg de Sancerre, le tout pour 115 mille francs, c'est-à-dire pour 170 fr. l'hectare, et cette terre n'est située à guère plus de 40 lieues de Paris. Ce seul fait démontre assez ce qu'il en est de cette région.

A la vérité, la totalité de sa superficie est loin d'être pareille à la terre dont nous venons de citer le prix de vente, car elle est traversée par des rivières dont les bords sont fertiles et riants; elle renferme des coteaux où croissent des vignobles; elle s'avance vers la mer et y trouve des débouchés; mais la généralité du territoire qu'occupe cette région offre aux yeux de l'agronome un spectacle qui, tout en l'affligeant, le porte à croire que c'est dans la circonscription que nous lui avons tracée que se trouve le plus vaste champ ouvert à ses travaux; que c'est dans ce champ qu'il doit appliquer son savoir et ses capitaux, parce que c'est essentiellement de cette région que le savoir et les capitaux se sont éloignés jusqu'ici, et où ils semblent devoir être aujourd'hui rappelés par le mouvement général de la population et de la civilisation.

CHAPITRE III.

De la fertilité du sol de la France.

Il y a quelque présomption, sans doute, de notre part à traiter de la fertilité de la France après le beau travail qu'a publié Arthur Young sur le même sujet. Nous ne ferons pas mieux que lui, nous ne ferons pas même autrement, mais nous avons cru qu'il était indispensable de compléter cet ouvrage en remettant sous les yeux de ceux qui voudront bien le lire une classification pour laquelle ils seraient obligés sans cela de recourir au voyage de Young.

Nous ferons donc comme les experts du cadastre qui reconnaissent cinq classes de fertilité. Nous admettrons la même classification, avec cette différence que ce sera le territoire entier du royaume que nous soumettrons à cette analyse, et non celui d'une commune; d'où résultera cette grande différence, que nous ne pourrons apprécier que la dose réelle de la fertilité native de chaque nature de sol, tandis qu'en détaillant celle des parcelles d'une commune, il est impossible que les répartiteurs ne fassent pas malgré eux l'appréciation de la dose de fertilité acquise ; il est également impossible qu'ils ne tiennent pas compte de la distance des parcelles au chef-lieu, ainsi que de la difficulté des communications; car ces considérations influent puissamment sur le revenu réel de la parcelle qu'ils sont appelés à classer.

De là vient nécessairement que leurs appréciations

de fertilité sont toujours relatives et ne sauraient être que telles ; au lieu que celles que nous allons être appelé à faire sur de grandes masses sont nécessairement absolues, parce que toutes les considérations locales qui entraînent le jugement des répartiteurs s'anéantissent dans l'étendue des masses que nous examinons.

Avant de procéder à cet examen, nous devons avertir que le terme de fertilité s'applique à la production des céréales, car il y a beaucoup d'autres productions qui, pour prospérer, ne réclament nullement les mêmes conditions de fertilité : ainsi la vigne s'élève à plaisir sur tel coteau dont le sol ne produirait que la plus chétive moisson ; telle terre basse et calcaire forme une riche prairie, tandis que, semée en blé, on l'y verrait se rouiller et dépérir.

D'ailleurs, prise dans un sens général, la terre féconde pour les céréales le sera de même pour la très grande majorité des récoltes que l'industrie agricole demande au sol qu'elle laboure. Ainsi les prés artificiels, les légumineuses, les racines, les plantes textiles et oléagineuses y prospèrent dans la même proportion. C'est pourquoi nous faisons des céréales l'étalon de l'échelle que nous allons établir.

Il est, nous en convenons, bien plus difficile de faire une complète abstraction de la part de fertilité que la terre doit au travail longtemps répété de l'homme, car cette part, ajoutée à celle que les accidents de la nature ont faite à chaque sol, ont fini par s'identifier de telle sorte qu'un œil très exercé peut difficilement les discerner, attendu 1° que les sols fertiles, étant ceux dont les productions sont les plus volumineuses, sont aussi celles qui se fournissent à elles-mêmes le plus grand volume d'engrais, qui, sans cesse reversé sur le même sol, tend à en augmenter sans relâche la fertilité, ou, en d'autres termes, la dose de l'humus qu'il contient. Si cet effet venait à cesser, on pourrait alors saisir le point de départ entre la fertilité native et la fertilité acquise ; mais le mouvement étant incessant, il échappe à la juste appréciation de l'agronome ; 2º cette appréciation se complique encore pour lui de l'effet du travail sur la terre. Nous avons remarqué plus haut que le cultivateur ne refusait aucun effort, aucun labour aux terres fertiles qu'il est appelé à cultiver ; tandis qu'il néglige la culture des sols ingrats qui lui sont tombés en partage. Ce travail, ces soins répétés durant des siècles ont partout ajouté à la fertilité native des sols riches.

Néanmoins et au travers des fascinations que l'art agricole interpose entre l'appréciateur de la fertilité native d'une terre et celle qui lui est donnée par les soins d'une habile agriculture, l'agronome expérimenté parvient à faire les parts de ce qui appartient à l'art et de ce qu'avait fait la nature. Car il est des indices certains auxquels l'expérience apprend à reconnaître cette fertilité native, dont la recherche nous occupe.

Ainsi un sol de première classe ne se trouvera presque jamais que dans les plans inférieurs du sol, il sera perméable à l'eau, sans se dessécher, la pluie ne le rendra pas glutineux, la sécheresse ne le durcira pas, parce que, dépourvu de pierres, il contiendra une proportion suffisante de silice et d'alumine pour compenser, l'une par l'autre, les influences des saisons contraires. Il aura une proportion suffisante de principe calcaire pour neutraliser l'effet que la silice et l'alumine exerceraient si elles formaient à elles seules la masse du sol. Enfin, et c'est ce qui détermine son degré absolu de fertilité, il s'ajoute une dose d'humus à ce mélange de terres, humus qui se reproduit sans cesse, et s'indique par la teinte obscure qu'il donne à la terre. Cette couleur peut provenir aussi du principe tourbeux, qu'il faut reconnaître pour ne pas s'y laisser tromper.

Un sol ainsi constitué se travaille facilement, et sa propriété est de conserver les récoltes qu'on lui a confiées au travers des frimas et des intempéries, qui en détruisent la majeure partie dans les sols où dominent la glaise, la silice, et surtout le granit. Dans ces derniers, au sortir de l'hiver, les plantes se présentent rares et faibles, et, à moins d'être favorisée par le printemps, la récolte y demeure chétive ; tandis que dans les sols fertiles, après avoir défié l'hiver, elle s'élève vigoureuse au retour des beaux jours.

C'est en ceci que consiste le mérite principal des bonnes terres : c'est que la récolte y surmonte la saison et que, dans les sols de qualité inférieure, elle dépend, au contraire, de leur influence ; en sorte que, dans les saisons fertiles, on voit les médiocres champs se couvrir de belles moissons, qui équivalent quelquefois à celles des meilleures terres ; condition qui change complétement dans les mauvaises années. C'est donc en grande partie la sécurité de la récolte qui donne tant de prix à la fertilité du sol.

Nous faisons deux classes de cette fertilité, car il est beaucoup de terres qui, sans participer à tous les caractères que nous avons attribués à la première, sont néanmoins douées de beaucoup de fertilité. A cette seconde classe appartiennent celles où l'alumine est dominante, mais mêlée, soit avec la chaux, soit avec la silice, lorsqu'il s'y ajoute une dose suffisante d'humus.

D'après ces désignations, nous ne saurions faire entrer dans le cadre de la première classe d'autres contrées que celles que forment :

	Départements.
1° Le département du Nord.	1 »
2° La Limagne d'Auvergne, soit le tiers du département du Puy-de-Dôme.	
3° La vallée de l'Isère, soit le tiers du département de l'Isère.	1 »
4° Les alentours d'Avignon, soit aussi le tiers du département de Vaucluse.	
5° La plaine de Meaux, soit le tiers du département de Seine-et-Marne.	
6° Le tiers de chacun des deux départements du Rhin.	1 »
7° Nous comprendrons enfin certaines vallées et certains territoires d'alluvions qui se trouvent répartis çà et là sur divers points du royaume, pour la valeur d'une superficie égale à celle d'un département.	1 »
Etendue totale de la superficie des terres de première classe, équivalant à celle de...	4 »

La seconde classe de fertilité comprend, suivant notre estimation :

1° La totalité de la superficie de la région n° 1, moins le département du Nord et le tiers de celui de

Seine-et-Marne, qui figurent dans la première classe, et défalcation faite d'une surface égale à celle d'un département et deux tiers pour représenter les terres ingrates qui se trouvent répartis sur divers points de cette région, ce qui nous en laisse douze à porter dans la seconde classe de fertilité. . . **Départem** 12 »

Il n'y a dans l'étendue comprise dans la région n° 2, c'est-à-dire du nord-est, qu'une faible superficie qu'on puisse ranger dans cette seconde classe, car ni la Champagne, ni la Lorraine, ni la Franche-Comté, ne sauraient appartenir à cette catégorie, hormis le bassin qu'a tracé la Saône, et qui figure pour moitié dans le département de la Haute-Saône, et pour le surplus dans la Côte-d'Or. Ces deux parcelles, en y comprenant quelques points d'un sol riche qu'on trouve épars dans cette région, tels que sont dans le Jura les plaines de Voiteur et de Ruffey, ces parcelles équivalent à l'étendue d'un département. . . . . 1 »

La région n° 3, c'est-à-dire celle du sud-est, en offre encore moins. Car, après avoir rangé dans la première classe le tiers du département de l'Isère, et hormis les bords de la Saône et ceux de la Loire, on ne saurait prélever ailleurs des superficies dont la nature du sol permette de les classer dans cette seconde catégorie. Nous sommes forcé d'en réduire l'étendue à celle d'un demi-département. 1/2

A reporter. . . . 13 1/2

	Départem^{ts}.
Report...	13 1/2

La région des oliviers, à laquelle nous avons affecté le n° 4, présente à mettre en seconde classe un tiers à peu près du département de Vaucluse; un tiers de celui des Bouches-du-Rhône, et autant de celui de l'Aude, c'est-à-dire la plaine qui s'étend de Béziers à Carcassonne, en passant par Narbonne; cette étendue équivaut ainsi à celle d'un département................ 1 »

La région n° 5, soit celle des montagnes, renferme des vallons très fertiles, non compris la riche Limagne, qui figure déjà parmi les sols de la première classe. Ces vallons appartiennent principalement aux trois départements de la Loire, de l'Ardèche et de la Haute-Loire. Mais, comme ils sont très resserrés, nous ne pensons pas que leur superficie totale dépasse celle d'un demi-département................ 1/2

En revanche, la région n° 6, que traverse le riche bassin de la Garonne, contient d'excellents sols, parmi lesquels on peut ranger le tiers du département de l'Aude, les deux tiers de celui de la Haute-Garonne, autant de celui du Gers, un tiers de ceux de Lot-et-Garonne, de la Gironde et des Landes; enfin un quart des quatre départements dont les limites embrassent les Pyrénées, ce qui produit un ensemble équivalant à la superficie

A reporter...	15

	Départem^{ts}.
Report. . .	15
de trois départements et deux tiers.	3 2/3

La région n° 7, ou de l'ouest, comprend en terres de seconde classe un tiers des départements de la Gironde et de Tarn-et-Garonne, deux tiers des deux départements de la Charente, moitié de ceux de la Vienne et des Deux-Sèvres, un sixième de ceux de la Vendée et de la Loire-Inférieure; le total représente l'étendue de trois départements et un tiers. 3 1/3

Il faut enfin glaner dans la région n° 8, pour y trouver parmi ses ajoncs des terres situées le long du cours de ses rivières, pour rassembler le long de la Loire, de l'Allier et du Cher, et sur quelques points des côtes de la mer, une superficie équivalant à celle d'un département, à laquelle on fait encore un honneur trop grand en la plaçant dans la seconde catégorie, ainsi que nous le faisons ici. 1 »

Total de l'étendue des terres appartenant à la seconde classe de fertilité. . . . . . . 23 »

Nous allons nous occuper maintenant du classement des terres médiocres, que nous diviserons de même en deux catégories, en passant de nouveau en revue la qualité de la superficie des huit régions entre lesquelles nous avons réparti le territoire du royaume.

La région n° 1, n'est pas appelée à figurer dans cette catégorie; car la superficie que nous avons distraite des classes de terres fertiles tombe dans une catégorie inférieure

Départem^{ts}.

encore à celle dont nous nous occupons maintenant, puisqu'elle consiste en grande partie en sables siliceux, dont il se trouve de grands dépôts, tant sur les dunes qu'entre Fontainebleau et Gien. Il se trouve de même de fort mauvais sols sur les confins de l'Orne, de la Sarthe et de la Mayenne. Nous ne porterons donc ici cette région que pour zéro. » »

La région n° 2 possède en revanche des terres qui appartiennent à cette troisième classe, savoir : dans le département de l'Aube, une superficie équivalant au sixième de son étendue ; dans la Côte-d'Or, un sixième appartenant à la portion dite de l'Auxois. Les départements du Jura et de la Haute-Saône en fournissent aussi chacun un tiers, ainsi que les deux départements du Rhin. Ceux des Vosges, de la Meurthe, de la Moselle et de la Meuse, peuvent y être compris chacun pour un sixième de leur étendue, en sorte que cette région fournit aux terres de troisième classe une quantité équivalant à celle de deux départements et un tiers. . . 2 1/3

Le n° 3, ou la région du sud-est, fournit à cette classe un quart des départements de l'Yonne, de Saône-et-Loire, de l'Allier, de la Nièvre et des Hautes-Alpes. Une moitié de ceux de l'Ain, de la Drôme, de la Loire et du Rhône. C'est-à-dire trois départements et un quart. 3 1/4

A reporter. . . 5 7/12

	Départem^{ts}.
Report.	5 7/12

Le n° 4, c'est-à-dire la région des oliviers, y fournit dans une plus forte proportion, puisque nous pouvons y classer la moitié des départements du Var, des Bouches-du-Rhône, de l'Hérault et de Vaucluse, et le tiers de ceux des Basses-Alpes, du Gard et des Pyrénées-Orientales, en tout deux départements. . . . . 2 »

La région n° 5, ou celle des montagnes, ne présente que de petites surfaces éparses sur sa superficie, qui appartiennent à cette classe. On les trouve dans quelques portions des départements de la Haute-Vienne, de la Corrèze, du Tarn, de la Dordogne et du Lot. Ensemble elles peuvent représenter la superficie d'un département et un quart. . . . 1 1/4

Dans la région du sud-ouest, soit le n° 6, nous trouvons à faire un classement où sont compris pour un tiers les départements de l'Aube, de Lot-et-Garonne et de la Gironde, et pour un quart, ceux des Pyrénées-Orientales, de l'Arriège, des Hautes et Basses Pyrénées, soit en tout deux départements. 2 »

La région de l'ouest, après avoir déjà fourni une grande superficie à la seconde classe, donne encore à placer, dans cette troisième classe, le tiers des départements de la Charente, de la Charente-Inférieure, de la Dordogne, et le quart de ceux de Tarn-et-Garonne, de la Vendée, des Deux-Sèvres

A reporter. . . . 10 10/12

	Départem{ts}.
Report...	10 10/12

et de la Vienne. C'est-à-dire une superficie comparable à celle de deux départements.. | 2 | » |

Quelque dépourvues de fertilité que soient les terres comprises dans la région n° 8, il s'en trouve cependant de troisième classe éparses sur une étendue qu'il est difficile d'évaluer. Cependant nous ne croyons pas en estimer trop haut la superficie, en la portant à celle de deux départements et deux tiers, à prendre sur les départements de la Mayenne, d'Ile-et-Vilaine, des Côtes-du-Nord, de Maine-et-Loire, de la Vienne, de Loir-et-Cher et de la Sarthe, soit....... | 2 2/3 |

Total de la superficie des terres de la troisième classe............... | 15 1/2 |

Ayant maintenant à passer en revue les terres qui appartiennent à la quatrième classe, c'est-à-dire à la seconde catégorie de la médiocrité, et par conséquent à celles qui ne dépassent que d'un degré la stérilité, nous trouvons à porter dans cette classe, et à prendre sur la région n° 1, une superficie équivalant à celle d'un département...... | 1 | » |

Dans la région n° 2, celle de cinq départements à prendre pour moitié dans ceux de la Marne, des Ardennes, des Vosges et du Doubs ; pour un tiers dans ceux de la Meuse, de la Moselle et de la Meurthe ; et pour un

A reporter... | 1 |

	Départem^{ts}.
Report...	1

quart dans les huit départements du Haut et Bas-Rhin, de la Haute-Saône, du Doubs, du Jura, de la Côte-d'Or, de l'Yonne et de l'Aube............................ 5 »

La région n° 3 fournit à cette quatrième classe une moitié des départements de l'Ain, de la Loire, de Saône-et-Loire, et un quart de ceux du Rhône, de l'Isère, de la Drôme, de l'Allier, de la Nièvre et de l'Yonne; soit en tout une étendue équivalant à celle de trois départements........................... 3 »

La région du sud, c'est-à-dire le n° 4, présente une superficie à placer dans la quatrième classe, qui comprend un quart des départements des Basses-Alpes, du Var, des Bouches-du-Rhône et de Vaucluse; un tiers de ceux du Gard, de l'Hérault, et un sixième de ceux de l'Aube et des Pyrénées-Orientales; soit, en tout, deux départements..... 2 »

La région n° 5, ou des montagnes, fournit beaucoup de terres à cette catégorie; car la moitié des départements de l'Aveyron, de la Haute-Loire, du Cantal, de la Haute-Vienne et de la Corrèze, doivent y être rangés, ainsi que le quart de ceux de la Lozère, de l'Ardèche, du Puy-de-Dôme, de la Creuse, de la Loire, du Tarn, de la Dordogne, du Lot et de Tarn-et-Garonne; ce qui représente l'étendue de quatre départements et trois

A reporter... 11

	Départem^{ts}.
Report. . . .	11 4 3/4

quarts. . . . .

La région du sud-ouest, n° 6, donne à cette classe de terres un quart des départements de l'Arriège, des Hautes et Basses-Pyrénées, des Pyrénées-Orientales, du Gers, et autant à prendre sur ceux de l'Aude et de Lot-et-Garonne ; soit, en totalité, un département et trois quarts. 1 3/4

La région de l'ouest, n° 7, ne fournit qu'une faible étendue à classer dans cette catégorie, attendu qu'elle s'est encadrée en majeure partie dans les classes supérieures. Il ne nous reste à placer, dans celle-ci, qu'un quart des départements de la Vienne, des Deux-Sèvres, de la Vendée, de Maine-et-Loire et de la Dordogne ; ce qui représente l'étendue d'un département et un quart. . . 1 1/4

La région n° 8 fournit au contraire beaucoup de terres à placer dans cette quatrième classe, parce qu'elle représente assez exactement la dose de fertilité des pays d'ajoncs. Ainsi, nous porterons, pour les trois quarts, dans cette catégorie, les départements du Cher, de l'Indre, d'Indre-et-Loire, de la Mayenne, d'Ille-et-Vilaine et pour une moitié ceux des Côtes-du-Nord, du Finistère et du Morbihan ; et pour un quart, ceux de la Loire-Inférieure, de Maine-et-Loire, de Loir-et-Cher et de la Sarthe ; ce qui produit, en

A reporter. . . . 18 3/4

Départem$_{ts}$.

Report. . . 18 3/4

tout, une superficie égale à celle de six départements et demi. 6 1/4

Total de la superficie des terres de la quatrième classe. . . . . 25 »

Tout ce qui, dans le travail que nous venons de faire, ne se trouve pas compris dans les quatre classifications que nous avons prélevées sur les superficies des quatre-vingt-cinq départements continentaux de la France, appartient nécessairement à la cinquième classe, celle des terres que nous avons appelées stériles. Ces terres sont à prendre sur toutes les fractions de département que nous n'avons pas comprises dans les quatre catégories que nous avons désignées dans le tableau que nous venons d'en tracer.

Ainsi, nous résumerons le tableau général du classement de la fertilité des terres de la France, d'après les proportions suivantes, savoir :

1re classe.

1re catégorie. Terres de la plus
        haute fertilité. 4 »
2e —   Terres fertiles. . 23 »

Total des terres de première classe . . . . 27 »

A reporter. . . 27

Départem^t.

Report... 27

2e classe.

1re catégorie. Terres moyenn. 15 1/2
2e — Terres médiocr. 25
Total des terres de seconde
classe. 40 1/2

3e classe.

Une catégor. Terres stériles... 17 1/2
Total de la superficie du
royaume, non compris la
Corse. . . . . 85 »

On aura compris que le département n'a été pris ici que comme une unité, plus commode qu'une autre, parce qu'elle est géographique, et facilite ainsi la compréhension des tableaux de fertilité que nous avons dressés ; mais cette dénomination ne représente réellement que la quatre-vingt-cinquième partie du territoire continental du royaume. Car ce ne sont que des aliquotes que nous avons dû chercher, en fouillant, ainsi que nous l'avons fait dans tous les points de sa superficie, pour rechercher en eux-mêmes la vertu agricole qu'ils recèlent. Ces aliquotes nous donnent, pour les terres fertiles du royaume. . 32 » p. 100
Pour les terres médiocres. . . . 47 1/2 p. 100
Pour les terres stériles. . . . . 20 1/2 p. 100
Total. . . 100 » »

Mais ces aliquotes de fertilité sont très inégalement réparties sur la superficie de la France.

Elle ne possède que la petite aliquote de 4 et demi p. 100 de ces terres fécondes où abondent toutes les productions qu'on leur confie, et telles qu'il en est beaucoup en Belgique, en Lombardie et en Ukraine, et la majeure partie de ces terres appartient aux conquêtes de Louis XIV, c'est-à-dire le département du Nord et le tiers de l'Alsace; le reste est réparti entre la vallée de l'Isère, la Limagne d'Auvergne et la plaine de Meaux.

La grande masse des sols qui appartiennent à la seconde catégorie de fertilité, se trouve dans les régions nos 1, 6 et 7; c'est-à-dire au nord et à l'ouest du royaume, puisque, sur vingt-trois, ces régions en emportent dix-neuf.

Les terres des deux catégories de la seconde classe abondent, en revanche, dans les régions nos 2 et 3, puisque, sur quarante parties, elles en emportent quatorze et demie.

En revanche, la plus grande part des dix-sept portions et demie des terres stériles appartient aux régions nos 5 et 8. D'où nous pouvons conclure que les meilleures terres de la France se trouvent sur le littoral de l'ouest, dans le bassin qu'ont formé les affluents des Pyrénées, et enfin dans la grande plaine qui s'étend entre la Loire et la mer; que ses provinces de l'est, à partir d'Avesnes, pour aboutir à Donzère, en passant par Auxerre, Nevers et Lyon, offrent la plus vaste étendue proportionnelle de terres médiocres; et qu'enfin, ses plus mauvaises, appartiennent à ses régions centrales de la Lozère au Finistère.

Ces données sont bien générales, sans doute, et nous ne pouvions nous flatter de traiter un pareil sujet avec plus de précision. Par leur nature même, les nuances d'une si grande variété, qui distinguent la qualité des sols, ne sauraient entrer comme éléments dans une analyse de cette espèce, faite sur une aussi vaste échelle.

On ne saurait non plus, sans s'appliquer à faire un travail tout spécial et d'un développement considérable, tenir compte de toutes les particularités qui, çà et là, présentent des exceptions à la nature générale du sol.

Ainsi, nous savons qu'il existe, dans les Hautes-Alpes, par exemple, certains vallons resserrés, où les torrents ont déposé des lits d'alluvions, par l'effet desquelles leur sol a acquis une fécondité comparable à celle de la vallée de l'Isère ; mais, comment avoir égard à ces petites superficies, pour les faire entrer dans un classement qui ne saurait tenir compte que des masses ? Or, nous pensons que ces masses ne sont pas assez éloignées de la vérité pour ne pas les adopter comme base du travail auquel nous allons nous livrer, en poursuivant notre ouvrage.

Mais, avant d'entrer dans les applications spéciales que nous nous proposons de faire de la science agricole, nous devons consacrer un chapitre à traiter des compensations que cette science offre aux cultivateurs, dont les terres n'appartiennent pas à celles que nous avons classées dans les catégories de fertilité.

CHAPITRE IV.

Des compensations à la fertilité du sol.

Ces compensations sont de deux natures ; l'une appartient aux lois mêmes de la création, qui ont voulu, afin qu'aucune terre ne restât dépourvue de végétation, qu'il y eût des végétaux appropriés à chaque espèce de sol. L'autre tient au choix des combinaisons que l'agronomie a su faire pour amender les sols de qualité inférieure.

Ainsi, là où le froment languit, le seigle et le sarrasin prospèrent ; là où le blé souffre par trop d'humidité, on obtient d'abondantes prairies. Telle terre est impropre à produire de vigoureuses céréales, où l'on trouve, en revanche, un admirable sol forestier ; dans telle autre, la vigne prospère et acquiert quelquefois une valeur bien supérieure à celle de la meilleure terre arable, si ce sol, blanchi par la craie, produit, comme en Champagne, du vin de Silleri.

Or, comme les besoins de la consommation sont loin de se borner à celle du seul produit des céréales, il arrive que, telles des terres que nous avons portées dans les dernières classes de fertilité n'en donnent pas moins des revenus souvent supérieurs à ceux des premières, et compensent ainsi, et au-delà, leur infériorité native. Ce fait n'a pas besoin de preuves ultérieures, car il est notoire pour tout le monde. Mais ce qu'il nous importe d'établir, c'est qu'en vertu de son heureux climat, le territoire de la France a droit, plus qu'aucun autre, à profiter de cette compensation, et c'est ce qui peut expliquer aux économistes comment il se fait que ce territoire, où l'on ne compte qu'un tiers de bonnes terres, peut faire vivre une si grande population rurale et alimenter un aussi grand commerce de denrées.

Ainsi les 1800 mille hectares qui constituent le vignoble de la France sont compris presque en totalité dans les troisième et quatrième classes de fertilité, et même dans la cinquième. Quelque importante que soit la place qu'occupe ce vignoble, puisqu'il est à peu près sans rival sur ce globe, cette place n'est pas prise aux dépens des riches terres arables que possède le royaume. Il y a donc là une immense compensation en faveur des terres dépourvues de fécondité.

Les 7,800 mille hectares formant le sol forestier de la France sont en très majeure partie dans un cas semblable, c'est-à-dire qu'elles appartiennent aux troisième quatrième et cinquième classes de fertilité. Il y en a peu dans la première et on n'en trouve dans la seconde qu'une étendue dont nous avons appelé de nos vœux le changement de culture, culture qui ne s'est conservée qu'à l'aide de lois d'exception et parce que la majeure partie des bois qui appartiennent à cette seconde classe faisait partie de propriétés mainmortables.

Mais les six septièmes au moins du sol forestier sont compris dans les dernières classes de fertilité, et la présence du bois donne à ces terres une plus haute valeur qu'elles n'en pourraient recevoir d'aucune autre nature de culture. Aussi avons-nous démontré dans le chapitre où nous avons traité des forêts l'avantage individuel et public qu'aurait la conversion des mauvaises terres arables en terres forestières. Les adversaires des défrichements auraient raisonné avec plus de justesse s'ils avaient donné pour motif à la prime, dont ils sollicitaient la conservation en faveur de l'économie forestière, l'importance dont était cette économie pour les sols pauvres que les bois recouvrent en majeure partie ; car il y avait sous ce point de vue motif à demander le maintien de la prime, puisque, avec sa suppression, il aurait été possible de voir disparaître ces bois, et avec eux le meilleur emploi des terres qu'ils occupent.

Cette extrémité à laquelle nous ne croyons pas, même avec la réduction ou la suppression des droits d'entrée sur les fers, démontre que toute bonne économie se résume dans ce meilleur emploi des forces végétatives, combinées avec le climat, dont chaque terre est pourvue, ou, en d'autres termes, qu'il faut appliquer chaque sol à l'espèce de culture et de production à laquelle il est le plus propre. Cette loi que nous avons déjà énoncée n'est encore suivie qu'empiriquement et par la force des choses, mais sans avoir obtenu le consentement des cultivateurs qui s'efforcent de surélever l'espèce des productions qu'ils confient à leurs terres, jusque-là qu'elles se refusent à faire croître celles qui leur sont trop antipathiques ou trop au-dessus de leur fertilité native.

Aussi l'économie rurale offre encore en foule ces anomalies qui laissent des terres au-dessous de leur meilleure production, parce que leurs forces sont mal appliquées. Telle localité formerait une bonne prairie où l'on s'obstine à semer des céréales auxquelles nuit l'humidité ; telle autre triplerait sa valeur si elle était implantée en vigne où l'on n'obtient que de faibles moissons; dans telle autre enfin on récolterait de belles céréales, si la superficie n'en était pas occupée par des bois, tandis qu'on s'obstine à faire de pitoyables moissons sur de pauvres sols où l'on pourrait abattre des taillis touffus.

Les mêmes erreurs se commettent par les cultivateurs qui sèment la luzerne là où il faudrait du sainfoin, et du blé là où ils ne sauraient récolter que du seigle.

Ces fautes et ces anomalies tournent toutes au détriment des dernières classes de terre, car l'avantage des premières est précisément celui de se prêter à toutes les productions, parce qu'elles ont la vertu de les pousser à leur perfection. Il reste donc là encore un champ ouvert à l'ambition rurale de ceux qui possèdent des terres de qualité inférieure, qu'il leur est permis d'amener à leur meilleure production en les appliquant à l'espèce de culture qui convient le mieux à leur propriété particulière, d'après leur nature et leur climat.

Dans l'état actuel des choses, nous pouvons admettre que plus de 9 millions et demi d'hectares, en nature vignicole et forestière, c'est-à-dire un tiers environ de la superficie classée parmi les terres ingrates du royaume, donnent à ces terres une compensation de leur moindre fertilité.

Il faut comprendre encore dans cette compensation, pour une faible étendue à la vérité, les terres plantées en oliviers et une portion de celles où croissent les mûriers.

Ainsi, bien qu'il reste beaucoup de conquêtes à faire avant d'arriver au meilleur emploi que la nature permet de faire du sol appartenant aux dernières classes de fécondité, l'agriculture en a déjà soumis un tiers à son meilleur emploi. Un autre tiers peut-être est entièrement impropre à de telles compensations, mais il est possible de les obtenir sur le tiers restant, avec certaines restrictions néanmoins et par leur conversion en bois, en vignes, en mûriers, en prairies même, etc.

Quant aux dernières qualités de sols, qui ne sont propres qu'à être laissés en vaines pâtures, ou périodiquement à toujours, il y a possibilité de lui trouver une compensation dans la qualité des animaux qui s'y nourrissent. C'est ainsi que nous aimerions à voir les mérinos s'emparer des parcours montagneux de la cinquième région et remplacer dans les ajoncs de la huitième les grossières bêtes à laine qui y trouvent leur pâture, et les chèvres du Thibet en expulser la chèvre indigène, car c'est l'unique moyen d'amener ces terres à leur meilleure production.

Mais nous avons dit qu'il était pour les sols une autre espèce de compensation qui dépendait de la science agronomique et qu'on pouvait obtenir par les assolements. Nous avons dit d'ailleurs que cette espèce de compensation était encore à peine ébauchée par les cultivateurs français, tandis qu'ils ont appris dès longtemps à soumettre à la plus active, sinon à la plus habile culture, les bonnes terres qu'ils possèdent.

Et ici nous n'entendons pas seulement parler des superficies que nous avons géographiquement fait entrer dans les cadres où nous avons classé les différentes qualités de sol ; nous comprenons dans la catégorie des terres activement cultivées celles qui forment les deux premières classes de chaque commune, c'est-à-dire celles qui, dans le territoire de chacune, sont relativement les meilleures.

Or, à l'exception de quelques localités argilo-siliceuses telles qu'il s'en trouve en Sologne et dans le département de l'Ain, il n'y a pas de commune qui ne possède, au voisinage tout au moins des habitations, quelques petits vallons, quelques veines de terre où il s'est déposé plus d'humus, de celles enfin qu'on a fécondées en y portant une plus forte dose d'engrais. Nous en avons vu de telles aux alentours des plus chétifs villages du Rouergue, de la Marche, de la Lorraine et des montagnes de la Bourgogne. Ces terres ne reposent jamais ; à une récolte de légumes ou de chanvre en succède une de céréales que suit à son tour le trèfle ou l'avoine ; souvent l'orge y précède le blé, tant il y a d'ignorance et d'irréflexion dans les procédés de l'agronomie, mais il n'y en a pas moins récoltes et produits, parce que toutes les fautes se font aux dépens d'un sol riche et amendé. Malheureusement ces fautes ont lieu de même pour ceux qui ne sont ni l'un ni l'autre, et la généralité des cultivateurs n'a pas encore compris que ce sont précisément les sols les plus maigres, c'est-à-dire les plus dépourvus d'humus, qui en réclament davantage; et comme ces terres sont celles qui, d'après leurs dispositions naturelles, produisent le moins de matières pour faire de l'humus, on les laisse s'en passer, et on continue à parcourir le cercle vicieux dans lequel les cultivateurs s'étaient primitivement placés, et dans lequel ils restent par suite de l'ignorance et de l'impossibilité tout à la fois où ils sont encore de connaître et d'appliquer les procédés par lesquels on se procure artificiellement ces matières premières de l'humus.

C'est par de tels procédés qu'on est parvenu à l'amélioration des terres siliceuses du Norfolk, de la Campine belge, des sables du Brandebourg. Il en pourrait être de même d'une grande portion, au moins, des terres ingrates de la France, car sur tous les points que ces terres occupent il y a quelques faits qui le démontrent. Il s'y trouve des parcelles dont une circonstance a favorisé l'amendement ; souvent c'est un nouvel acquéreur qui, dans son zèle novice, a fait purger et cultiver soigneusement la terre stérile qu'il avait acquise à bas prix, puis à l'aide de l'engrais acquis de l'aubergiste voisin, il y a récolté, après une moisson doublée par ces procédés, un trèfle qui fait l'admiration des passants. Plus souvent ces phénomènes se voient sur les terres des maîtres de poste, et nous avons vu, il y a peu d'années, celui de Pierre-Écrite se complaire à voir sa fort belle moisson, qu'il avait fait croître sous un des plus mauvais climats de la France, et sur le sol granitique le plus rebelle du Morvan. Nous avons vu le même fait réalisé par M. Rameau, maître de poste à la Chaleur, dans une terre du plus pauvre calcaire feuilleté de la Haute-Bourgogne.

On peut le voir accompli en grand chez notre collègue, M. Vilmorin, sur les terres qu'il a acquises auprès de Montargis, dans la mauvaise partie du Loiret. Nous nous arrêtons aux exemples que nous venons de citer, laissant au souvenir de chacun à leur rappeler ceux qui ont frappé leurs regards dans les trajets qu'ils ont faits en France ; car, en fait d'exemples, ceux que l'on cite sont loin d'avoir autant de prix que ceux dont on a été témoin. Mais nous les invoquons tous pour fournir la preuve que l'amélioration des sols ingrats du royaume est loin d'être impossible.

Il est essentiel de mettre ce fait hors de cause, car il offre une objection permanente qu'on oppose sans cesse aux entreprises agronomiques et que le fait seul peut contredire. Mais nous avons nous-même signalé plus haut les dangers auxquels s'expose l'agronomie, en voulant tenter imprudemment de telles améliorations, et nous avons indiqué comment il fallait procéder pour s'en mettre à l'abri.

Il y a donc au pouvoir de l'homme des moyens artificiels qu'il ne tient qu'à lui de mettre en œuvre, et par l'emploi desquels il peut arriver à compenser le désavantage avec lequel les terres ingrates se présentent dans le grand cours sans cesse ouvert à l'agriculture.

Sans doute que, pour pouvoir figurer dans un tel concours, les terres infertiles demandent des travaux et des avances dont les sols fertiles peuvent se passer, et ce sont ces travaux et ces avances que le grand nombre des cultivateurs se refusent à faire, sans songer néanmoins que ce qu'ils pourraient y dépenser serait loin d'équivaloir à la différence du capital vénal des deux qualités de terre. Il y a, en effet, souvent un plus grand bénéfice à obtenir dans l'acquisition d'un domaine en sol pauvre, qu'en achetant à haut prix une terre réputée pour sa fertilité ; car on acquiert l'une et l'autre d'après le montant de leur revenu réel et non de leur produit présumé, tandis que l'intelligence agricole peut tripler en certains cas le revenu présumé d'un sol pauvre, là où il reste peu de chances d'accroître celui d'un sol déjà bien cultivé, par la raison même qu'il est en possession d'une grande fécondité.

Sous la réserve, toutefois, que l'agronome qui forme une telle entreprise ne commette pas de fautes trop grossières, et qu'il choisisse le domaine ingrat dont il va faire l'acquisition parmi ceux dont le sol est de nature calcaire ou siliceuse, car il ne faut presque rien attendre de l'amélioration des terres dont la stérilité provient de ce qu'elles sont argilo-siliceuses; et même, parmi celles-ci, il en est dont on peut avec fruit transformer la nature par l'emploi de la chaux.

Au moyen de ces compensations, il serait permis de faire un autre classement des terres qui forment la superficie cultivable de la France. Ce tableau présenterait le résultat suivant :

1º Terres de première classe. } occupant ensemble une superficie de 1/3
2º Terres de seconde classe.

3º Sur les deux tiers restant, un sixième se trouvant occupé par le vignoble et les bois jouit de la compensation naturelle que les lois de la création ont accordée aux sols dénués de fécondité native. 1/6

4º Un tiers de ces terres est appelé à profiter des compensations que l'art agricole permet d'obtenir en faveur des terres maigres. 1/3

5º Le dernier sixième appartient à des

sols et à des localités tellement rudes ou ingrates, qu'on n'y peut trouver d'autres compensations que dans la qualité plus précieuse des animaux qu'on entretient sur de tels sols, ou dans leur conversion en pinades et en sols forestiers. Améliorations qu'on ne saurait regarder comme une compensation suffisante pour la faire entrer en compte ; en sorte que la superficie cultivable du royaume pourrait se classer en :

1º Sols productifs par leur fécondite naturelle ou par les compensations qu'elles y trouvent, soit par la nature de leur culture, soit par les procédés dont se servent leurs cultivateurs. 5/6

2º Terres d'un faible produit et hors de toute possibilité d'être améliorées. 1/6

Ce sixième comprend les montagnes, les dunes et les terrains uniquement crayeux ou argilo-siliceux.

Mais pour arriver à remplir le cadre que nous venons de tracer, il faut encore que la majorité des cultivateurs soit déterminée à déployer beaucoup d'activité et beaucoup d'intelligence, et c'est pour aider à ses efforts que nous allons essayer de tracer, pour chacune des huit régions que nous avons décrites, le système et le développement des améliorations rurales que nous y croyons applicables.

LIVRE VII.

DES AMÉLIORATIONS RURALES APPLICABLES A L'AGRICULTURE DE LA FRANCE.

CHAPITRE Ier.

Description de la première région.

Nous avons classé et décrit l'ensemble et les principaux caractères agricoles de cette région, que nous avons désignée, d'après sa situation géographique, par l'épithète de région du nord ; mais nous n'en avons pas décrit la physionomie rurale, si cette expression nous est permise. Nous ne saurions dire, en effet, l'impression que reçoit le voyageur agronome, lorsqu'après avoir parcouru la triste région des Landes, il vient à passer les ponts de Tours ou d'Orléans, et voit s'ouvrir devant lui la vaste scène d'agriculture qui le conduit, au travers de ces riches provinces, jusqu'aux bords de la Manche et sur les falaises de son rivage.

Aussi, cette immense étendue de pays offre-t-elle à la France ses plus belles moissons et le plus riche des théâtres agricoles qu'elle possède ; d'abord par la fertilité de son sol, et aussi à cause des heureuses dispositions d'une superficie dont l'uniformité se trouve interrompue par les plis que forment les collines et les bassins des rivières ; nous ajouterons même, à cause de l'effet grandiose que produisait jadis dans ces plaines ces longs alignements de majestueux ormeaux traçant au loin les avenues de la capitale ; ormes antiques que la hache a fait disparaître, pour ne laisser à leur place qu'un immense vide.

Mais ce théâtre est le plus riche aux yeux de l'agronome, en ce qu'il offre la réunion de toutes les circonstances locales qui favorisent les développements de l'agriculture, savoir : la douceur du climat, la facilité des communications, la plus grande division de la propriété, le voisinage des grands marchés, et enfin la présence des capitaux dont toutes ces circonstances ont favorisé la réunion.

Aussi, est-ce dans cette région, dont l'étendue est égale à celle du midi de l'Angleterre, que l'on a vu s'opérer la majeure partie des améliorations qu'on a dû signaler depuis quarante ans dans la grande culture du royaume. C'est par là que la race des moutons d'Espagne s'est emparée du pays ; c'est là que la culture des prairies artificielles est venue alterner avec celle des céréales, et c'est aussi dans cette région que la culture racinienne, les fabriques de sucre indigène et la culture des plantes oléagineuses ont fait les plus notables progrès.

Ces progrès sont provenus de ce que la nature même de ces améliorations tendait à rapprocher l'agriculture de cette région du système qui la régit en Angleterre. Or, c'est précisément dans cette région, et peut-être même là seulement, que ce système pouvait trouver en France des conditions agricoles favorables à sa propagation, soit par la nature du climat et par celle du sol, soit par l'étendue des propriétés et des exploitations, soit enfin par l'effet des capitaux dont ces exploitations sont pourvues.

Ces capitaux se sont versés dans l'agriculture de la région du nord, par la raison qu'elle a été dès longtemps le siége de la capitale et de plusieurs autres grandes cités industrielles ou maritimes dont l'attribut est d'en créer spontanément ; tandis que la tendance universelle des capitaux créés et amassés dans une seule main est de se fixer en acquisition de terres, parce que c'est seulement à ce prix qu'une fortune peut se regarder comme réalisée. L'abondance de ces capitaux a lutté ainsi, dans cette région, contre l'action subdivisante du Code civil et des petits capitaux, et a pu dominer cette action, par la raison que partout les grands capitaux font la loi aux petits.

La grande, ou tout au moins la moyenne propriété, ont donc pu se conserver, dans la région dont nous nous occupons, plus intactes que partout ailleurs. Mais en même temps que la grande propriété s'y conservait, la grande culture y était maintenue par la nature même du pays. A peu près dépourvue de vignobles, ouverte, spacieuse, et n'offrant à la charrue que des surfaces où elle peut agir sans obstacles, cette région appelait la grande culture, comme la grande propriété. Cette grande culture à son tour a motivé la présence des exploitations à division de travail, et par conséquent des grands fermiers à rentes fixes. Ces fermiers, chargés de l'approvisionnement de la grande population urbaine qui surabonde dans cette région, ont dû faire de leur côté des profits à l'aide desquels leurs exploitations ont été saturées des capitaux que demandaient les améliorations déjà exécutées et celles que leurs domaines réclament encore.

Mais si l'agriculture a trouvé dans la région du nord de la France un vaste champ, si elle occupe un cadre ouvert et grandiose, si même l'agronome y rencontre des campagnes fécondes et de beaux sites sur les penchants qui accompagnent le cours des rivières, l'ensemble du pays n'a pourtant rien de pittoresque et l'aspect en est monotone. Il manque, en effet, de ces traits auxquels notre imagination attache, sans trop de raison peut-être, le caractère rustique où nous aimons à placer les tableaux de la vie et du bonheur champêtres.

Les champs y sont sans clôtures et sans ombrages. Il n'y en a que dans les contrées d'herbages ; ailleurs l'étendue des campagnes dépourvues d'accidents naturels, ou créées par l'art au moyen des habitations rurales et dans les plantations qui les accompagnent, ces champs se prolongent sans limites apparentes, et sans offrir d'autres termes que la ligne uniforme des bois, bornes lointaines données à l'horizon, ou celle des murailles d'enceinte d'un parc enveloppant les futaies au milieu desquelles s'élève un château que l'on découvre en arrivant en face de la triple avenue destinée à y conduire. Çà et là quelques remises de perdrix paraissent au milieu des champs comme de petits bosquets, auxquels la charrue a donné une forme régulière, tandis qu'au-delà se trouve le village.

Loin de s'être établis à distances dans leurs domaines, les propriétaires, pour former ce village, ont, au contraire, aligné leurs maisons le long d'une rue pavée, où elles sont contiguës ; en sorte que ces villages ne sont que la triste répétition d'une ville, où manquent également l'animation qui en fait le mérite et l'effet champêtre qu'on aime à retrouver au séjour villageois. Rien de tel n'en donne ici l'image : quelques ateliers de charronnage, quelques chétives boutiques, force débitants de boissons, des cafés, le domicile du maire qu'on reconnaît aux placards qui couvrent sa porte, et celui de l'officier de santé où l'on voit pendre la sonnette à l'aide de laquelle les malades du pays viennent troubler le repos de ses nuits. Au-delà, et au sortir du village, on arrête pour relayer devant le large portail de la poste royale, et tandis qu'on amène le mallier percheron traîné à contre-cœur par sa longe pour prendre sa place au brancard, on entend la voix retentissante du maître de poste qui, du haut de son perron, gronde ses valets, ses postillons et ses chevaux.

Plus loin encore on rencontre au milieu des champs une vaste construction rurale, signal de la présence d'une grande propriété. Placée à quelque distance de la route, une voie charretière y conduit ; de profondes ornières en indiquent seules la trace ; ornières qui rendent inutiles, dans une telle ferme, tout autre équipage que la patache, et tout autre moyen de transport que celui des épouvantables charrettes, dont on se sert aussi bien à Paris que dans toute la région du nord, et qui semblent construite sur le modèle fait au sortir de l'arche. La civilisation dont cette région est le centre n'y a pas encore profité à l'amélioration si importante des moyens de transport. On est plus avancé, à cet égard, dans le cœur du royaume. Quand tout le

reste de l'Europe se sert de voitures plus ou moins
perfectionnées, le premier des prix que la Société
d'encouragement devrait mettre au concours, serait,
sans contredit, celui qui aurait pour but de faire disparaître des rues de Paris ces effroyables charrettes
qui jurent si étrangement avec tout ce qui les parcourt. On trouverait des modèles pour les remplacer
en Angleterre, en Hollande, en Allemagne, en Suisse,
en Italie et dans la France elle-même ; dans la Haute-Bourgogne, ainsi qu'en Alsace.

Mais on s'habitue à ce qu'on a toujours vu, à ce
qu'on voit tous les jours, et il faut venir du dehors
pour être frappé du degré d'imperfection où l'on en
est resté, dans quelques parties de la France, en ce
qui concerne la confection de certains moyens de
transport. Peut-être aussi sont-ils assez conformes à
la négligence des conducteurs.

Parvenu au portail de la ferme, au travers de la
voie impraticable que nous venons de décrire, on
entre dans une vaste cour où repose un immense tas
de fumier amoncelé au hasard et sans ordre, sur lequel chantent et vivent des populations entières de
poules et de dindons ; des charrettes renversées, des
charrues, des herses y sont exposées pêle-mêle aux
intempéries des saisons, auprès de grands tas de fagots, quoique rien ne fût plus facile que de les en
mettre à l'abri. Mais il faudrait, à cet effet, se donner
quelques soins, et rien n'est si antipathique au laboureur français que d'avoir souci de son intérieur, occupation dans laquelle, au contraire, se complaît le cultivateur allemand.

Les quatre faces de cette vaste cour sont formées

par des bâtiments à un étage, dont deux contiennent les étables et les écuries, la troisième la grange à battre les grains qu'on laisse, en attendant, amoncelés en vastes meules autour et en dehors du manoir. Le dernier de ces bâtiments est consacré à la demeure du fermier, à ses dépendances et magasins, au toit à porc et à la basse-cour. Nulle sortie extérieure n'est ménagée dans ce système de construction, si ce n'est la porte charretière où tout doit passer. Le fermier, de sa demeure, a l'œil sur tout son intérieur, et ce système excellent de construction rurale rappelle celui des belles fermes de la Lombardie et du Piémont; mais quelle différence dans leur construction et dans leur tenue !

Tout a sa place désignée dans les fermes d'Italie, et tout y est replacé chaque soir; jamais un instrument aratoire, un fagot ou un débris quelconque ne se laisse apercevoir dans la cour intérieure. Elle ne présente qu'une aire nivelée et soigneusement nettoyée. Terminée sur trois de ses flancs par des portiques dont l'extérieur s'appuie sur un mur de brique, tandis que la pente intérieure du toit repose sur des alignements de colonnes. C'est sous le vide qu'ils offrent que l'on place, au niveau de la terre, les blés et les fourrages. Ces portiques servent ainsi à la fois de fenils, de granges et de remises, où tout est mis à l'abri, où tout est rangé dans un ordre symétrique et constant.

Un pavillon à deux étages, placé au centre du dernier flanc de la cour loge le fermier, et contient ses dépendances. Dans l'intervalle qui reste entre le pavillon et les portiques des deux flancs perpendiculaires, sont placées, d'un côté, l'étable des bœufs, de l'autre celle des vaches laitières, tandis que le fumier qu'on en retire se place chaque jour dans un parallélograme régulier au dehors de la cour et sur l'un des côtés du portail.

Nous nous sommes plu à représenter ici cette construction rurale, parce qu'elle est la seule de celles que nous ayons rencontrées nulle part, dans laquelle se soient trouvées une entière convenance avec les besoins ruraux et une économie d'établissement jointe à une élégance de construction qui exerce une grande influence sur les habitudes de la population rurale. Le système d'après lequel les grandes fermes du nord de la France sont construites est d'ailleurs semblable et n'en diffère que par les mauvais matériaux qu'on y emploie, leur entretien insuffisant, et par l'absence des portiques sous lesquels on met à couvert les récoltes et les instruments aratoires.

Mais il faut se dire qu'on peut faire de la bonne culture avec des appareils incomplets et délabrés. Nulle part il n'existe de plus chétives constructions rurales qu'en Angleterre, sans que l'agriculture en souffre. Nous habitons, au contraire, un pays dans lequel les constructions rustiques sont telles que leur établissement absorbe un capital qui balance souvent celui du revenu net du domaine qu'elles servent à exploiter. Ne nous laissons donc pas séduire par cette apparence rustique; il faut aller plus avant pour apprécier les produits réels d'une agriculture quelconque.

Lorsqu'on approche de la mer, on trouve les villages de cette région autrement disposés : au lieu de s'être alignées en rue, les constructions s'y sont amassées en rond, et enveloppées d'une espèce de rempart de gazon, planté d'un double ou triple rang d'ormes ou de hêtres gigantesques ; un abîme de boue fait une fondrière de chacune des ruelles par lesquelles on arrive aux chaumières qu'habitent les cultivateurs picards ou normands. Ces chaumières sont d'ailleurs spacieuses, en raison du domaine de leurs possesseurs ; mais le système de la réunion des habitations sur un seul point du territoire de la commune se retrouve encore ici comme dans les villages de l'Ile de France. Disposition fatale à l'agriculture, en ce qu'elle éloigne forcément le cultivateur de ses terres. On doit principalement l'attribuer aux dispositions naturelles d'un caractère pour qui l'échange des relations et les communications sociales sont un indéfinissable besoin.

Division rurale de la première région.

Le département du Nord occupe la frontière septentrionale de cette région. M. Cordier a si complétement exploré l'agriculture de ce département dans le compte-rendu qu'il en a publié, que nous n'oserions nous en occuper ici, si ce n'était pour mentionner ce département-modèle dans la revue que nous sommes appelé maintenant à faire de l'état rural de la région dont il fait partie. Le département du Nord appartient presque en totalité à la moyenne culture, c'est-à-dire qu'il y a peu de fermes qui occupent au-delà d'une charrue, et qu'il n'y a guère de petite culture que celle des parcelles voisines des villages. Les fermes s'y louent à rentes fixes, mais le très grand nombre d'entre elles se composent de locations parcellaires faites à des cultivateurs ayant un domicile et quelques propriétés dans la commune. L'étendue des fermages est ainsi réduite à la moyenne de 15 jusqu'à 30 hectares. Il en est peu qui outrepassent ces limites.

La raison en est qu'une telle superficie, où la jachère est inconnue, où la succession et la variété des récoltes occupent sans relâche les cultivateurs, où les soins qu'ils donnent à chacune de ces récoltes sont aussi minutieux qu'infinis, qu'une telle superficie suffit pour absorber les forces exploitantes d'un fermier. Ce fermier récolte d'ailleurs sur cette superficie le double au moins de ce que recueille celui des bonnes terres soumises à l'assolement triennal de l'Ile de France; et cette quantité double ne se compose pas seulement de blé et d'avoine, mais aussi de trèfles, de racines de toutes espèces, de plantes oléagineuses, tinctoriales, textiles, enfin d'un nombreux bétail. Aussi les meilleurs sols arables de la Brie se louent-ils au plus à 100 fr. l'hectare, tandis que le fermier en donne 200 des belles terres du Lillois.

Sans doute que la nature de ces terres est d'une grande fécondité; mais ce n'est pas à cette fécondité seule qu'il faut faire honneur de l'abondance de leurs récoltes; c'est aussi à l'abondance des engrais, à la belle et profonde exécution des travaux, c'est enfin à l'intelligence des assolements. Et il y a telle terre dans la Normandie, la Picardie et l'Ile de France, qui, cultivée par un fermier flamand, finirait par atteindre aux produits que donnent celles du département du Nord. Cet essai ne serait pas difficile à tenter, et il n'est pas cependant venu à notre connaissance qu'il l'ait été par aucun des grands propriétaires des contrées que nous venons de nommer, depuis plus d'un siècle et demi que le département du Nord fait partie du royaume ; tant ces propriétaires sont avisés sur leurs intérêts bien entendus !

A l'ouest de la région dont nous nous occupons ici se trouvent les trois départements du Calvados, de l'Orne et de la Manche, où sont compris les pays d'herbages. Ils en occupent les vallées, tandis que les collines sont demeurées en terres arables, et quelques-unes de leurs sommités en forêts. Ces contrées dépendent en très majeure partie de la grande propriété; car tout l'invitait à s'en emparer et à s'y maintenir : la superficie spacieuse, la facilité de l'exploitation et la prompte rentrée des termes du fermage. La culture, d'ailleurs, occupant peu de bras dans ces localités, la population rurale s'y est adonnée à la pratique d'industries, qu'elle n'abandonne qu'aux temps pressants des récoltes et des grands travaux champêtres.

Ces travaux se bornent pour les herbages, à étendre au printemps, sur leur superficie, les amas de terre que les taupes ont soulevés dans l'hiver sur la surface des prés, à tondre périodiquement les haies d'aunes qui divisent les enclos, et à faucher le foin de ceux de ces enclos qu'on réserve tour à tour pour y recueillir la provision d'hiver des chevaux dont la culture a besoin ou que les élèves consomment. Le surplus en est abondonné au parcours des bœufs, des vaches et des poulains.

La science agricole reste muette devant une économie dont le sol et le climat font seuls les frais. Elle traverse en silence ces enclos où la verdure sombre des herbes et du feuillage dénotent la vigueur d'une végétation qui nourrit sans efforts une immense culture pastorale. Mais au-delà de ces terres basses et sur le penchant des collines qui s'interposent entre elles, les terres arables y sont soumises à la culture triennale, à laquelle s'ajoute depuis un certain temps quelque peu de trèfle et de pommes de terre.

C'est donc avec quelque raison que nous avons dit que, loin de servir à l'amélioration de l'agriculture du royaume, ces fertiles herbages lui étaient au contraire nuisibles, en ce que, offrant aux cultivateurs une sorte de repos continu, ils ne se liaient en rien au système agricole et ne lui restituaient aucun engrais, tandis qu'en fournissant ainsi, en dehors de ce système, un immense approvisionnement de bœufs engraissés, ces herbages enlevaient cette industrie à l'agriculture arable, avec le bénéfice des engrais qu'elle en aurait reçus. Il est d'ailleurs conforme à la nature des choses que là où les herbages attirent l'intérêt général à titre de culture dominante, celle des terres arables ne soit que secondaire et, par conséquent, délaissée.

Il s'élève beaucoup de chevaux dans ces contrées herbagères, parce que la culture arable s'y exécute par des juments, dont les provenances servent à mettre dans les pâturages le 10 p. 100 des chevaux qu'on entremêle avec les bêtes à cornes. Ce que le pays ne fournit pas pour compléter cette proportion y est amené du dehors, tant de la Bretagne que de la Belgique et de l'Allemagne. La contrée est si favorable à l'éducation de l'espèce chevaline, qu'il suffit à un poulain étranger d'y avoir passé deux ans pour que ses formes primitives se perdent en partie et qu'elles se rapprochent de celles qui, depuis un nombre de siècles, distinguent les races normandes.

Au midi de cette contrée, dans l'espace occupé par le département de la Sarthe et par une portion de ceux de la Mayenne et de l'Orne, se trouve un pays plus entrecoupé par les plis qu'y forme le terrain. Moins fertile, mais plus travaillé, ce pays est essentiellement adonné à l'éducation des chevaux, car les herbages de ses vallons n'ont ni assez d'étendue, ni assez de fécondité pour suffire à l'engraissement des bœufs. C'est aussi là que s'élève la race percheronne, avec laquelle on pourvoit aux nombreux services qu'exige la multitude de diligences et les moyens de transport mis en mouvement par l'activité croissante des populations. Les herbages naturels seraient loin de suffire à l'alimentation de cette élève; on achève d'y pourvoir par la culture du trèfle, qui n'est poussée aussi loin nulle part dans le royaume, si ce n'est dans le département du Nord. Le sainfoin remplace le trèfle là où le sol est trop aride ou trop pierreux pour lui. Mais ce qui, dans cette contrée, ajoute beaucoup aux moyens d'entretenir l'espèce chevaline, c'est l'usage d'y cultiver de la vesce d'hiver mêlée avec le seigle nécessaire pour lui servir de ramure. Cette production, dont l'abondance est extrême, fournit le vert du printemps, ou se fauche un peu plus tard en fourrage sec, ou même, lorsqu'elle atteint à sa maturité, se récolte pour être mise avec son grain dans le râtelier des chevaux.

Cette contrée est pourvue d'enclos, elle est ainsi d'un aspect boisé, sans être forestière. Ces enclos sont garnis de pommiers, les villages sont ombragés par des vergers, et les enfoncements du sol, par où s'écoulent les ruisseaux, offrent de riches tapis de gazon.

Cet ensemble présente un point de vue riant et varié, qui dès longtemps y a fait choisir le site d'un plus grand nombre de châteaux, de parcs et d'avenues, qu'on n'est habitué à en rencontrer lorsqu'on parcourt les campagnes de la France. La culture de cette contrée est l'une de celles qui y est le plus en progrès; et bien qu'on y trouve des landes et des ajoncs, il est permis de conjecturer qu'on les verra peu à peu disparaître, parce que les conditions agricoles dans lesquelles ce pays est entré font un appel à son amélioration.

Le surplus de cette région, dans lequel sont compris la Haute-Normandie, la Picardie, l'Ile de France, l'Orléanais et une lisière de la Champagne, offre peu de variété dans sa nature agricole. Cette vaste enceinte appartient presque en totalité à la grande culture; on ne peut en excepter que le peu de vignobles qui s'y trouve, les pourtours des villages et quelques points où la petite culture a suivi la petite propriété.

Ce n'est pas toutefois que la grande culture y soit l'attribut exclusif de la grande propriété ; car celle-ci n'en occupe nécessairement qu'une portion que nous ne saurions évaluer à plus de 3 millions d'hectares sur les 7 ou 8 millions que cette région prend sur la superficie totale du royaume. Ce calcul suppose d'ailleurs que sur les 5 millions et demi d'hectares qui restent affectés à cette grande propriété, un peu plus de la moitié aurait son siége dans cette seule région. Nous sommes au reste porté à le croire. Dans la partie de cette région que nous venons de désigner, on peut admettre que la grande propriété occupe les deux cinquièmes; que deux autres cinquièmes sont dévolus à la moyenne, et que la petite n'en possède que le dernier cinquième. Il est vrai que les deux cinquièmes appartenant à la grande propriété contiennent en même temps tout le sol forestier que cette contrée renferme ; mais la moyenne propriété se cultivant ici d'après le système de la grande culture, on peut la regarder comme étant dominante dans toute l'étendue du cadre que nous lui avons tracé ; d'autant plus qu'une portion de la petite s'y cultive d'après le même système, c'est-à-dire que les céréales sont le but de cette culture, et qu'elles y figurent comme la denrée vendable autour de laquelle pivote l'ordre adopté dans le régime agricole du pays.

En premier lieu ce pays est, par sa nature, disposé pour les cultures céréales ; en second lieu, il est chargé d'en approvisionner une capitale qui, avec sa banlieue, renferme une population de plus d'un million de consommateurs et qui occupe à peu près son point central. Ces deux causes ont dû déterminer l'espèce de culture qui s'est établie depuis longtemps dans cette contrée ; elles doivent l'y maintenir, mais avec les modifications que les circonstances et le temps apportent à toutes choses. Ainsi, il est évident que les améliorations introduites depuis un demi-siècle dans l'art du cultivateur ont essentiellement porté sur les préparations données à la culture des céréales. La preuve matérielle en est dans les mercuriales qui démontrent que leur prix est loin de s'être élevé dans cet intervalle ; tandis que les consommateurs ont augmenté de plus d'un cinquième. La preuve morale en serait, dans ce que cette culture étant dominante, c'est vers elle qu'a dû se porter le premier mouvement des améliorateurs.

Mais aujourd'hui les prix ayant trompé leurs espérances, on les voit chercher de toutes parts les moyens de faire de l'argent avec autre chose qu'avec du blé. C'est ainsi qu'on a créé les mérinos, et par une conséquence nécessaire multiplié les prairies artificielles, c'est ainsi qu'on élève des fabriques de sucre indigène, qu'on établit des vacheries, qu'on engraisse des bestiaux en dépit de la concurrence des herbages, qu'on plante aujourd'hui des mûriers multicaules, dans l'espoir qu'en dérobant ainsi de la surface aux céréales, on en fera remonter le prix au niveau de ce qu'il devrait être dans la proportion générale du prix des divers produits.

Le sol de la région du nord consiste généralement en une argile grasse reposant sur un vaste banc de craie, interrompu par des veines de marne, dont la présence caractérise les points les plus fertiles de cette région. Son climat participe de la douceur et de l'égalité que la communication libre avec l'Océan imprime aux contrées que baignent ses eaux, et dont l'Irlande reçoit plus qu'aucun autre pays la bénigne influence. En sorte qu'à l'aide de ces deux conditions, cette partie de la France est de nature à recevoir une collection très variée de productions; car elle est également propre aux cultures céréales, herbagères, artificielles, forestières, légumineuses, textiles et raciniennes. Moins brumeuse que l'Angleterre et peut-être plus fertile, cette région égale en superficie celle de l'Angleterre méridionale, où l'on a vu s'accomplir tant de miracles agricoles. Qu'on ne perde donc pas ce fait de vue et qu'on apprécie tout l'avantage que peut en retirer la France.

D'ailleurs, il faut convenir que la vue de ce riche pays est dépourvue des traits qui les rendent pittoresques et célèbres parmi les voyageurs; car ils le parcourent sur de vastes routes alignées et désertes; parce qu'aucunes chaumières ne les bordent et qu'il faut cheminer longtemps avant d'arriver au village dont dépendent les champs qu'on vient de traverser.

Il est résulté de l'accumulation des populations sur un seul point de la commune, que la moitié au moins de son territoire ne contient que des pièces éloignées de leurs propriétaires et dont la culture est nécessairement négligée par eux. Cette culture est non-seulement négligée, mais il n'y a, d'après cet arrangement, qu'une infiniment petite partie de la superficie de la commune à laquelle il soit permis de participer à cette fertilisation naturelle que produisent le voisinage et les émanations provenant du domicile rustique de l'homme et des animaux; fertilisation dont un cultivateur suisse ne consentirait jamais à priver son domaine, en faveur de l'agrément social qu'il procurerait à sa femme en la plaçant à portée de causer sans relâche avec sa voisine.

Mais il faut prendre l'homme avec ses mœurs et reconnaître que l'aspect qui en résulte pour ces riches campagnes sans enclos, sans vergers et sans ombrages, est monotone et dépourvu de cette animation qu'il n'appartient qu'à l'homme de répandre dans les champs; car pour leur imprimer un caractère d'intérêt pittoresque, il ne suffit pas de rencontrer de loin en loin sur les guérets un troupeau de mérinos harcelé par des chiens galopant pour le défendre sur la lisière du blé que ce troupeau convoite. Il ne suffit pas de voir une charrue traçant d'une allure pesante de longs sillons dont l'agronome peut admirer la régularité ; il n'y a point assez du spectacle des travaux exécutés à grande distance par les exploitations de la grande culture pour rendre la nature vivante. Ce résultat n'appartient qu'à une petite ou moyenne culture, opérée par des familles nombreuses, au sein d'un paysage entrecoupé de collines et de vallons où tous les bruits champêtres, jusqu'à celui du moulin, se répètent, pour apprendre qu'une population villageoise se meut et travaille pour l'espérance de l'an prochain, et peut placer ainsi dans l'avenir sa fortune et sa sécurité.

Cette région d'ailleurs est largement pourvue des grandes communications, mais elle manque plus que toute autre des petites et même des moyennes routes destinées à faciliter les opérations rurales et le transport des denrées. La nature du sol presque entièrement dépourvu de bancs de galets ne fournit que des matériaux fusibles et sans consistance; en sorte qu'il a fallu pour les fonder, en venir à paver les routes. Moyen trop coûteux pour être appliqué aux communications vicinales et d'autant plus qu'il exclut la possibilité de pourvoir à leurs réparations à l'aide de prestations en nature qui, de tous les modes, sont le plus convenable et le plus économique pour opérer sur les chemins vicinaux. L'effroyable machine qu'on nomme charrette dans cette région achève d'ailleurs de défoncer tous les chemins qu'elle parcourt dans la mauvaise saison ; tandis qu'à son tour la présence de ce véhicule, est motivée par la nécessité de vaincre les obstacles que le déplorable état des communications oppose à la circulation.

Des cultures dominantes dans la région du Nord.

La culture dominante dans cette région est celle des céréales, tant d'automne que de printemps, car c'est sur leurs produits que se basent le prix des fermages. C'est vers cette production que convergent toutes les opérations agricoles des fermes. Nous en avons donné les raisons; elles tiennent à ce que la nature du pays se montre favorable à cette production, tandis qu'elle est à portée des grands marchés où elle trouve son débit. Les travaux rustiques et les améliorations qu'on y exécutera auront donc toujours pour but, et par la nature même des choses, l'accroissement des céréales. Car les vignobles n'y occupent qu'une petite superficie; et hors ceux du Loiret, leurs produits sont d'une qualité très inférieure à ceux du reste de la France. Les arbres à cidre ont, il est vrai, une grande importance sur le littoral de cette région; mais, comme ils ne sont placés que sur la bordure des héritages dont ils n'empêchent pas la culture, nous laisserons le soin d'en traiter aux horticulteurs, dont le nombre abonde si fort aujourd'hui.

Nous ne ferons donc de distraction à cette tendance générale en faveur des cultures céréales, que pour les herbages qui occupent le nord-ouest de cette région et pour le département du Nord et une portion de celui du Pas-de-Calais, où l'intelligence agricole s'est adonnée à des cultures industrielles, dont les produits priment ceux des céréales. Ainsi, les plantes textiles et oléagineuses, la garance, et surtout la betterave à sucre, y ont acquis une importance qui dépasse de beaucoup celle des céréales, et ne leur laisse qu'une place limitée dans les assolements.

Mais, par un contre-sens dont nous avons quelque peine à nous rendre compte, nous ne saurions distraire de la grande culture céréale les alentours même de la capitale, quoique tout semble avoir dû les destiner aux productions légumineuses, pour lesquelles un marché de 1 million 200,000 consommateurs était ouvert.

Les terres du pourtour de Londres, dans un rayon de deux lieues, sont consacrées dans toutes les directions, soit à l'horticulture, soit à des prairies destinées à nourrir les vaches dont le laitage approvisionne chaque matin cette immense population; tandis que les charrues viennent tourner au bout de leur sillon jusque sur le boulevard même qui enceint les murs de Paris. Dans cette enceinte même, il se laboure encore des terres; et cependant, pour avoir été récolté sur ces sols privilégiés, le blé ne se vend pas plus cher que celui de la Beauce ou du Soissonnais, moins les frais de transport.

Les maraîchers du département de la Seine sont très intelligents, très actifs, très habiles dans leur métier; mais leur point de vue ne consiste qu'à faire croître des légumes hors de saison et à fournir l'approvisionnement de la table des riches. Aussi les légumes sont-ils, à Paris, à un prix si élevé, qu'il décourage les tables moins opulentes d'en faire usage; et ils sont à peu près interdits aux pauvres, à moins qu'ils ne consistent en carottes et en navets. Les pommes de terre même y sont encore un luxe, et il y a tel marché d'une ville moyenne d'Allemagne, où elles sont en plus grande abondance que sous les halles de celui des Innocents.

Il y a donc évidemment un défaut d'équilibre dans ces habitudes respectives de consommation et de production. Défaut qui mérite d'être signalé et d'attirer l'attention de ceux qui sont placés de manière à en observer les causes et à y porter remède.

Ces exceptions à part, l'ensemble de cette région reste destiné aux récoltes céréales, parmi lesquelles il faut malheureusement compter celle de l'avoine. Car sa présence rend en quelque sorte l'assolement triennal obligatoire; tandis que la consommation de ce grain restera à son tour obligatoire aussi longtemps que le territoire de cette région sera cultivé par des chevaux, et surtout par des chevaux d'une race à laquelle il en faut une aussi grande quantité à consommer. Mais de telles habitudes rurales sont toujours lentes et surtout difficiles à changer. Aussi, faudra-t-il en chercher les moyens parmi ceux qu'ont employés les cultivateurs anglais; car, en renonçant au système triennal, ils n'en sont pas moins parvenus à produire un volume d'avoine suffisant pour alimenter une masse de chevaux, tant d'agriculture que de luxe, bien autrement considérable que celle à la consommation de laquelle les cultivateurs de la région du nord de la France ont à pourvoir.

Des assolements.

Les terres arables de cette région étaient soumises jadis à l'assolement triennal dans toute son intégrité; c'est-à-dire au moins productif de tous, puisque, en estimant l'avoine à une demi-récolte de blé, il n'obtenait de la terre qu'une récolte et demie en trois ans; ou, si l'on veut, une demi-récolte par année.

Mais les cultivateurs avaient acquis la certitude que ce cours de récoltes pouvait se soutenir indéfiniment dans leurs terres, à l'aide des engrais que fournissaient les pailles, le parcage des moutons et la jachère préparatoire du blé. Car, malgré les affirmations contraires, il demeure prouvé que les plus belles récoltes de blé sont toujours celles qui succèdent à une pleine jachère, à moins qu'il ne s'agisse d'un sol extrêmement fécond ou d'une fumure exubérante. La même expérience avait appris à ces cultivateurs que le même sol produisait encore la seconde année, et sans y apporter de nouveaux engrais, une récolte passable d'avoine; tandis qu'ils obtenaient sans frais, pour le parcours de leurs bêtes à laine, l'herbe des guérets en jachère, pendant le printemps, et celle des chaumes du blé et de l'avoine, pour le surplus de la saison.

Analysons maintenant les procédés de ce système, mais sans y mettre de prévention ni contraire ni favorable.

Les terres arables d'une ferme de grande culture étaient donc divisées en trois soles. Elle possédait, en dehors de ces terres, une prairie dont le foin servait à nourrir les chevaux de labourage, et les regains à engraisser celles des bêtes à laine qu'on n'avait pas vendues en automne. Lorsque cette prairie manquait, ou se trouvait insuffisante, on pourvoyait à ce déficit au moyen d'une luzernière prise aux dépens des terres arables.

Trois puissants chevaux de collier formaient l'attelage d'une charrue, et pouvaient suffire à la culture de 60 hectares : c'était la charge d'un valet de charrue. Chaque printemps, le fermier achetait un lot de bêtes à laine, en raison de deux et demi à trois par hectare. Ces moutons, âgés de deux à trois ans, provenaient en majeure partie des provinces situées au midi de la Loire, c'est-à-dire des pays d'ajoncs et de parcours; mais quelques femelles et quelques anténois se glissaient toujours parmi les lots qu'achetaient ces fermiers et nécessitaient un hivernage. Ce troupeau se nourrissait gratuitement, ainsi que nous l'avons dit, sur les jachères et les chaumes; et sa destination était de parquer sur les labours de la jachère. Ce parc engraissait autant de superficie que le permettait la durée de la saison propice; ce qu'il ne pouvait pas couvrir l'était par les fumiers de l'étable; et à mesure que ces bêtes à laine avaient pris leur engraissement, elles étaient vendues pour l'abattoir, en laissant un profit net qu'on estimait à 3 fr. par tête.

Quelques vaches servaient à fournir le laitage de la ferme, et des porcs venaient ajouter à l'amas de l'engrais qui s'entassait au centre de la cour.

L'ordre des travaux était réglé sur ce système. Les attelages labouraient sans relâche, hormis le temps des récoltes de longs sillons, où, dès les premiers beaux jours de mars, on venait semer l'avoine sur la sole où la tierce qui lui était destinée. Puis commençait le défrichement de celle où l'on avait recueilli l'avoine de la saison précédente, et qui, dans l'automne suivant, devait recevoir la semence du froment, après un triple labour et sur l'engrais provenant des écuries et du parcage.

On peut juger, d'après ces séries d'opérations, qu'il n'y en avait pas de simultanées, en sorte qu'il suffisait à l'exploitation d'avoir un train de charrue monté d'après sa superficie, et qui pourvoyait dans les intervalles des récoltes aux labours, ainsi qu'aux divers transports que l'exploitation nécessitait. Il suffisait encore de se pourvoir d'ouvriers étrangers pour le temps seul des moissons et pour le battage en grange. Enfin, il n'y avait aucune perte à subir pour la production des fumiers, attendu qu'ils provenaient, soit des animaux qu'il était indispensable d'entretenir pour le service de la ferme, soit des bêtes à laine qu'un seul pâtre avec son chien suffisait à conduire, et qui, sans autre débours, convertissaient en engrais les menues herbes perdues que la saison faisait pousser spontanément sur les jachères et les chaumes. Ainsi, après s'être rendu compte de l'assolement triennal, il faut convenir que nul ne pouvait produire des céréales à un revient moins élevé, pourvu qu'il fût appliqué à un sol et à un climat favorablement disposés pour leur production.

Le prix du fermage des terres s'était naturellement établi sur le profit moyen qu'un fermier pouvait en obtenir, d'après ce système d'exploitation et d'après le cours moyen des céréales. Il se réservait les bénéfices qu'il pouvait obtenir, soit sur les prix supérieurs à ce cours, soit sur la spéculation que lui offraient ses greniers, en y conservant ses céréales pour les moments de cherté.

Telle était la marche que suivait dès un temps fort ancien l'agriculture de l'Ile de France, de l'Orléanais, de la Picardie, et de toute la Haute-Normandie, lorsque l'introduction des pommes de terre, commencée par la disette de 1788 et achevée par la famine de 1817, est venue apporter la première perturbation à ce cours, sur lequel le génie agricole s'était comme endormi. On comprend qu'il a fallu faire une place à ce tubercule, et on n'a pu la trouver qu'aux dépens de la jachère. A la vérité, cette place n'avait pas besoin d'être bien vaste, et ne l'est pas même encore aujourd'hui, parce que la culture de la pomme de terre est loin d'occuper, dans cette région, la superficie qu'on lui consacre dans la région du nord-est, c'est-à-dire en Lorraine, en Alsace et en Franche-Comté; mais nous devons néanmoins la signaler comme ayant fait une première brèche à l'unité du système triennal.

A la suite des pommes de terre sont arrivés les mérinos, et les fermiers, dont les soins se bornaient à laisser vaguer sur les chaumes leurs moutons de parc, se sont vus forcés à nourrir pendant l'année entière les troupeaux fins, dont ils voulaient recueillir les laines et élever les agneaux. Dès lors, il leur a fallu créer des fourrages d'hiver, et ils ont généralement donné la préférence aux luzernes, précisément parce que ce fourrage artificiel, en occupant le sol pendant plusieurs années, ne faisait qu'enlever au cours triennal la superficie qu'on voulait bien lui consacrer, en laissant ce même cours se poursuivre sur les terres arables de la ferme.

Plus tard encore est arrivée la culture des plantes oléagineuses. Confinées autrefois dans le seul département du Nord, ces plantes se sont répandues au loin en raison des besoins nouveaux d'une population qui a voulu que les rues des bourgs et même des villages fussent éclairées durant la nuit, et qui a substitué, en outre, partout l'usage des lampes à celui de tout autre mode d'éclairage. Ces habitudes nouvelles ont accru, dans une proportion inattendue, la consommation de l'huile. La culture de l'olivier, ni celle du noyer, n'auraient pu se prêter à une aussi rapide extension ; celle des plantes annuelles a pu seule y pourvoir, et ce n'est encore qu'aux dépens de la jachère qu'on a pu faire à leur culture la place qu'elles réclamaient si impérieusement.

Après les plantes oléagineuses, sont venues les betteraves à sucre, pour le service desquelles il a fallu bouleverser tout l'assolement triennal, parce que leur culture a dû s'emparer presque exclusivement des sols qui lui étaient propices et se trouvaient dans le voisinage des lieux où les sucreries s'établissaient. Elles se sont emparées des départements du Nord et du Pas-de-Calais, d'une partie de celui de l'Aisne, et se rapprochent aujourd'hui de Paris par une anomalie dont elles pâtiront ; car les frais de transport du sucre sont loin de valoir la différence entre le loyer des terres et les frais de main-d'œuvre qu'il en coûte pour obtenir auprès de la capitale ce qu'on peut produire tout aussi bien ailleurs.

Enfin la culture du trèfle s'est avancée du nord au midi, et se trouve aujourd'hui en concurrence avec celle de la luzerne dans la Picardie, dans une portion de la Normandie et dans le département de la Sarthe. Elle y est cultivée, non-seulement à cause du fourrage qu'on obtient de cette plante, mais aussi en raison de sa graine dont il se vend en Angleterre des cargaisons entières.

Il est résulté de l'adoption d'autant de cultures nouvelles une grande altération dans l'ancien cours triennal. Ces changements ne se sont opérés que peu à peu, sans plan arrêté et sans méthode suivie. Il n'en est donc pas résulté un système nouveau ni complet d'agriculture qu'on aurait substitué de toutes pièces au système précédent. Mais ce dernier système a subi de grandes anomalies, bien que ses bases n'aient pas été déplacées et qu'on en reconnaisse encore les rudiments.

L'agriculture de cette région est donc, comme presque tout en France, dans un état de transition qu'il faut se hâter de saisir, bien qu'il soit difficile d'y parvenir ; parce qu'il flotte entre les points de départ et d'arrivée des deux systèmes contraires.

Un trait de l'économie rurale de cette région, qui doit avoir une grande influence sur le régime agricole qu'on y adoptera, tient à la tendance qui s'y manifeste aujourd'hui de remplacer les grandes fermes par des fermages parcellaires, dans le but d'accroître de 10 à 12 pour 100 le revenu de ces fermes. C'est un résultat qui pourrait surprendre, si l'on ne savait que les grands fermiers sont obligés de monter des ateliers complets, destinés à pourvoir à l'ensemble d'une exploitation qui met de vastes constructions à la charge du propriétaire ; tandis que le fermier parcellaire est déjà propriétaire, logé dans son propre domicile, où vit une famille dont le domaine ne peut employer toutes les forces. Ces fermiers, consacrant leurs chômages à cultiver les fonds qu'ils prennent à bail, pour les ajouter à leur propre culture, peuvent, à conditions pareilles, en payer 8 ou 10 pour 100 de plus; tandis que le propriétaire bénéficie 2 pour 100 sur l'entretien de bâtiments dont il n'a plus besoin.

Nous justifierons cette allégation par un fait qui vient de nous arriver à nous-même. Une propriété que nous possédons en Bourgogne au bord de la Saône, est, dès longtemps, divisée entre dix-huit fermiers parcellaires. Les lots de trois d'entre ces fermiers ont une superficie de 50 à 60 journaux; ils diminuent d'étendue, jusqu'aux plus petits qui n'en ont que 10 ou 12. Appelé récemment à renouveler ces baux, nous avons, sur l'état des numéros suivis des communes où sont ces propriétés, relevé les degrés de fertilité attribués à chacun des numéros qui composaient ces lots, et affectant un prix à chacun de ces degrés, nous avons trouvé que respectivement à ces prix et à la qualité des numéros que chacun des fermiers cultive, les plus gros lots ne payaient que 40 là où les plus petits payaient 50. En sorte que, pour les ramener tous à ce taux, nous avons dû partager en trois les lots de 50 à 60 journaux. Partage qui s'est opéré sans difficulté.

Il est donc évident qu'avec le système d'économie sociale, vers lequel la tendance du moment pousse la France, la division des grands fermages en plus petits est dans l'intérêt du propriétaire, comme dans celui du cultivateur. C'est une conclusion directement opposée à celle que les économistes anglais avaient tirée des grands fermages, auxquels ils avaient attribué une vertu que, pour notre part, nous avons toujours répugné à reconnaître.

Il est ainsi probable que non-seulement la propriété tend à se subdiviser dans le royaume, mais encore que les possessions appartenant à la grande culture passeront successivement à la moyenne et même à la petite culture, car du moment où le fermage parcellaire paiera plus cher que le grand fermier, les pièces qu'il prendra à bail, les propriétaires ne résisteront pas à un tel appât, et à chaque fin d'un grand bail on verra les cultivateurs du pays s'emparer de l'exploitation, en offrant une prime au possesseur.

Cette disposition aura, dans la région dont nous nous occupons, de grandes conséquences sur le régime agricole, car en passant de la grande à la moyenne culture, il faut s'attendre à voir disparaître jusqu'aux rudiments encore subsistants du système triennal ; parce que les moyens ou petits fermiers, ayant à payer plus cher le bail des parcelles qu'ils auront amodiées, tiendront à leur faire rapporter plus de denrées qu'elles n'en fournissaient, et seront en mesure de pourvoir à leur culture, grâce au nombre de bras dont ils peuvent disposer. Ainsi dix-huit familles sont occupées à la culture du domaine que nous venons de citer : en les estimant chacune à cinq individus, c'est quatre-vingt-dix personnes dont le travail s'applique sur 110 hectares ; à la vérité ces quatre-vingt-dix individus de tout âge et de tout sexe travaillent encore environ 60 hectares qui leur appartiennent en propre. Un grand fermier travaillerait nos 110 hectares avec dix chevaux et dix ou quinze ouvriers. Il porterait sans doute plus de blé au marché ; mais il aurait des jachères ; tandis qu'avec le système parcellaire il y a plus de vingt ans que toutes nos terres sont soumises à un assolement quatriennal, que nous avons décrit au chapitre des assolements, page 390 du premier volume.

Mais soit que le morcellement des grandes fermes ait lieu, soit qu'elles demeurent dans les mains des grands fermiers, ces domaines de grande culture n'en doivent pas moins adopter des changements agricoles et passer d'un système à un autre. Les changements qui ont été apportés jusqu'ici à l'ordre triennal ne sont ni assez marquants ni assez déterminés pour que nous puissions les formuler ici. Il n'y a point entre eux de séries régulières qui fixent le retour périodique de chacune des récoltes, dont on a admis la culture bien plus par une sorte de nécessité que par conviction. Cependant les cultivateurs de la région du nord ne sont plus étrangers au système moderne ; ils connaissent la plupart des productions qui entrent dans ses assolements, ils savent les procédés qu'exige leur culture ; c'est leurs combinaisons qu'il s'agit de leur enseigner. Or ces combinaisons existent toutes faites, soit en Angleterre, soit dans le département du Nord. Il s'agit maintenant de savoir s'ils peuvent les appliquer de toutes pièces à leurs terres, ou s'il convient d'y apporter des modifications, en raison du sol, du climat et des conditions agricoles qui diffèrent dans ces trois pays. C'est ce que nous allons examiner, après avoir traité de l'état des animaux domestiques dans cette région.

Des animaux domestiques dans la région du Nord.

La France pauvre ailleurs en belle espèce d'animaux domestiques, avare envers eux de bonne nourriture, mal habile à leur donner les soins dont ils ont besoin pour prospérer, la France dans cette région peut soutenir la comparaison avec le reste de l'Europe ; car, en fait de chevaux, il s'y en élève de puissants et de belle espèce ; la race des bêtes à cornes y est remarquable, et les plus beaux troupeaux de bêtes à laine fine lui sont confiés en dépôt.

La Normandie a, dès longtemps, l'attribut de produire des chevaux de bonne race et de haute taille ; mais cette production, soumise à l'empire de la mode, en éprouve les phases diverses, et pour notre part nous en avons compté trois dans le cours de notre vie. Nous nous souvenons avoir vu dans notre jeunesse les équipages attelés de chevaux noirs, venus de Normandie, dont la tête était courte, les oreilles petites, l'encolure plus rouée qu'élancée, les reins courts, le corps cylindrique, les hanches prononcées, les membres ouverts, près de terre et fortement articulés. Les Anglais faisaient alors un cas particulier des juments de cette race, et en enlevèrent beaucoup dans les années qui ont précédé la révolution.

Mais, tandis qu'ils recherchaient ces juments, les Français importaient en revanche, dans les herbages de Normandie, de grands étalons à tête longue et busquée, à longue encolure, aux flancs retroussés, dont les membres longs et flasques n'arrivaient pas d'aplomb sur le terrain. Cette race sans valeur a eu son règne durant les temps de l'Empire. Lorsque la paix a rétabli les communications avec l'Angleterre, on s'est aperçu qu'on y avait employé cet intervalle à créer de toutes pièces une race admirable de chevaux assez étoffés pour le trait, assez légers pour la selle, et dont les variétés diverses s'appliquent utilement à tous les besoins.

Ces chevaux appartenaient à un type nouveau et sans contredit supérieur à tout ce que l'on possédait ; aussi eurent-ils à peine paru sur le continent qu'ils y furent préférés à tous les autres. On ne tarda pas à faire acheter à haut prix des étalons dérivant de ce type pour les placer en Normandie, et y créer une nouvelle espèce.

Cette espèce s'y formera sans aucun doute parce que les herbages de cette province ont pour attribut de développer les formes de tous les élèves qu'on leur confie, de quelque part qu'ils viennent, et déjà l'on cite quelques individus provenant de ces croisements qui ont acquis dans les courses une réputation méritée.

Quoi qu'il en soit, nous avons déjà montré de quelle minime importance était maintenant en France la consommation et par conséquent l'élève des chevaux de luxe. Les mœurs et l'économie sociale donnent en tout la priorité aux chevaux de collier, et, sous ce point de vue, cette région fournit la plus précieuse éducation de cette classe de chevaux ; car on s'en occupe sur la presque totalité de sa superficie. Non-seulement l'entretien des chevaux y est bien entendu et ils y acquièrent un puissant développement de leurs formes et de leurs forces, mais on n'y a pas admis encore, comme dans l'ouest, l'élève du mulet; on n'y connaît que celle du cheval.

Les poulains qui naissent dans cette région, quelque nombreux qu'ils soient, sont loin encore de fournir aux besoins des éleveurs. Il s'en achète en grand nombre partie en Belgique et partie en Bretagne. Ces derniers, d'une race petite mais vigoureuse, grandissent et se développent de manière à fournir les chevaux de moyen échantillon, tandis que les poulains flamands produisent les puissants malliers dont on admire la taille et les formes. Ces chevaux de grand échantillon se nourrissent principalement dans la Picardie et la Haute-Normandie; ceux de luxe dans l'autre partie, et les chevaux du moyen échantillon dans l'Orne et la Sarthe. Telle est, en gros, leur distribution, à quoi il faut ajouter qu'il s'opère de grands mouvements parmi ces élèves, qui arrivent rarement à leur terme sur les lieux où ils ont pris naissance. Ainsi les poulinières demeurent dans les fermes plus distantes des grandes routes, où elles sont par conséquent moins fatiguées par les transports, et dans le voisinage des rivières où elles trouvent à leur portée de vastes parcours. Les poulains se vendent, dès leur sevrage, jusqu'à l'âge de deux ans, à d'autres cultivateurs qui se chargent de les dresser en les occupant, suivant leurs forces, aux travaux rustiques, jusqu'à ce qu'ayant atteint l'âge de quatre ou cinq ans, ils puissent être vendus pour le service du roulage, de la poste ou des inombrables diligences qui se croisent en tous sens sur les routes de cette région.

L'accroissement prodigieux de ces moyens de transport indique à lui seul que l'élève des chevaux de service qu'ils emploient a dû prodigieusement augmenter, et c'est à quoi a dû pourvoir l'augmentation simultanée qu'on remarque dans la culture de la luzerne au midi de cette région, et au nord et à l'ouest de celle du trèfle.

Ainsi donc les faits prouvent que l'espèce des chevaux de collier s'est non-seulement beaucoup accrue en nombre, mais qu'elle a aussi amélioré ses formes et ses qualités, sans avoir reçu le moindre encouragement de la part du gouvernement, puisqu'il les a tous réservés pour l'éducation des chevaux de luxe; lesquels, réunis, n'équivalent pas, en capital, à ce que le gouvernement a consacré à leur amélioration. Tant il est vrai que les encouragements spéciaux sont loin d'équivaloir à l'effet que produisent les encouragements généraux donnés par l'empire que les mœurs exercent sur les besoins publics.

La belle race flamande de bêtes à cornes est établie dans tout le nord de cette région jusqu'à la latitude de Paris, et même un peu à son midi, point de jonction avec les régions où se trouve la chétive espèce de Bourgogne.

Cette race flamande s'étend, avec des différences de taille et de couleur, jusqu'aux limites de la mer Baltique, et partout elle est douée des caractères qui signalent les bonnes vaches laitières. On la reconnaît également partout à sa tête de biche, à ses petites cornes, à son défaut de fanon. Son corps est long, son rein droit, ses côtes aplaties, sa queue tombante et attachée trop basse. Cette race a le cuir et le poil très fins, les organes lactifères très développés; son défaut est d'avoir les membres trop longs et trop fluets ; en sorte qu'elle est beaucoup mieux disposée à donner une bonne race laitière qu'à fournir des bœufs de travail vigoureux. Aussi ne lui en demande-t-on pas, et tout l'espace qu'elle occupe se cultive avec des chevaux.

C'est pourquoi nous donnons ici le conseil aux cultivateurs qui, dans cette région, auraient le bon esprit de suivre l'exemple donné par la ferme de Grignon, d'atteler une partie au moins de leurs charrues avec des bœufs, et d'employer à cet effet ceux de la race rouge de l'Auvergne et du Limousin, comme étant beaucoup plus propres à ce service. Plus tard, sans doute, ils pourront employer leurs propres élèves; mais jusqu'ici on n'en fait que pour les besoins de la propagation; les taureaux, devenus trop âgés, étant opérés et engraissés pour l'abattoir.

Le produit des vaches, dans cette région, consiste dans l'engraissement des veaux et la vente du beurre. Il se fabrique assez de ce dernier pour qu'on puisse en exporter en Angleterre, après en avoir approvisionné Paris et la nombreuse population de ses alentours. Le surplus du laitage sert à fabriquer des fromages à pâte molle, parmi lesquels ceux de Brie et de Neuchâtel sont les plus estimés. Il n'y a donc rien à changer dans les deux espèces chevaline et bovine qu'on nourrit dans la grande région du nord; car l'une et l'autre possèdent des qualités que les croisements ne pourraient qu'altérer. Mais il y a une amélioration constante que les cultivateurs peuvent opérer, et qui tient à choisir parmi ces races les plus beaux individus pour étalons, et à nourrir avec une abondance toujours croissante les produits qui en proviennent.

L'espèce la plus remarquable entre celles des animaux domestiques qu'on élève dans cette région est sans contredit celle des mérinos. Car en peu d'années cette race a été presque à la fois importée d'Espagne et naturalisée sur son sol. Nous avons traité ailleurs ce qui caractérise cette race et nous n'avons plus à nous en occuper que sous le point de vue agricole.

C'est à son introduction que nous avons attribué le mouvement qui s'est opéré depuis trente ans dans cette belle partie du royaume; car il est évident que c'est au prix élevé de consommation que les mérinos ont donné aux fourrages, qu'on a dû la multiplication des prairies artificielles et l'extension de la culture racinienne. Ces fourrages et ces racines ont procuré une augmentation d'engrais, laquelle à son tour a facilité la reproduction de nouveaux fourrages et de nouvelles racines.

La valeur des mérinos, excessive alors que leur petit nombre avait fait un monopole de leur débit, a sans doute beaucoup baissé depuis que leur population s'est accrue dans une immense proportion; mais, en dépit de cette baisse inévitable, la dotation faite à ces provinces par cette introduction est encore immense, puisque, en laissant aux cultivateurs un égal profit sur leur engraissement, elle leur a fait le cadeau de tout ce que vaut le surplus de leur lainage. Elle a fait à l'agriculture un autre cadeau dont le bénéfice, pour être moins immédiat, n'en est pas moins important, en ce qu'elle a obligé les cultivateurs à transformer leurs troupeaux de parc en troupeaux d'élèves, qu'ils sont par là même obligés de nourrir dans les bergeries durant l'hiver. Changement qui leur a procuré des engrais fertilisants dont ils étaient dépourvus et leur a enseigné les bonnes méthodes avec lesquelles on pourvoit à l'entretien et à la conservation des troupeaux, ce que n'avaient pu faire à eux seuls les écrits de Daubenton.

Par suite de ces meilleures habitudes hygiéniques, ces cultivateurs en sont venus à s'occuper davantage du régime et des soins que réclame l'entretien de toutes les espèces d'animaux domestiques. Très distants encore à cet égard de ce que sont les Allemands et les Anglais, ils ont néanmoins fait des progrès, et, aidés comme ils le sont par la demande croissante des produits animaux sur les grands marchés qu'approvisionne cette région, ils ne s'arrêteront pas là. Il est à croire que les étables d'un fermier picard finiront par devenir pour lui un objet d'intérêt et d'amour-propre, ainsi qu'elles le sont dès longtemps pour les cultivateurs du Holstein ou du Norfolk, et c'est là où il importe de les amener, car les améliorations qu'on médite ne s'obtiendront qu'à ce prix.

On s'efforce à chercher aujourd'hui de nouveaux moyens pour ranimer le mouvement de la belle industrie des laines, et tandis que les uns proposent d'améliorer la race mérine française en affinant sa laine, d'autres importent à grands frais d'Angleterre des races à longues laines; ce sont des essais qui tendent aussi à maintenir l'impulsion imprimée à l'agriculture en lui donnant de nouvelles espérances, et qui méritent par conséquent d'être encouragés.

Le silence gardé dans ces derniers temps sur les importations anglaises nous porte à croire qu'elles n'ont pas obtenu de succès, et nous ne voyons pas quel serait le but à venir d'une introduction qui ne pouvait doter la France que d'une production dont ses fabriques ne réclament qu'un très faible contingent, tandis qu'elles en demandent un prodigieux aux laines fines à cardes. Or il est certain aujourd'hui que si les cultivateurs français ont apporté des soins à perfectionner l'hygiène des troupeaux mérinos qu'ils possédaient, ils n'en ont mis presque aucuns dans ce qui concerne la qualité et le traitement de leurs laines, bien que le vicomte de Jotems ait placé à leur portée les connaissances les plus positives à cet égard.

Le mal est venu de ce qu'il n'y a pas eu dans le principe chez les cultivateurs de direction fixe sur ce qu'ils se proposaient d'obtenir avec leur troupeau. Ils ont flotté entre le désir d'avoir de gros moutons pour le marché de Sceaux, et d'avoir en même temps à disposer d'un grand volume de laine, tandis qu'ils auraient voulu satisfaire les fabricants en leur en offrant de belle. En sorte qu'ils ont tour à tour employé de gros béliers et des béliers plus fins. La plupart d'entre eux ne se sont pas même occupés du choix des générateurs, et tandis que, pour aller plus vite, ils ont dans les débuts employé leurs béliers à produire des métis, ils ont plus tard confondu ces métis dans leurs troupeaux sans se donner la peine de choisir dans ce troupeau un lot annuel d'élite, destiné à fournir seul à leur propre reproduction et à former enfin le type unique de ce troupeau.

Tels sont les soins, partout couronnés de succès, qu'ont su prendre quelques propriétaires plus zélés et plus avisés ; tels sont les soins qu'ont mis à leurs mérinos tous les grands propriétaires de la Saxe, de la

Moravie, de la Hongrie, etc., etc.; et c'est à ces soins qu'ils doivent aujourd'hui la priorité dont jouissent leurs laines, bien que leur point de départ soit postérieur et qu'il provienne de la même source où a puisé la France.

Mais ce qu'on a négligé de faire en un temps peut se pratiquer plus tard, lorsqu'on possède les éléments nécessaires, et que l'expérience a démontré ce en quoi on avait failli. Dirons-nous qu'hormis les grandes fermes qui diminuent tous les jours, la plupart des exploitations ne comportent pas de troupeaux assez nombreux pour qu'on puisse y mettre à part un lot d'élite afin de suivre systématiquement leur amélioration ? Nous admettons d'autant mieux cette objection que nous pensons qu'elle acquerra tous les jours plus de force ; mais dans ce cas, qui se répète dans tous les pays à moutons et partout où la grande propriété n'est pas réunie à la grande exploitation, nous croyons devoir recourir à l'esprit d'association, pour vaincre la difficulté qu'oppose à l'amélioration des laines la trop grande subdivision de la propriété.

Au moyen de l'association, il serait facile de réunir en un seul troupeau, commis au plus expert des associés voisins, le lot d'élite provenu des troupeaux de tous les associés ; tandis que le détenteur de ces lots d'élite placerait en échange un égal nombre de brebis de qualité inférieure chez chacun de ses associés. De la sorte se créerait dans la commune le noyau régénérateur, sans exciter d'inquiétude chez les membres de la société sur les soins que recevraient les individus réciproquement échangés, puisqu'ils seraient tous également échangistes, et que chacun aurait droit à ses propres laines. Nous confions cette idée aux comices agricoles, seul pouvoir auquel nous puissions attribuer le droit de la mettre à exécution, après l'avoir étudiée et formulée plus à fond que nous ne saurions le faire ici[1].

Des moyens d'amélioration propres à la région du nord de la France.

Après avoir exploré la matière première des améliorations dont l'agriculture de cette région est susceptible, après avoir reconnu comment ces cultivateurs avaient été entraînés sous l'empire des circonstances à sortir du cercle que leur avait tracé le système triennal, il nous reste trois questions à examiner. Doivent-ils achever de sortir de ce cercle en adoptant dans leur plénitude, soit le système anglais, soit le système flamand; ou bien convient-il à ces cultivateurs de s'en créer un qui, leur appartenant en propre, soit composé avec les triples éléments des systèmes pratiqués en Flandre, en Angleterre, et des débris mêmes du système triennal?

Mais avant de nous livrer à cet examen, il nous paraît nécessaire de dire en peu de mots en quoi consiste le régime agricole suivi tant par les Anglais que par les Flamands.

Les cultivateurs anglais n'ont pas improvisé le système de culture qui a fait leur richesse; ils en ont pris les principes chez les Flamands et les ont adaptés avec beaucoup d'intelligence à ce que demandaient leur

[1] Des arrangements qui ont beaucoup de rapports avec celui que nous proposons, ont déjà été faits en Suisse avec succès.

sol, leur climat et l'étendue de leurs exploitations. Le sol de l'Angleterre, naturellement friable, favorisait la culture des racines; tandis que son climat, essentiellement humide, tendait à y propager la végétation de l'herbe. Par l'effet de ce même ciel nébuleux et de la fréquence des pluies, la fructification des céréales y était plus difficile à obtenir et demandait de plus grands efforts à l'agriculture qu'elle n'en exige sous le beau ciel de la France. Enfin, les exploitations en Angleterre étaient taillées sur des dimensions bien plus grandes qu'elles ne le sont en Flandre; c'est-à-dire environ comme de 50 à 300.

Sur ces données, les Anglais ont fondé un système d'après lequel les troupeaux sont nourris en plein air pendant toute l'année avec de l'herbe ou des racines, économisant ainsi les frais qu'occasionneraient la récolte et la mise à couvert de la grande masse des fourrages qui, sans cela, leur eût été nécessaire. L'assolement commence ainsi par une récolte de turneps ou de pommes de terre établie sur la plus soigneuse des préparations, et engraissée par la totalité des fumiers qu'ont produits les bestiaux nourris dans les enclos pendant l'hiver. Ces turneps sont en partie consommés par les bestiaux dans ces enclos, et le surplus est consommé par eux sur la place même où ces racines végètent; on y parque les troupeaux à cet effet. Au printemps suivant, ce terrain, fumé au printemps précédent et parqué durant l'automne et l'hiver, est ensemencé par un trait de charrue soit en orge, soit en avoine. La récolte qui, avec de telles circonstances est immense, se mêle à celle du trèfle et du raygrass destinés à leur succéder. L'année suivante, on fauche la première coupe d'une portion de ce fourrage pour en faire une provision d'hiver, et le surplus en est pâturé par les animaux de la ferme. Ce pâturage, grâce au climat, dure deux ans, quelquefois même davantage, et ce n'est qu'au milieu de la troisième année qu'on le défriche pour le préparer par trois légers traits de charrue à recevoir la semence d'un blé qui ne revient ainsi dans la même terre que tous les six ou sept ans, et sur une préparation qui équivaut à une jachère. Aussi, après de telles précautions le voit-on atteindre à la plus belle végétation.

Les céréales n'occupent ainsi qu'un tiers de la ferme, les racines un sixième, et le parcours trois sixièmes, et ce parcours ne consiste pas en un chaume, mais en un trèfle mêlé d'herbes et nourri par un ciel pluvieux. C'est donc à borner la superficie cultivée que se sont attachés les fermiers anglais, en la préparant richement de manière à ne pas éprouver de non-valeur, et à étendre les superficies pastorales sur lesquelles ils n'ont d'autres frais à faire que ceux de la semence.

Les Flamands plus favorisés par le climat, n'ayant à travailler que de moindres espaces d'un sol bien plus fertile encore, ont été dirigés par des principes opposés. Au lieu d'agrandir le champ du parcours, ils en ont proscrit l'usage, afin de rassembler dans la plus grande quantité possible les forces productives; c'est-à-dire les engrais de la ferme. Dans ce même but, ils ont creusé de grandes fosses dans l'intérieur même des étables où leurs bestiaux sont nourris durant toute l'année, l'été avec l'herbe du trèfle et de la luzerne, et l'hiver avec des soupes que l'on prépare à la vapeur et dans lesquelles on mêle du trèfle et de la luzerne hachée avec des feuilles du chou cavalier, des pommes de terre, des carottes, des navets, des betteraves. Ces diverses plantes entrent en effet dans la variété d'assolements qui comprennent les céréales et les prairies artificielles, les légumes et les racines, les plantes textiles, tinctoriales et oléagineuses.

Il est donc évident que la culture flamande s'adapte mieux à la moyenne et petite culture dans la proportion où la richesse du sol le permet, et celle de l'Angleterre aux vastes exploitations. Car le système flamand, s'il fait produire beaucoup plus à la terre, occupe en revanche beaucoup plus de bras; le système anglais, en économisant beaucoup de main-d'œuvre, libère une beaucoup plus grande population agricole, que rien n'empêche de se vouer à l'industrie. L'un et l'autre tendent à améliorer la surface du pays, quoiqu'en moindre proportion en Angleterre que dans les Flandres.

Le système triennal participe dans son application à la diminution de la main-d'œuvre; ainsi qu'il en est en Angleterre, quoique aussi dans une moindre proportion, parce que la superficie arable étant six fois plus vaste, exige l'emploi d'un plus grand nombre d'ouvriers; mais il n'améliore en rien le sol: car il a été calculé précisément de manière à faire qu'il continuât sa production sans l'augmenter d'un épi, et c'est en quoi consiste son plus grand défaut.

Mais nous avons dit que la condition essentielle d'un nouvel assolement était de présenter à la consommation l'assortiment des denrées qu'elle requiert; c'est donc d'après ces diverses conditions qu'il convient de baser la marche que peut suivre l'amélioration dans la région septentrionale du royaume, déduction faite du département du Nord, où tout à cet égard est presque accompli, et des herbages où la science agricole n'a rien à faire.

Nous avons vu qu'il n'y avait que peu de chose à changer à l'égard des races d'animaux qu'on nourrit dans cette région ; mais nous n'en dirons pas autant des instruments aratoires et surtout de la charrue, le premier de tous. Celle de M. Guillaume, dont on se sert généralement, exécute bien les labours, mais elle embrasse trop peu de champ pour la force qu'elle emploie. Le tirage en est mal combiné, et nous n'hésitons pas à conseiller aux cultivateurs l'usage de la charrue flamande, laquelle, avec un attelage de deux chevaux, exécuterait plus d'ouvrage que celle de M. Guillaume avec un attelage de trois. Les charrues de Roville rempliraient au reste le même but. Mais cet important changement est encore de ceux dont il faut confier l'exécution aux comices, seule institution capable de remuer en grand les habitudes agricoles. Une houe à cheval ou petit cultivateur et un sillonneur à cinq socs, mal dénommé extirpateur par Fellenberg, sont encore deux instruments qu'il est essentiel d'adopter dans tout système d'agriculture perfectionnée, parce qu'ils en facilitent singulièrement les opérations en économisant les bras. Quant à cet assortiment d'instruments minutieux, dont les mécaniciens ont multiplié le catalogue, nous les avons vus partout délaissés après quelques essais.

Ces premiers points établis, nous proposant, par

exemple, d'entrer dans un mouvement d'amélioration sur une ferme de 180 hectares, située dans le sol moyen des plaines qui avoisinent la capitale, et soumise à l'assolement triennal, nous allons décrire la marche qu'il nous paraîtrait convenable de suivre pour arriver à ce but.

La ferme ou le domaine en question comporte dans l'ordre actuel trois attelages ou 9 chevaux, 350 bêtes à laine, 5 ou 6 vaches et quelques porcs, 20 hectares environ de luzerne de différents âges et le surplus divisé en trois soles de 53 hectares chacune. Le personnel consiste en trois valets de charrue, un valet d'écurie, un berger de moutons, un aide-berger et deux femmes de basse-cour. Des journaliers terrassiers sont pris en dehors lorsqu'il se présente des travaux de leur compétence; les moissons et le battage des grains sont également confiés à des journaliers externes.

Nous devons admettre que, cette situation donnée, les céréales seront toujours la récolte principale et dominante dans la culture de la ferme, parce que le sol et le climat leur sont favorables, et qu'un large marché leur sera toujours ouvert; en sorte qu'il faut leur réserver dans les nouveaux assolements une place beaucoup plus large qu'elles ne l'ont en Angleterre. Ainsi nous bornerons l'entreprise de la première année 1° à étendre l'espace occupé par la luzerne de 5 hectares; 2° nous ajouterons à la superficie destinée aux pommes de terre 1 ou 2 hectares qui seront cultivés en betteraves champêtres, destinées aux vaches laitières, aux bêtes à laine ainsi qu'aux porcs, l'expérience ayant démontré que cette racine était beaucoup plus productive et convenait mieux à ce bétail que les pommes de terre ; 3° à semer 5 hectares en trèfle sur la portion de la sole d'avoine qui nous paraîtra le mieux en état de le mener à bien ; 4° à semer l'avoine sur un trait de charrue et sans y faire d'autres dépenses, 1 hectare ou 2 de turneps qui seront destinés à servir de supplément de nourriture fraîche aux bêtes à laine.

Ces quatre opérations simultanées n'occasionneront que de faibles débours et n'exigeront pas d'achats de bestiaux, car le produit des betteraves et turneps ne servira qu'à nourrir plus richement les bêtes à laine et les vaches, sur lesquelles on devra faire deux élèves de plus.

La jachère se trouvera diminuée la seconde année de 10 hectares dont 5 de luzerne et 5 de trèfle ; ces derniers seuls viendront s'y joindre au mois de septembre, lorsqu'ils seront semés en blé sur un seul labour, tandis que les cinq arpents de luzerne sont distraits pour six ou sept ans de tout assolement.

La seconde année, 5 autres hectares sont encore ensemencés en luzerne, afin de porter à 30 l'étendue totale de cette culture ; 5 sont également semés en trèfle, mais la superficie destinée aux turneps et betteraves est doublée ; en sorte qu'on ensemencera 4 hectares de chacune de ces racines. Enfin 4 hectares à prendre sur la sole destinée au blé seront semés en colza ; et pour consommer le surplus des fourrages qui seront produits cette année par les 10 hectares des prairies artificielles semées la première année et les 8 hectares de racines, le fermier augmentera le nombre de ses vaches, car il ne saurait faire porter cette augmentation sur ses bêtes à laine, attendu que s'il accroît ses nourritures d'étable, il diminue en revanche ses parcours d'été. Il établira en même temps une industrie afin de tirer parti du surplus de ses laitages ; il fera du beurre pour l'exportation ou il fabriquera des fromages. Enfin si le nombre de ses vaches n'est pas assez considérable, il pourra débiter le surplus de ses fourrages et de ses racines par un engraissement de bœufs à l'étable, s'il en trouve à sa portée, ou de moutons qu'il se procurera plus facilement.

Dans la troisième année, on aura à ressemer en blé sur un parcage ou une demi-fumure les 4 hectares sur lesquels on aura récolté du colza, après une demi-jachère dont la durée ira de juillet en octobre ; par là, il intervertira complétement l'ordre triennal, puisque ce blé aura un retour bisannuel, après lequel l'avoine pourra lui succéder. Le trèfle pourra s'ensemencer sur 10 hectares au lieu de 5, en sorte qu'on aurait 40 hectares de prairies artificielles à faucher la quatrième année au lieu de 20 qui existaient au point de départ. L'expérience sur la culture des racines devant être très avancée, on pourra, pour peu qu'elle ait eu de succès, ensemencer 6 hectares en betteraves et autant en turneps.

L'accroissement des bestiaux suivra celui des fourrages et des racines, en sorte que la vacherie se multipliera ainsi que l'engraissement du bétail ; mais l'étendue de la jachère et des chaumes décroissant en proportion, le fermier, pour suffire au parcours de ses bêtes à laine, sera appelé à semer sur l'avoine, à laquelle rien ne doit succéder parce qu'elle termine l'assolement, de la graine de trèfle en raison de cinq ou six kilogr. par hectare, afin de laisser le trèfle se mêler seulement aux herbes naturelles, et former avec elles un pâturage mélangé, et moins à craindre pour la météorisation. Ce parcours doit occuper la portion qui resterait en jachère et se labourer aussitôt qu'on cessera d'en avoir besoin comme pâturage.

Parvenu à la quatrième année de son entreprise, le fermier doit avoir acquis l'expérience des essais qu'il a tentés, soit comme succès à poursuivre, soit comme procédés agricoles. Il doit savoir s'il lui convient de régler, sur ces bases, l'assolement de sa ferme, ou s'il lui vaut mieux y conserver l'ancien système de culture. Dans ce dernier cas il aurait acquis cette conviction à peu de frais; car la lenteur de la marche que nous lui avons tracée et la modicité de la mise dehors que nous lui avons imposée ont réduit ces frais à leur moindre terme.

Si ce fermier a été en revanche satisfait des innovations qu'il a tentées, il devra, dans cette quatrième année, compléter la révolution de son système d'assolement, en s'emparant de la totalité de sa jachère en faveur du trèfle, du colza, des betteraves et des récoltes dérobées de turneps et du trèfle destiné au parcours. S'il est à portée d'une sucrerie, il pourra cultiver des betteraves à sucre, au lieu de betteraves champêtres, du moins en partie, et en s'en réservant les résidus. Il pourra de même, s'il est à portée d'une féculerie, augmenter la culture des pommes de terre; nous répéterons ici toutefois que, quelque précieuse que soit cette dernière récolte dans une ferme, elle est néanmoins très épuisante, ainsi que l'ont prouvé des expériences scrupuleuses faites en dernier lieu en

Angleterre, et confirmées pour nous, même par celles que nous avons faites depuis plus de quarante ans. Les betteraves épuisent beaucoup moins la terre, et la préparation qu'elles lui donnent est la meilleure qu'elle puisse recevoir pour y semer de la luzerne.

C'est aussi à cette période de l'adoption d'un assolement que le fermier doit pourvoir le domaine d'une industrie pastorale suffisante pour consommer les nombreux produits végétaux provenant de cet assolement ; car si ses bêtes à laine recevaient, au moyen des recoupes de luzerne et de trèfle, un hivernage plus abondant; si elles trouvaient, à l'aide des trèfles, un parcours plus riche, en revanche il est plus restreint, et s'il peut gagner sur la qualité de ses moutons, il ne saurait augmenter leur nombre ; c'est donc celui des bêtes à cornes qu'il doit accroître ; car ce ne saurait être celui des chevaux qui ne lui occasionneraient que de la perte. Nous avons déjà indiqué comment il avait pu augmenter annuellement sa vacherie, tant par des acquisitions que par ses propres élèves ; nous lui avons indiqué l'industrie de l'engraissement des moutons et des bœufs, comme celle qu'il était le plus facile d'exercer, en ce qu'on la proportionne aux moyens de nourriture dont on dispose, en achetant plus ou moins d'animaux maigres en automne. Il est facile de se procurer des moutons en cet état dans la région dont nous nous occupons maintenant ; il est facile également de s'y procurer des vaches, mais les bœufs doivent y être amenés de loin, car il n'y en a pas sur les lieux, et les herbagers en font un accaparement. Aussi, est-ce à ce période de l'amélioration que nous voudrions voir le fermier améliorateur commencer à se servir de bœufs pour ses travaux rustiques. A cet effet, nous lui conseillons d'en aller chercher deux ou trois paires dans le Limousin, qu'il amèneraitchez lui avec leur harnachement et leur conducteur ; car, sans cette précaution, il éprouverait de la part de ses garçons de charrue une résistance que le temps et l'usage parviennent seuls à vaincre. Tout en faisant cet essai, il se préparerait à le suivre en élevant lui-même de jeunes bœufs qu'il aura soin de faire opérer à l'âge de trois à six mois, et dont il commencera à se servir dès celui de trois ans. Une telle ferme comporterait l'emploi de cinq à six paires de bœufs et de quatre chevaux. Attelés par paire à la charrue belge ou à celle de Dombasle, six au moins pourraient être mis à la fois en mouvement entre les moissons et les semailles, en conservant un attelage pour le transport des engrais ; car si les charrues, dans un assolement alterne, manquent d'ouvrage avant les récoltes, il abonde, en revanche, lorsqu'elles viennent à s'ouvrir.

Ces bœufs se trouveraient tout portés pour l'engraissement, et on les renouvellerait annuellement, du moins pour une partie d'entre eux. Mais l'usage des bœufs, sur lequel une longue expérience nous fait insister fortement, est néanmoins indépendant de l'adoption d'un assolement, auquel il ne sert qu'à titre du meilleur des moyens pour convertir en fumier le trop plein des substances qu'il produit.

La série des récoltes, d'après l'ordre que nous avons indiqué, donnerait ainsi la formule suivante d'assolement, savoir :

Nature des récoltes.	Observations.
1re année. Jachère parquée ou fumée.	
2e — Blé fumé, suivi d'avoine.	
3e — Avoine, suivie de turneps et de trèfle.	
4e — Trèfle et betteraves.	
5e — Blé sur trèfle, luzerne sur betteraves.	
6e — Colza fumé sur le blé.	
7e — Blé, suivi d'avoine.	
8e — Avoine, suivie trèfle.	
9e — Trèfle pour parcours.	

On voit que dans ce cours de neuf ans, qui équivaut a la durée d'un bail, le blé se retrouve trois fois comme dans le cours triennal ; il y figure ainsi comme culture dominante et denrée vendable ; mais l'avoine ne s'y représente que deux fois au lieu de trois, et ce n'est pas un des moindres motifs qui nous a porté à conseiller la substitution d'une partie au moins du travail des bœufs à celui des chevaux; car l'avoine est un produit de minime valeur, et dont le trop fréquent retour entrave toutes les combinaisons de l'assolement alterne. En réduisant le nombre des chevaux occupés par l'agriculture, il resterait assez d'avoine, d'après la combinaison du cours que nous venons de formuler, pour satisfaire aux besoins des marchés, y compris celui de Paris.

Nous avons supposé que les turneps, jetés sans autres soins, à la volée, sur un labour donné après l'avoine, pouvaient réussir dans le climat de la région du nord de la France. Ce n'est pas à dire que notre opinion soit qu'ils réussiront toujours, ni qu'ils acquerront jamais le développement auquel ils parviennent en Angleterre, à force de soins et d'engrais,

Loin de là, nous pensons qu'ils manqueront souvent, et que leur végétation restera toujours faible. Mais comme approvisionnement assuré pour l'hiver, nous estimons beaucoup plus la betterave, et ne prétendons placer le turneps qu'en qualité de récolte dérobée, ainsi qu'on cultive les navets dans la Saintonge et le Limousin. Peut-être même qu'au lieu de turneps venus d'Angleterre, il vaudrait mieux employer ces navets du Limousin, parce que l'expérience en est faite, et qu'ils remplissent aussi bien le but que nous nous sommes proposé; c'est-à-dire de fournir à peu de frais aux bêtes à laine une nourriture fraîche qu'elles vont brouter sur place dans tous les beaux jours d'hiver, lorsque la saison a permis à cette nourriture de se produire; et alors même qu'elle a empêché son développement, l'agriculture y gagne toujours d'avoir un sol bien préparé par un labour d'automne.

Nous destinons, dans la formule que nous avons proposée, les betteraves à préparer la terre pour la semence de la luzerne qui doit leur succéder au printemps suivant. Les betteraves, en effet, se récoltent trop tardivement pour qu'on puisse semer encore le blé avec avantage, tandis qu'elles ont nettoyé, amendé et divisé le sol de la manière la plus propice pour la semaille de la luzerne. Le défrichement de la vieille luzerne peut donner de l'avoine, si le besoin s'en fait sentir; mais il conviendrait beaucoup mieux de le consacrer aux pommes de terre.

L'analyse de ce cours de récoltes donnerait ainsi pour emploi aux 180 hectares qui composent l'étendue de la ferme que nous avons prise pour exemple :

En blé.	46 hectares.
En avoine.	31
En prés artificiels.	40
En betteraves.	8
En colza.	8
En turneps ou parcours de trèfle	47
	180

Dont 77 en céréales de mars et d'hiver ;

8 en culture industrielle ;

Et 95 en prairies, racines ou parcours pour les animaux domestiques.

Assurément le cours de récoltes que nous venons de formuler procure un tout autre volume de nourriture animale, et par conséquent d'engrais, que le cours triennal. Aussi, avec son adoption, le capital foncier de cette région gagnerait notablement par l'amélioration croissante qui en résulterait en faveur de son sol, et son capital mobilier s'augmenterait de l'immense valeur qui s'ajouterait à celle de son cheptel.

Nous prévoyons les objections qui seront faites à ce système :

En diminuant l'étendue de terrain consacrée aux produits vendables (les céréales), ne diminuerait-on pas le revenu net ?

En augmentant les cultures sarclées, n'augmentera-t-on pas les frais de la main-d'œuvre ?

En portant le troupeau de vaches à un plus grand nombre de têtes, et en remplaçant en partie le travail des chevaux par celui des bœufs, n'accroîtrait-on pas le capital du cheptel que fournit le fermier ?

Ces objections sont fondées ; aussi avons-nous conseillé aux cultivateurs auxquels nous nous adressons, de commencer les essais peu à peu, et de ne les continuer qu'autant que l'expérience serait venue leur apprendre si une étendue de terre, quoique plus petite, ensemencée en blé, ne produirait pas davantage lorsqu'elle serait mieux fumée;

Si le même troupeau de moutons ne produirait pas notablement plus, lorsqu'il serait copieusement nourri ;

Si le troupeau de vaches ne devient pas un meilleur moyen de revenu, lorsqu'on lui donne une nourriture plus substantielle, et particulièrement celle qui lui fait rendre le plus de lait. Le nombre des vaches laitières doit être alors assez augmenté pour qu'il vaille la peine de rechercher, pour leur produit, tout ce que peut donner une fabrication intelligente ;

Enfin, l'expérience, ce grand maître qu'il faut savoir judicieusement consulter, apprendra si l'emploi des bœufs à la charrue, à la place des chevaux, présente, ou non, les avantages que nous en avons retirés nous-même dans notre exploitation.

Peut-être pourrait-on trouver des combinaisons d'assolements alternes plus heureuses à cet égard que celle que nous venons d'offrir aux agriculteurs; car elle n'est qu'un rudiment qui peut être modifié de beaucoup de manières. Plusieurs autres productions peuvent entrer dans un tel cadre, et nous n'avons formulé ce cours de récoltes qu'en raison de ce qu'il nous a paru peu compliqué, et qu'il ne comportait que des productions demandées par la consommation, et bien connues des cultivateurs, en sorte qu'il leur évitait des expérimentations toujours difficiles, et qu'il procédait ainsi avec lenteur du connu à l'inconnu.

Mais encore ce n'est pas dans cette région si heureusement située, d'un sol fertile et déjà si avancé dans les procédés agricoles, que l'agronomie peut trouver un vaste champ à défricher. Il s'en présentera de tels avant que nous ayons terminé l'exploration que nous avons essayé de faire de l'économie rurale de la France.

CHAPITRE II.

Des améliorations rurales dans la région du Nord-Est.

En passant dans la région dont nous avons tracé les limites au nord-est du royaume, nous cessons de voir ces plaines fertiles et ces guérets sans fin que labourent incessamment de puissants attelages. Nous cessons de voir ces grands corps de ferme délabrés et les chemins fangeux qui y conduisent. Nous perdons de vue ces longs alignements tracés par les ormes gigantesques qui naguère indiquaient de loin à l'étranger les avenues qui, de tous les points de l'horizon, l'amenaient aux portes de la capitale.

Ces signes de la grande culture, ces traits d'un pays largement dessiné disparaissent peu à peu à mesure qu'on dépasse les plaines de la Champagne qui en gardent encore quelques caractères.

Ces plaines se terminent, du midi au septentrion, par une enceinte de monts, plus ou moins élevés, qui commencent à Auxerre et vont se terminer dans les Ardennes. Cette nature accidentée est plus variée et plus pittoresque, mais elle est aussi plus mesquine.

Là on est au centre de la région dont nous allons nous occuper, et que nous avons renfermée dans l'espace compris entre Avesnes, Auxerre, Ferney-Voltaire, Huningue et Vissembourg.

Les grandes chaînes du Jura et des Vosges se prolongent du nord-est au sud-est de cette région, ne laissant en dehors de cette enceinte que la belle plaine de l'Alsace, qui remplit l'espace délaissé entre les Vosges et le cours du Rhin. Le centre de cette région est occupé par le massif des monts qui couronnent les départements de la Côte-d'Or et de la Haute-Marne. Massif dépourvu de nom propre, mais dont la superficie n'en est pas moins considérable, et contient les sources de la Marne, de l'Aube, de la Seine et de l'Yonne, c'est-à-dire des affluents de Paris ; tandis que les Vosges et le Jura laissent échapper de leurs vallons, pour courir au midi, la Saône, le Doubs et l'Ain ; et, pour couler au nord, la Sarre, la Moselle et la Meuse. Le Rhône termine cette région en l'enveloppant au midi et au nord. Un système de canalisation, enfin terminé, en joignant le Rhin à la Saône, et celle-ci à l'Yonne, réunit maintenant le cours du Rhin à celui du Rhône, et pénètre ainsi des deux mers au centre de l'Europe ; tandis que, par l'embranchement qui court de la Saône à l'Yonne, Paris est entré en communication avec ces deux fleuves. Ainsi, nulle contrée méditerranée n'est mieux servie par les communications et les débouchés fluviatiles.

Il résulte de la configuration même dont nous venons d'ébaucher les principaux traits, que la superficie de cette région, moins la Champagne et l'Alsace, se divise, d'après le cours des eaux, en bassins plus ou moins ouverts, en vallons plus ou moins resserrés, en cimes et en plateaux; c'est-à-dire que le pays offre à l'agriculture un théâtre très inégal et très varié, dont un tiers au moins appartient aux montagnes, un tiers aux vallons, et le dernier tiers aux bassins; c'est-à-dire aux vallées traversées par une rivière dans laquelle viennent se jeter les affluents qui s'écoulent des vallons latéraux.

Les plus importants de ces bassins sont ceux du Rhin et de la Saône, puisqu'ils comprennent l'Alsace et cette large plaine, dont le sommet est à Vesoul, et qui ne se termine qu'au point où la Saône se verse dans le Rhône. Les bassins de la Sarre, de la Meurthe et de la Moselle sont beaucoup plus resserrés et n'équivalent qu'à de spacieuses vallées. Il en est de même pour le cours de la Seine, de la Marne et de l'Yonne, car elles ne sortent des vallons qu'elles traversent que pour s'ouvrir un passage dans la vaste plaine de la région du nord, comprise, il est vrai, dans la région du nord-est, mais dont la configuration et les habitudes agricoles sont d'ailleurs semblables à celles de la région du nord.

Il n'y a donc pas, à proprement dire, de grande culture dans cette région, hormis dans les plaines de la Champagne. Le surplus n'appartient qu'à la moyenne et petite culture; la grande propriété y est généralement forestière.

Le bassin du Rhin représente, dans le nord-est, ce que le département du Nord est pour la région septentrionale, la contrée-modèle. Adossée à la dernière rampe des Vosges, les laborieux habitants de l'Alsace l'ont couverte de vignobles, qu'on voit couronnés çà et là par des ruines du moyen-âge, suspendues sur l'escarpement des rochers et enveloppées de bouquets de hêtres, de sapins ou de châtaigniers. Les vignerons ont établi leurs demeures à mi-côte, et partout où une coupure du rocher laissait échapper un ruisseau qui bouillonne dans son lit rocheux jusqu'à ce que, ayant atteint le niveau du bassin, il y épanche ses eaux pour arroser les prairies et les vergers des habitants de la plaine.

Là commence sur un sol léger, mais fertile, une culture où, sans interruption, le trèfle succède au blé; celui-ci aux racines, le blé au trèfle; et à celui-là le colza ou le tabac que l'on voit étaler ses fleurs purpurines au sommet de sa haute tige et de son large feuillage. Des villages rapprochés montrent dans cette plaine leurs toits élevés, et leurs maisons peintes, placées à distance de la rue dont elles sont séparées par une barrière soigneusement entretenue, derrière laquelle on aperçoit le jardin et le verger. Demeures soignées, qui semblent devoir être le séjour du bonheur champêtre, et où il nous faut espérer qu'il habite en effet.

Le bassin de la Saône s'ouvre entre les monts de la Côte-d'Or et du Jura; il court au sud-ouest jusqu'à Châlons, d'où il tourne brusquement au midi, pour descendre jusqu'à Lyon, après être sorti de l'enceinte de la région dont nous nous occupons maintenant. La grande route du midi, à la honte des ingénieurs, gravit, entre Sénecey et Tournus, un escarpement, au sommet duquel est un petit tertre où l'on voyait jadis une croix qui n'existe; plus on y trouve encore les pierres qui lui avaient servi de soubassement. Assis sur ces pierres, nous avons assisté dernièrement au beau spectacle qu'offrait, de ce point, le soleil se couchant derrière les monts de la Côte-d'Or, qu'il enveloppait de lumière; tandis qu'au loin les rochers du Jura resplendissaient aux feux de ses derniers rayons. Nous pouvions suivre les flots tranquilles de la Saône, qui semblaient venir du nord directement à nous, et, se courbant à nos pieds, suivre leur cours vers le midi. Avec elle, notre imagination planait sur ces deux régions, dont le site où nous étions semble être comme le point de partage.

Mais, à peine avions-nous contemplé cette solennité de la nature, que nous vîmes passer un bateau à vapeur, roulant avec rapidité sur cette douce rivière, et salissant son atmosphère des tourbillons de sa fumée. Le charme était rompu; et cédant à l'impatience du postillon, nous nous sommes éloigné de ce beau site, en le recommandant à l'attention des voyageurs.

Le sol dont se compose le vaste bassin de la Saône, bien qu'il provienne d'alluvions, est cependant loin d'être homogène, parce qu'il a été déposé, non-seulement par le courant de la Saône et du Doubs, mais par celui de tous les affluents qui leur arrivent des Vosges, de la Côte-d'Or et du Jura, en sorte que le sol en est, sur quelques points, très fertile, et ailleurs assez stérile. Toutes les nuances de richesse natives se rencontrent dans cette plaine, dont le climat est d'ailleurs très doux et également favorable aux productions du nord et du midi. L'agriculture qu'on y pratique est par conséquent très diverse, mais à peu près partout très inférieure à celle de l'Alsace.

Le vignoble de la Côte-d'Or, quelque précieux qu'il

soit, n'offre rien de pittoresque. Un terrain pierreux que ne peuvent voiler les pampres maigres de la vigne s'élève par des plans rapidement inclinés jusqu'aux bancs de calcaire rouge qui terminent comme une muraille l'escarpement uniforme de la montagne. Les villages très accumulés y sont également dépourvus de jardins comme de vergers. On n'y voit qu'un entassement de maisons plus hautes que larges, ainsi qu'il en est dans tous les grands vignobles. C'est ce dont on a la preuve sous les yeux, car le vignoble qui, du côté opposé, termine le bassin aux pieds du Jura offre un aspect et des conditions pareils. Les bords même de la rivière, quoique riches de végétation, ont cependant trop d'uniformité pour offrir aucuns points de vue riants ou pittoresques.

La Saône, ainsi que la Meurthe, la Meuse et la Moselle ont nivelé leurs rives par l'effet de leurs propres attérissements, qui forment ainsi le domaine de leurs inondations périodiques. Ce territoire ne présente qu'une immense nappe de prairies où des bornes désignent seules les propriétés. Ces plages sans accidents et déboisées ne présentent qu'un aspect d'une éternelle monotonie.

Elle n'est interrompue qu'une fois dans l'année, lorsqu'arrive la saison des foins, mais aussi ces prairies offrent, à cette époque, une charmante scène agricole. Nous en avons été témoin jadis, séjournant alors au bord de la Meuse, au château de Sorcy. Les herbages dont il est environné, avec leurs peupliers et leurs îlots étaient parsemés de bandes de faucheurs qui abattaient les ondins qu'épanchaient les faneuses. Ailleurs deux cents dragons mettaient en botte le foin déjà sec qu'une colonne de chars attelés de petites haridelles de Lorraine venaient charger à mesure pour le compte du fournisseur de la garnison de Commerci. Les vaches accouraient au moment du départ des chars pour être des premières à saisir les brins d'herbes qu'avait oubliés la faux dans cette riche prairie dont le parcours leur était abandonné pour le reste de la saison.

L'Yonne, la Seine et la Marne présentent dans leur cours des traits différents, parce que, ainsi que nous l'avons dit, elles ne traversent que des vallées, et lorsque ces rivières en débouchent, elles sont reçues dans une vaste plaine qu'elles parcourent jusqu'à leur arrivée à Paris. Nous les comprendrons dans ce que nous avons à dire des vallées, c'est-à-dire des bassins étroits qu'a formés le cours des affluents aux rivières principales. Ces vallées, que nous ne devons pas confondre avec les gorges et les enfoncements des montagnes, sont nombreuses dans une région dont le sol est aussi plissé et parcouru par autant de cours d'eau.

L'aspect de ces vallées est gracieux, parce que leur culture est très variée et leur configuration très accidentée ; des prés très herbeux occupent les lieux qu'inonde une rivière dont les riverains ont planté les bords en saules et en peupliers qui s'entremêlent avec les aunaies dont la nature seule a fait les frais. Au-dessus de la région des inondations, sont placées les terres arables, que le mouvement du sol a obligé de morceler en parcelles, et partout où l'exposition l'a permis, la vigne s'entremêle avec le blé ou s'élève au-dessus, tandis que les sommités des coteaux sont couronnées par des bois.

Des terrains culminants, plus ou moins montagneux, séparent ces nombreuses vallées et dessinent les contours des grands bassins que nous avons signalés. Quelques-uns de ces sols montagneux présentent des escarpements rocheux, et d'autres des plateaux granitiques ou de feuilleté calcaire, battus par les vents, et où les regards sont avides de se reposer sur des forêts, tant les terres qui en ont été dépouillées sont arides et nues. On aurait même quelque peine à comprendre l'existence des populations qui séjournent dans ces stériles contrées, si l'on ne savait qu'elles subsistent en majeure partie à l'aide de l'industrie forestière, dont le centre est dans cette région, et si, en parcourant ces hauts pays, on ne rencontrait pas fréquemment les profonds sillons qu'y ont creusés les eaux, sillons transformés en étroits vallons qu'enveloppent des enceintes de rochers et au fond desquels se trouvent des sols d'alluvions d'une haute fertilité. Appropriés à la très petite culture, ces vallons produisent sans interruption le chanvre, le blé, le trèfle, les pommes de terre et l'orge à l'ombre des cerisiers et des pommiers qu'on y a plantés. Ce sont de petits oasis qui reposent la vue par leur fraîcheur et par cette active fécondité que l'agronome est avide de trouver et qu'il recherche partout où le hasard le conduit.

Enfin au-dessus de ces terres montagneuses s'élèvent les hautes chaînes des Vosges et du Jura, qui n'appartiennent qu'à la culture agreste des sommités que la charrue n'effleure pas, et où l'on ne trouve que des bois et des pâturages. Ceux-ci même ne reçoivent les troupeaux et leurs bergers que pendant les cinq mois où la neige les laisse à découvert. Ils y arrivent alors des vallées voisines comme à une fête, au milieu des chants joyeux des pâtres et des mugissements de ces troupeaux dont on a chargé la tête de fleurs et dont les clochettes seules répètent le son monotone au milieu des échos des bois.

Heureux que sont ces pâtres de retrouver pour quelques mois cette vie primitive, oisive et nomade, pour laquelle il reste en secret tant d'attrait au fond du cœur de l'homme, ils errent silencieusement à la suite de leurs troupeaux, sur ces points culminants du vieux monde, jusqu'à l'heure où le sel, symbole de la domesticité animale, offert comme un appât à leurs troupeaux errants, les ramène vers le bercail où on doit traire leur lait pour en fabriquer des fromages.

Après avoir donné une description succincte de la configuration de cette région, nous avons à traiter des différents modes de culture qui y sont en usage.

Des différents modes de culture pratiqués dans la région du Nord-Est.

La culture forestière domine dans cette région, comme l'indiquent assez les traits noirs qui obscurcissent ses départements dans la carte publiée par M. Charles Dupin, ainsi que l'a voulu la force des choses, en y plaçant partout le minerai à côté des bois dont est couverte la grande superficie agreste qu'elle contient. Aussi, à partir du département des Ardennes jusqu'à celui de Saône-et-Loire, et de celui du Bas-Rhin jusqu'à celui de l'Ain, le pays est couvert d'usines et de hauts-fourneaux, car la production du combustible y dépasse de beaucoup ce qu'exige la consommation des habitants. La carbonisation absorbe l'immense surplus.

Les bois et les usines forment essentiellement dans cette région l'apanage de la grande propriété. La possession forestière ne saurait convenir aux petits propriétaires, parce qu'ils veulent appliquer leur travail à leur sol, afin d'en obtenir, en outre de son produit net, la valeur du travail qu'ils y ont appliqué. Or, les bois ne demandent pas ce travail et n'en remboursent pas les frais ; leur possession ne présente que celle d'un capital à perpétuité, dont la rente annuelle se perçoit d'après l'aménagement par une coupe régulière, dont la production n'a coûté d'autre avance que celle du temps, et c'est précisément pourquoi la propriété forestière entre si bien dans les convenances de la grande propriété, qui, presque toujours, administre d'une manière peu profitable les terres cultivées.

La manutention des bois est commode aux grands terriens en ce qu'elle ne demande qu'à être gardée et que la récolte s'en réalise par une coupe qu'on vend une fois l'an, par une seule adjudication, laquelle n'offre d'autres risques que ceux de la solvabilité de l'acquéreur. Pour diminuer encore ces risques et pour obtenir de leurs coupes toute la valeur qu'elles ont, plusieurs des propriétaires, au nombre desquels nous sommes nous-même, les font diviser et vendre en petites parcelles, que les habitants du voisinage paient mieux que les marchands spéculateurs, parce qu'ils emploient à ces exploitations parcellaires leurs journées superflues de l'hiver et le temps perdu de leurs attelages. D'autres encore font exécuter leurs abattages à forfait et en vendent le produit façonné en détail et sur place, au moyen d'un garde-vente attitré à cet effet.

On trouve à cette méthode un bénéfice de 8 à 10 p. 100, lequel se réalise par le surplus du bois abattu sur ce que les marchands l'avaient estimé sur plante. La vente parcellaire du bois sur pied ne produit qu'une mieux-value de 4 à 5 p. 100, attendu que les acquéreurs veulent faire un profit sur leur exploitation.

Mais ceci ne concerne que l'art d'obtenir un meilleur produit d'une coupe donnée, et il y a dans l'aménagement même des bois des améliorations à faire, que la culture de cette contrée a négligées jusqu'ici. Sans revenir sur le système des aménagements, de la futaie sur taillis ou des éclaircies, que nous avons traité ailleurs, nous dirons qu'il y a un procédé au moyen duquel on favorise l'accroissement du taillis, et par conséquent la valeur des coupes, en mettant à profit une valeur qui, sans ce procédé, est entièrement perdue. Nous voulons parler d'un élagage pratiqué de la onzième à la douzième année après la coupe.

A cet âge, les brindilles et les fausses essences ont acquis un volume qui permet de les réduire en fagots, tandis qu'en les abandonnant, ainsi qu'il est d'usage général de le faire, ce sous-bois est anéanti par le parcours du bétail dans ceux des bois qui ont le malheur d'être soumis à ce déplorable usage, ou se dessèche et se perd avant l'époque de la coupe, étouffé qu'il est par l'ombrage dans les taillis vigoureux, ou nuisant lui-même grandement à la végétation des bonnes essences lorsque ce taillis est faible. Toujours est-il que ce dernier prospère après l'opération de l'élagage ; il y a donc en tout état de choses convenance évidente à en adopter l'usage.

L'élagage doit se faire à l'époque où le taillis va être déclaré défonçable, et par conséquent avant l'entrée du bétail, c'est-à-dire à la date que nous venons d'indiquer. Nous le faisons exécuter à moitié, y compris la sortie qu'il faut faire à dos jusqu'aux points où les chars peuvent aborder. Le produit en est d'environ 1,000 fagots par hectare, dont 500 appartiennent au propriétaire. Ils valent 10 fr. le cent, en sorte que cette récolte de 50 fr. par hectare solde à peu près les frais de garde et d'impôt.

Ceci n'est encore qu'une opération d'aménagement au bénéfice du possesseur de bois ; mais il est d'autres soins plus minutieux à prendre, qui exigent quelques frais et auxquels tiennent néanmoins la reproduction et le bon état des bois. Nous voulons parler des repeuplements, non pour en décrire ici les procédés, ce qui exigerait un traité, mais pour prévenir une bévue que nous avons eu trop souvent l'occasion de remarquer. Sans égard pour la nature du sol dépeuplé, sans examen des causes qui ont occasionné ce dépeuplement, les gardes se bornent à faire de petits trous dans le gazon mousseux des vides de la forêt pour y placer des jeunes plants d'une essence estimée, sans doute, mais dont la croissance est le plus souvent incompatible avec la nature et l'état du sol. Car l'absence des sujets tient presque toujours à ce que ce sol était épuisé par l'essence précédente et se refusait à la produire. Il importe donc d'enterrer le gazon, et surtout la bruyère, par un labour avant d'y placer les jeunes plants, et les choisissant d'une essence différente de celle qui a disparu. Si elle consistait en chênes, il faut y mettre du plant d'orme, et si l'humidité en avait fait périr les bois durs, il faut les remplacer par de l'aune, en ayant le soin de faire cultiver pendant deux ans au moins ces replants en pommes de terre, c'est-à-dire jusqu'à ce qu'ils soient assez forts pour dominer la repousse de l'herbe ou de la bruyère.

Ces améliorations ne demandent de la part des propriétaires d'autres efforts que de donner un peu plus de soins à leurs affaires. Cette conduite d'ailleurs s'allie avec un régime politique dans lequel les grands terriens ont intérêt à obtenir une considération publique qu'on ne saurait acquérir dans les campagnes qu'en y donnant des preuves de sa capacité administrative.

La valeur des bois se lie intimement, dans cette région, à l'industrie des fers, puisqu'elle y est le grand absorbant du combustible. Deux circonstances ont menacé cette industrie; savoir : le tarif des douanes et l'établissement des usines à houille.

Quelles qu'aient été les fautes et les pertes qui ont signalé l'établissement de ces usines à houille, elles n'en finiront pas moins par s'établir avec profit pour tous, par la raison que l'étendue du sol forestier ne saurait s'accroître; il est au contraire probable qu'elle sera diminuée par la liberté qu'on ne tardera pas à rendre à son défrichement. La production de ce sol ne saurait non plus se multiplier à volonté, ainsi qu'il en est des prairies artificielles ou de telle autre culture annuelle, parce qu'il faut de longues années au développement des bois; tandis que la consommation du fer augmente dans une progression qui suit, non-seulement l'accroissement de la population, mais celle de son mieux-être, de ses inventions et de ses industries. Le minerai, traité au charbon de bois, deviendra donc d'année en année plus insuffisant pour les besoins de la population.

On ne saurait y suppléer qu'à l'aide des fers étrangers ou de ceux de l'intérieur traités avec la houille; car le volume disponible de la houille n'est pas restreint par des limites fixes, comme celui du charbon de bois. Elle gît par immenses lits au sein de la terre, d'où il ne s'agit que de l'extraire; ce qu'on fait de toutes parts. Une fois extraite, il ne s'agit plus que de la mettre à portée du minerai, et c'est à quoi on s'efforce également de pourvoir en ouvrant des canaux et des routes, en faisant des chemins de fer. Ainsi, d'une part la Saône, de l'autre les canaux de Roanne, du Centre, de Bourgogne et du Rhin, transportent à bas prix les houilles de Blanzy, d'Épinal, de Saint-Étienne, de Givors et de tant d'autres exploitations, jusqu'au centre des contrées riches en minerai dont abonde la région du nord-est.

Une dernière difficulté se présente, que l'expérience et le temps ne tarderont pas à vaincre. Il est reconnu que le fer traité à la houille est inférieur à celui dont la fonte a eu lieu avec le charbon de bois. Il faut donc, au lieu de vouloir les confondre dans le commerce, ainsi qu'on a eu le tort de l'essayer, leur donner à chacun des destinations analogues à leur nature, et employer le fer à la houille aux articles pour lesquels sa qualité suffit, et réserver celui qu'on a traité au bois pour les besoins auxquels ses qualités le rendent nécessaire, en leur attribuant des prix proportionnels à leur revient.

La question du tarif aura d'autant moins de portée que cette double industrie sera mieux traitée, et déjà l'on peut s'assurer que les diverses réductions qu'on a apportées aux droits imposés à l'entrée des fers étrangers n'ont nullement produit les effets qu'on en redoutait. Les usines n'ont jamais eu autant de travail et jamais elles n'ont payé leur combustible aussi cher qu'en 1836. L'abaissement du tarif des fers aura d'ailleurs, pour premier effet, de développer chez ces industriels une activité et une application qui n'étaient pas leur attribut, et avec lesquelles ils pourront réduire notablement encore leur prix de revient. Nous appuyons cette opinion sur deux faits dont nous avons été témoin. Nous venions de parcourir un des plus grands établissements de Birmingham, où tout était silencieusement occupé de son travail, patrons, commis et ouvriers; où d'immenses opérations métallurgiques s'exécutaient à l'aide de constructions mesquines et calculées au minimum possible. L'état-major ne consistait que dans le patron de l'établissement et ses deux fils, sans qu'aucun des trois eût conçu qu'il pouvait y avoir d'autres plaisirs dans ce monde que celui qu'ils prenaient à la considération, résultant pour eux du titre de possesseurs d'un établissement aussi étendu, aussi méthodiquement ordonné.

A quelque temps de là, nous fûmes appelé à examiner un établissement du même genre, fondé par une société, sur l'un des points les plus favorablement situés de la France. Arrivé vers le milieu du jour à notre destination, nous y fûmes reçu par la maîtresse du logis, qui nous dit que nous en trouverions vraisemblablement le patron au café voisin. Il y était en effet, ainsi que son état-major et ses commis, qu'il nous fut facile de reconnaître à l'épaisseur de leurs moustaches. Toute la fabrique jouait au domino et au billard avec les désœuvrés de l'endroit, et frappé de l'opposition de ces deux tableaux, nous comprîmes l'un des motifs qui en avaient milité jusque-là en faveur de l'élévation de la prime accordée à l'industrie des fers.

Primes chargées de compenser : 1º les dépenses faites en France, en faux frais de constructions superflues ; 2º en faux frais pour un état-major plus que superflu ; 3º en faux frais pour temps perdu ou plus mal employé ; 4º en faux frais résultant du défaut général d'économie et de sages combinaisons dans l'ensemble des établissements.

En supprimant tous ces faux frais, on serait bien près de réduire le revient des produits français à ceux de l'étranger, chargés qu'ils sont des frais de transport et des bénéfices des négociants.

Ainsi les grandes propriétés dans la région du nord-est consistent principalement en concessions de mines, en forêts et en usines. Celles qui reposent sur des domaines ruraux ne se trouvent guère que dans la portion de la Champagne comprise dans la délimitation de cette région, dans la partie de la Lorraine qui présente un pays ouvert, et dans le grand bassin de la Saône. Ailleurs on ne trouve que de la moyenne et petite propriété et là même où il s'en trouve de la grande, elle est, hormis en Champagne, divisée et cultivée d'après le système de la moyenne et même de la petite. Car nulle part la propriété n'a subi de plus grande subdivision, et nulle part le cultivateur ne s'est rendu maître d'une aussi grande partie du sol. Aussi cherche-t-il à cultiver, outre sa propriété, les parcelles qu'on lui donne à ferme. Nous avons déjà cité à cet égard notre propre exemple, et montré comment ce fermage parcellaire était également avantageux pour le preneur et pour le bailleur, en ce que celui-ci élevait le prix de son bail de tout ce dont le preneur consentait à le rendre co-partageant dans l'économie qu'il fait sur ses frais d'exploitation; et pour le preneur, en ce qu'il trouve ainsi à occuper toute l'année des bras et des attelages qui chômeraient une partie de ce temps, faute d'une superficie suffisante.

La culture à moitié fruit est plus rare dans cette région, et ne s'y pratique que sur quelques points, à l'exception du vignoble, qu'on y cultive comme partout, par le moyen des colons partiaires, à moins que la vigne ne dépende elle-même d'un petit propriétaire. Le vignoble de cette région comprend, non-seulement les clos de Champagne et les coteaux de la Côte-d'Or, mais toutes les positions susceptibles d'être plantées en vignes l'ont été dès longtemps, ou le sont aujourd'hui, ou le seront prochainement. Car cette implantation ne s'arrête point, par l'effet même de la division de la propriété; laquelle, par les raisons que nous en avons données plus haut, est éminemment propice à cette culture.

Ainsi le penchant des coteaux de la Lorraine, celui des Vosges sur le versant du Rhin, les pieds du Jura et les vallées de la Basse-Bourgogne, appartiennent presque en entier à la culture vinicole; et, bien qu'aucuns de ces vignobles ne produisent de vins réputés, leur ensemble n'en occupe pas moins une nombreuse population, et fournit l'aliment d'un assez grand commerce avec Paris pour une part, avec la Suisse et l'Allemagne pour l'autre.

Après les bois, le vignoble occupe ainsi, dans cette région, le second rang parmi celles des cultures qui y sont dominantes; les céréales n'y prennent place qu'au troisième. Et, en effet, dans un pays entrecoupé, d'un sol variable à l'infini et d'une fertilité au-dessous du médiocre, en majeure partie, on ne saurait cultiver avec avantage des céréales que dans les parties les plus ouvertes de sa surface. Ailleurs, on ne les sème que dans des cours alternes de récoltes, où elles ne figurent en recettes que pour la saison qui les a produites. C'est-à-dire qu'il n'y a plus de jachères dans cette région, si ce n'est dans les sols arides de la pauvre Champagne, et des plateaux pierreux de la Haute-Marne et de la Côte-d'Or. Là, on en voit encore; mais, au premier aspect, il est difficile de les distinguer d'avec les guérets ensemencés, tant la végétation de ces derniers est chétive.

Il résulte de la subdivision de la propriété, ainsi que du mode adopté par les propriétaires non cultivateurs, de faire exploiter leurs domaines, soit par des fermages parcellaires, soit par des colons partiaires, que la culture y est mieux pourvue de bras que de capitaux. Aussi l'apparence de cette culture porte, au premier coup d'œil, l'empreinte de ce défaut de capitaux indispensables pour réaliser certaines améliorations.

C'est pourquoi les bons sols qui produisent avec peu d'avances et d'engrais sont, dans cette région, très activement cultivés; tandis que ceux qui ne sauraient produire dans une certaine abondance sans y être fortement stimulés n'y sont travaillés qu'avec négligence. Ce trait de l'agriculture de la France, déjà signalé par Arthur Young, peu remarquable dans la région du nord, l'est beaucoup dans celle-ci. Les animaux domestiques y sont chétifs, même en Alsace ; les instruments aratoires mesquins et hors d'état d'exécuter de grands travaux d'amélioration ; partout on y remarque que les propriétaires, aussi bien que les colons partiaires et les fermiers parcellaires, travaillent d'après une méthode qui a renfermé leur culture dans l'emploi de leurs forces personnelles et dans la production de récoltes destinées à se réaliser dans l'année.

C'est pourquoi on a choisi parmi les prairies artificielles le trèfle préférablement à tout autre, parce qu'il n'occupe la terre qu'une seule saison, entre deux récoltes de céréales, et qu'il n'exige d'autres préparations que celle donnée à la céréale à laquelle il succède. Par une disposition particulière à la configuration de cette région, les prés n'y sont pas entremêlés avec la culture arable. La nature a placé ces prairies sur les vastes terrains qui bordent le cours des rivières, en sorte que les foins surabondent aux alentours de ces rivières, au-delà même de la demande qu'en fait l'agriculture ; aussi s'en vend-il en quantité pour l'approvisionnement des villes, des transports du commerce, et surtout de la cavalerie, dont plus de la moitié stationne dans cette région.

Cette espèce de prairies, d'ailleurs, échappe comme les herbages à l'action des améliorations qu'elles ne reçoivent que par les inondations qui viennent périodiquement les fertiliser. Partout ailleurs, il manque de prés naturels, si ce n'est en de très petites superficies, abreuvées par des sources naturelles ou par le cours de ruisseaux échappés des montagnes ; encore ces moyens d'arrosement sont-ils quelquefois négligés.

C'est donc dans l'ordre suivant qu'il faut placer les cultures dominantes de la région du nord-est, savoir : les bois, les vignobles, les terres arables et la culture pastorale.

Des assolements usités dans la région du Nord-Est.

D'après l'ordre d'importance que nous venons d'établir entre les diverses branches de l'industrie agricole de cette région, il semblerait que la culture arable, et par conséquent, les assolements, en auraient une bien faible sur sa prospérité, et que les forêts et les vignobles en auraient une toute autre. Cette région, en effet, n'est chargée que de l'approvisionnement du marché de Lyon, et ce n'est qu'en cas de disette qu'elle est appelée à verser des blés sur ceux du midi. Mais, dans les temps ordinaires, ces marchés ne reçoivent que les grains récoltés dans le bassin de la Saône et dans l'arrondissement de Sémur, désigné sous le nom d'Auxois, qui présentent l'un et l'autre de bonnes terres arables. Traversé aujourd'hui par le canal de Bourgogne, l'Auxois peut, à son gré, envoyer ses grains au nord comme au sud. Partout ailleurs, cette région n'approvisionne que des petits marchés.

Mais les assolements y ont d'autant plus d'importance, en ce qu'on y remplace les céréales par des cultures de plantes industrielles, nutritives et fourragères. Aussi avons-nous remarqué que l'abolition de la jachère avait déjà eu lieu sur toutes les bonnes et médiocres terres de cette région, et qu'on ne la retrouvait que sur les mauvaises.

Les assolements alternes subissent dans cette région une grande démarcation, car au midi de la ligne que suit la culture du maïs en France cette plante alterne avec le blé, tandis que la pomme de terre la remplace au nord de cette ligne. Or, elle traverse cette région de manière à laisser étranger à la culture du maïs tout ce qui est au nord du bassin de la Saône et du Doubs, et ce qui, en Alsace, dépasse l'ancien Sundgau. Ainsi nous distinguerons entre les assolements avec maïs, lesquels n'occupent qu'un huitième au plus de cette région dans les départements du Jura, du Doubs, de la Haute-Saône et de la Côte-d'Or, et les assolements avec pommes de terre qui s'étendent sur tout le surplus, y compris le Haut-Rhin où le maïs ne se cultive qu'à peine.

Il faut remarquer encore que partout où se cultive le maïs, la pomme de terre n'a pas pu s'établir dans la consommation principale des cultivateurs; la saveur terreuse de la pomme de terre leur répugne, accoutumés qu'ils sont au goût sucré de la farine de maïs. Aussi ne se cultivent-elles qu'en très petite quantité dans la région du maïs et en grande partie dans le but d'en nourrir les bestiaux, et nommément les porcs.

Nous allons donc nous occuper en premier lieu des assolements avec maïs et nous formulerons le plus productif d'entre ces cours, c'est-à-dire celui qu'on pratique dans les terres les plus fécondes des alluvions de la Saône et du Doubs :

1re *année.* Blé fumé sur le maïs.
2. — Colza.
3e — Blé, suivi de raves.
4. — Maïs, entremêlé de haricots, une parcelle en pommes de terre.

Cet assolement, l'un des plus productifs qui existe, se poursuit sans interruption depuis près de trente ans dans les sols fertiles dont nous avons fait mention, et sans qu'on y remarque un épuisement appréciable. Mais il faut ajouter que si, à l'exception des feuilles du maïs, on n'y voit figurer aucunes récoltes destinées à la nourriture des bestiaux, c'est que les cultivateurs se les procurent dans les vastes prairies des bords de la Saône et par la vaine pâture des communaux. Toutefois ces cultivateurs paraissent avoir compris qu'ils exigeaient trop de leurs terres, et en même temps qu'ils ont reconnu que le maïs rendait plus à la semence qu'à la superficie. Ils ont donc commencé à prendre sur la sole du maïs une aliquote quelconque pour l'ensemencer en betteraves champêtres, tandis que sur l'ensemble de chaque domaine, ils sèment aujourd'hui une parcelle en luzerne. Avec la meilleure nourriture donnée ainsi aux bestiaux, le cours de récoltes qui en résultera sera le plus avantageux d'entre toutes les formules connues d'assolements.

Les cultivateurs des communes auxquelles il est permis de le suivre en jugent tellement ainsi, que plusieurs d'entre elles ont commencé à défricher les vaines pâtures des communaux en se les affermant au profit de la caisse municipale, afin d'y établir l'assolement que nous venons de formuler, et d'après lequel le fermage des terres s'élève de 120 jusqu'à 150 fr. l'hectare.

Mais toutes les terres de la zone du maïs sont loin de pouvoir se prêter à un tel assolement. Il n'appartient qu'aux plus riches de celles dont le sol s'est formé par les alluvions de la Saône, de l'Ouche, du Doubs et de la Louve. Nous allons formuler l'assolement pratiqué sur les terres de qualité inférieure et plus ou moins dépourvues de prairies, en raison de leur éloignement des rivières :

1re *année*. Jachère fumée.
2e — Blé, suivi de sarrasin et de raves.
3e — Maïs, haricots et pommes de terre.
4e — Blé fumé, suivi de colza.
5e — Colza, suivi de blé sur 1/2 jachère.
6e — Blé, suivi de trèfle.
7e — Trèfle.
8e — Blé.
9e — Avoine.

Un tel cours de récoltes est encore très productif, bien qu'il comporte une jachère sur neuf années, suivie à la vérité d'une longue série de récoltes alternes; mais il ne s'en trouve qu'une seule de trèfle dans la rotation, et c'est trop réduire la nourriture du bétail, à laquelle on ne supplée qu'à force de vaine pâture. L'avoine ne se présente qu'une fois et seulement pour terminer la rotation. Ceci tient aussi à la parcimonie avec laquelle on est habitué à nourrir les animaux dans cette région, car cette récolte ne se consomme pas même par les chevaux qui l'ont fait croître ; elle se vend et la paille seule leur reste. En revanche, on doit remarquer que le retour du blé est bisannuel dans les divers cours d'assolements de cette région. Il en est de même dans tous ceux que nous aurons l'occasion d'examiner, lorsque nous en serons à traiter des régions méridionales de la France. D'où il devient notoire qu'avant l'abolition des jachères les cours suivis dans l'est et le midi n'avaient d'autres alternes que la jachère et le blé. Le cours triennal n'était usité que sur les pays de grande culture au nord et à l'ouest du royaume.

La culture du blé d'hiver est donc ainsi dominante dans les assolements de cette région.

Parmi les assolements à base de pommes de terre, en usage au nord de la ligne du maïs, nous devons distinguer encore entre ceux dans lesquels la culture du tabac est comprise, et ceux où elle est prohibée. C'est dans les meilleures terres de l'Alsace que cette culture est permise ; dans ce cas on peut formuler le cours de leurs récoltes de la manière suivante, savoir :

1re *année*. Tabac, avec une triple ou quadruple fumure.
2e — Blé, suivi trèfle.
3e — Trèfle.
4e — Blé, suivi de raves ou navets.
5e — Pommes de terre ou betteraves.
6e — Blé fumé, suivi de colza.
7e — Colza, suivi de blé.
8e — Blé, suivi de luzerne et quelquefois de garance.

Certes, un tel assolement ne se retrouve que dans les plus beaux sols du département du Nord, bien que la fertilité de l'Alsace soit moindre ; aussi ces récoltes et surtout celles du blé sont loin d'atteindre aux mêmes dimensions, mais toutes néanmoins réussissent et leur ensemble rend ce cours alterne très productif et d'un revenu net d'autant plus élevé, qu'il s'exécute sur des exploitations bornées et où les bras de la famille jouent un grand rôle. Mais il convient de remarquer que dans ce cours, ainsi que dans le suivant, les bestiaux, loin d'être nourris par la vaine pâture, sont traités à l'allemande et pourvus durant la belle saison de trèfle ou de luzerne verte qui leur sont distribués à l'étable, de même qu'en Flandre ; et pendant l'hiver ils reçoivent journellement une ration de navets, betteraves ou pommes de terre crues, et ne pâturent que dans les beaux jours de l'automne où ils profitent des dernières pousses des plantes.

Un tel usage s'associe forcément avec des assolements dont le système alterne ne laisse aucune place dépourvue de récoltes et qui, par cela même, exige aussi d'abondantes fumures ; c'est pourquoi on le retrouve établi partout où la science agricole a rendu le sol précieux, en Lombardie comme chez les Flamands, et chez les Flamands comme en Alsace.

Mais il y a dans le bassin du Rhin, ainsi qu'en Lorraine, et même en Franche-Comté, bien des terres qui sont loin de pouvoir suffire par leur fertilité aux exigences d'un assolement pareil à celui que nous venons de décrire. Dans ces terres, on pratique le cours suivant :

1re *année*. Pommes de terre et parfois des betteraves.
2e — Blé fumé, suivi de trèfle.
3e — . Trèfle.
4e — Blé, suivi de navets.
5e — Avoine.

Cet assolement quinquennal est encore très bien entendu, et nous n'aurions aucun reproche à lui faire, s'il ne nous paraissait pas ramener trop fréquemment le trèfle et en rassasier ainsi la terre.

Il n'y a cependant pas péril dans cet inconvénient, car nous avons eu plusieurs fois à remarquer qu'alors que les cultivateurs d'une contrée s'étaient habitués à établir l'entretien de leurs animaux domestiques sur la consommation du trèfle, et que ses produits venaient à diminuer par l'abus même qu'ils en avaient fait, ces cultivateurs se montraient disposés à remplacer immédiatement ce déficit par des semis de luzerne, de sainfoin, ou par des cultures de racines, parce qu'ils s'étaient fait une habitude du meilleur entretien de leurs bestiaux, et qu'ils avaient autant de peine à y renoncer qu'ils en avaient eu dans l'origine à semer le trèfle pour doubler leurs rations.

Aussi est-ce toujours par l'adoption de ce fourrage que nous essaierons de provoquer le début de toute amélioration, à cause de la facilité de son établissement et du peu de frais qu'il occasionne, certains qu'à sa suite se développeront, sans efforts, de plus savantes pratiques rurales, aussitôt que les besoins qu'il aura fait naître se feront sentir.

Les pommes de terre occupent dans ce cours de récoltes une place immense proportionnellement à ce qui leur en est accordé dans le reste de la France; mais les points où domine cet assolement sont ceux où la population a conservé des habitudes allemandes, et conformément à celles-ci, la pomme de terre entre comme aliment essentiel dans la nourriture du cultivateur, comme dans celles de ses étables et surtout de ses porcs.

On voit par l'exposé que nous avons fait jusqu'ici des assolements de cette région, qu'elle est l'une des plus avancées de la France, et qu'on y a dès longtemps renoncé à la jachère, pour la remplacer par la prairie artificielle, les racines et les plantes industrielles. Mais ces innovations n'ont eu lieu que sur les sols médiocres ou fertiles qu'elle contient, et presque tout reste à faire dans les terrains ingrats qu'elle renferme en grand nombre.

Ces terrains appartiennent à la Champagne, au département des Ardennes, aux portions faibles de la Lorraine et aux parties élevées de la Haute-Marne et de la Côte-d'Or. Là on retrouve la jachère, partout où le sol n'a pas été semé ou implanté en bois; car il faut dire que dans la mauvaise Champagne surtout, cet excellent usage semble prévaloir aujourd'hui. La plupart de ces semis consistent, il est vrai, en essences résineuses; parce que ce sont celles qui, dans de pareils sols viennent le mieux et le plus promptement. Mais les semis de pins sylvestres ne sont propres qu'à s'encadrer dans un assolement à long terme, où ils reposent et réparent la terre par le détritus qu'ils y déposent pendant les quinze ou vingt ans de leur durée, après lesquels il convient de défricher le sol pour le mettre de nouveau en culture, car passé ce terme, le pin sylvestre semé dans les mauvais sols cesse d'y végéter avec vigueur. Il vaut mieux alors déplacer le bois pour le ressemer sur une autre parcelle du domaine, en l'extirpant sur celle qu'il occupait, afin de profiter de l'humus qui s'y est formé.

Mais là où cette habile méthode ne s'est pas introduite, la culture y suit l'ordre triennal dans lequel l'avoine succède au blé, ou plutôt au seigle, et la jachère à l'avoine. Cependant la régularité de ce cours a subi une légère altération, soit en ce que la jachère a cédé une parcelle minime de terrain aux pommes de terre, et que l'avoine à son tour commence à en céder aussi une très minime au trèfle. Quelques cultivateurs mieux avisés, et principalement dans la mauvaise Champagne, ont abordé avec succès la culture du sainfoin.

Il y a donc, même dans la plus inférieure qualité des sols de cette région, un commencement d'amélioration. Or, comme l'amélioration est un mouvement progressif, il est à croire qu'il suivra son développement.

Des animaux domestiques dans la région du Nord-Est.

Les espèces animales sont demeurées dans cette région très inférieures à ce que supposerait l'état déjà avancé de son agriculture, car elles sont les plus chétives du royaume ; elles le sont même en Alsace, malgré la bonne nourriture qu'on leur distribue. Mais ces espèces sont bien plus chétives encore sur les autres points de cette région, ce qu'il faut attribuer à l'abus de la vaine pâture dans les bois et les steppes communaux. Car il résulte des droits qui garantissent cette vaine pâture que les parcours sur lesquels ils s'exercent sont toujours beaucoup trop chargés de bestiaux, parce que, chaque ayant droit, dans la crainte d'être lésé par son voisin, s'efforce d'envoyer au troupeau commun le plus de têtes de bétail qu'il lui est possible, et tous faisant de même, et par le même motif, ce troupeau surcharge le parcours de telle sorte que tous les animaux qui le composent restent affamés.

Cet effet devient incontestable à chaque fois qu'on est appelé à examiner une commune où l'usage du trèfle et de la luzerne a été adopté sans préjudice de la vaine pâture; car le supplément de nourriture qui en résulte en faveur des bestiaux à leur retour du pâturage est visible au premier aspect. Cependant nous sommes porté à croire qu'il y a plus qu'absence de nourriture, qu'il y a dans la nature des fourrages de toutes natures qui croissent dans cette région un défaut de substance nutritive, qui abonde dans ceux qu'on recueille dans la région du nord et manque dans celle-ci, sans que la cause ni l'effet en aient été ni découverts ni reconnus.

Nous le croyons parce que nous avons vu dans un grand nombre d'exploitations améliorées, et nommément en Alsace, des étables bien pourvues et où l'espèce du bétail, quoique supérieure, était encore mesquine et ne pouvait nullement entrer en comparaison avec les vaches normandes ni avec les vaches suisses; tandis que, arrivé à l'ouest de cette région, dans le Charolais, le Forez et l'Auvergne, on y trouve, avec un régime à peu près semblable, des animaux très supérieurs. L'espèce chevaline, qu'on élève en grand nombre dans cette région, puisqu'elle y fournit aux trois quarts des travaux agricoles, les bœufs n'y participant que pour un quart au plus, ne peut servir à aucun autre usage, tant elle est commune et rabougrie. La généralité des terres étant légère, ces chevaux peuvent y conduire facilement la petite charrue qu'on y emploie, attelés qu'ils y sont toujours au nombre de quatre et souvent de cinq. Le meilleur d'entre eux est le seul qu'on se donne la peine de ferrer, attendu qu'il a l'honneur de mener la carriole ou la patache du propriétaire. Après le labour, ces chevaux sont jetés pêle-mêle au parcours, où les juments reçoivent à volonté l'étalon de la commune. Celui des propriétaires auquel ce hasard a produit plus de poulains qu'il n'en a besoin pour le renouvellement de son attelage, vend son superflu au voisin moins heureux que lui. Le prix d'un cheval de trois ans est de 120 fr.; il est rare qu'il s'en forme dont la valeur monte jusqu'à 200 fr., et beaucoup d'entre eux n'arrivent qu'au prix de 75 à 80 fr.

Ces chevaux ont la tête grosse, l'encolure effilée, le corps long, les côtes plates, les membres fluets, mais la hanche élevée et la queue bien attachée; ils ont beaucoup de courage et leur service n'est pas mauvais; peut être que s'ils mangeaient de l'avoine ils reprendraient une vigueur qui leur manque : jusqu'ici l'usage de ce grain leur est inconnu.

Cependant, il faut reconnaître qu'à mesure que l'emploi du trèfle ou de la luzerne s'étend de proche en proche, l'espèce chevaline s'en ressent. Les cultivateurs alors se procurent des étalons qu'on leur amène de la Suisse à l'âge de 15 ou 18 mois, à titre de poulains, et en acquittant le faible droit qui leur est imposé. Ces étalons, d'une race tout autrement étoffée, fournissent deux montes avant d'être opérés, et leur influence, réunie à celle d'une meilleure nourriture, a produit depuis vingt ans une amélioration sensible chez les chevaux appartenant aux communes où ce double usage s'est dès lors établi. Nous avons remarqué quelques produits qui pourraient déjà servir à l'artillerie.

Les chevaux ne peuvent être jusqu'ici considérés dans cette région que comme instruments du travail agricole. Ceux de la Suisse, d'une part, et les percherons, de l'autre, fournissent à tous les emplois du grand et du moyen échantillon. Mais il est à remarquer que depuis vingt ans les chevaux percherons y ont empiété sur le domaine de ceux qu'on amène de la Suisse ; à cette époque, le relais de Dijon était desservi par ces derniers, et il est aujourd'hui monté en percherons, ainsi que celui de Genlis, et ce n'est qu'à Auxonne que commence le service des chevaux suisses. Ce service a reculé ainsi de deux relais sur toutes les directions, dans le triangle entre Strasbourg, Lyon et Paris.

Ce n'est pas que l'importation des chevaux de la Suisse ait diminué, c'est que le service du moyen échantillon a prodigieusement augmenté depuis la paix, et le maître de poste, dont le relais comportait 8 ou 9 chevaux, en a maintenant 14 ou 15, quelquefois beaucoup plus, suivant qu'il a préféré se charger du service des diligences, plutôt que de recevoir l'indemnité qu'elles lui doivent.

Cette région ne donne aucuns chevaux de luxe, si ce n'est quelques individus provenus de juments fines usées ou estropiées, que leur propriétaire envoie à quelqu'un des étalons du gouvernement, et dont il élève le produit par une sorte d'amusement.

Dans la partie ouest de cette région, l'espèce bovine provient de la race du Charolais, mais abâtardie ; si elle en a conservé assez de traits pour établir sa provenance, elle en a perdu les formes, car les vaches de la Bourgogne, de la Franche-Comté et de la Haute-

Marne ont la tête petite, les cornes tournées en haut et singulièrement rapprochées à leur naissance, le corps très court, le flanc retroussé, les membres très fluets, et se montrent dépourvues des traits auxquels on reconnaît les bonnes laitières. Les individus de cette espèce peuvent gagner sans doute par l'effet seul d'une meilleure nourriture ; mais privés des qualités lactifères, il arrive souvent qu'en passant à un meilleur régime, ils s'engraissent au détriment du lait, et c'est une des raisons que donnent les cultivateurs pour ne pas améliorer leur entretien. Il en résulte que le produit rural de la vacherie se réduit à bien peu de chose dans l'ouest de cette région. Aussi le croisement de l'espèce serait plus nécessaire ici que nulle part en France. Mais ceux que l'on a souvent tentés avec de puissants taureaux de la race Suisse ont donné les plus déplorables résultats, attendu qu'il y avait un dépareillement complet entre les générateurs. Aussi est-ce dans le Charolais qu'il conviendrait d'aller chercher des étalons, ou tout au moins, si on s'obstine à en faire venir de la Suisse, il conviendrait de les prendre dans les races moyennes qu'on nourrit dans le Jura.

C'est ce qu'on a fait avec succès en Alsace ainsi que dans la Lorraine allemande. Un grand commerce de bestiaux s'est établi entre le Porentrui et le Montbelliard par lequel il s'en verse annuellement un grand nombre dans les provinces allemandes de la France. Mais les croisements qui s'ensuivent se passent entre des races bien mieux appareillées, attendu que l'espèce alsacienne est identique avec celle de la Souabe et de tous les bords du Rhin. Basse sur jambes, avec corsage long, mais les formes rabattues, les cornes évasées et tournées en spirales, plus forte que l'espèce de Bourgogne, celle de l'est de cette région, sans avoir une belle apparence, est néanmoins pourvue des caractères qui signalent les bonnes laitières.

On est, dans cette partie de la région du nord-est, assez disposé à se servir des vaches pour le trait, à l'exemple de ce qui se pratique en Allemagne. On les attelle au collier et on les habitue à tirer, de concert avec des chevaux, lorsqu'il en est besoin. Aussi n'est-il pas rare de voir à la charrue une vache avec un ou deux chevaux, *et vice versâ*. Usage si précieux pour la petite culture, qui n'a pas une superficie suffisante pour occuper un attelage, et où le cultivateur y pourvoit avec ses deux vaches, sinon au labourage, au moins à tous les transports et aux hersages que demande sa petite exploitation, sans être dépendant de personne. Dans le cas où la terre est trop pesante pour être labourée par son attelage, il y pourvoit en s'associant avec un ou même deux de ses voisins.

Nous ne saurions trop préconiser un procédé si applicable dans un pays où il y a, comme en France, une aussi grande surface dévolue à la petite culture.

Dans cette région il n'y a d'autres pays à moutons proprement dits que la Haute-Bourgogne et la plaine de Champagne, quoiqu'il s'y soit formé sur d'autres points des établissements de mérinos remarquables, et nommément le premier de tous, celui de Naz, à la suite duquel nous pouvons aussi nommer le troupeau de Roville. Il en existe plusieurs autres entre Reims et Tonnerre, c'est-à-dire dans la plaine de Champagne. Mais la plupart de ces troupeaux dépendent du bon vouloir de ceux qui les ont formés, et ne font pas partie de l'industrie agricole du pays.

Des essais nombreux de métissage faits, soit en Champagne, soit dans la Haute-Bourgogne, y ont multiplié l'espèce fine, dont les laines lavées à dos s'emploient dans la fabrication de Reims ; l'espèce, quoique fort petite, est très bien conformée, et sa chair est d'une qualité supérieure ; avec des soins qu'on néglige trop, sa laine acquerrait à la fois beaucoup de finesse et de nerf.

La grande espèce des porcs à manteau pie est établie dans la partie méridionale de cette région, mais dans le nord on n'y élève plus que des porcs de la race rouge de Westphalie. Moins gros et beaucoup plus lestes, ils sont plus propres à aller chercher eux-mêmes leur glandée dans les forêts qui couvrent une si grande surface des pays au nord-est du royaume.

Des améliorations rurales dans la région du Nord-Est.

Nous avons reconnu que la culture dominante dans cette région, celle des bois, y était assez bien entendue, et qu'avec l'abolition du parcours, qui grève toute amélioration dans leur aménagement, et l'introduction d'un élagage à la douzième année de cet aménagement, il manquerait peu de chose à la culture forestière qu'on y suit. Mais il reste deux grandes questions à débattre, celle de l'adoption d'un aménagement mieux entendu, et celle de l'implantation de nouvelles forêts.

Par l'adoption d'un nouvel aménagement, nous entendons parler de celui qu'on appelle par éclaircies. Nous en avons décrit les procédés et exposé le principe dans le chapitre où nous avons spécialement traité des bois. Mais, pour prononcer en dernier ressort sur de tels sujets, il faudrait le secours d'une expérience dont la durée nécessaire dépasse les bornes de la vie humaine, et c'est pourquoi nous ne l'avons pas encore acquise. Toutefois, elle s'est faite dès longtemps par les forestiers allemands, et c'est chez eux que l'on doit aller aujourd'hui l'étudier. Nous en prévenons les propriétaires forestiers en les engageant à s'assurer par eux-mêmes, et autant que faire se peut, des résultats qu'y présente ce nouveau système d'aménagement. Ce n'est pas au reste dans l'Allemagne seule que de tels essais ont été tentés; l'école forestière de Nancy s'est livrée aux mêmes expériences, et chacun peut se mettre à portée de les apprécier.

Les plantations forestières sont d'une exécution plus difficile qu'un simple changement d'aménagement; car, dans ce cas, il ne s'agit, en définitive, que de changer le système d'après lequel on coupe les bois, tandis que leur plantation oblige à pratiquer une des opérations les plus difficiles de la science rurale, et demande une connaissance réfléchie de la nature des sols et des essences qui leur conviennent. Aussi, a-t-on vu sans cesse commettre en ce genre des fautes graves; de là vient que nombre de propriétaires, redoutant de s'y exposer, les semis forestiers n'ont pas pris toute l'extension à laquelle on avait droit de s'attendre. La plupart même de ces établissements ne consistent qu'en semis d'essences résineuses, ou en plantations de diverses espèces de peupliers.

Or, ces derniers ne sauraient réussir dans les terres hautes et arides de cette région, qu'il conviendrait essentiellement de reboiser. Les pins sylvestres y viendraient mieux sans doute ; mais, outre qu'ils ne donnent qu'une qualité inférieure de bois, ils ne sont guère propres qu'à former, ainsi que nous l'avons dit, des assolements à longs termes, parce qu'ils ne repoussent pas de souche. Nous voudrions donc qu'on n'employât le pin sylvestre qu'à protéger la semence du chêne destiné à croître à son ombre, pour être abattu aussitôt que le chêne, maître du terrain, serait disposé à s'élever.

Car, c'est avec l'essence de chêne qu'il convient de réimplanter tant de terres, qui en ont été si imprudemment dépouillées dans la Haute-Bourgogne, la Haute-Marne, et jusque dans les Ardennes, où l'on n'a obtenu, par le défrichement, à la place d'un sol forestier disposé à se couvrir d'un taillis très épais, que des champs sans récoltes et des parcours arides.

Nous regardons ainsi, comme la première des améliorations à exécuter sur de tels sols, celle de leur reboisement en essence de chêne ; car le charme et l'érable s'y établiront d'eux-mêmes. Nous ne désespérons pas de la voir s'accomplir par le double effet de la liberté du défrichement accordée aux forêts de la plaine, et du renchérissement du bois qui en serait la suite, s'il n'avait déjà précédé cette mesure, ayant pour cause l'accroissement même de la population et les besoins que fait naître sa civilisation. Ce renchérissement en viendra jusqu'au point, même avec le secours de la houille, de mettre la valeur de la production forestière au niveau de celle des autres récoltes, tandis qu'elle n'est encore qu'aux deux tiers pour les taillis. Alors on s'occupera de semis et de plantations sur toutes les terres que leur humidité, leur sécheresse ou leur aridité rend d'un travail peu productif. On consacrera aux bois des soins qu'on a, jusqu'ici, évité de leur donner, et les besoins publics seront desservis par une superficie moindre que celle qui est nécessaire aujourd'hui. L'exemple de ce qui se passe en Angleterre doit servir à nous apprendre quel sera l'avenir forestier de la France.

Le vignoble, si étendu dans cette région, n'a nul besoin que l'agronomie vienne lui offrir des améliorations; car ses cultivateurs s'empressent à les lui prodiguer. Non-seulement le travail constant des vignerons tend à augmenter cette étendue en transformant partout des terres arables en vignobles, et surtout les terres incultes et les broussailles qui tapissent les pentes des monts, mais les anciennes vignes même ont encore reçu des soins qui en ont changé l'aspect.

La plainte générale qu'on entend s'élever de toutes parts consiste à déplorer l'infériorité que ces améliorations ont imprimée à la qualité du vin, soit parce qu'une végétation plus vigoureuse a noyé leur fumet, soit parce que les plants superfins ont été remplacés par d'autres dont le produit était plus abondant. En convenant de la justice de ces plaintes, nous disons que ce changement a suivi celui qui, depuis cinquante ans, s'est opéré dans l'état social. Les consommateurs des vins supérieurs ont diminué en nombre et réduit leur consommation au minimum possible; en revanche, les consommateurs de vins inférieurs ont augmenté de 8 millions; et chacun des individus qui composent cette innombrable classe, consomme plus qu'il ne faisait jadis. C'est ce qui explique à la fois, et l'augmentation du vignoble, et la détérioration de la qualité de ses produits. Il n'est pas de raisonnement qui puisse aller à l'encontre de cette disposition des choses, parce qu'on ne produit que ce qui est demandé et ce qu'on est sûr de vendre.

Nous avons reconnu de même que la jachère était à peu près bannie de toutes les bonnes terres arables de la région du nord-est, et qu'elles étaient soumises à des assolements alternes, dont quelques-unes étaient excellents. Il n'y a donc pas de motif pour leur en conseiller d'autres. Il suffit de laisser les cultivateurs à eux-mêmes et au temps, pour être certain que l'expérience leur apprendra ce qu'ils doivent ajouter ou retrancher aux cours de leurs récoltes, afin de les approprier en tout à la nature de leurs terres et aux besoins des marchés. Car l'essentiel, en fait d'améliorations, est d'en avoir adopté une quelconque, puisque, dès ce moment, on a implicitement reconnu que l'ordre ancien de culture était susceptible de recevoir des changements. L'obstacle est ainsi franchi, et il n'y en a plus à ce qu'on adopte d'autres changements et des améliorations successives.

La tendance actuelle des changements que les cultivateurs des bonnes et moyennes terres de cette région apportent au cours de leurs récoltes, est dans l'extension de la culture des plantes oléagineuses, ainsi que dans celle des trèfles. Ils sont dès lors dans une bonne voie, et il suffit de les y laisser marcher.

C'est donc essentiellement dans la culture de celles des terres ingrates, que leurs propriétaires ne sont pas décidés à rendre au sol forestier, terres qui occupent un tiers de cette région, où les améliorations rurales trouvent un vaste champ. Car la culture y est aussi misérable que possible, par la double raison que le sol y est rebelle, et que ce n'est qu'à force d'y économiser les frais de culture qu'on parvient à en obtenir quelque produit.

La vaine pâture, la paille et le peu de fourrage qu'on récolte dans un carré de gazon nourrissent trois petits chevaux qui, après avoir donné le trait de charrue que demandent la jachère et le semis de l'avoine, sont occupés au transport du bois ou du charbon des forêts voisines, et gagnent ainsi en industrie ce que ne pourrait rendre leur travail agricole. Deux vaches et quelques moutons vivent chétivement sur les vaines pâtures et en absorbant le surplus de la paille que les chevaux n'ont pas consommé.

C'est à une aussi misérable agriculture qu'il s'agit d'apporter un système capable de la régénérer. Nous y serions très embarrassé, si les circonstances ne nous avaient mis à même de connaître l'histoire agricole d'une amélioration exécutée par un fermier voisin de l'une de nos propriétés, sur un sol moins stérile, il est vrai, que beaucoup d'entre ceux de cette région, mais qui néanmoins peut être assimilé à la moyenne des sols ingrats qu'elle contient. L'exemple valant mieux que les préceptes, nous croyons devoir tracer ici en détail la marche et l'histoire de cette amélioration, faite sans bruit, et que nous tenons de M. Rousseau, le fermier en question, que nous allons laisser parler.

*Améliorations exécutées par M. Rousseau, au Fresnois,
arrondissement de Châtillon-sur-Seine.*

C'est en 1811 que je fus blessé en Espagne, nous dit M. Rousseau ; ma blessure s'est guérie, mais j'en suis demeuré boiteux, comme vous le voyez, ce qui m'a valu la croix de légionaire et une pension de 400 fr. C'est avec cela que je suis revenu à Saulx-le-Duc, où mon père était cultivateur, et d'où j'étais parti treize ans auparavant, conscrit, jeune et marchant droit.

J'étais né laboureur, et j'aimais la terre, ce qui n'arrive pas toujours. Aussi, en faisant la guerre, tant en Allemagne, qu'en Italie et en Espagne, j'avais toujours regardé les champs que nous traversions, leur culture, leurs productions et les charrues, qui les cultivaient. J'avais aussi examiné l'économie qu'on pratiquait dans les maisons où nous avions logement, et bien m'en a pris, car cela ne m'a pas coûté de peines, et je n'ai pas eu d'autres moyens d'apprendre comment je devais procéder pour mener à bien les améliorations que j'ai exécutées dans cette ferme.

Revenu ainsi boiteux dans mon village, avec ma croix et ma pension, j'aurais pu, comme tant d'autres, y vivre sans rien faire ; mais je ne suis ni joueur, ni buveur, ni flâneur, ni plaisant. Je me sentais de la bonne volonté et du courage ; malheureusement je ne pouvais pas beaucoup faire par moi-même, à cause de ma blessure, et je me résolus à prendre l'état de fermier. Or, pour cela il me fallait deux choses : une ferme à prendre à bail et une femme à épouser, qui voulût bien de moi.

A force de chercher, je trouvai d'abord une femme; je ne veux pas en dire de bien, monsieur, parce que c'est la mienne, et qu'il ne convient pas de vanter ce qui nous appartient. Puis cette ferme se trouva vacante pour le terme de Noël 1812. Après l'avoir examinée et avoir retourné cent fois dans ma tête le parti que je pourrais en tirer, après en avoir raisonné avec ma future, car nous ne devions nous marier qu'après prise de possession, j'en passai bail pour huit ans, moyennant la somme de 1,600 fr. pour les six premières années et 1,800 pour les deux dernières.

Les propriétaires en étaient deux demoiselles Renaud, dont le père avait été avocat à Dijon, où habitaient ces demoiselles. Ma femme, pour qui elles conçurent de l'affection, obtint, de son côté, qu'elles feraient réparer et blanchir le logement que nous devions occuper. Vous pouvez juger d'ici, monsieur, de la consistance de cette propriété. La maison de maître, et maintenant de fermier, paraît avoir été jadis un château, à en juger par son élévation, ayant trois étages, y compris les greniers, qui sont très vastes. Nous en disposons, à l'exception de deux chambres, que les dames propriétaires se sont réservées. Placée sur le point le plus élevé du domaine, la maison est entourée d'un jardin en terrasse, clos de murs, qui contient environ 3/4 de journal, le journal de 34 ares. Au dehors du jardin, du côté gauche de la maison, et au bas d'une escarpe soutenue par un grand mur d'appui, passe un ruisseau qui traverse le domaine en le sillonnant par un vallon. Derrière la maison se trouve la grange et les étables; elles sont assez vastes, parce que la propriété possédait, avant la révolution, une dîme qu'il fallait resserrer, du moins, à ce que j'ai ouï dire à mon père. Une cour les sépare, d'où, sur la gauche, s'ouvre le chemin qui conduit au village, distant de 3 ou 400 pas, et de là à Saulx-le-Duc, et enfin à Dijon. Du côté droit de la maison, la cour est fermée par la haie, qui entoure un terrain planté, que nous appelons *meix* dans ce pays, et dont la contenance est d'un peu plus d'un journal.

Au-dessous de la terrasse, du meix et de la façade de la maison, dans la pente au sommet de laquelle elle est placée, est une terre d'un peu plus de 60 journaux et qu'on avait partagée en deux soles. Cette terre était bornée, à droite, par un pâquier commun, au-delà duquel commencent des bois qui s'élèvent jusqu'au sommet de la montagne, sur le penchant de laquelle nous sommes placés. A gauche, le cours du ruisseau la borne et la sépare d'une autre pièce de 40 journaux, placée sur une pente semblable, dont 35 appartiennent à la terre qui formait la 3ᵉ sole, laissant au sommet, vis-à-vis de la maison, mais de l'autre côté du ruisseau, environ 5 journaux restés sans culture et destinés à la vaine pâture. Sur les deux flancs du ruisseau ou plutôt du torrent, car il coule entre des pierres, où la rapidité de son cours le fait écumer, se trouvait un pré, lequel occupait environ 8 journaux; les eaux dont il était arrosé y faisaient pousser un foin très touffu, et par cela même très abondant, car les eaux qui s'écoulent de nos montagnes ont des propriétés singulièrement fertilisantes.

Sur le derrière du manoir, mais à peu de distance, se trouvait encore une pâture de 10 à 11 journaux, située dans le vallon, au-dessous d'un bois de 30 hectares, qui complétait la propriété; mais dont je n'avais pas la jouissance. Ma ferme comprenait ainsi 127 journaux de terre à peu près contigus et j'en payais par conséquent 13 fr. par journal.

Le terme arrivé, j'en pris possession; ma femme m'avait apporté en dot, outre son trousseau, 1,200 fr. comptant et quelque mobilier. Mon pauvre père, qui n'était pas riche, voulut me donner un porc engraissé et six hectolitres de blé; c'était tout ce dont il pouvait disposer.

Le fermier sortant m'avait laissé, d'après les clauses du bail, les terres ensemencées, les pailles et fourrages, les ustensiles et instruments aratoires, plus, un cheptel consistant en six vaches et deux génisses, quatre chevaux dont un de deux ans, et une trentaine de bêtes à laine. J'avais en outre un droit de parcours et de glandée dans les bois communaux, et sur les pâquiers de la commune.

On peut dire que la ferme était chèrement payée pour des terres dont le meilleur produit n'allait qu'au deux et demi pour un. Mais elles étaient attenantes à la ferme. Il en dépendait un pré de sept ou huit voitures de foin, au moyen desquels on pouvait entretenir un attelage avec lequel on faisait des transports et l'on regagnait les gages des valets. On pouvait enfin améliorer la culture et c'est sur quoi je comptais.

La nature des terres est ferrugineuse, friable et mêlée avec les débris d'un calcaire feuilleté que la charrue détache du fond et ramène à chaque coup à la superficie. Ce terrain n'est pas mal disposé; mais il est maigre, dépourvu d'humus et rien n'y foisonne, à moins de l'avoir fortement amendé, soit par des engrais, soit par des arrosements. La pâture des onze journaux, situés au-dessus de l'habitation et aux pieds des bois, se compose seule d'un sol tout différent. Il est noir, friable, profond, et me semble évidemment provenir d'un ancien abattage de futaies dont le parcours des bestiaux a détruit la repousse. Il a gardé ainsi en dépôt le détritus végétal que le temps y avait amassé.

Je ne gardai à mon service, pour le premier hiver, qu'un garçon de charrue, habitué dès longtemps dans la ferme pour en soigner les chevaux, une servante de basse-cour chargée du gouvernement des vaches, et une jeune fille pour conduire les moutons au pâturage, ainsi que les vaches, lorsqu'elles pâturaient sur le domaine; car le pâtre de la commune s'en chargeait quand elles allaient dans les bois ou sur les pâquiers communaux. Nous n'étions ainsi que cinq personnes à table; mais j'étais convenu avec deux bons travailleurs du village de leur donner 75 cent. pour les journées d'hiver pendant lesquelles je les emploierais, et je pouvais me procurer pour la même saison des journées de femmes moyennant 30 cent., le tout non compris la nourriture que je leur donnais.

Mon premier soin fut d'occuper une vingtaine de journées de ces femmes à ramasser des feuilles dans le bois de mesdemoiselles Renaud, dont j'avais reçu la permission, et que nous allions chercher avec les charrettes, afin de pouvoir augmenter les engrais en donnant au bétail autant de litière qu'il en pouvait consommer. Ces feuilles étaient ramassées là où le taillis avait moins de sous-bois, et où il y avait le plus de charmes et de bois blancs, afin d'employer le moins possible de feuilles de chênes, lesquelles portent dans la terre un acide nuisible. Je ramassai quinze charretées de ces feuilles, qui doublèrent en se convertissant en fumier, ce qui augmenta de trente charretées le volume de mes engrais, et me permit de donner plus de paille à mes bestiaux. J'ai continué cet usage auquel je n'ai trouvé que des avantages.

Ma seconde opération faite dans le même but consista à nettoyer les bâtiments, les cours, tous les abords et les recoins du manoir, de toutes les immondices qui s'y trouvaient pour grossir le volume de mes engrais; mais ce n'étaient là que de menus travaux et trois objets plus importants m'occupèrent. Le premier fut d'aller avec mon valet dans le pré pour aplanir les vieilles taupinières et les inégalités dont sa surface était bosselée. Ce pré donnant une herbe beaucoup plus touffue sur le bord de l'eau et partout où l'arrosement pouvait atteindre, j'essayai d'établir, au sommet du triangle que formait ce pré en s'évasant sur les deux côtés du torrent, un barrage avec des pieux que j'entrelaçai par un fascinage chargé de pierres et de gazon. A partir de ce point, j'ouvris deux rigoles qui longeaient des champs sur les deux flancs du pré, et je vis avec une extrême joie que les eaux, retenues par le barrage, s'échappaient en coulant à grands flots dans mes rigoles. De place en place je fis des retenues pour obliger ces eaux à s'épandre sur le gazon, en sorte que celui de la totalité du pré se revêtit bientôt de la même verdure que j'avais admirée sur les bords mêmes du torrent. Ce travail bien peu coûteux augmenta cependant ma récolte de deux voitures de foin.

La seconde de mes entreprises fut de plus longue haleine, et je fus obligé d'appeler mes deux journaliers à mon aide, car je ne me proposais rien moins que de défoncer à la bêche le jardin qui entourait la maison, ainsi que le meix, c'est-à-dire le terrain planté situé à l'opposite, formant entre eux une superficie de près de deux journaux.

Il y avait dans le meix des pruniers, quelques poiriers et cerisiers ; mais sur la terrasse ou jardin, il ne se trouvait que quelques poiriers, autrefois taillés en gobelets, mais qui s'étaient échappés et périssaient de vétusté. Il me fut permis de les arracher ainsi que quelques vieilles charmilles. Mesdemoiselles Renaud consentirent à m'envoyer de chez un pépiniériste de Dijon une douzaine et demie de beaux plants de pommiers, à condition que je me chargerais des frais de leur plantation. Ces deux terrains avaient été jadis défoncés, et néanmoins, en recommençant ce travail, nous eûmes encore à extraire une quantité de feuillets de roches plus ou moins épais. Ma femme avec sa servante les transportait dans la cour, où je les chargeai pour les conduire sur les mauvais pas des chemins que j'avais à parcourir. Plus tard, étant, comme vous le verrez, encombré de ces matériaux, j'entrepris pour m'en débarrasser d'en enfermer le meix par une muraille sèche, travail de longue haleine et que j'ai pourtant fini par accomplir. Celui du défoncement nous occupa tout l'hiver ; au mois de mars il fut terminé et je pus y planter mes pommiers.

Je destinais ces deux emplacements à me procurer un jardin pour mes légumes verts, à l'établissement duquel je consacrai un bon quart de journal, un autre quart devait me fournir une chenevière, et le surplus devait être consacré à une plantation de pommes de terre. J'eus lieu d'être satisfait de mon entreprise, car mon jardin et ma chenevière se sont améliorés par la culture et les engrais, et je récoltai plus de 62 hectolitres de pommes de terre, quoique je n'en n'eusse planté que six, qu'il m'avait été même assez difficile de me procurer, et qui me furent d'un grand secours dans l'année suivante.

Mais j'étais préoccupé de l'idée de semer, ainsi que je l'avais vu faire en Allemagne, de la graine de trèfle sur une portion de ma sole de blé. A cet effet, j'arrêtai mon choix sur une superficie d'environ cinq journaux; dont le blé avait été fumé et dont le sol, placé au sommet de la grande pièce et attenant à la maison, était l'un des meilleurs de la ferme; ainsi qu'il en est toujours des terres voisines des habitations. Je me procurai donc, chez un marchand grainier de Dijon, 15 kilos de graine au prix de 1 fr. 25 c. le kilo. Mais je n'eus pas lieu de regretter ma dépense.

La campagne s'ouvrit avec le printemps, et je dus pourvoir aux travaux qu'appelait la saison. Le premier consistait à semer mes avoines. Il fallait pour cela me procurer un jeune garçon pour conduire l'attelage et un cheval de plus, car les trois qui m'avaient été remis n'étaient pas assez forts pour faire seuls les travaux nécessaires pour ensemencer 30 hectolitres d'avoine, dont je devais également me procurer la semence et servir une jachère de 35 journaux.

Je dus, en conséquence, faire la revue des moyens pécuniaires dont je pouvais disposer pour parer aux dépenses qui allaient être nécessaires.

Les 1,200 fr. que ma femme m'avait apportés étaient encore intacts ; mais nous en avions mis de côté 800 pour acquitter le premier terme du fermage échéant à la St.-Jean. Il nous en restait ainsi 400 dont nous pouvions disposer. J'avais 260 fr. d'économie sur mon traitement, dont j'avais dépensé une centaine pour mon mariage, restait 160 fr. et 300 de semestre courant, en tout 860 fr. J'avais de plus engraissé, avec deux hectolitres de recoupe, une des vaches qui m'avaient été laissées, et qu'une des génisses devait remplacer, et je l'avais vendue 103 fr. à la foire de Saulx-le-Duc ; la recoupe m'en avait coûté 16, en sorte qu'il m'en resta 87, ce qui portait mon avoir à 947 fr. Mais j'avais sur cette somme déboursé 18 fr. pour l'achat d'un jeune porc destiné à consommer le dessous de lait et les résidus du ménage ; plus 4 hectolitres de blé et 2 de seigle qu'il m'avait fallu acheter pour compléter mon approvisionnement jusqu'à la moisson, lesquels m'avaient coûté 86 fr. J'avais dû acheter encore 300 fagots que j'avais payés, pris dans le bois, 12 fr. le cent, soit 86 fr. Les journées que j'avais employées, la semence de chanvre et de pomme de terre, le sel et quelques autres menues dépenses m'avaient coûté ensemble 63 fr., soit en tout 193 fr., qu'il me fallait défalquer des 947 que j'avais en caisse. C'est-à-dire qu'il ne me restait à l'ouverture de la campagne que 754 fr. disponibles pour pourvoir à tous les frais de récolte et de culture : ma femme pourvoyait d'ailleurs au gage de la servante de basse-cour et aux menues dépenses du ménage avec la vente du beurre, des veaux et des œufs que les poules commençaient à pondre. Mais jusqu'alors elle n'avait pu vendre que deux veaux, parce que j'en avais gardé deux autres pour les élever.

Sur mes 754 fr., il me fallait acheter avant tout 30 hectolitres d'avoine, puisque je devais les semer, et de plus, ayant examiné l'étendue des travaux qu'il me fallait exécuter, et l'état de mon attelage, je reconnus avec douleur que mes trois bêtes, dont l'une venait de mettre bas tandis que la quatrième n'avait que deux ans, n'étaient pas suffisantes pour y pourvoir. Je me résolus en conséquence à faire emplette d'un quatrième cheval. Ayant communiqué mes intentions à l'égard de ce double achat à un ami, négociant en bois, et qui, en cette qualité, allait souvent à Auxonne, il me conseilla de l'y accompagner, parce que je pourrais y acheter de l'avoine de Franche-Comté, dont l'espèce valait mieux que la nôtre, et que j'aurais la chance d'y trouver peut-être un cheval à ma convenance.

Sa proposition m'agréa et nous partîmes ensemble dans sa carriole pour nous rendre à la foire d'Auxonne, avec 400 fr. que j'avais sur moi. C'est là où m'attendait une de ces circonstances imprévues qui peuvent décider de la fortune d'un cultivateur. En cherchant un cheval sur la foire, on vint me proposer d'en acheter un avec son harnais et sa carriole, dont une veuve voulait se défaire, attendu que son mari étant mort, elle n'en avait plus besoin. Quoiqu'une carriole fût pour moi un grand luxe, je réfléchis cependant qu'estropié comme je l'étais, et placé loin des grandes routes, une carriole me serait d'un grand secours à chaque fois que les affaires de ma ferme m'obligeraient à faire quelques courses, et malgré les reproches de ma conscience, j'allai voir le cheval et la carriole en question, me promettant de ne l'acheter qu'au cas où je l'aurais à très bas prix. Le bidet n'était ni grand ni jeune ; mais il était fort et encore vigoureux, on en voulait 100 fr., et 72 du harnais et de la carriole, qui, destinée à transporter des veaux, convenait ainsi à mes besoins. Je gagnai 10 fr. sur ce prix, et pour 162 fr. j'eus mon équipage.

Je m'en revenais assez content de mon marché, pour l'annoncer à mon compagnon de voyage, lorsqu'en passant devant la porte du Grand-Cerf, j'y vis des rouliers arrêtés, des gendarmes et un attroupement. Il s'agissait de régler l'indemnité demandée par un berger à un des rouliers dont la charrette avait rompu la jambe d'un mouton en lui passant dessus. Le berger prétendait à une grosse indemnité, attendu que le bélier en question faisait partie d'un lot de 20 mérinos que MM. Girod de Naz avaient vendu au maréchal Marmont, en raison de 100 fr. la tête, et qu'il conduisait à Châtillon. Le roulier répondait que le maréchal avait pu payer ces moutons ce qu'il avait voulu ; mais que lui, roulier, n'était pas tenu à payer un mouton plus qu'un autre, et qu'il en donnerait ce que deux des bouchers de la ville l'estimeraient. Bref, on s'en alla régler le tout chez le juge de paix, et, en attendant j'examinai ce bélier qui me parut jeune et très beau. L'indemnité réglée et le berger voulant poursuivre sa route, offrit de vendre son bélier. Un boucher voisin lui en offrit 5 fr., et moi, à tout hasard, j'en offris 10. On me le laissa et j'allai de suite chercher sur la foire le vétérinaire, qui, moyennant 6 fr., vint opérer et remettre la fracture du bélier, laquelle était heureusement sans complication.

Ayant acheté pour 186 fr. les 30 hectolitres d'avoine dont j'avais besoin, et traité avec un voiturier de Dijon, pour les y conduire en retour moyennant 15 fr., j'allai atteler ma carriole, et plaçant soigneusement mon bélier couché sur la paille dans l'arrière de la voiture, je repartis d'Auxonne avec les 15 fr. qui me restaient en poche.

J'allai coucher le même soir à Genlis, où, sans déplacer mon bélier, je lui donnai du pain et du sel ; le maître de poste après l'avoir examiné m'en offrit 50 francs. La tentation était bien grande ; mais j'y résistai, et bien m'en prit. J'arrivai enfin le soir du quatrième jour de mon absence au Fresnois, ainsi que se nommait ma ferme. Ma femme était inquiète et fut bien surprise de me voir arriver en tel équipage ; je lui demandai de suite une nappe ou un drap, que je passai sous le ventre de mon bélier et dont j'attachai les bouts à l'un des sommiers de l'étable, afin de l'y tenir suspendu, ainsi que le vétérinaire d'Auxonne me l'avait recommandé. Je le nourris légèrement, lui donnant un peu de son, de sel et de pain. Au bout de cinq semaines je défis son appareil, et huit jours après il courait en boitant avec mes brebis dans les parcours.

Les labours pour l'avoine étaient avancés et dès que j'en eus reçu la semence que j'envoyai chercher à Dijon, je me hâtai de la mettre en terre. Cette besogne avançait, parce que je ne fus pas obligé d'arrêter la charrue pour herser, mon nouveau cheval conduisant la herse ; mais je les attelai tous les quatre à la charrue pour défricher la jachère, car j'entendais que ce labour fût fait sans économie, profondément et avec une exactitude aussi rigoureuse que possible.

J'avais remarqué en traversant l'ouest et le midi de la France qu'on y cultivait en quantité le blé sarrasin ; je savais qu'il s'en semait aussi beaucoup en Franche-Comté et quelque peu dans la plaine de Dijon ; je voulus en faire l'essai, mais craignant qu'il ne réussît pas, si j'attendais après la moisson pour le semer sur le chaume, je me décidai à en jeter un demi-hectolitre sur deux des journaux pris sur ma jachère, comptant, après les avoir récoltés, fumer abondamment et labourer pour semer le blé; vous verrez, monsieur, combien cet essai m'a été utile.

Mais il ne me restait plus, après les diverses dépenses dont je vous ai fait mention, que 370 francs, et je sentais combien cette somme me serait insuffisante pour accomplir tous mes travaux de la saison, jusqu'à l'époque où il me serait permis de réaliser mes grains, et je songeai déjà qu'il me fallait, outre mon traitement, compléter la somme de 800 francs pour acquitter le second terme de la rente que je devrai à la Noël prochain. Je ne pouvais faire quelque argent qu'avec la tonte de vingt-deux bêtes à laine, y compris mon bélier mérinos, le surplus du troupeau ne consistant qu'en agneaux et avec la vente de six moutons, le tout pouvant valoir à peu près 120 francs. Je me résignai donc à faire comme mon devancier et à m'arranger avec le maître de forges de Ville-Comte pour le transport d'une partie des bois et des charbons provenant d'une coupe qu'il avait achetée dans les bois de M. de Courtivron.

Je sentais bien que ces transports, en occupant et fatigant mes attelages, nuiraient aux travaux agricoles que j'avais en vue d'exécuter ; mais nécessité n'a pas de loi, et je traitai pour un voiturage dont le prix pouvait s'élever à 320 francs environ. J'avais ainsi assuré une rentrée de 440 fr. qui, ajoutés aux 370 que j'avais en caisse, me permettaient d'attendre sans inquiétude le produit des récoltes. Aussitôt donc que mes chevaux eurent terminé le défrichement de la jachère, je les partageai en deux attelages; car le chemin de la forêt à la fonderie, allant toujours en descendant, il n'était besoin que de deux chevaux par charrette, et je commençai à travailler sans relâche à ces transports du milieu de mai à la Saint-Jean, tandis que je cultivais les pommes de terre avec le valet que les transports n'employaient pas; après quoi nous nous occupâmes à ramasser sur les cinq journaux de la jachère, sur lesquels je me proposais de semer du trèfle le printemps suivant, les plus gros des feuillets calcaires que la charrue avait ramenés à la superficie. C'est une opération que j'ai poursuivie lentement, mais sans relâche, et j'en ai éprouvé de bons effets, là où surtout l'enlèvement des pierres s'est exécuté deux fois.

A l'époque de la tonte des brebis, le boucher auquel j'avais vendu une vache engraissée à la foire de Saulx-le-Duc vint au Fresnois pour traiter des moutons que je voulais vendre et se charger de ma laine, car c'était un petit homme clairvoyant, actif, de bon conseil, et ardent à trafiquer de tout ce qui pouvait concerner son état. Il m'a rendu beaucoup de services et j'aurai toujours de la reconnaissance pour le petit curé, ainsi qu'on l'appelait, parce que l'intention de son père avait été autrefois de le faire entrer dans les ordres.

Après avoir conclu notre marché, il examina mon bélier mérinos, il me demanda si je voulais donner dans les troupeaux fins, et sur mon affirmation, il m'offrit de faire le troc de mes anténois et de mes agneaux mâles, contre des brebis métis de cinq et de six ans qu'on lui avait proposées. J'acceptai l'échange et j'obtins neuf brebis, dont six étaient très belles, contre mes jeunes mâles. Mon troupeau se trouva composé alors de vingt-sept brebis ou anténoises, et de neuf agnelles, avec mon seul bélier mérinos, en tout trente-sept têtes. Mais comme le parcours des bois et communaux leur était interdit, elles couraient sur les chaumes et les jachères, ainsi que sur les seize ou dix-sept journaux demeurés en vaine pâture. Pour les laisser disposer de ce parcours, j'ai continué à envoyer mes bêtes à cornes dans les bois et sur les communaux, où sans doute elles ne profitaient guère, mais parce que j'attachais plus d'importance à mes bêtes à laine, et qu'en définitive le pâturage communal ne me coûtant rien, ce que j'y prenais était autant de gagné.

J'arrêtai le voiturage des bois un peu avant la Saint-Jean, pour faire les foins et employer tous les intervalles à donner un binage à la jachère, lequel fut en effet terminé avant la récolte des avoines ; parce que j'attelai non-seulement mes quatre chevaux à la charrue, mais encore le poulain de deux ans qu'il était temps d'accoutumer au tirage. Je fis exécuter ce labour d'aval en amont, et par conséquent en croisant le premier, ce qui n'avait jamais eu lieu quoique la raideur de la pente ne fût pas telle que la charrue ne marchât en amont avec beaucoup plus de tirage sans doute, mais sans efforts désordonnés. Par ce moyen, la terre du champ se trouva complétement remuée, parce que tous les sillons du premier labour furent recoupés et pas un pouce du champ n'échappa à l'action du soc. J'attribue à ce fait la récolte supérieure qui s'en est suivie, et je n'ai dès lors jamais abandonné ce procédé.

La coupe du foin me dédommagea amplement de mes peines, puisque, par l'effet de mon irrigation, j'ai récolté dix voitures de deux milliers pesants chacune. J'en fis mettre huit dans le fenil des chevaux et deux sur la bergerie, ce qu'on n'avait jamais fait et ce qui, avec la feuillée des frênes dont les bords de l'Ignon, c'est ainsi que s'appelle le ruisseau, étaient amplement pourvus, compléta un approvisionnement d'hiver pour mes bêtes à laine, auxquelles je tenais d'autant plus que toutes mes naissances devaient produire des métis.

Le foin était presque partout également touffu, et je pus remarquer les places qui avaient échappé au bénéfice de l'irrigation pour y faire arriver les eaux par de nouvelles retenues dans les rigoles. Je les nettoyai de manière à ce que ces eaux pussent y courir librement dès que la récolte des foins serait enlevée, afin de faire prospérer le regain. Cet arrosement fut tellement profitable que j'en récoltai quatre charretées que je plaçai sur le fenil des vaches. Mais tout en m'occupant de la rentrée de mes foins, j'examinai la localité du pré, ses pentes et celles du courant d'eau. Cet examen me fit concevoir le projet d'amélioration que j'ai commencé à exécuter dès le printemps suivant.

La moisson des blés d'hiver suivit d'assez près celle des foins. Elle fut promptement expédiée, grâce aux journées qu'y vinrent faire les bûcherons des bois de Courtivron, avec leurs femmes et leurs enfants. En moins de dix jours, je rentrai toute ma récolte en bon état. Mais après des travaux si soutenus, mes chevaux étaient exténués, mes parcours épuisés, et je me proposais de les priver encore de celui du pré où je comptais faire du regain; ce n'était pourtant pas la saison d'entamer la provision de foin. C'est alors, monsieur, que je me félicitai d'avoir songé à semer mes cinq journaux de trèfle, car l'année ayant été pluvieuse, il se trouva fort et couvrait le chaume après que le blé eut été enlevé. Je savais que le pâturage du trèfle était dangereux pour les vaches aussi bien que pour les bêtes à laine. Je fis donc une sévère défense de les en laisser approcher, mais j'envoyais tous les soirs les chevaux parcourir pendant une heure ce riche pâturage, car je voulais le ménager afin qu'il pût me servir pendant tout l'automne.

Mes chevaux et mes deux poulains, rentrant ainsi le soir bien repus, ne tardèrent pas à se remettre, de telle sorte qu'ils étaient méconnaissables au bout de six semaines, quoique leur travail fût loin de diminuer, car nous avions à peine rentré le blé que je leur fis labourer quatre journaux pris sur l'emplacement où le blé m'avait paru le plus beau, dans le but d'y semer des raves, dont je m'étais procuré la graine à Auxonne, et ainsi que je l'avais vu pratiquer sur les bords du Rhin.

Mon espoir était, après en avoir récolté les plus belles, de livrer le reste au parcours des vaches et des moutons. J'envoyai ensuite mes charrettes achever le transport des charbons que j'avais entrepris jusqu'à la maturité des avoines. La saison avait favorisé cette récolte, et soit que les nouvelles semences que je m'étais procurées fussent de meilleure qualité, soit que ce travail, mieux exécuté, eût donné à l'avoine une plus forte végétation, j'en recueillis 153 hectolitres, que je donnai de suite à battre à forfait à deux journaliers du pays, ainsi qu'une partie de mon blé, nous en réservant de quoi m'occuper, moi et mes gens, dans les jours de neige et de pluie. Je mis en réserve 25 hectolitres de cette avoine pour les semences de l'année suivante, car le trèfle, occupant cinq journaux de cette sole, avait réduit à 25 la superficie destinée aux grains de mars. J'en gardai 3 hectolitres pour les donner à mes chevaux dans les jours du grand travail et je vendis au prix de 7 fr. les 125 du surplus au maître de poste de Thil-le-Châtel, ce qui produisit 875 fr.

Sur les 83 hect. de blé que me produisit ma récolte j'en mis de même en réserve 35 pour semence, car la sole qui devait être ensemencée était la plus grande des trois; plus 30 pour la consommation du ménage, en sorte qu'il n'en resta que 18 à vendre, lesquels, il est vrai, montèrent à 24 fr., car le blé fut très cher cette année, et j'encaissai 432 fr. Les grains me produisirent donc en tout 1,307 fr. Les frais à prélever pour la récolte et le battage montèrent à 116 fr., non compris l'ouvrage fait par les gens de la maison, ce qui laissa net dans ma caisse 1,191 fr. J'en mis 800 de côté pour acquitter le fermage de Noël, et les 391 fr. restant joints aux 690 me laissaient une somme disponible de 1,081 fr. pour les dépenses de l'hiver, sur lesquels je n'avais à solder qu'un gage de 150 fr., échéant à Noël, les deux autres n'étant échus qu'au printemps suivant. J'étais ainsi en bonne position.

Après les avoines, je récoltai mon blé sarrasin, qui avait tellement prospéré que le demi-hectolitre que j'avais semé en produisit 6 dont je tirai un heureux parti, ainsi que je vous le dirai bientôt, ce qui m'a engagé à répéter cette économie. Les regains de mon pré étaient aussi prêts à couper, et j'en recueillis quatre grosses charretées, car je fus obligé d'y atteler mes cinq chevaux; j'en plaçai un sur la bergerie et les trois autres sur le fenil des vaches. Après quoi je m'occupai uniquement des semailles.

Le labour par lequel on enterre chez nous le blé sous raie est léger et peu pénible, d'autant que nous le donnions en travers de la pente du champ, et comme le volume des engrais que j'avais à conduire s'était beaucoup grossi par l'emploi des feuilles sèches, et de tout ce que j'y avais ajouté de balayures et d'immondices, je détachai un cheval de l'attelage, lequel, avec celui de 30 mois, suffirent pour les transporter, tandis que les trois autres traînaient la charrue. Lorsqu'il y avait trois ou quatre journaux sur lesquels la charrue avait couvert la semence, j'employais les deux chevaux occupés du transport des fumiers à niveler la surface du champ avec la herse. Je les attelais tous les deux à la même et je la chargeais d'un poids de 20 à 25 kilog., afin d'aplanir complétement cette surface, de manière à ce que les eaux d'hiver ne pussent séjourner entre les raies de charrue, mais qu'elles pussent s'écouler le long d'un niveau parfait, circonstance essentielle à la réussite du blé, ainsi que je l'ai souvent remarqué, et que les cultivateurs négligent beaucoup trop.

Mes semailles furent terminées au 12 d'octobre. J'y avais conduit 107 voitures de fumier, dont 25 furent épandues sur la place où je me proposais de semer du trèfle au printemps suivant. Les 83 charretées restantes servirent à fumer 20 journaux, en raison de quatre charretées par journal, ce qui est trop peu, mais je n'en avais pas davantage, et c'était toujours une de plus qu'on n'est dans l'usage d'en mettre dans le pays. J'avais ainsi 25 journaux de blé fumés, et à l'aide des soins que j'avais donnés à ma culture, l'apparence de ces blés était satisfaisante à la fin d'octobre, même sur les dix journaux où la fumure avait manqué.

La semaille terminée, j'allai arracher mes pommes de terre, qui me rendirent, ainsi que je l'ai dit, 62 hectolitres, mesure comble, ce qui m'engagea à acheter deux porcs outre celui que j'avais déjà et que je comptais saler à Noël. Ceux que j'achetai ne pouvaient être prêts à l'être qu'au printemps suivant, car ils ne me coûtèrent que 73 fr. les deux ; mais en les nourrissant bien, l'un devait, en se revendant, me défrayer de l'autre ; c'est aussi ce qui arriva, à quelques francs près.

Il ne me restait plus à récolter que les raves que j'avais semées en triant les plus belles dans les quatre journaux de champs que j'en avais ensemencés, et avec celles qui avaient crû dans la chenevière, j'en ramassai trois voitures dont je mis deux à la disposition des vaches et la troisième à celle de la bergerie. Il en resta des petites en quantité dans le champ. J'y fis conduire les vaches, qui, en saisissant les larges feuilles de la rave, en arrachaient quelques-unes qu'elles se hâtaient de manger, mais il leur en échappait une grande partie. En attendant, elles me produisirent beaucoup de lait et de fumier durant ce parcours, qui dura pendant quinze jours à une heure chaque jour.

J'avais, par le conseil du petit curé, acheté trois vaches tarées dans le but de les engraisser. Elles partageaient l'aubaine de ce parcours et commencèrent à s'y remettre en chair. Je l'abandonnai ensuite aux moutons, qui arrachèrent plus adroitement que les vaches les raves qui étaient en terre, mais qui, dans les premiers jours en laissaient encore beaucoup. Peu à peu ils s'y accoutumèrent, et finirent par n'en laisser qu'un petit nombre en terre, lesquelles, en s'y putréfiant, l'engraissaient d'autant.

Les feuilles étant tombées, je me hâtai d'en faire la récolte, et comme j'avais un peu plus de bétail que l'année précédente, puisque j'avais maintenant sept vaches à lait, trois à l'engrais, deux génisses, un cheval et un poulain de plus, je ramassai vingt charretées de ces feuilles au lieu de quinze. J'essayai aussi de recourir chaque semaine la litière de la bergerie avec une couche de sable que j'allai puiser dans une carrière qu'on avait ouverte au bas de mes champs. L'effet en fut tel que je fus obligé de vider trois fois dans l'année le fumier entassé dans cette bergerie, tandis que précédemment on ne l'en tirait qu'une seule fois lorsqu'il était question de le transporter dans les champs. Celui qu'il fallut extraire au printemps servit avec grand profit à fumer la chenevière et le jardin.

Telle est, monsieur, l'histoire agricole de ma première année. Nous étions, comme vous le voyez, approvisionnés de toutes choses et même d'argent. Ma femme était heureusement accouchée d'une petite fille bien venante, ce qui nous avait obligés à prendre une seconde servante. Elle avait de quoi pourvoir à son ménage, puisqu'elle avait en abondance des légumes, des pommes de terre, du chanvre, du laitage, un gros porc pendu à la cheminée, et pour ce qui manquait, elle avait le produit du beurre et des veaux, lequel avait presque doublé par les soins que nous avions pris ; mais à peine étions-nous en jouissance de tant de félicité, qu'elle fut cruellement troublée par l'invasion étrangère.

— En eûtes vous beaucoup à souffrir ?

— Non, pas personnellement, monsieur ; nous sommes placés si loin de toutes les grandes routes qu'aucune troupe ni aucun soldat ne s'y sont montrés ; mais qu'il est dur pour un vieux soldat de voir son pays envahi, ses camarades courir aux armes pour le défendre et d'être estropié ! Je pleurais, monsieur, lorsque, assis près de mon feu, je voyais le ruban rouge n'être plus sur ma poitrine qu'une vaine décoration. Ah ! cet hiver fut bien rude à passer !

— Et les réquisitions ?

— Oh ! les réquisitions furent supportables, on ne me demanda qu'une vache et une voiture de foin, deux hectolitres de blé et cinq d'avoine. Je livrai une des vaches que j'avais à l'engrais qu'on estima 90 francs. Je pris le foin sur le fenil de mes chevaux, pensant qu'ils auraient de bonne heure du trèfle au printemps. On estima cette voiture à 8 quintaux métriques, et le quintal à 10 fr., soit 80 fr. L'avoine était en magasin, et je la pris sur celle que je destinais aux semences ainsi qu'à mes chevaux; on estima les 5 hectolitres 40 fr. et à 56 les deux de blé, que je pris sur ma provision; et si je n'avais pas eu quantité de pommes de terre, nous aurions souffert de la disette; mais elles pourvurent à nos besoins, et nos gens s'en contentèrent, parce qu'on se prête à tout dans les grandes occasions.

Je reçus, pour totalité de ces réquisitions, des bons montant à 266 fr., que, d'après la loi, je devais remettre pour argent comptant à mesdemoiselles Renaud au terme de la Saint-Jean; mais le cœur me saignait lorsque je dus aller remettre à ces braves demoiselles ces chiffons de papier au lieu de l'argent que j'avais mis de côté pour m'acquitter envers elles et qui restait dans mon escarcelle; en sorte qu'en réalité, et bien qu'on leur eût tenu compte de quelque chose sur leurs impositions, j'étais le seul gagnant dans cette affaire, car le foin et l'avoine que j'avais ainsi vendus à haut prix étaient prélevés aux dépens de mes chevaux, et le blé avait été remplacé par des pommes de terre.

Cela me chagrinait dans ma carriole en m'en allant à Dijon leur porter mon terme, et en me rendant chez elles, dans la rue de Berbisy, où elles demeuraient, il me vint une idée qui pouvait tout concilier. J'ai dit que ces dames possédaient un bois de 30 hectares à la portée et près de la ferme que j'occupais ; elles en avaient laissé arriérer les coupes de cinq à six ans, parce que ces marchés les tracassaient et qu'elles n'avaient pas besoin de cela pour vivre, ayant une maison à Dijon et de bonnes hypothèques en outre. J'eus donc l'idée de les engager à vendre une coupe de 4 hectares, ce qui les indemniserait et bien au-delà de la perte qu'elles allaient faire avec moi. Elles se rangèrent à mon avis, mais elles objectèrent la difficulté qu'elles auraient à conclure un tel marché. Pressé par le temps, je leur proposai d'être leur acquéreur et de leur donner 20 p. 100 au-delà de ce qu'elles avaient reçu par hectare de leur dernière vente, en maintenant d'ailleurs les mêmes conditions de réserves. Elles furent chercher leurs anciens livres de comptes, et il se trouva que leur dernière vente s'était faite au prix de 400 fr. l'hectare. Je m'engageai donc à leur en donner cinq cents, c'est-à-dire 2,000 fr. des quatre plus anciens hectares de la forêt. Leur voisin, M. Bouchard, en rédigea de suite le compromis, et se chargea d'aller tracer et marteler la coupe.

Mais l'affaire conclue, et en revenant au Fresnois, je m'épouvantai d'un marché que j'avais fait sans y avoir réfléchi, sans avoir examiné les bois et sans connaître le métier auquel j'allais me livrer. Je n'osai même en parler à ma femme bien qu'elle fût inquiète de me voir l'air soucieux. J'allai à Saulx-le-Duc chercher l'ami dont je vous ai déjà parlé et dont l'état était le commerce des bois, et nous fûmes ensemble visiter la forêt après l'avoir mis au fait du marché que j'avais conclu. Il trouva l'affaire avantageuse, et s'offrit à la prendre de moitié avec moi. Ce que j'acceptai incontinent.

Il fut convenu avec mon nouvel associé qu'il se chargerait de l'exploitation de la vente des bois, et que j'en ferais les transports. A cet effet, j'achetai un cheval de plus, afin d'en avoir six au travail; mon poulain ayant alors pris quatre ans, l'opération s'exécuta de la sorte et j'eus pour ma part 461 fr. de bénéfice sur le bois, non compris 253 fr. que mes chevaux gagnèrent par les transports, de sorte que je reçus par ce moyen 714 fr.

Je dois ajouter, pour n'y plus revenir, que durant sept années, nous avons de la même manière exploité successivement les 30 hectares du bois de mesdemoiselles Renaud, et qu'après leur en avoir payé la somme de 15,000 fr., nous eûmes à nous en partager un bénéfice de 7,200 fr. entre mon associé et moi, non compris celle de 1,762, que je gagnai en outre par les transports de bois et de charbons, plus les fagots nécessaires à la consommation de mon ménage, que je prélevai sur le tout. Certes, un tel profit acquis en dehors de l'exploitation rurale me fut d'un grand secours.

La campagne de 1814 s'ouvrait ainsi pour moi sous d'heureux auspices; d'autant que j'avais pu vendre pour 203 fr. les deux vaches qui m'étaient restées de celles que je m'étais proposé d'engraisser. J'y étais parvenu en leur donnant journellement deux rations de pommes de terre qu'on faisait cuire et auxquelles j'ajoutais une forte poignée de graine de sarrasin; ce mélange était également donné aux porcs avec les glands. Je consommai ainsi avec grand profit 5 des hectolitres du sarrasin que j'avais recueilli ; ces deux vaches ne m'avaient coûté que 92 francs, il me resta ainsi 110 fr., non compris le fumier et 36 fr. sur un des porcs, pour représenter les provisions consommées. L'hectolitre restant était réservé pour être semé.

Deux entreprises devaient être exécutées dans le cours de l'hiver et du printemps. J'avais reconnu l'importance dont serait pour moi la culture des pommes de terre ; mes terres arables paraissaient trop maigres et d'un sol trop pierreux pour ces racines. Je n'avais de propice à cet effet que le meix et le jardin défoncé dès l'hiver précédent. Cet emplacement me paraissait bien étroit, et je me proposai de l'étendre en défonçant et défrichant successivement la pâture de cinq journaux qui était restée en friche au sommet du plus grand de mes champs, et du côté du ruisseau opposé à celui où se trouvait la maison. Je me mis donc à l'œuvre avec tout mon monde, dès le mois de décembre, cassant avec le hoyau et enlevant à mesure les plaques les plus dures du calcaire feuilleté, que nous transportions à la rive supérieure de la pièce, laquelle aboutissait sur un terrain communal, pour y construire une muraille sèche, afin de la préserver contre les bestiaux. Ce travail nous occupa jusqu'en mars, et nous ne pûmes parvenir à défoncer qu'un peu plus d'un journal, mais c'était assez pour remplir mon but cette année.

On s'occupa à préparer et à semer les avoines ; mais comme il m'en manquait deux hectolitres, j'y semai à leur place et, lorsque le temps fut venu, un demi-hectolitre de sarrasin. Puis je m'occupai des pommes de terre que je plantai d'abord dans mon défrichement ; il en fallut 16 hectolitres ; j'en plantai également dans les places du meix et du jardin où avaient été l'année précédente la chenevière et les légumes, mettant cette année ceux-ci là où avaient été les pommes de terre. J'en semai ainsi 11 hectolitres.

Ma seconde opération consista à ramasser chez moi et dans les environs toute la graine de foin que je pus me procurer, pour la semer, mêlée avec 2 ou 3 kilogrammes de trèfle, sur les deux journaux du champ ensemencé qui bordaient longitudinalement le pré. Car, ayant reconnu que je pouvais placer plus haut, sur le cours de l'Ignon, la retenue que j'avais faite, je me convainquis que je pouvais en conduire les eaux jusqu'à un niveau plus élevé, et par conséquent arroser une bande plus large que celle qu'occupait le pré actuel. J'avais estimé à deux journaux la partie des champs que je pouvais, de chaque côté du courant, soumettre à l'arrosement. Mais je ne semai cette année en gazon que la parcelle qui occupait la rive gauche du torrent, me réservant d'ensemencer l'autre dans l'année où elle porterait du blé.

Cette semaille s'exécuta en même temps que celle des cinq journaux, que j'ensemençai en trèfle et que j'avais fumés, en raison de cinq charretées. Puis après avoir donné la première culture à la jachère, mes attelages s'en furent aux transports des bois. Mais je pus, dès le milieu de mai, les soutenir en leur donnant chaque jour du trèfle vert dont je pouvais déjà faucher une brassée que je mêlais avec de la paille avant de la distribuer. J'en donnai de même une affourée chaque soir à celles des vaches qui donnaient du lait. Par ce moyen, j'entretins tous mes animaux en bon état et j'accrus de beaucoup la quantité de litière qu'ils réduisaient en fumier.

Je récoltai néanmoins deux fortes charretées de trèfle sur la partie que je n'avais pas fauchée en vert ; je les destinai aux chevaux, et je ne tardai pas à pouvoir faucher de nouveau en herbe la portion du trèfle qui avait été consommée la première. Je pus même encore la faucher une troisième fois au moins en partie, pour la consommer en vert, avant de livrer la pièce au pâturage : la seconde coupe du trèfle que j'avais récolté en sec donna deux petites voitures qu'on plaça sur la bergerie.

Je savais que, d'après l'usage ordinaire, j'aurais pu après cette dernière coupe retourner mon trèfle pour y semer du blé ; mais alors j'aurais dérangé la rotation de mes trois soles, et j'avoue que je n'avais pas encore abordé une telle idée. Il me semblait qu'il en résulterait une confusion dans la marche de mon agriculture dont je fus effrayé. Je voulais bien prendre sur ma sole de l'avoine un emplacement destiné au trèfle ; mais je voulais ensuite le rendre à la jachère de la troisième année. Voici d'après cela quelle fût la combinaison que j'adoptai. Je laissai le vieux ainsi que le nouveau trèfle servir pendant l'automne au parcours de mes six chevaux et des deux poulains de dix-huit et de six mois qui m'étaient nés, et le vieux trèfle servit encore au même usage à l'ouverture du printemps, et jusqu'à ce que je pus commencer à faucher en vert le jeune trèfle. De la sorte, mes chevaux se trouvèrent abondamment pourvus, et aussitôt que la faux entama le nouveau trèfle je mis la charrue dans l'ancien, pour y semer du sarrasin, lequel tiendrait ainsi lieu de jachère, devant après sa récolte être fumé et retourné pour le blé. Tel est l'ordre que j'ai suivi et dont je me suis bien trouvé.

La récolte du pré produisait onze charretées, grâce aux plus grands soins que j'avais donnés à l'irrigation. Je les distribuai de manière à ce que les chevaux en reçurent sept, ce qui, avec les deux voitures de trèfle, compléta leur approvisionnement; les bêtes à laine en eurent deux et j'en gardai deux autres disponibles.

La moisson rendit mieux en paille que la précédente; mais je n'eus en grain que 5 hectolitres de plus, dont j'avais besoin pour mon approvisionnement. Il ne m'en resta donc à vendre que la même quantité, et je la vendis moins avantageusement, de même que l'avoine, dont je récoltai presque autant, quoique j'en eusse semé cinq journaux de moins. Ce déficit me détermina à vendre les deux voitures de foin que j'avais mises en réserve, quoique cette vente me fût bien pénible: mais à 7 fr. le quintal métrique, elle me réalisa 142 fr.

Je semai après la moisson six journaux en raves; car je m'en étais bien trouvé et l'avoine qui leur avait succédé avait été évidemment supérieure, ce que j'attribue au labour donné immédiatement après la moisson et à l'engrais qu'y avait laissé le parcours des moutons et le détritus des raves.

Je récoltai pour les bêtes à cornes quatre voitures de regain, au lieu de trois; à la vérité, la saison leur fut très propice; il m'en resta donc encore un pour la bergerie. Celle-ci m'occupait beaucoup et s'augmentait en nombre, car il m'était né quatorze agnelles métis qui étaient maintenant anténoises et j'attendais une nouvelle naissance. Deux circonstances m'inquiétaient néanmoins, savoir l'insuffisance de l'espace dans ma bergerie et sur les parcours ; car ainsi que je l'ai dit, celui des communaux était interdit aux bêtes à laine, et je réduisais celui du domaine d'une part par les trèfles, et de l'autre par le défrichement que j'avais entrepris sur la pâture de [cinq journaux. Voici comment je pourvus à ces deux inconvénients.

La bergerie était non-seulement très étroite, mais elle manquait du fenil, ce qui m'était très incommode d'après ma nouvelle économie. Je proposai en conséquence aux demoiselles Renaud de l'élever et de l'agrandir, m'engageant à fournir pour ma part à cette construction les pierres, le sable, et la paille nécessaire au couvert, à condition qu'elles fourniraient la main-d'œuvre et les bois nécessaires, bois qu'elles pouvaient prendre dans leur coupe. Le devis du tout étant fait, leur quote part revint à 215 fr., qu'elles m'autorisèrent à y appliquer sur la somme dont j'étais débiteur envers elles pour la coupe de leurs bois. Le tout fut exécuté dans la saison et fournit de la place pour 150 bêtes à laine et dix voitures de foin, non compris la feuillée.

Mais il était plus difficile de se procurer des parcours dans notre localité, pour autant que j'en avais besoin pendant les saisons de printemps et d'été seulement, car à l'aide des raves j'en avais assez pour l'automne. Je trouvai enfin, à une lieue, il est vrai, de chez moi sur la commune de Moloy qui en possédait beaucoup, un parcours de trente journaux qu'elle consentit à me louer. Mon troupeau, lorsque je l'y envoyais était obligé d'y passer la journée ; mais comme ce n'était que dans la belle saison, l'inconvénient était moindre ; cependant la course fatiguait mes bêtes et surtout les agneaux.

Rassuré maintenant sur ces deux points, je ne craignis plus l'augmentation de mon troupeau, et comme le mouvement se portait alors sur l'affinage des laines, je trouvai à vendre huit anténois métis dont on me donna 96 fr., et j'achetai à leur place trois brebis métis déjà sur l'âge, qu'on me laissa pour 40 fr. J'aurais eu alors quarante-quatre femelles, si je n'en avais perdu deux, en sorte que mon troupeau consistait en quarante-deux brebis ou anténoises, mon bélier, plus la naissance de l'année.

Les pommes de terre furent moins productives que la première année, surtout celles du défrichement ; au lieu de douze pour un, elles n'en rendirent que huit, et pour mes 11 hectolitres j'en recueillis 90 ; mais c'était encore un approvisionnement considérable. L'hectolitre de blé sarrasin que j'avais semé en donna onze, et j'eus cinq charretées de raves au lieu de trois, dont je réservai deux pour la bergerie, et le surplus pour les vaches.

J'avais ainsi de quoi en engraisser plusieurs, c'est pourquoi j'en achetai six dans ce but, ainsi que trois jeunes porcs. Je tenais à cette économie, en ce qu'il était facile de se procurer à très bas prix ce bétail taré, tandis que l'engraissement est si rare dans nos pays, qu'après deux ou trois mois on peut doubler son argent, à peu près sans risques. Cette économie a l'avantage encore qu'on la proportionne à volonté à son approvisionnement; puisqu'on est le maître d'acheter plus ou moins de ce bétail taré, ou même de n'en pas acheter du tout, si l'année vous a laissé au dépourvu de provisions, le terme de l'engraissement étant à peu près arrivé, le boucher venait voir le bétail, et semaine par semaine il en prenait une, laissant ainsi plus de temps pour s'engraisser à celles des vaches qui y avaient le moins de dispositions. Mon bénéfice a toujours été d'un peu au-dessus de 40 fr. par tête, non compris le fumier gras que j'en obtenais, ce qui représentait la moyenne d'un hectolitre et demi de blé sarrasin et cinq de pommes de terre, outre le mélange de paille et de regain qu'elles consommaient; les raves étant toujours conservées pour les vaches laitières.

Toutefois, je dois dire que ces petites rentrées me venaient fort à point, car les céréales ne m'avaient pas rendu beaucoup, et il fallait attendre longtemps la rentrée de la coupe de nos bois. Je regrettai presque de n'avoir pas continué à les transporter à forfait pour le maître de forges de Ville-Comte, plutôt que de faire cet ouvrage pour moi-même, car, au moins, on en était payé comptant; mais ce retard ne dura que quelques mois, et j'en fus à la fin dédommagé.

Deux travaux m'occupèrent encore pendant l'hiver de 1815. Je continuai le défoncement de la pâture que j'avais commencé l'hiver précédent. Je me livrai courageusement à ce travail, et j'en terminai un journal et demi; je continuai à enclore la pièce avec les matériaux que nous retirions du défoncement. Cet emplacement était destiné aux pommes de terre ; mais je m'étais proposé de semer du sainfoin sur le journal où j'en avais récolté l'année dernière. Cependant le sol me semblait encore bien pauvre pour cette production, et voici comment je m'y suis pris pour corriger ce défaut.

Je vous ai dit, monsieur, que j'avais au-dessus de la ferme, entre le bois et le cours du torrent, une pâture de 11 journaux d'un terreau noir et profond. Des terres, entraînées par les eaux, et mêlées des débris des feuilles qu'elles avaient ramassées en s'écoulant des montagnes, avaient formé, à l'aide du temps, un attérissement considérable sous une arête de rochers qui surplombaient le cours du torrent.

L'idée m'était venue d'enlever cet attérissement à une profondeur qui devait en mettre la superficie inférieure de niveau avec la pièce, pour en conduire la terre sur mon défoncement.

J'entrepris donc ce travail, parce que le transport de ces terres était facile, attendu que la distance n'était pas longue, et qu'on suivait, pour la parcourir, un plan constamment incliné. Deux chevaux suffisaient à conduire une pleine charrette. J'en attelai trois, une desquelles était en chargement, tandis que les deux autres étaient en route. Je mis deux journaliers à charger, deux de mes charretiers voituraient, tandis que mon valet et moi nous déchargions et répandions à mesure la terre nouvelle sur les guérets. En huit journées je transportai 150 charretées, et ajoutai ainsi une couche de terre nouvelle à celle du fond.

Pour terminer la semaine, dont le temps était propice, je voiturai, pendant quatre journées encore, de cette terre sur le nouveau défoncement où je me proposai de planter des pommes de terre, et j'en garnis à peu près un tiers, soit un demi-journal. Vous verrez comment je fus récompensé de ce travail en 1816.

Je n'avais pas entamé la douzième partie de l'attérissement que je me proposai d'enlever, et je reconnus que j'avais là une mine importante à exploiter.

Je semai mon trèfle sur cinq journaux de blé que j'avais eu soin de fumer, en raison de six charretées par journal. J'avais fumé de même les deux journaux formant la lisière du pré sur le flanc droit du torrent, et j'y semai, comme sur ceux de l'année précédente, toute la semence de foin que j'avais et celle que je pus me procurer aux alentours, mêlée de quelques kilogrammes de graine de trèfle; car l'apparence des deux journaux que j'avais semés l'année précédente me semblait satisfaisante. Je ne comptais les arroser qu'après deux ans, et lorsque le gazon aurait formé un tissu capable d'arrêter les érosions des eaux.

Mes avoines succédèrent cette année à un blé un peu mieux traité et fumé que ne l'avait été le précédent; elles furent aussi plus vigoureuses, mais au reste, cette année 1815 fut très féconde dans nos contrées. La récolte qui eut droit de surprendre mes voisins fut celle de l'avoine, dont je n'avais semé qu'un demi-hectolitre parmi les deux hectolitres de sainfoin, avec lesquels j'avais ensemencé le journal que j'avais défoncé l'année d'auparavant, et où j'avais non-seulement transporté 150 voitures de terre, mais où j'en avais encore répandu 8 de fumier.

Cette avoine produisit huit hectolitres, c'est-à-dire 16 pour 1. Ce fut, il est vrai, ce que je récoltai de mieux dans cette pièce, car je dois dire que le sainfoin n'y prospéra pas, malgré toutes les peines que je m'étais données ; il resta grêle, et ne fournit qu'une demi-voiture à sa première année, ce que j'attribuai d'abord à sa jeunesse ; mais j'attendis en vain sa seconde année, il ne fut qu'un peu meilleur. J'en avais cependant semé au printemps de 1816 sur le journal et demi que j'avais défoncé et terré, avant de savoir le non-succès de celui que j'avais établi en 1815. Le sainfoin de 1816 réussit un peu mieux, mais fort mal encore. Je renonçai à cette culture, et fus obligé de labourer de nouveau ces deux pièces pour en disposer, ainsi que je le dirai bientôt.

Je continuai néanmoins à défoncer et terrer le reste de la pâture, afin d'avoir une pièce en état de me donner des productions que je ne pouvais obtenir du surplus de mes terres arables, et j'eus de quoi planter, en 1816, un journal et demi de pommes de terre dans cet emplacement, et près d'un journal dans le terrain planté, c'est-à-dire 13 hectolitres.

Je récoltai 13 charretées de foin dans mon pré, en y comprenant l'agrandissement des deux journaux que j'y avais ajouté la première fois et que je fauchai en 1815. L'année suivante, je fauchai l'élargissement que je lui avais donné du côté opposé du ruisseau, ce qui porta la récolte moyenne de ce pré à 15 voitures. A chaque fois que j'y allais épandre les taupinières, c'est-à-dire à la fin de février, j'y semais en même temps la semence de foin que je pouvais me procurer, afin d'en épaissir le gazon. Lorsqu'il me parut être suffisamment raffermi, je travaillai à la confection de la retenue d'eau que je plaçai au sommet du nouveau triangle formé par les parcelles dont j'avais allongé et élargi le pré. J'ouvris deux nouvelles rigoles de grande dimension qui, à partir de la prise d'eau, couraient le long des deux bords extérieurs du nouveau pré, lesquels bords étaient aussi les plus élevés, puisque les deux flancs de la pièce avaient une assez forte inclinaison contre le cours du torrent.

En arrosant ainsi ce gazon, les eaux que répandaient les rigoles supérieures venaient retomber dans les anciennes rigoles dont le niveau était inférieur, en sorte que la totalité du pré en recevait un égal arrosement, moyennant qu'on eût le soin de tenir les rigoles désencombrées et d'alterner les emplacements des petites retenues qui s'y trouvaient placées de distance en distance pour forcer l'eau à s'extravaser.

La récolte de mes fourrages consista ainsi en treize voitures de foin, sept de regains, trois de trèfle à la première coupe, et deux à la seconde, outre le vert et le parcours ; en tout vingt-cinq voitures. J'en distribuai neuf entre mes six chevaux et mon poulain, car j'avais vendu un cheval taré ; quatre de foin et une de regain furent placées sur la bergerie ; six de regain et une de foin sur la vacherie. Je vendis les quatre dernières voitures de foin, à l'occasion du grand camp que les alliés formèrent dans la plaine de Dijon. Le prix en étant très élevé, j'en obtins 668 francs. Aucun moyen de consommation, quelque habilement combiné qu'il pût être, ne m'aurait jamais produit une somme pareille ; et j'ai souvent songé que j'aurais gagné plus d'argent, si, au lieu de travailler si péniblement mon domaine, j'avais vendu de plein saut les quinze charretées de foin que je récoltais, me contentant de nourrir, avec mon regain, des bêtes à laine et une vache, je serais aujourd'hui plus riche que je ne le suis. Mais ce sont de mauvaises pensées que j'écarte autant que je le puis, car elles n'étaient ni conformes aux engagements que j'avais pris envers les propriétaires, ni à ce qu'un bon agriculteur se doit à lui-même non plus qu'à son pays.

Aussi m'a-t-il toujours paru, monsieur, qu'il y avait un contre-sens dans les bases de notre agriculture, en ce qu'il manquait de proportion entre les prix respectifs des diverses denrées. Ainsi le foin et le vin se paient trop cher, proportionnellement aux grains et aux bois. Et cependant, un pré auquel on ne fait que de minimes avances, et où l'on va faucher deux fois l'an, est d'un produit tout autrement considérable qu'une terre arable qu'il faut travailler sans relâche, et où l'on ne peut faire que deux récoltes en trois ans.

Il faut croire que l'expérience et le temps rétabliront ces niveaux.

Les céréales de 1815 furent abondantes; je fis 135 hectolitres de blé et 200 d'avoine; il est vrai que mes terres avaient été mieux fumées, et que l'avoine occupait un peu plus d'espace que les années précédentes. J'eus aussi beaucoup plus de paille. Cependant je n'engraissai que six vaches, dont une des miennes, parce que je voulais laisser plus de provisions aux vaches laitières, afin que ma femme en profitât; car elle m'avait donné un garçon, et il était juste aussi que son ménage partageât le bien-être que mes améliorations commençaient à me donner. La tonte des laines de 1815 m'avait produit 351 fr., parce qu'elle n'avait consisté qu'en toisons affinées ; ayant continué à troquer à chaque occasion mes agneaux mâles contre des brebis métis, ce qui augmentait de beaucoup le croît naturel du troupeau.

Les grains s'étant bien vendus cette année, je m'en étais défait, et n'avais gardé, pour 1816, que mon approvisionnement ordinaire. Heureusement, comme je l'ai dit, que j'avais donné une préparation aux pommes de terre que j'avais plantées dans cette fatale année, et heureusement encore que l'emplacement en était situé sur le lieu le plus sec de tout le pays, et d'où les eaux s'écoulaient de toutes parts.

Je fis d'ailleurs cette année beaucoup de fourrages ; mes terres étant en pente, les eaux ne séjournèrent ni sur le pré, ni sur les trèfles ; j'en rentrai vingt-huit voitures, que je distribuai comme l'année précédente, si ce n'est que j'en destinai deux de plus à la bergerie, au moyen de quoi mes moutons, avant d'aller aux pâturages, recevaient une ration de fourrage sec, ce qui les préserva de la pourriture, qui fut générale cette année-là. J'en donnai aussi deux de plus à mes vaches ; ce qui me permit d'en engraisser dix, y compris trois des miennes, qui devaient être remplacées au printemps suivant. Les raves furent abondantes, et j'en récoltai six voitures ; c'est à l'aide du parcours et de ces raves que je parvins à remettre en bon état ce bétail. Le sarrasin n'ayant pas mûri, je le fis pâturer sur place ; et les pommes de terre étant beaucoup trop chères, je ne puis pas dire que mon engraissement fut complet, ni loin de là, mais il n'en fut pas moins le plus avantageux de ceux que j'ai faits, parce que, pressés d'argent, les pauvres gens vendaient à vil prix leur bétail de réforme, et parce qu'on payait, en revanche, fort cher celui qu'on trouvait en état d'être abattu. C'est ainsi que je gagnai plus de 500 fr. à ce commerce, en y comprenant le profit fait sur les trois vaches que j'avais fournies moi-même à l'engraissement.

Le blé dont j'avais semé 31 hectolitres n'en rendit que 57. Dès les premiers battages, l'augmentation rapide des prix avertit les cultivateurs du grand déficit que cette récolte allait éprouver. Je commençai dès lors à en économiser la consommation, en y mêlant un tiers d'avoine, et en faisant servir sur table beaucoup plus de légumes. Je parvins, avec le secours des pommes de terre, qui nous arriva dès le milieu de septembre, à réduire à 15 hectolitres notre consommation de blé, car on n'en mangeait qu'à midi; le soir et le matin, nous nous contentions d'une soupe de lait et de pommes de terre.

Le grain du blé étant très petit et retrait, il me parut qu'on pourrait en semer beaucoup moins, sans que le nombre des grains mis en terre en fût réellement diminué. Pour m'assurer de cette proportion, ainsi que de la faculté germinative qu'avait conservée ce grain retrait, je comptai d'abord ce qu'une tasse en contenait comparativement au blé de l'année précédente, j'en trouvai un peu plus du double; et, en ayant semé douze grains, dix vinrent à bien, ce qui me décida à réduire ma semence à 20 hectolitres au lieu des 30 qu'aurait comportés la superficie que je devais ensemencer. Ma prévision se réalisa, le blé de 1817 fut très bon et aussi épais que celui de mes voisins, quoique les tiges fussent faibles et la paille très courte. Il me resta ainsi à disposer de 22 hectolitres, après avoir ensemencé mes terres et satisfait, tant bien que mal, à dix mois de la nourriture de ma famille; car il faut dire que je m'étais mis de plus de deux mois en avance de blé, et que j'entamai le nouveau dès les premières gerbes rentrées de 1817. Ces 22 hectolitres furent vendus au prix énorme de 50 fr., et produisirent 1,100 fr. Il en fut à peu près de même de l'avoine, qui rendit 83 hectolitres, dont je consommai 25 dans le ménage, tant en soupe qu'en pain; j'en mis à part 25 pour semer, et les 33 restant, vendus à 13 fr., m'en valurent 429.

Mais ces énormes rentrées furent encore dépassées par celles de mes pommes de terre. J'en avais planté 13 hectolitres et j'en recueillis 104, c'est-à-dire huit pour un. Après en avoir mis à part 13 pour la plantation future et 50 pour notre propre consommation, car elle fut cette année-là plus que doublée, soit par les gens de la maison, soit par les soupes que nous donnâmes aux pauvres affamés, j'en vendis 40 hectolitres au prix énorme de 18 fr., soit en tout 720 fr. Je les supprimai au bétail et ne gardai qu'un jeune porc.

Je fis donc une recette de 2,220 fr. sur mes terres arables dans cette désastreuse année, singulier résultat des compensations, soit des récoltes les unes par les autres, soit par les prix.

Quoique les sainfoins que j'avais semés sur mes défoncements n'eussent pas eu de succès, j'avais néanmoins achevé de terrer les cinq journaux que contenait la pièce. Je me déterminai à défricher les deux parcelles que j'avais semées en sainfoin, n'y ayant pas récolté plus d'une voiture de fourrage sur deux journaux et demi. Je me contentai, en conséquence, du trèfle dont je portai l'étendue annuelle à 6 journaux, et j'essayai de cultiver successivement dans ce terrain des pommes de terre, du blé et du colza, car nous sentions combien il nous serait précieux de récolter de l'huile. Je commençai donc à semer du blé en le fumant abondamment sur les pommes de terre que je venais d'arracher, tandis que je semai du colza sur un sainfoin que j'avais défriché, comptant remettre petit à petit cette pièce dans les trois soles qui convenaient à l'ordre de culture que je voulais y introduire.

J'avais transporté pour la terrer à peu près les cinq douzièmes de l'atterrissement que j'avais entrepris de niveler; il me restait donc encore, d'après mon estime, un millier de charretées de terre à y prendre avant d'avoir accompli mon projet. Je me décidai à poursuivre ce travail en transportant ces terres au sommet de chacun de mes deux grands champs arables, estimant qu'un tel amendement leur serait très profitable, car c'était de terres végétales qu'elles manquaient, et 500 voitures épandues sur la sommité transversale de chacune d'elles devaient y produire un excellent effet.

Je voiturai donc durant l'hiver de 1817 cinq cents charretées, ou à peu près, sur celui des champs qui se trouvait en jachère, me proposant de traiter de même l'autre champ, lorsque son tour de jachère reviendrait, c'est-à-dire l'année suivante.

Les blés de 1817 se vendirent encore très cher,

parce qu'on en mit au moulin dès la récolte, et que leur consommation dut pourvoir ainsi en partie au déficit de l'année antérieure. Les fourrages furent abondants et pourvurent au défaut de paille dont on n'eut qu'une demi-récolte. Aussi fis-je ramasser cette année autant de feuilles qu'il me fut possible.

Le colza que j'avais semé eut un pauvre succès; cependant il donna de l'huile au-delà de notre consommation, mais c'était bien peu de chose sur l'étendue d'un fort journal. Sans me décourager, je ressemai de suite du colza sur un chaume de blé retourné, pensant que ma faute avait été de le semer sur un défrichement de sainfoin, mais je reconnus plus tard que je m'étais trompé; car mon colza ne valut guère mieux, et je dus m'avouer que le terrain où je m'étais proposé d'établir cette culture n'y était nullement propice et qu'il fallait en chercher un autre.

L'abondance des céréales en 1818-19 en fit tomber les prix de manière à emporter le peu de bénéfice que donnait leur culture, et je me félicitai, à juste titre, d'avoir dirigé la mienne vers la production des fourrages, car, soit par la vente du foin, soit par l'engraissement du bétail, j'obtins de meilleurs produits que je n'aurais pu le faire avec des céréales.

Mon premier projet pour me procurer du colza ayant échoué, j'en conçus un autre dont je voulus tenter l'essai. Je vous ai dit, monsieur, que la pièce de onze journaux sur le bord de laquelle j'avais enlevé les terres dont je m'étais servi pour amender mes champs, avait un sol frais, noir et profond. Je crus que cette nature de terre serait mieux appropriée à la succession des récoltes que j'avais pensé pouvoir établir dans la pâture de cinq journaux, c'est-à-dire à celles de pommes de terre, blé et colza, avec quelques retours de trèfle, pour mieux espacer ces productions et parce que la superficie me paraissait un peu grande pour l'attribuer exclusivement à ces trois productions.

Voici comment je crus devoir m'y prendre. J'avais ouï parler de l'écobuage ou brûlement des terres, et je l'avais vu pratiquer moi-même. Quoique ce procédé ne fût nullement pratiqué dans nos pays, j'imaginai pouvoir l'entreprendre. Le combustible était à ma portée et ne manquait pas, puisque je pouvais y employer les sous-bois et les ramilles de la forêt que j'exploitais moi-même sur un terrain contigu.

Je fis couper et enlever des plaques de gazon et j'employai des femmes et même des enfants à les retourner jusqu'à ce qu'elles fussent desséchées, puis je me mis avec des ouvriers à monter les fourneaux, auxquels nous mettions le feu à mesure. Le travail fut long et médiocrement exécuté, parce que nous n'y étions nullement experts. Cependant j'obtins beaucoup de charbon, un peu de cendre et de terre briquetée, et après en avoir étendu les monceaux sur la superficie d'à peu près deux journaux, je labourai et semai du blé.

Mais, à ma grande surprise, ce blé fut loin de réussir; il s'égrena en grosses houpes sur le champ, laissant des vides entre elles; et la récolte, malgré la beauté des épis, fut très médiocre. J'essayai alors de fumer ce chaume avant de le retourner, pour y semer du colza. Avec cette addition d'engrais, le colza végéta d'une manière surprenante, et la récolte de ces deux journaux donna au-delà de 15 hectolitres.

Sans me laisser décourager par l'accident arrivé au blé que j'avais récolté la première année, je continuai à écobuer deux journaux l'année suivante. Encouragé par la belle végétation du colza, je fumai de même les deux journaux destinés à recevoir le blé. Avec cette addition, il acquit une végétation semblable, et produisit au delà du double de ce que ce grain avait jamais rendu dans nos alentours. Je compris alors qu'il y avait certaines substances acides ou froides dans ces terres novales, que l'écobuage ne parvenait pas à détruire, et que l'action du fumier pouvait seule neutraliser.

A ce blé succéda du colza, et au colza succédèrent des raves de l'année précédente. A ces races triples en volume de celles qui venaient dans mes champs succédèrent à leur tour les pommes de terre. Mais en m'emparant ainsi de la dernière pâture du domaine, je compris aussi que j'allais me trouver dans la presque impossibilité d'entretenir mes bêtes à laine, et qu'il fallait prendre un nouveau parti à leur égard.

Mon troupeau consistait alors en 98 femelles, brebis, anténoises et agnelles, mon vieux bélier et deux anténois métis de troisième génération et de la plus belle venue. Quoi qu'il pût m'en coûter, je résolus de le mettre en vente, et comme sa laine avait quelque réputation, je finis, après beaucoup de pourparlers, par le céder à deux propriétaires de Montbard pour la somme de 5,400 fr., valeur énorme qui s'était créée chez moi avec peu de frais. Dès lors ma fortune était faite, car un fermier dans ma position, qui dispose d'un pareil capital, peut faire tout ce qu'il veut.

Comme mes dépenses n'exigeaient pas cet argent,

je le plaçai en hypothèque et je continuai à placer de même les bénéfices des bois et mes petites économies, afin d'assurer un sort à mes enfants.

Je continuai alors sans crainte l'écobuage que j'avais commencé, et après quelques tâtonnements, j'ai fini par le diviser en six soles au lieu de trois. L'une est plantée en pommes de terre, sans engrais ; je fume après les avoir arrachées et je sème le blé ; après le blé vient le colza et les raves la même année, puis les pommes de terre, le blé fumé et ensuite le trèfle. Mais cela ne saurait avoir lieu que sur un morceau de terre très fertile. Quant aux cinq journaux que j'avais en premier lieu terrés et défoncés, je les ai réunis à la plus petite de mes trois soles ordinaires, dont ils font la meilleure parcelle ; en sorte qu'il y en a maintenant deux de 35 et une de 31 journaux.

Mais je regrettais de n'avoir plus de bêtes à laine pour profiter du parcours de l'automne de mes raves, d'autant plus qu'à mesure que mes terres recevaient plus d'engrais et que le trèfle y avait formé des couches de gazon, il s'y en était formé une d'humus propre à favoriser la végétation de ces racines. Aussi dès que l'avoine était enlevée, j'attelais deux charrues à trois chevaux, afin de retourner, lorsque le temps le permettait, la totalité du chaume, pour l'ensemencer en raves. Ce labour, le parcours qui s'ensuivait et le détritus même des racines convenaient à merveille à mes terres.

Afin de pouvoir continuer cette économie, je m'arrangeai avec le boucher qui envoyait chez moi, après les récoltes, une centaine de moutons que je logeais dans ma bergerie pour en recueillir l'engrais et qui s'engraissaient dans mon parcours. Chaque semaine, il venait prendre les trois ou quatre meilleurs pour les revendre ou les abattre moyennant 50 c. par tête, ce qui payait mes frais. A l'arrivée de l'hiver, ils avaient tous disparu.

Telle est, monsieur, la série des faits par lesquels je suis arrivé à mettre cette ferme dans l'état où vous la voyez. J'ai rétabli un jardin et un verger, le tout planté de bonnes espèces d'arbres à fruit. J'ai augmenté le pré de quatre journaux et disposé convenablement les irrigations. La place que j'avais distraite à cet effet des terres arables leur a été un peu plus que restituée par l'adjonction de la pâture de cinq journaux que j'ai fait rentrer dans leur cadre. Je cultive ainsi en trois soles 96 journaux. Mais sur celle destinée à l'avoine, j'en prélève six pour être semés en trèfle. Ce trèfle tient donc dans la sole la place de l'avoine, et il est rendu l'année suivante à la sole de la jachère. Il sert de pâture au premier printemps, mais après l'avoir rompu, j'en sème l'emplacement en blé sarrasin, dont il m'est arrivé de récolter jusqu'à 50 hectolitres et jamais moins de 30; après quoi je fume légèrement et ressème le blé par lequel le terrain rentre dans la sole du blé d'hiver.

Après la moisson, tout ou partie de cette sole est labouré légèrement, excepté ce qu'occupe le jeune trèfle pour être semé en raves. Ce trèfle ne revient donc que tous les 18 ans sur le même emplacement et les raves tous les trois ans, à peu de chose près.

En dehors de ce cadre, il me reste les onze journaux écobués, sur lesquels j'en recueille trois et demi en blé, autant en pommes de terre et autant en colza, et quelquefois du trèfle, ainsi que du chanvre et des raves.

Je n'ai plus à labourer en jachère que les 25 journaux que je prépare pour le blé, déduction faite de la place du trèfle, puisqu'elle porte du sarrasin et ne se laboure que deux fois. Je dérobe ainsi cette récolte de même que celle des raves qui succèdent au blé.

J'opère mes travaux avec six chevaux ; j'ai de plus un poulain de deux ans et un d'un an. La vacherie compte dix à douze têtes adultes et trois ou quatre génisses ; mais il m'arrive d'engraisser jusqu'à quinze têtes de bétail, outre les porcs pour consommer mes pommes de terre et le sarrasin que je récolte. J'avais d'abord commencé par mêler ce grain dans son état de crudité avec les pommes de terre cuites, mais depuis j'ai trouvé un grand profit à le mêler dans la chaudière avec les pommes de terre, et à l'y faire cuire à grande eau jusqu'à ce que l'enveloppe en soit crevée. Il gonfle beaucoup ; les animaux mangent mieux cette provende, et leur engrais en est plus prompt et plus complet.

Cet ordre de culture donne, il est vrai, beaucoup plus d'occupations et de travail que celui d'une simple culture à trois soles, mais la combinaison n'en est cependant pas difficile, car la succession des travaux et des récoltes n'est pas de nature à s'enchevêtrer ni à se présenter à la fois. Il me faut cependant un valet et une servante de plus qu'un autre fermier n'en aurait besoin.

Enfin, monsieur, j'ai par devers moi deux preuves irrécusables de l'avantage des améliorations que j'ai opérées : la première, c'est que j'y ai gagné ; la seconde, c'est que les terres du domaine se sont visiblement améliorées, puisque les blés me rendent presqu'un grain de plus à la semence, sans parler du surplus de productions que j'en retire. L'explication de ce fait est facile à donner, j'y mène jusqu'à 80 charretées de fumier au-delà de ce qu'elles en recevaient jadis.

Je sais bien que si j'arrête le mouvement que j'ai imprimé à mon agriculture pour la fixer au point où elle est arrivée, la fertilisation du fond s'arrêtera aussi, parce qu'elle ne recevra plus d'accroissement d'engrais ; mais je n'ai que cinquante-un ans, je puis encore travailler, et peut-être qu'il me viendra de nouvelles idées ou bien qu'il m'en arrivera d'ailleurs, puisque nous vivons dans un temps où l'on invente chaque jour quelque chose de nouveau. Si quelques-unes de ces inventions me paraissent bonnes et surtout applicables à nos terres, je les essaierai. Cette dernière condition est la plus essentielle eu égard à de pauvres terres comme les nôtres, où il ne peut réussir qu'un bien petit nombre de productions parmi lesquelles le trèfle s'est heureusement trouvé, sans quoi tout mon système d'amélioration aurait échoué.

Ici finit l'exposé complet que nous a fait M. Rousseau de la marche et des progrès de ses améliorations. Nous l'avons textuellement répété avec tous ses détails, en premier lieu, parce qu'il est essentiel d'enseigner toutes les difficultés que présente une entreprise agricole, tout l'enchaînement qu'il faut savoir mettre dans le développement de ses opérations, et en second lieu, parce que nous désirions montrer, par l'exemple même qu'en a donné ce cultivateur, comment, en marchant par une lente progression, on peut aller très loin en fait d'amélioration sans compromettre ses débuts par des dépenses qu'on n'est pas en état de soutenir, et qui entraînent, avec la ruine de l'entrepreneur, le discrédit des améliorations rurales.

Nous avons voulu enfin dresser ce tableau, d'une amélioration exécutée sur l'un des points stériles de la région du nord-est, croyant qu'à cet égard un tel exemple vaut mieux que des préceptes; et convaincu que nous sommes qu'une amélioration traitée sur les mêmes bases et avec les mêmes méthodes est également applicable sur la plupart des mauvais terrains que cette région renferme, sous la seule restriction néanmoins d'employer le sainfoin au lieu de trèfle pour l'amélioration de ceux des mauvais sols qui pèchent par excès de craie, et en réservant ce dernier pour ceux où la silice et la pierre calcaire dominent, car ces trois natures de sol se partagent les terres stériles de cette région.

CHAPITRE III.

Des conditions rurales de la région du Sud-Est, sa nature et sa configuration.

Cette région, dont la configuration est très inégale, présente, dans sa portion septentrionale, un parallélogramme irrégulier dont le petit côté court d'Auxerre jusqu'à Gien, et la sépare de la grande région du nord. Une ligne droite, tirée d'Auxerre à Ferney-Voltaire, forme sa limite d'avec la région du nord-est, tandis qu'une ligne courbe, en suivant le cours de la Loire, de Gien à Roanne, vient finir à Lyon; le cours du Rhône termine cette première portion de la région sud-est. Le Rhône sert de limite à la seconde portion du point de son entrée dans le royaume jusqu'à Donzère. Une ligne à peu près droite, tirée de Donzère à la petite ville de Colmars, département des Basses-Alpes, termine au midi cette portion méridionale de la région du sud-est. La frontière des états Sardes l'enveloppe de Colmars jusqu'au point où le Rhône pénètre dans le territoire français.

De grandes similitudes dans les conditions agricoles des deux portions de cette région, nous ont engagé à les traiter ensemble, bien que leur climat, et par conséquent plusieurs de leurs productions, soient très diverses.

A partir d'Auxerre, le pays se plisse et se relève en monticules pour former jusqu'à Lyon une arête montagneuse connue sous les noms de Morvan, Charolais, Mâconnais et Beaujolais. Le pays du Morvan et partie du Charolais sont granitiques; le surplus de cette arête est de nature calcaire; aussi le vignoble y reparaît, tandis qu'il est proscrit de la terre granitique.

Cette chaîne montagneuse sépare le bassin de la Saône de celui de la Loire, et dans ces deux bassins seulement se trouvent des terres ouvertes et des territoires à blé.

Le Rhône lui-même coule dans un bassin qu'il n'a pas fertilisé, mais qu'il a aplani, en sorte qu'à l'est de ce fleuve, la plaine continue à s'étendre autour du point qu'occupe la grande cité de Lyon jusqu'à ce que ce bassin se trouve enclos par les premières chaînes des Alpes. Ces chaînes viennent rejoindre, à Vienne, le Rhône, qu'elles avaient quitté à Belley. Tout le surplus de la région ne consiste qu'en rameaux de montagnes et en vallons plus ou moins ouverts, parmi lesquels celui que s'est tracé l'Isère, du château de Bayard jusqu'à Valence, est de beaucoup le plus remarquable; aussi ne le désigne-t-on, dans tous les lieux environnants que sous le nom de la Vallée, comme pour dire qu'aucune ne lui est comparable, et nous partageons nous-même cette opinion.

La Loire, en bordant cette région à l'ouest, lui fournit un débouché vers Paris par les canaux de Briare et de Loing, et vers l'Océan, en poursuivant jusqu'à Nantes le cours de ce paisible fleuve. La Saône, à l'est, verse sur Lyon ses produits, tandis qu'elle communique avec la Loire par le canal du Centre ou du Charolais. L'Yonne dont la source est au centre du Morvan, en courant vers Paris, y porte les bois et tous les produits de la partie du nord de cette région. Deux grandes routes, partant de Lyon pour Paris, desservent les deux flancs de l'arête montagneuse qui sépare la Saône de la Loire et six belles routes transversales servent à communiquer de l'une à l'autre, en partant des points de Beaujeu, Mâcon, Tournus, Châlons, Autun et Auxerre.

Cette partie nord de la région du sud-est est donc bien percée et mise à la portée des marchés par de larges communications; mais il faut dire cependant que jusqu'ici la navigation de la Loire est très défectueuse et qu'on ne pourra compter sur elle qu'alors que les ingénieurs seront parvenus à parachever le canal qui lui est latéral, et dont la construction est depuis longtemps en suspens.

La partie méridionale de cette région est moins bien desservie, quoique le Rhône la baigne en côtoyant tout son développement; mais par cela même, il ne l'a pénètre pas et coule à distance de sa partie centrale. Ses affluents principaux, l'Ain, l'Isère et la Drôme n'offrent que de mauvaises voies à la navigation, et les routes, en petit nombre, qu'on a tracées dans le pays seraient loin de suffire à ses débouchés, s'il était de nature à verser sur les marchés de nombreux produits; mais cette contrée alpestre en est, au contraire, tout-à-fait dépourvue, et n'exporte guère que les hommes, qui vont eux-mêmes chercher fortune ailleurs.

Il n'y a donc ainsi, à l'est du Rhône, que la grande plaine qui s'ouvre entre les Alpes et Lyon où l'on trouve des terres propices à la culture arable; le surplus de la partie méridionale de cette région est dévolu à la culture montagneuse, et même la plus agreste, si ce n'est dans les vallées, qui fournissent seules de l'aliment à la population.

Il n'y a, dans tout l'ensemble de cette région, d'autres sites, dont l'aspect soit à la fois pittoresque et riche, que celui du val d'Isère, qui n'est autre que la célèbre vallée du Graisivaudan. Après avoir monté, en arrivant de Savoie, sur celui des flancs de ce vallon où les bastions du fort Barreau ont été placés pour défendre l'avenue du royaume, la vue plonge du même coup d'œil sur l'entrée de la Maurienne, vallée agreste et profonde qui conduit, à l'ouest, jusqu'aux abords du Montcenis, et l'imagination, en suivant involontairement les regards, passe plus promptement qu'eux jusqu'aux champs de l'Italie, en plongeant dans les détours de la vallée qui y conduit, champs illustrés par les siècles, les arts et l'histoire. La seconde des vallées sur lesquelles se porte la vue mène jusqu'à Chambéry, que le flanc d'une montagne dérobe néanmoins aux yeux. La troisième enfin ouvre un passage à l'Isère qui, après avoir baigné les remparts de Grenoble, coule, en tournant à l'ouest, jusqu'à Valence, d'où elle va se verser dans le Rhône.

Dans ce trajet, de près de trente lieues, la voûte suit le penchant des monts à mi-côtes, et sur la ligne où sont construits les villages, des mûriers et des noyers ombragent cette route, que dominent des vignobles, et que rafraîchissent en été la chute de mille petites cascatelles, dont les eaux s'écoulent dans l'Isère après avoir arrosé ses rivages. La pente qui s'étend de la route à l'Isère est entrecoupée par les festons que forment les pampres de la vigne suspendue aux mûriers et courant d'un arbre à l'autre au-dessus des moissons, des trèfles ou des chanvres. Des monts agrestes ou rocheux couronnent cette belle scène et complètent le tableau qu'elle présente.

Parvenu vers l'embouchure de l'Isère, on rentre dans le bassin même que le Rhône s'est violemment frayé entre les montagnes des Cévennes et celles du Dauphiné. Mais ce bassin est loin de ressembler à la vallée du Graisivaudan; car ses bords sont escarpés, secs et ruinés. C'est à peine si le grand nombre des villages parvient à en ranimer le rude aspect. Stérile pour toute autre production que celle de la vigne, elle s'élève en espalier sur tous les escarpements, qu'on a relevés en murailles avec les débris des rochers, pour soutenir les terres où mûrissent les vignobles de l'Ermitage et de la Côte-Rotie, de Saint-Perrey et de Condrieux. Tous les points des deux versants du Rhône où le sol présente quelque aplanissement sont garnis de mûriers; car le vin et la soie sont à peu près les uniques productions de cette vallée rhodanique jusque-là du moins, où après avoir dépassé les limites de cette région, le fleuve s'ouvre, dans un cadre plus vaste, le chemin qui le mène à la Méditerranée.

Ce n'est donc ni à sa fertilité ni à son riche aspect que le bassin traversé par le Rhône doit la renommée dont il jouit, mais à la rare valeur de ses productions et à cette situation merveilleuse qui l'appelle à être l'unique voie par où le nord peut communiquer avec le midi de l'Europe et avec l'Orient.

A mesure qu'on s'éloigne du fleuve pour s'élever dans les Alpes, en pénétrant ainsi dans le cœur de cette région, on n'y trouve qu'abîmes et destructions, si ce n'est au sein de quelques étroits vallons préservés de cette ruine de la nature par quelques heureux accidents du sol. On demeure effrayé à la vue de l'empire qu'ont exercé les eaux dans ces ravins où elles tombent de si haut. Ces monts, presque entièrement déboisés, ont dès longtemps cessé d'opposer la moindre résistance aux éboulements qui ont jonché de leurs débris des plages entières sur lesquelles dominent encore les pics rocheux qui ajoutent chaque année de nouveaux débris aux anciens, et montrent de loin leurs nuageuses sommités comme des témoins des vieux âges.

En revenant au travers de ces vallées jusqu'à Grenoble, on débouche à Voreppe, dans la plaine qui conduit jusqu'aux portes de Lyon, plaine dont l'agriculture serait sans intérêt, si elle n'offrait de nombreuses plantations de mûriers.

Après avoir repassé le Rhône en retournant au nord, la première contrée qui se présente entre la Saône et le Jura appartient au département de l'Ain ; on la connaît sous le nom de Bresse et pays de Dombes ; elle occupe une vaste plaine terminée par le Rhône, la Saône et le Jura. La portion voisine de Châlons dépend du département de Saône-et-Loire. Mais dans ces deux départements, on remarque également ce que l'industrie agricole est parvenue à faire d'une terre généralement froide et humide.

Les monts du Beaujolais n'ont qu'un pauvre sol, non plus que ceux du Mâconnais. Les pentes et les sommités en sont ou incultes ou parsemées de taillis chétifs, parmi lesquels nous y avons cependant remarqué de beaux bois de sapins. Mais sur le versant de la Saône, les pieds de ces monts étalent de riches vignobles, où se récoltent des vins qui se vendent sur les deux marchés de Lyon et de Paris. Ces terres précieuses sont chargées d'habitations, dont un grand nombre appartient aux négociants de Lyon, qui ont mis à en décorer l'extérieur un luxe qui se rencontre rarement en France.

Sur le versant opposé s'ouvre le bassin de la Loire, où se trouvent des terres fertiles et une longue perspective, avec une culture inférieure à celle des bords de la Saône ; car elle semble déjà participer de cette négligence avec laquelle sont traitées les terres de la France centrale. Les vignobles n'y donnent que des vins sans mérite, et les bois prennent une place beaucoup plus importante dans l'économie du pays.

Les monts du Charolais présentent seuls des traits particuliers, parce que les eaux qui jaillissent de tous les points culminants du pays, portent dans les vallons une puissance fertilisante d'un très haut degré, en sorte que ces vallons sont couverts d'un tapis de gazon assez épais pour pouvoir y engraisser des bœufs. Les hauteurs sont boisées ; mais ce qui reste en terres arables est d'une pauvre qualité.

Elle devient pire encore si l'on pénètre dans le Morvan, lequel termine au nord l'enceinte contenue dans cette région. Non-seulement les terres du Morvan sont froides et maigres ; mais tenant de la nature granitique, elles ont le défaut de se soulever, par la gelée, en prismes pyramidaux, et déchaussent ainsi les blés. Les prés, en revanche, sont très verts et très abondants ; ce qu'ils doivent à la vertu des eaux. Mais les prés comme les terres n'y sont cultivés qu'avec une incurie dont ils semblent vouloir sortir depuis quelques années. Cependant, grâce au miracle qu'y produisent les eaux, le pays nourrit beaucoup de bétail et élève des chevaux dont l'espèce est bonne. L'intérêt des habitants est concentré dans la culture forestière, la seule importante dans cette contrée.

Du mode de l'exploitation des terres dans la région du Sud-Est.

La revue topographique que nous venons de faire du territoire de cette région nous apprend déjà qu'elle est dévolue à la petite et moyenne culture ; la grande propriété ne s'y trouve même que dans le bassin de la Loire, hormis celle qui consiste en forêts. Les petits propriétaires y abondent, et surtout au midi de Lyon. Les domaines dépendant de la moyenne et de la grande culture y sont cultivés par des colons partiaires, à l'exception d'un petit nombre de grandes fermes à rentes fixes, dont le siége unique est dans les provinces qui bordent la Loire, et pour le plus souvent, ce ne sont pas même des cultivateurs, mais des fermiers généraux, qui prennent à bail pour la sous-diviser l'exploitation entre des métayers.

Les bois seuls sont administrés par l'économie des grands propriétaires. Il est rare cependant que ces propriétaires exécutent par eux-mêmes leurs abattages ; leurs coupes se vendent sur pied aux marchands de bois de Paris ; et, à défaut de ceux-ci, à de petits marchands locaux ; lesquels revendent le bois pour l'approvisionnement des chantiers de Paris, lorsqu'il est parvenu sur l'Yonne ou sur la Loire. Ces bois, dont la majeure partie du Morvan, ainsi qu'une portion du Charolais, sont couverts, n'ont qu'une végétation médiocre, et les futaies y sont généralement chétives ; mais les taillis y sont fournis, et l'essence de chênes ou de hêtres y est assez pure.

L'usage est d'enlever l'écorce des taillis de chênes

en les abattant. C'est un procédé par lequel on retire 12 ou 15 p. 100 de plus sur la valeur des taillis, sans qu'ils en soient détériorés, ainsi que l'a démontré l'expérience. C'est par le flottage qu'on extrait ces bois destinés au marché de Paris, dont l'importance s'accroît sans cesse, et qui manquerait d'un approvisionnement suffisant, si la houille n'était venue au secours de la production nécessairement stationnaire du sol forestier. Dans les pays mêmes où ce sol existe, l'approvisionnement aurait été insuffisant, en présence des prix élevés que la concurrence de Paris a donnés à ces bois, si la proximité de la houille n'en avait, en compensation, rendu l'apport facile. Les nombreuses houillères qu'on exploite dans le Charolais, et sur les deux bords du canal du Centre, la mettent, en effet, à portée des consommateurs de cette région.

Les vignobles s'y cultivent comme partout à l'aide de vignerons, avec lesquels la récolte se partage, à l'exception toutefois du clos de l'Ermitage, dont le vin a paru trop précieux pour qu'il en fût ainsi, et que ses propriétaires font travailler par leur propre économie. Mais ces vignobles, quelle que puisse être la qualité de leurs produits, augmentent partout dans cette région, soit que le sol appartienne à la moyenne propriété, soit qu'il forme le lot de la petite. Tous les emplacements où l'on peut se flatter de récolter du vin sont à mesure défoncés et plantés en vignes. Les coteaux de Châlons, de Mâcon et de Beaujeu s'accroissent sans relâche aux dépens de la montagne qui les domine, et même de la plaine où ils viennent s'affaisser.

Dans cet empiétement vinicole, nous devons faire mention de l'établissement si remarquable que vient de créer M. de la Hante, receveur général à Lyon, dans le voisinage de Mâcon.

A la place d'un bois que la mainmorte avait conservé dans le clos même du Mâconnais, M. de la Hante, après l'avoir acquis, en 1818, dans les ventes de bois que le gouvernement fit à cette époque, en défricha le sol, et le disposa pour en former le cadre régulier d'un vignoble. Il plaça sur une plate-forme, qui en occupe à peu près le centre, de vastes constructions destinées à loger de nombreux pressoirs dont chacun correspond à un établissement de vigneron, ainsi que les celliers et les caves que nécessite une aussi colossale entreprise. De ce manoir commun partent les chemins qui divisent l'ensemble du domaine en cinquante clos distribués entre cinquante vignerons; vingt-cinq maisons pareilles servent à leur logement, en raison de deux ménages par maison. Des communications faciles desservent le tout, et achèvent de faire, de cette belle propriété, l'une des plus remarquables qui existent. Mais les vignobles de cette région sont loin de ressembler à ce clos; ils présentent tous les indices de la petite propriété et de son défaut de capital, même dans ceux qui bordent le cours du Rhône, et que la réputation de leur crû n'a pas mis hors de ligne. Mais le terroir et l'exposition de ces deux flancs du Rhône sont tellement favorables à la vigne, qu'avec de faibles avances on y recueille, sans intervalle, d'immenses approvisionnements de vins, que le fleuve transporte à Lyon, et de là à Paris, ainsi que dans tout le nord.

La culture par métayer n'a pas produit d'heureux résultats dans cette région, si ce n'est en Bresse et dans la vallée de l'Isère. Presque partout ailleurs, on ne voit qu'une agriculture faible et négligée, avec les traits mesquins qui dénotent les pratiques de l'exploitation à moitié fruit. Cette région est même une de celles où ce système d'exploitation a eu les moins bons résultats. C'est, il est vrai, aussi l'une de celles où il a opéré sur les sols de moindre qualité.

C'est à cette résistance du sol qu'il faut sans doute attribuer la méchante culture des terres de toutes les contrées montagneuses de cette région; car on voit dans le Charolais, l'Autunois et le Morvan, des terres généralement encloses, dont les haies ont peu à peu envahi une large étendue; peut-être, au reste, que le bois qu'elles fournissent vaut plus que la récolte qu'on ferait sur l'emplacement qu'elles occupent. Les terres que la charrue a portées le long de ces haies, s'y sont amoncelées de telle sorte que les eaux croupissent dans le centre de la pièce, sans qu'on daigne leur donner un écoulement. Les mauvaises herbes, alimentées par un parcours qui se prolonge d'une récolte jusqu'à la semaille suivante, envahissent une terre dont la charrue ne fait qu'écorcher la surface.

La culture du bassin de la Loire, quoique supérieure, est encore bien grossièrement exécutée; mais on y trouve au moins des éléments d'amélioration dus à quelques cultivateurs et agronomes hors de pair.

La contrée alpestre du Dauphiné est condamnée par la nature à l'improduction, et là c'est, en revanche, la laborieuse industrie des petits propriétaires qu'il faut admirer, car il n'est si petit réduit, si étroit vallon épargné par le ravage des eaux, que la culture n'ait mis à profit. C'est l'un des miracles opérés par la petite propriété, car la nature du pays est de celles qui ont repoussé les capitaux, et la moyenne propriété même y est presque inconnue.

Les colons partiaires qui cultivent la majeure partie de la plaine du Rhône à l'est de Lyon sont loin de l'avoir mise dans l'état de culture qu'une situation aussi favorable ferait supposer, et ils n'ont pas adopté un système de culture propre à améliorer un sol peu riche de sa nature. La plantation du mûrier semble avoir absorbé leur attention. Ils connaissent cependant les prairies artificielles et nommément le sainfoin, car on en voit assez en allant de Grenoble à Chambéry ; mais ses effets sur la fécondation du sol sont encore peu saillants.

La culture à moitié fruit n'a donc eu, dans cette région, d'heureux résultats que dans la Bresse et le Graisivaudan, mais ils y sont assez apparents pour témoigner que ce n'est pas à ce mode d'exploitation seul qu'il faut s'en prendre des conséquences fâcheuses qui résultent ailleurs de son application ; il faut les imputer à son assiette défectueuse et à l'incurie des propriétaires, dont la nonchalance a permis aux mauvaises pratiques rurales de s'établir de manière à devenir l'usage du pays.

Des cultures dominantes dans la région du Sud-Est.

Il serait difficile d'énumérer les cultures qui dominent tour à tour dans les différentes contrées que cette région renferme, en raison de la variété de leurs sols et de leurs climats. Il faut donc les parcourir successivement pour assigner à chacune le trait qui domine dans sa culture.

Ainsi, c'est incontestablement la culture forestière qui l'emporte dans le Morvan et l'Autunois; aussi y est-elle bien entendue, et nous ne saurions faire que deux reproches aux grands propriétaires de ces agrestes contrées : l'un tient au peu de soins que la plupart d'entre eux mettent à opérer des repeuplements dans les vides de leurs forêts, vides dont la bruyère s'empare bien vite pour la destruction permanente du bois. On ne s'en rend maître qu'en arrachant profondément ses racines, et qu'en cultivant pendant deux ou trois ans les replants ou les semis qu'on aura faits sur les éclaircies, afin de détruire radicalement les repousses de la bruyère et de favoriser la végétation des jeunes sujets.

La charge de regarnir les vides est ordinairement laissée aux gardes, lesquels s'en acquittent sans connaissance de cause et souvent avec une négligence dont on ne saurait leur faire un reproche, attendu que le travail dépasserait de beaucoup le temps qu'il leur est permis d'y consacrer, s'ils devaient l'exécuter ainsi que son entier succès l'exigerait. Il y a cependant aujourd'hui une haute importance dans le repeuplement des contrées forestières, lorsqu'elles sont à la fois favorables à la production des bois et à portée de leur écoulement; car cette valeur agricole doit augmenter dans la même proportion que la population et la réduction du sol forestier de l'autre.

Or nous n'hésitons pas à dire que les bois de cette contrée sont les plus avantageusement situés du royaume, parce que, au lieu d'être l'unique proie des maîtres de forges, ainsi qu'il en est de la plupart de ceux de la région du nord-est, ceux-ci jouissent de la concurrence du marché de Paris, qui en vaut bien un autre.

Le second des reproches que nous devons adresser à ces propriétaires tient au mauvais état de leurs chemins, tant vicinaux que de simple vidange. Le sol est cependant un granit friable qui n'offre pas de grandes résistances et met les matériaux partout à portée de leur emploi; mais ici, comme ailleurs en France, les grands propriétaires ont eu l'habitude de s'en remettre de tout aux soins de l'administration, comme ne se doutant pas qu'ils pussent, par leurs propres moyens, pourvoir à des objets qui leur paraissent être du domaine administratif. Ainsi l'on voit souvent une demeure opulente qui n'a pour arrivée qu'un cloaque, sans que le propriétaire ait songé à faire autre chose que de se plaindre du maire et du conseil municipal, assez négligents pour ne pas faire réparer un chemin que lui-même, avec 600 fr., pourrait mettre en bon état.

A plus forte raison, ces propriétaires n'ont-ils pas songé à se mettre eux-mêmes à l'œuvre pour réparer les communications par lesquelles leurs bois se dépouillent; et s'ils se donnaient néanmoins la peine de faire le compte des avances et des rentrées d'une telle réparation, ils verraient que jamais capital ne fut mieux placé. Nous connaissons des forêts où l'on a gagné 3 fr. par corde à en avoir rendu le transport facile, ce qui, sur un millier de cordes, a produit un bénéfice de 1,000 écus pour une dépense dont le débours avait été de 6,000 fr.: c'est donc à dire que ce propriétaire a placé son argent au 50 p. 100.

Sans doute que la loi faite sur les chemins vicinaux

produira des résultats là où les communes ont de fortes populations sur de petites superficies, parce que sa puissance y dominera facilement la résistance ; mais dans des contrées telles que le Morvan, où des territoires immenses relèvent de faibles et pauvres communes, elles ne sauraient pourvoir tout au plus qu'à la réparation des directions principales aboutissant sur les grandes communications. Ce serait déjà beaucoup et c'est pourquoi il n'en faudra pas moins que les grands propriétaires accomplissent la réparation des communications qui conduisent de leurs forêts sur ces routes vicinales.

Mais la percée et la mise en état de ces communications et de ces chemins de vidange produisent au sein des forêts un effet qu'on ne se représente pas d'avance. Inabordables, sombres, ces bois ne sauraient être ni régulièrement gardés, ni soigneusement entretenus, ni bien aménagés, puisqu'on n'y saurait ni pratiquer les éclaircies convenables, ni opérer des repeuplements dont on ne peut souvent pas découvrir la nécessité ni surveiller l'opération. Avec l'ouverture des routes, ces bois perdent, il est vrai, une partie de ce caractère agreste qui plaît aux chasseurs parce qu'il y attire les animaux sauvages ; ils prennent ainsi une teinte de civilisation, et les bois en acquièrent le droit de participer à la marche de l'amélioration qui en est la compagne assidue.

Après les bois, le pâturage est la seconde des cultures dominantes dans le haut pays forestier placé entre le bassin de la Loire et celui de la Saône ; mais, excepté dans le Charolais, on ne saurait en faire un mérite aux cultivateurs, car ce n'est ni à leur intelligence ni à leur travail qu'il faut en tenir compte, mais uniquement à la merveilleuse qualité des eaux qui fait pousser l'herbe la plus touffue dans tous les vallons où elle peut se répandre. On y récolte ainsi assez de fourrages pour pouvoir faire un engrais de bœufs ; cette industrie n'est bien entendue que dans le Charolais ; là on voit les prairies naturelles qui occupent tous les bas-fonds soigneusement encloses et arrosées par des eaux thermales auxquelles la végétation doit sa perpétuelle verdure.

Les céréales n'occupent que le dernier rang dans ces contrées, dont la nature est trop abrupte pour leur culture. Les céréales, en revanche, reparaissent dans le bassin de la Loire ; elles y sont à peu près sur le même rang avec les prés, les vignes et les bois ; en sorte qu'aucune de ces cultures, n'attirant un intérêt spécial, n'imprime à l'agriculture du pays un trait dominant, ni par conséquent d'objet qui y soit traité avec quelque supériorité, si ce n'est jusqu'à un certain point la partie forestière. Ce territoire, heureusement situé, dont le sol est loin d'être ingrat et le climat très doux, est un de ceux où les améliorations trouveraient un vaste champ. Mais la majeure partie du travail agricole y est confiée à des métayers, et beaucoup d'entre eux même dépendent d'un fermier général. Nous avons vu que cette dernière condition exclut de fait toute possibilité d'amélioration.

En descendant du plateau central que nous venons de parcourir, dans le bassin de la Saône, on arrive dans la plaine de Bresse, où la culture des céréales est alors dominante ; car la vigne ne s'y voit qu'en treilles, adossées aux parois des chaumières et les cachant sous leurs pampres. Le vignoble se prolonge au loin et court sous les pieds des monts dans tout leur déploiement, de Châlons jusqu'à Lyon. La Bresse proprement dite n'est pas une plaine unie ; le sol y forme des plis très radoucis, mais qui s'enchaînent entre eux de manière à n'y laisser aucune superficie horizontale. Le blé et le maïs y alternent avec les prés artificiels, et nous verrons, en nous occupant des assolements, avec quelle entente s'opèrent ces alternatives. Un engraissement important de bestiaux se joint à ces assolements pour en consommer les produits.

Aussitôt qu'on a passé sur la rive gauche du Rhône, c'est la culture du mûrier qui devient dominante, parce qu'elle attire l'intérêt du cultivateur, qu'elle partage avec la vigne sur tous les points du Dauphiné où le climat permet à ces deux productions de se développer. La nature du pays et la prodigieuse subdivision qu'y a subie la propriété ne permettent guère de s'y livrer aux cultures céréales, elles y sont même traitées tellement en petit qu'elles sont insuffisantes à l'alimentation de la nombreuse population qui séjourne sur les bords du Rhône ; elles y seraient plus négligées encore si le climat ne permettait pas de cultiver du blé sarrasin en récolte dérobée après la moisson du blé d'hiver. Ce sarrasin se consomme en pain et on mêle à cet effet sa farine avec celle du seigle.

Les prés artificiels sont cultivés partout dans cette province ; mais on ne saurait les qualifier de culture dominante, car ils ne sont employés qu'à nourrir les bestiaux nécessaires à l'exploitation du pays, en suppléant au déficit des prairies naturelles. De telles prairies sont rares en Dauphiné, bien que celles qu'on y rencontre soient très productives, à cause de l'abondance des arrosements qu'on leur distribue, car, à moins d'un tel secours, on ne doit pas, dans un sol et un climat semblables, se flatter de recueillir des fourrages naturels.

Dans la vallée de l'Isère, il faut ajouter à la culture du mûrier et de la vigne, celle du chanvre, qu'on y sème en alterne avec le blé, le trèfle et les pommes de terre. Les filasses s'expédient dans les ports de mer de Toulon ou de Marseille, où elles sont tressées en câbles pour le service de la marine. Dans la haute région alpestre des Alpes il n'y a d'autres grandes propriétés que celles des pâturages qui garnissent les sommités des montagnes; mais les vallons y sont trop pauvres et trop resserrés pour pouvoir nourrir en hiver les bestiaux que ces vastes pâturages peuvent alimenter pendant les mois d'été. Pour suppléer à cette insuffisance, ces communes sont dans l'usage de louer le superflu de leurs herbages aux bergers transhumans de la Basse-Provence, qui y amènent, au printemps, les grands troupeaux de bêtes à laine que les plaines de la Crau et de la Camargue ont nourris pendant l'hiver. Le lit alors desséché de la Durance leur sert de chemin pour percer dans l'inextricable dédale que présente le massif des Hautes-Alpes. Parvenus sur leurs cimes, ces troupeaux trouvent, parmi les précipices et les rochers, des gazons courts, mais singulièrement frais et touffus, ce qu'on ne peut attribuer qu'à ce qu'ils reposent sur des bancs de tourbe qui ne semblent exister sur ces points culminants que pour offrir un sujet d'étude à la géologie. C'est un phénomène que les Alpes de la Savoie, de la Suisse et du Tyrol reproduisent souvent, aussi bien que le Jura.

Des assolements dans la région du Sud-Est.

Avant d'entrer dans l'exposition des différents cours de récoltes qu'on suit dans cette région, où l'agriculture est si diverse, nous devons établir un premier fait, autour duquel se déroule tout le système des assolements. C'est que le retour du blé y est toujours bisannuel, soit qu'il soit précédé d'une jachère ou d'une récolte.

Ce retour bisannuel a lieu dans toute la portion méridionale du royaume, et précisément partout où la culture s'exécute avec des bœufs, c'est-à-dire là où le besoin d'avoine se fait beaucoup moins sentir. La superficie arable consacrée à la nourriture de l'homme occupe ainsi relativement un sixième de plus que dans le système triennal, et nous avons besoin de trouver cette mieux-value pour nous expliquer comment une population aussi nombreuse que celle qui habite cette région trouve son alimentation sur des sols très subdivisés, dont la majeure partie est dépourvue de fertilité et où les blés n'ont, en moyenne, qu'une médiocre végétation.

Ainsi, dans toute la contrée forestière, l'assolement est jachère, blé. De temps en temps on intercale une avoine sur cette jachère, et le plus souvent on rentre dans le système triennal, car on laisse une jachère succéder à l'avoine; mais si cette jachère, placée soit après l'avoine, soit entre deux récoltes de blé, délasse le terrain de la production trop répétée des céréales, elle ne le prépare guère à le reproduire ; car rien n'est plus inculte que cette jachère. Il semble même que les cultivateurs craignent de retourner leurs guérets avec trop de soins, afin de ne pas priver leurs bestiaux du pâturage qu'ils y vont chercher. Aussi les moissons y sont-elles partout entremêlées d'herbes et de chardons, caractérisant ainsi l'agriculture d'une population forestière, dans laquelle on retrouve toujours le même trait ; il semble que l'habitude de manier de grands végétaux lui inspire nous ne savons quel mépris pour les petites plantes qui croissent dans les champs.

Au nord du bassin de la Loire, l'assolement est trisannuel, et n'en est qu'un peu plus habilement traité, car les procédés en sont encore bien défectueux. L'assolement bisannuel le remplace au midi de Nevers, et paraît avec l'usage des bœufs. La jachère y est souvent remplacée par le trèfle, qui figure ainsi entre deux blés. Quelques cultivateurs agronomes ont adopté le sainfoin et l'emploient à l'engraissement des bœufs.

La Bresse est un pays à part, dont nous avons décrit le côté physique. Réuni à la France sous le règne de Henri IV, il avait reçu du Piémont, auquel il appartenait, un système et des procédés agricoles qu'il a soigneusement conservés, ainsi que des instruments aratoires hérités des Romains. L'araire y est semblable à celui dont ils se servaient, la charrette à deux roues est pareille à la voiture qu'on emploie encore en Toscane, et la paire de bœufs qu'on y attelle est l'objet d'autant de prédilection qu'elle l'avait été au temps de l'antique Rome.

Le territoire, ondulé, comme nous l'avons dit, a été

changé en prairies partout où se présentent des enfoncements, tandis que les champs s'élèvent sur toutes les croupes et les pentes. Sur ces croupes sont aussi placées les habitations. Leur apparence est mesquine; elles ne consistent qu'en des cadres de bois, qu'on remplit avec du torchis, et qu'on préserve par une large couverture en chaume. Sous ce chaume on trouve néanmoins tout ce qu'il faut pour rendre la demeure du villageois saine et commode.

Ces champs avaient, par leur inclinaison même, une pente générale; mais non contents de cette pente pour écouler les eaux d'un sol argileux, les cultivateurs ont artistement formé, dans ces champs, des subdivisions de 10 à 20 ares, dirigées dans le sens opposé à la pente. Des deux extrémités de ces divisions ils ont rapporté, à plusieurs reprises, la terre des bords vers le centre, de manière à y former un large ados, très prononcé, tandis que les deux fossés, courant dans le sens de la pente générale du terrain, reçoivent les eaux qu'y verse la double pente donnée au centre de la pièce par les rigoles qui séparent les petits ados formés par l'araire dans le sens transversal à la pente. L'humidité s'écoule ainsi de ces champs par deux systèmes de rigoles et de pentes, dont l'une est naturelle et l'autre artificielle. On alimente cette dernière tous les deux ans en relevant les terres qu'on retire des fossés latéraux, pour les reporter vers la sommité artificielle qu'on a donnée au champ.

L'araire, en façonnant, avec la finesse qui appartient à cet instrument, des ados dont la largeur n'est guère que d'un peu plus d'un mètre, achève, en assurant l'écoulememt des eaux, de donner à la culture de cette contrée un fini que nous ne saurions retrouver qu'en Flandre.

Deux bœufs, avec un seul laboureur, conduisent cet araire, dont le travail est superficiel et n'embrasse que peu de terrain en un jour, mais l'étendue des domaines, à peu près tous cultivés à moitié fruit, est calculée sur le travail très modéré de cette paire de bœufs ; en sorte que ces domaines comportent une, deux ou trois paires de bœufs au plus, c'est-à-dire qu'ils appartiennent à la moyenne culture.

Sur un territoire ainsi disposé, l'assolement a consisté d'abord dans un alternat de maïs fumé et de blé suivi de sarrasin ; les prés fournissent le fourrage nécessaire à l'entretien du bétail ; puis l'on a élargi ce cours pour y placer le trèfle, les pommes de terre et le colza, de manière qu'on peut le formuler ainsi :

1re année. Maïs fumé.
2e — Blé, suivi de sarrasin.
3e — Pommes de terre, suivi de blé.
4e — Blé fumé, suivi de trèfle.
5e — Trèfle.
6e — Blé, suivi de colza.
7e — Colza, suivi de blé.
8e — Blé.

Un tel cours de récolte ne saurait sans doute s'appliquer qu'aux meilleures terres du pays ; or la Bresse en renferme beaucoup qui ne sont rien moins que fertiles. Ces terres appartiennent à des plateaux argilo-siliceux d'un sol blanc, presque imperméable à l'eau, et dont la végétation naturelle ne consiste qu'en bruyères et en genêts surmontés par des bouleaux au feuillage mobile et au tronc argentin. Ces terres sans vertus finissent par se réunir pour former un territoire entier dans l'ancien pays de Dombes, aujourd'hui arrondissement de Trévoux. La disposition du sol à conserver les eaux en avait porté les propriétaires à le creuser en étangs pour le cultiver d'après le système d'alternat que comporte cette économie, sans songer que le moindre revenu que puisse donner une terre est celui d'une récolte de poissons qu'il faut attendre trois ou quatre années pour avoir ensuite, avec peu d'avances il est vrai, une récolte d'avoine et une de blé au prix de la fièvre qu'y gagnent les laboureurs et les moissonneurs.

Peu de moyens se présentaient pour améliorer de tels sols, lorsque M. M.-A. Puvis, homme aujourd'hui connu de tout ce qui s'occupe d'agronomie, et dont les lumières, le zèle et le plus parfait jugement signalent les travaux et les écrits, M. Puvis, disons-nous, ayant reconnu que tous les plateaux argilo-siliceux de la Bresse péchaient par un manque absolu du principe calcaire, chercha à l'y mêler au sol, soit à l'aide de la marne, là où elle existait, ou avec celui de la chaux en nature, là où l'on pouvait se la procurer plus facilement.

L'essai du marnage avait déjà été tenté avec un plein succès, auquel M. Puvis a rendu hommage en faisant connaître les travaux exécutés et en répandant un ouvrage classique sur ce sujet. Il a rendu à celui du chaulage le même service, et en a popularisé les opérations par la merveilleuse clarté avec laquelle il en a exposé les principes et les procédés. Son exemple et ses écrits ont à la fois contribué à répandre ces procédés, devenus maintenant d'un usage général dans le pays, où fort heureusement on peut se procurer de la chaux facilement et à bon marché. De nombreux fours à chaux perpétuels, chauffés à la houille, ont été construits sur les bords de la Saône, tandis que le flanc opposé du pays, le Jura, fournit une inépuisable mine de pierres calcaires que ces fours consument.

Un contrat s'est naturellement formé entre le propriétaire et le métayer, d'après lequel, et au grand profit de la moisson qu'ils doivent se partager, celui-ci fait à ses frais les transports et les mains-d'œuvre qu'exige le chaulage, tandis que le propriétaire paie le prix d'achat de la chaux.

Le mérite du chaulage est exactement proportionnel au déficit de la chaux qui se trouve dans la constitution chimique du sol sur lequel on la répand, car, s'il en est suffisamment saturé, l'effet en sera fatal; s'il l'est à un degré inférieur, ce qu'on ajoutera pour atteindre à ce degré sera propice, ce qu'on mettra de plus nuira. Tout ce qui servira à atteindre le degré convenable sera donc un amendement profitable. Or, la presque totalité du principe calcaire manquait aux terrains argilo-siliceux de la Bresse aussi bien qu'à ceux de la Sologne. L'effet de l'amendement y a donc été magique, et de belles récoltes ont paru là où ne végétaient que de chétives moissons. Il est à croire qu'un exemple aussi frappant propagera de proche en proche, sur toute la surface du pays, un procédé qu'on a mis maintenant à la portée de tous les cultivateurs; alors il ne manquera plus rien à ce pays pour servir de modèle à l'agriculture.

Entre la rive droite du Rhône et la plaine de Bresse,

la région du sud-est comprend encore deux arrondissements qui appartiennent à la chaîne jurassique et qui terminent cette chaîne à son midi. Les montagnes n'y sont pas élevées, mais profondément sillonnées par la chute des eaux qui courent en torrents se jeter dans le Rhône. Cette contrée ne présente que peu de superficie à la culture, et l'on n'y peut remarquer que des vallons où croissent des fourrages abondants et quelques très beaux bouquets de sapins. Mais arrivés sur la rive même du Rhône, le pays se déploie plus largement et borde le fleuve d'une plaine fertile, dominée par un vignoble qui couvre les pieds du Jura, préservée du nord et se présentant en espalier au midi. Cette contrée qu'on nomme le Bugey fait partie du bassin du Rhône, et sa situation la rend propice aux productions les plus variées, mais qu'on ne saurait cultiver que sur de minimes proportions, tant l'espace y est resserré et la propriété subdivisée.

C'est aussi pourquoi les industrieux cultivateurs du Bugey ont peut-être compris qu'il leur convenait de profiter de l'espace rétréci et de l'heureux climat dont ils pouvaient disposer pour en obtenir des produits plus précieux que ne le sont les céréales. Outre la vigne, le chanvre et le colza, ils se sont adonnés, dans ces derniers temps surtout, à la production de la soie. Des mûriers à haute tige s'y montraient déjà depuis longtemps, et la population n'était pas étrangère à cette manipulation. Mais c'est au mûrier multicaule qu'il faut attribuer le grand développement qu'elle vient de recevoir. A l'aide des plantations de ce mûrier, ce petit pays a récolté cette année pour 230,000 fr.

de soies, et cette quantité peut être accrue de plus du double.

La plaine du Dauphiné borde le côté opposé du Rhône, l'assolement qu'on y suit est jachère, blé suivi de sarrasin. On distrait des parcelles du sol arable pour les consacrer, pendant quelques années, à la luzerne, lorsque la qualité du sol le permet, sinon au sainfoin ; car cette plaine repose sur des bancs de galets et ne prend de fertilité qu'en approchant de la chaîne alpestre. Mais les mûriers dont elle est parsemée ajoutent leur valeur superficielle à celle dont manque son terroir; car c'est ici que commence la vaste région des mûriers qui ne prend fin qu'aux Pyrénées.

Les mûriers sont mieux gouvernés dans le Dauphiné qu'ils ne le sont dans les pays plus avancés vers le midi, sans y être aussi grands, parce que le sol s'y oppose. On ne voit pas de lacunes dans leurs alignements, pas de brèches dans leur branchage, qu'on dirige régulièrement par une taille triennale et des soins continus, de manière à ce qu'ils présentent à l'air ambiant la surface la plus sphérique possible, et par conséquent celle qui peut se charger du plus grand nombre de feuilles.

La population si nombreuse dans le bassin du Rhône, facilite les opérations que demande la soie, et le voisinage du marché de Lyon excite puissamment cette population à s'y adonner.

La chaîne des monts sauvages de la Grande-Chartreuse sépare cette plaine de la vallée de l'Isère.

Nous en avons décrit l'aspect et raconté la fertilité; mais il est plus difficile d'en formuler les assolements;

car le sol, avide de produire, a montré dès l'abord aux cultivateurs tout ce qu'ils pouvaient en obtenir, en lui confiant à la fois les productions les plus variées. Aussi y recueille-t-on le colza à l'ombre des noyers, et le mûrier fournit sa dépouille printanière sur la même tige où l'automne vient mûrir le raisin.

Le maïs, le chanvre, les pommes de terre, le trèfle, la luzerne et le blé se succèdent dans des champs auxquels on dérobe encore des récoltes d'orge, de sarrasin, de millet et de navets, sans que le cultivateur prenne d'autre peine, que de sillonner ce sol fécond pour y déposer la semence qu'il lui convient d'y répandre. Ces productions croissent dans les intervalles régulièrement laissés entre des lignes d'érables ou de mûriers, qui aident à supporter la vigne, dont les sarments tirés d'une souche à l'autre forment des tables d'où pendent les grappes rougissantes du raisin. Ces vignes se nomment *hautains*, et rien n'est plus riche que la vue des moissons qui jaunissent entre ces larges rubans de verdure.

L'agronomie la plus savante ne saurait, en fait de production, aller au-delà de ce que la petite culture obtient de ce sol fécond, qui, sans cesse remué et sans cesse ensemencé, livre sans relâche une succession de récoltes qu'on peut ranger dans l'ordre suivant :

1re *année*. Chanvre fumé.
2e — Blé, suivi de trèfle.
3e — Trèfle.
4e — Blé, suivi de raves.
5e — Maïs fumé.
6e — Blé, suivi de colza.
7e — Colza.
8e — Blé, suivi de sarrasin.
9e — Luzerne semée avec le millet.

Nous dirons ici que la luzerne cultivée partout en Dauphiné, quoique sur de petites dimensions appropriées à la petite culture, n'y a pas été importée par l'effet des modernes améliorations; car elle s'y cultivait de temps immémorial, ainsi que le sainfoin, plante indigène sur tous les penchants des monts de cette province. C'est là que la graine s'en est recueillie pour en faire des prés artificiels.

Il n'y a pas d'assolements possibles dans la partie alpestre de cette région, car la nature des récoltes y dépend de conditions locales, tellement diverses et tellement spéciales, qu'elles imposent au cultivateur des nécessités auxquelles il est forcé de se soumettre.

L'ensemble de cette région, à l'exception d'une partie des bords de la Loire, porte partout ainsi le cachet de la petite culture et de la petite propriété. C'est là son trait caractéristique, et on ne peut en attendre que l'espèce des améliorations qui s'accordent avec de telles conditions agricoles.

Des animaux domestiques dans la région du Sud-Est.

Nous avons déjà dit que cette région se cultivait avec des bœufs, c'était dire que la race bovine y domine. Les chevaux n'y sont qu'en petit nombre et le mulet, de même que les bêtes à laine ne reparaissent qu'au sud de cette région.

La race bovine prend son point de départ dans le Charolais, où elle répond aux soins particuliers dont elle est l'objet, par la supériorité notable qu'elle s'est acquise sur toutes les espèces voisines. De ce point central cette race s'est répandue au nord comme au midi; mais en dégénérant également dans ces deux directions, jusque-là où elle vient rencontrer à l'est la race Suisse, à l'ouest celle d'Auvergne.

Les herbages du Charolais engraissent beaucoup plus de bœufs que le pays n'en peut fournir; aussi les engraisseurs vont-ils en acheter soit dans le Forez, soit dans la Bresse-Chalonnaise, où l'espèce s'est bien conservée. Cet engraissement se fait de même que dans les herbages de Normandie; si ce n'est toutefois que la végétation de ces prés étant plus tardive et moins abondante que celle de la vallée d'Auge, on ne peut les charger qu'aux trois quarts de ce que porte un herbage du Calvados.

Ces bœufs admirablement conformés pour prendre de l'engraissement, sont dirigés sur Lyon dès que leur embonpoint paraît suffisant, et pourvoient à l'approvisionnement de cette ville depuis le mois de juillet jusqu'à celui de février. Aux époques où la production dépasse la demande, on dirige le trop plein sur Paris. On y dirige également, vers le mois de mars, les bœufs engraissés de pouture dans le Morvan, dont l'espèce est fort semblable à celle du Charolais. Le nombre de ces bœufs, arrivés à Paris, en 1836, s'est élevé à 3,000, en sus de l'approvisionnement de Lyon.

Dans la Bresse, en revanche, la race du Charolais, avec les mêmes formes, acquiert plus de finesse et revêt un poil blanc. Elle est très disposée à prendre de l'engrais, mais d'après une autre méthode que celle du Charolais. Il n'y a pas en Bresse d'engraisseur par spéculation; toutes les métairies élèvent des bœufs pour leur propre service, et lorsqu'ils ont atteint l'âge de six ou sept ans, et qu'ils ont ainsi acquis tout leur poids, ils se voient remplacés par de plus jeunes, et on les met à l'engrais à la fin de la saison. Cet engraissement se fait donc à l'étable, et le fumier qui en provient profite à l'agriculture. On consomme à cet effet des pommes de terre et de la farine de sarrasin et de maïs, faisant succéder ces trois provendes l'une à l'autre. L'engraissement doit être complet au bout de cent jours; c'est alors que ces bœufs sont vendus pour remplacer, dans l'approvisionnement de Lyon, les bœufs du Charolais, dont le contingent est épuisé.

Sur les autres points de cette région, et au-delà du Rhône, l'espèce décline, et le bétail du Dauphiné devient de plus en plus chétif à mesure qu'on descend vers le midi, où les bêtes à laine viennent le remplacer, ce qui a lieu au-delà de Valence. D'ailleurs la race bovine n'est l'objet d'aucune autre industrie. On n'exporte pas de beurre, on ne fabrique d'autres fromages que ceux de Sassenage, dont la quantité est si minime qu'elle n'est qu'un objet de gastronomie. Le laitage de cette région se borne à fournir à la consommation locale le lait, le beurre et le fromage mou dont elle a besoin.

Cette région n'élève que très peu de chevaux, puisqu'ils ne servent pas à en labourer les terres, et les deux dépôts d'étalons que le gouvernement y entretient n'y peuvent être regardés que comme un objet de luxe. Ce que les départements dépensent pour ajouter des étalons à ceux que les établissements du gouvernement ne peuvent fournir est en pure perte, car les cultivateurs ne font aucun usage de ces producteurs. Ils ne peuvent servir qu'à donner quelques poulains à des amateurs qui destinent des juments de luxe tarées à leur procurer ce plaisir champêtre. Il serait même fâcheux que le goût de l'élève des chevaux vînt à se répandre dans une région où l'on a l'avantage de cultiver avec des bœufs, et c'est une imprudence de la part des conseils généraux qui en font courir le risque à leurs localités.

Au reste, il ne faudrait pas s'en alarmer, parce que la petite culture est tellement inhérente à cette région qu'elle y conservera l'usage du seul animal qu'il lui convienne de nourrir. L'unique risque sera donc de verser annuellement dans les mains des marchands de chevaux des fonds qui seraient beaucoup mieux employés à réparer des chemins vicinaux ou à donner des primes aux plus beaux taureaux; car il y a bien plus de profit pour un pays à perfectionner la chose qu'il possède et qu'il connaît, qu'à faire des efforts pour improviser des industries nouvelles, et par conséquent inconnues.

Il n'y a d'ailleurs dans cette région que la race des petits chevaux du Morvan qui ait quelque mérite; mais elle reste au-dessous de la taille du moyen échantillon. Les chevaux percherons fournissent, jusqu'à Autun, du côté droit de la Loire, et jusqu'à Lyon, sur la rive gauche, le service de ce moyen échantillon; sur tout le reste de cette région, ils sont remplacés par les chevaux suisses. Le gros échantillon et la remonte des rivières est approvisionné par les puissants chevaux de la race flamande que les marchands amènent des foires de la Picardie et de la Normandie.

Mais il y a une autre industrie qu'il convient de mentionner, et qui s'exerce dans la région alpestre du Dauphiné, où l'obligation de porter à dos rend l'usage du mulet presque indispensable. Trop pauvres en fourrage pour avoir pu monter une éducation de mulets, les montagnards dauphinois vont en acheter annuellement en Savoie au nombre de 1,000 têtes environ.

Ils les achètent à l'époque du sevrage et à l'état de poulains, au prix de 200 fr. en moyenne. Ces poulains se répartissent un à un chez les cultivateurs de ces âpres contrées, lesquels commencent à s'en servir à l'âge de deux ans, pour les revendre à celui de quatre. Ils arrivent alors à la foire de Beaucaire dans l'intention d'y faire concurrence aux mulets qu'on y amène du Poitou. Ceux-ci sont sans doute et plus grands et plus forts; mais ceux de Savoie sont actifs et vigoureux, et remplissent des emplois qui n'exigent qu'une moindre force. Leur prix n'en va pas moins de 700 à 800 francs, et c'est ainsi que le service du pays alpestre se trouve pourvu, en laissant quelque bénéfice à ses cultivateurs.

La région du sud-est n'est pas un pays à moutons, puisque ce caractère n'appartient qu'à son extrémité méridionale. Elle ne saurait même le devenir, parce qu'elle est un pays de trop petite culture, et que les bêtes à laine manquent dans un tel pays de l'espace qu'il leur faut. Mais on en trouve néanmoins de répandues en petits lots sur beaucoup de points où on les conduit sans méthode à la suite des vaches. Il convient de faire mention d'un bel établissement de bêtes à laine fine, institué par M. de la Chapelle, à la Rouge, propriété située aux bords de l'Ain et près d'un immense banc de galets qu'y ont autrefois déposé les eaux. Ce banc, d'une nature stérile et d'une grande étendue, présentait aux bêtes à laine un pâturage précieux par la finesse du gazon qui poussait entre les pierres. C'est ce dont M. de la Chapelle a su habilement profiter pour élever un troupeau fin resté à peu près le seul dans ces contrées.

Les bêtes à laine qui occupent l'arrondissement de Montélimart appartiennent à la belle race provençale. Vigoureuses et bien conformées, ces bêtes à laine portent une toison dont le brin, plus long que celui des mérinos, fournit cependant une laine à carder, robuste, nerveuse et avec laquelle on tisse à Vienne de bons draps pour l'armée.

L'espèce des porcs qu'on nourrit dans la partie de cette région que le Rhône laisse à sa rive droite appartient à la grande race pie du nord de la France; la Bresse en élève et en engraisse un grand nombre que des porchers conduisent même jusqu'à Paris. Sur la rive gauche du Rhône, on ne trouve, en revanche, que des porcs de l'espèce noire d'Italie.

La volaille joue enfin un grand rôle dans la Bresse. Non-seulement on l'y élève en grand nombre, mais elle y acquiert la meilleure qualité. On la nourrit de sarrasin et de maïs, et le dessous de lait fait son unique boisson. Le produit de la volaille y constitue la dot des filles, et c'est aussi pourquoi elles apportent tant de soins à son entretien.

Des améliorations rurales dans les régions du Sud-Est.

Cet article sera d'autant plus court qu'il a été plus longuement développé dans le chapitre précédent. En effet, les terres et la culture de tout le plateau qui, d'Auxerre jusqu'aux portes de Lyon, occupe le centre de cette contrée, ont une telle similitude avec celles du pays où M. Rousseau a exécuté les améliorations décrites dans le chapitre précédent, que nous ne saurions rien ajouter à cette description en faveur des habitants du Morvan, du Charolais et du Beaujolais, auxquels nous joindrons encore ceux des pauvres sols du Nivernais, du Bourbonnais et du Forez. Heureux si notre travail pouvait les porter à adopter des procédés dont nous avons vu de nos yeux l'utile application !

Mais il faut reconnaître qu'il existe une grande différence entre la position où M. Rousseau s'est trouvé et celle des cultivateurs dans les contrées que nous venons d'énumérer. C'est qu'il était fermier à rentes fixes et que le bénéfice de ses améliorations lui était en entier dévolu, tandis que les colons partiaires de la région du sud-est n'en ont que la moitié, c'està-dire une part trop insuffisante pour qu'ils puissent à eux seuls faire aucunes avances extraordinaires pour l'amélioration de leur culture, quelques minimes qu'elles soient. Il faut de toute nécessité et il est de toute justice que les propriétaires interviennent pour leur part dans des améliorations dont ils partagent le profit.

Ce sont là des combinaisons d'administration que les propriétaires entendent encore bien mal en France, quelque importantes qu'elles puissent être pour leur fortune personnelle et pour l'amélioration d'un pays dont le tiers environ est exploité par des colons partiaires. Nous citerons plus tard l'exemple d'une vaste amélioration exécutée par l'effet d'un contrat de cette nature, afin de montrer que son exécution n'a rien d'impossible.

Nous dirons même ici que cet exemple a été donné par un grand nombre des propriétaires de la Bresse, lorsqu'ils ont consenti à payer la chaux que leurs métayers transportaient pour l'épandre sur leurs terres. Mais ces propriétaires étaient puissamment stimulés par la présence au milieu d'eux d'une société agricole, qui, mieux que bien d'autres, a compris sa mission, c'est-à-dire qu'elle a exploré avec soin ce qui, dans la foule des innovations proposées, était à la convenance du pays, et ses efforts ont tendu à les y faire adopter. Aussi a-t-elle obtenu des résultats que nous nous sommes plu à signaler. Résultats généraux, apparents, et qui placent cette contrée au nombre des plus avancées en fait d'améliorations.

Le Dauphiné reçoit chaque jour les perfectionnements que comporte la petite culture qui lui est inhérente, par l'action simultanée de la foule de ses petits ou moyens propriétaires, classe aisée parce qu'elle a le génie de l'industrie et du trafic. Elle possède aussi assez généralement des capitaux supérieurs à ceux qu'exigent les avances de sa culture, puisque ce sont des capitaux que cette culture partage avec l'industrie. Rien ne manque ainsi aux cultivateurs dauphinois pour que leur intelligence naturelle, en se déployant sur le cadre étroit de leurs propriétés, n'y pousse pas à sa perfection l'art de le faire produire.

Ce ne sera pas, sans doute, avec les formes larges et les vastes tapis de trèfle qu'étale la ferme d'un cultivateur anglais. Il serait absurde de le supposer dans une contrée où l'on récolte la soie et du vin dont la qualité est connue. Et d'ailleurs recherchât-on ce résultat, il serait impossible de l'obtenir, parce que le climat s'y oppose et parce que le sol manquerait à ce genre d'amélioration. Inégal et tourmenté, il force le cultivateur de se plier aux exigences de sa nature. Or, le comble de l'art n'est pas de pratiquer un certain système agricole, parce qu'il a reçu l'assentiment des agronomes, mais bien à saisir dans chaque localité donnée ce qu'il convient de faire pour amener la terre à sa meilleure production. Voilà le problème réel de l'agriculture.

CHAPITRE IV.

Des conditions rurales de la région des oliviers. — Nature et configuration de cette région.

Lorsqu'après avoir quitté Montélimart, on a gravi le mont qui s'élève au midi de cette ville jusqu'au point culminant qu'occupe au milieu des bruyères une chapelle ruinée, une scène inattendue, mais d'un immense effet, se développe aux regards qui vont se perdre au loin dans l'horizon vaporeux de la mer ; le Rhône partage en deux ce bassin qu'il s'est créé lui-même entre les Alpes et les Cévennes.

Les campagnes qui s'étendent dans ce bassin ont pris, sous les rayons d'un soleil dont l'éclat ne se ternit jamais, un aspect oriental. Les arbres et la verdure du nord ne se montrent plus au midi du point dont nous décrivons la perspective. Le mont sépare les deux climats, et sur son versant méridional les chênes gardent leurs feuilles, à l'exemple des oliviers et des cyprès ; des touffes de figuiers et de mûriers, épars dans les champs, transportent tout d'un coup le voyageur dans les contrées méridionales dont cette scène offre l'image.

Cette région s'élargit sur la rive gauche du Rhône entre les Alpes et la mer jusqu'au cours du Var, où commence l'Italie. Cet espace comprend la Provence et l'ancien Comtat d'Avignon. A la droite du fleuve la même région comprend toute l'étendue que décrit la cime des Cévennes jusqu'au point où ces hauteurs viennent se rattacher à la chaîne des Pyrénées, n'ayant au midi que la mer pour limite.

L'ensemble de cette région se déploie ainsi en un immense amphithéâtre, abrité du nord par la vaste enceinte que lui tracent les montagnes dont il est dominé, et s'abaissant au midi vers les rivages de la mer qui la bordent d'Antibes jusqu'à Perpignan.

Le Rhône, en versant devant lui et délaissant sur ses flancs l'immense dépôt des alluvions qu'il a transportées avec ses flots ou qu'il a reçues de ses affluents, le Rhône a formé au centre de ce bassin une vaste plaine nivelée par les eaux et dont l'extrémité reste indécise entre la terre et la mer, car les alluvions empiètent sans cesse sur le domaine des eaux, et la plaine gagne chaque année sur ce domaine en y formant des lagunes et des marais, que de nouvelles alluvions finissent par consolider. Ce delta du Rhône commence au-dessus d'Avignon, car le riche Comtat en fait partie, et, s'ouvrant en triangle, arrive à la mer où sa base occupe une largeur de 15 lieues, tandis que son sommet en est distant de 16. Ce delta contient ainsi une superficie de plus de 200 lieues carrées. Mais le sol est loin d'en être homogène, tant les débordements du Rhône et de la Durance, dont il a été formé, y ont versé des débris de nature différente. Ainsi le sommet du triangle placé au-dessus du cours de la Durance n'en a pas reçu les dépôts; sa terre en est plus féconde, arrosée qu'elle est par les dérivations des eaux qui s'écoulent de la fontaine de Vaucluse; ce territoire offre, avec une belle culture, une fertilité comparabe à celle de la Lombardie.

Mais au-dessous du confluent de la Durance, il s'est fait comme un partage d'après lequel toutes les alluvions terreuses ont été se déposer sur la rive droite du Rhône, où elles ont formé l'île de la Camargue, qui partage ce fleuve en deux bras; les alluvions pierreuses, en revanche, se sont jetées en masse sur sa rive gauche, où elles ont formé la singulière plaine de la crau d'Arles, tellement couverte de cailloux qu'il est impossible de l'entamer avec la charrue. Cette circonstance, paraissant inexplicable aux anciens habitants du pays, leur avait fait admettre qu'Hercule, en revenant d'Espagne, passa par Arles (et c'était en effet son chemin); fatigué de la chaleur, il avait mis ses habits sur son épaule; les Arlésiens, choqués du costume dans lequel il traversait leur ville, le poursuivirent avec des huées; mais Hercule, choqué à son tour et apparemment susceptible, prit une montagne qu'il trouva sous sa main, et, en lançant les débris aux Arlésiens, en couvrit toute la plaine.

Quoi qu'il en soit de cette histoire, qu'on nous a racontée à Arles, mais dont nous ne garantissons pas l'authenticité, la plaine de la Crau complète l'enceinte du delta dont elle occupe près d'un tiers.

Le territoire qui s'étend de ce delta jusqu'au Var ne présente nulle part d'espace nivelé. Le pays, sans s'élever en montagnes, offre une surface hérissée de collines et de hauteurs rocheuses, laissant entre elles des vallées et des enfoncements plus ou moins spacieux, où courent parfois des torrents qui portent la fraîcheur et parfois la dévastation sur leurs rives. L'aspect de cette contrée provençale est donc très accidentée, et se prête, par conséquent, à des cultures d'autant plus variées que les arrosements couvrent de la plus riche verdure les points où ils peuvent atteindre, tandis qu'un soleil plus ardent que celui de l'Italie y favorise l'olivier, y fait mûrir l'orange et décore de palmiers les jardins d'Hières.

Mais de rougeâtres rochers et des monts arides s'interposent entre ces végétations orientales et ces prés toujours verts, pour rappeler le pouvoir dévorant qu'exerce sur ces côtes un soleil dont rien ne tempère l'ardeur.

L'espace qui s'étend de la rive droite du Rhône jusqu'aux limites du territoire où croissent la grenade et l'olive, se prolonge davantage sur une largeur moindre. Le sol en a été moins tourmenté par les révolutions du globe, et n'en porte pas des empreintes si grandioses ni si terribles. Les traits en sont adoucis; les montagnes, moins colossales que les Alpes qui s'élèvent au nord de la Provence, ne projettent pas de même leurs bras décharnés dans la plaine, qui ne présente que de rares accidents, occasionnés par la présence des cours d'eau descendant des montagnes supérieures et qui vont à la mer en sillonnant la plaine. Des collines et des aspérités coupent ce bassin, comme pour offrir d'heureux sites aux vignobles et aux bois d'oliviers.

La fertilité de ces terres n'a rien de remarquable ; c'est à la nature de leurs productions que le pays doit sa richesse ; car telle est la merveille de ces terres du midi qu'on n'y trouve pas une ronce qui ne soit odorante, pas un arbrisseau dont la feuille ne soit précieuse, pas un arbre qui ne soit fructifère. L'oranger, l'olivier, la vigne, l'amandier, le pêcher, le mûrier, la garance, le câprier, le pastel, le safran, donnent des produits qui sont des marchandises et non pas des denrées. Leur plus-value donne à leur culture une valeur que ne peuvent jamais avoir la production des céréales, ni celle des herbages. C'est ce fait qu'il faut avoir sans cesse présent à l'esprit, lorsqu'on parcourt cette région, qu'une femme de haute renommée appelait une gueuse parfumée, car elle n'y voyait ni la verdure ni les grands végétaux du nord ; tout lui en paraissait rabougri et décharné.

La culture repose ainsi, dans cette région, sur des éléments très différents de ceux dont nous avons fait dépendre ailleurs sa prospérité. Celle du midi, en produisant des marchandises, ainsi que nous l'avons dit, crée aussi autour d'elle un grand mouvement mercantile, d'où il a résulté à la fois que le pays s'est couvert d'un beaucoup plus grand nombre de villes, et qu'il s'y est amassé beaucoup plus de petits capitaux, toujours prêts à alimenter une agriculture dont ils retirent des profits directs, par le trafic qu'ils font avec ces produits.

Les habitations rurales de cette région sont aussi beaucoup mieux et plus solidement construites que dans aucune autre. L'abondance des matériaux leur a permis de les bâtir avec de belles pierres, et les villages de construction moderne sont des modèles à cet égard. Il se crée ainsi partout des villes et des villages neufs, commencés d'abord à titre de faubourgs, mais qui viennent remplacer à mesure les antiques cités et les bourgs qu'on avait jadis placés sur les points culminants de la contrée. On les y avait enveloppés de tours et de créneaux, en rendant ainsi leur abord difficile et leurs ruelles impraticables aux voitures.

L'idée de la défense et de la protection locales avait inspiré un système de construction que notre sociabilité et les besoins de nos mœurs et de notre industrie proscrivent maintenant. En sorte qu'il faut reprendre en sous-œuvre toutes ces édifications du temps passé pour les raccorder avec l'exigence de nos temps modernes. C'est ce qu'on a fait il y a longtemps à Aix et à Marseille, ce qu'on fait sans relache à Nîmes, à Montpellier, dans la plupart des petites villes, des bourgades et des villages, c'est ce qu'on ne tardera pas à faire à Avignon.

La mer, le Rhône et les canaux de Bouc et de Beaucaire desservent cette région, qui communique à l'ouest avec l'Océan par le canal de Languedoc, auquel celui de Beaucaire vient se joindre. Ce large système de communication pourvoirait à tout, si la navigation du Rhône en amont d'Avignon offrait au commerce une navigation plus facile. Car elle est sans obstacles d'Avignon à Arles, en raison de l'énorme volume d'eau contenu entre deux digues, et d'Arles à la mer on a suppléé aux inconvénients qu'offraient les lagunes qui encombraient les bouches du fleuve, par la construction maintenant terminée d'un canal latéral dirigé d'Arles au port de Bouc. On a construit le canal de Beaucaire dans le même but d'éviter l'obligation d'emprunter la mer pour faire communiquer la navigation du Rhône avec celle du canal de Languedoc. Mais le Rhône qui, pour la descente de Lyon à Avignon, offre une navigation des plus rapides, rend en revanche la montée d'une lenteur désespérante, au point que le commerce ne confie à ce trajet que les objets de très grand encombrement, tels que les sels et les vins communs du Languedoc, que l'on vient mêler à Lyon avec ceux du Beaujolais et du Mâconnais. Tout le reste se transporte par le roulage.

L'opération la plus capitale que l'administration ait à exécuter en France, est sans contredit d'ouvrir une voie prompte et sûre aux transports chargés d'exécuter l'échange de tout ce que le midi envoie au nord, et de tout ce que le nord verse dans le midi ; car le bassin du Rhône offre déjà une pente nivelée au canal latéral ou au chemin de fer que les ingénieurs jugeront convenable d'établir.

Les bateaux à vapeur ont déjà été d'un grand secours à cette navigation ; mais la remonte de ces bateaux ne peut ramener à Lyon que de bien petits volumes de marchandises, et leur départ éprouve souvent des retards par les difficultés inattendues que leur présente à tout moment ce fleuve désordonné. Il faut une autre voie ; mais il est indispensable que le gouvernement y mette la main, car les compagnies sont encore, en France, trop faibles pour entreprendre seules avec quelques chances de succès, un travail aussi opiniâtre et dont les difficultés sont immenses, en raison du grand nombre des affluents sur lesquels la voie d'eau ou de fer devrait passer.

MM. Séguin ont lancé avec succès un pont suspendu sur le Rhône, entre Saint-Vallier et Tournon. Ce pont était très bien motivé, parce qu'il se trouve sur la grande route même qui fait communiquer toute la rive gauche du Rhône avec Saint-Étienne, Roanne et Paris. Celui qu'on a établi entre Tarascon et Beaucaire sert au passage de la Provence en Languedoc, et on y arrive des deux côtés par une large route. Mais le succès de ces deux entreprises a stimulé l'ardeur de beaucoup d'autres entrepreneurs qui, à l'aide d'actionnaires, ont jeté ou jettent une quantité de ponts semblables sur le cours du fleuve, et sur des points qui ne répondent qu'aux misérables rochers du Vivarais et des Cévennes.

Il est donc fort à craindre que tant d'entreprises rivales, tout en rendant service au pays, n'y trouvent pas l'aliment nécessaire pour prospérer, et qu'une fois en déclin, elles ne cessent d'apporter à l'entretien de leurs vastes et périlleuses constructions l'attention constante qu'elles exigent, et qu'elles ne périssent brusquement par quelques catastrophes, car l'excès de la concurrence à laquelle on a pendant longtemps accordé tous les mérites, finit par arriver à un point au-delà duquel apparaissent ses inconvénients, que dans le début personne n'avait aperçus.

Les concurrences servent, dit-on, le public à bon marché. Sans doute; mais il ne faut pas que ce public soit servi à trop bon marché, car alors il l'est mal, parce qu'avant de renoncer à leur entreprise, les concurrents font économie de tout, et continuent leurs exploitations dans l'espoir que la mort des plus faibles d'entre eux rétablira l'équilibre, et pour le plus souvent ils arrivent à peu près en même temps à leur ruine.

Il y a d'ailleurs tel genre d'entreprises pour lesquelles il faut des capitaux considérables, si l'on veut les poursuivre de manière à satisfaire les besoins du public, et cependant la crainte des concurrences suspendues sans cesse sur la tête des capitalistes leur ôte toute confiance au détriment de ce même public. Nous habitons nous-même un point d'où jadis deux routes postales conduisaient à Paris. M. le directeur général des postes, pour satisfaire aux demandes de MM. les députés des départements intermédiaires, a institué deux nouvelles routes parallèles, et ayant dernièrement passé par l'une d'elles, nous avons appris que, depuis trois mois, la poste n'y avait attelé aucune voiture; tandis que cette quadruple concurrence avait découragé les maîtres de poste des anciennes routes, et qu'ils n'avaient pas remplacé leurs chevaux de réforme, d'où il est résulté que les voyageurs sont nécessairement mal servis sur ces diverses routes.

Ce cas ne se présente guère, au reste, dans la région des oliviers, où il n'y a, en fait de route, qu'une ligne parallèle à la mer, et qui se prolonge d'Antibes jusqu'à Perpignan, avec les embranchements nécessaires pour desservir les villes importantes de la contrée. Sur cette ligne horizontale aboutissent trois parallèles qui montent perpendiculairement vers le nord; l'une d'Aix à Grenoble, la seconde d'Avignon à Lyon, et la dernière de Montpellier à Clermont.

Le réseau formé par les communications départementales et vicinales destinées à rejoindre ces grandes lignes routières, était très incomplet et dans le pire état, sur la portion provençale de cette région ; très complet et très carrossable en revanche dans la partie languedocienne. Les états du Languedoc s'étaient jadis piqués d'émulation à cet égard. En dernier lieu, les départements de Vaucluse, du Var et des Bouches-du-Rhône ont fait de grands travaux, et ces contrées sont rendues plus abordables.

Du mode d'exploitation des terres dans la région des oliviers.

Cette région présente comme on vient de le voir, par sa configuration, des natures rurales très dissemblables, et il s'ensuit des dissemblances analogues dans la subdivision qu'y a subie la terre ainsi que dans le mode de son exploitation.

Ainsi dans les grandes plaines que forme le delta du Rhône, le pays est réparti en grandes et très grandes propriétés. Avec elles reparaissent aussitôt les fermiers à rentes fixes, lesquels ont seuls les capitaux suffisants pour les faire valoir. Ces capitaux demandent à être d'autant plus considérables, que la majeure partie de ces grandes propriétés appartient à la culture du steppe, et c'est à notre connaissance le seul échantillon qu'en possède la France. Cette culture comporte bien moins de travaux aratoires que de soins pastoraux. D'immenses troupeaux de bêtes à laine, de chevaux et quelques-uns de bœufs, couvrent ces plages incultes, où croît l'oseille sauvage au milieu de la bruyère dans l'île de Camargue, et la lavande et le thym, entre les cailloux de la Crau.

Le capital de ces troupeaux appartient aux fermiers qui louent du propriétaire les steppes sur lesquels ils passent l'hiver. Un mas, en terme du pays, c'est-à-dire un grand corps de bâtiment, sert, comme le *cazale*, dans la plaine du Latium, de manoir à l'exploitation, et comme dans le Latium aussi, il est rare que les familles de fermier séjournent dans ces mas. Elles vivent à la ville, à Arles, à Salon, à Saint-Gilles ou à Sainte-Marie, cités placées au bord du désert et d'où les fermiers et leurs ménagères vont et viennent en temps de récoltes ou en cas d'affaires, montés sur leurs petits chevaux gris. Celles-ci, assises sur leurs selles à fauteuil, poussent leur cheval à l'amble et profitent de la douceur de cette allure pour tricoter le long de la route uniforme et déserte qu'elles doivent parcourir; à moins toutefois qu'elles ne portent un nourrisson dans leurs bras, ce qui les rend étrangères aux cris des vanneaux et des pluviers partant de tous les buissons et de tous les tamarins de la route, à mesure que l'arrivée des chevaux les effraie.

Ce n'est donc pas faute de capitaux que l'état agricole du delta formé par l'embouchure du Rhône est resté sauvage; il faut s'en prendre à la nature du pays qui, dans la Crau, s'oppose à toute culture, et dans la Camargue demande, avant d'être cultivé, des travaux et des avances qui ne sont pas du ressort des fermiers. Ces travaux ne sont pas moins que des canaux de desséchement et d'arrosement, pour dessaler et limoner à la fois ces terres; ce sont des chemins, des habitations, et finalement tout ce que demande l'importation d'une population que les émanations fiévreuses de l'air, la grande propriété et la culture pastorale, ont empêché jusqu'ici de naître. C'est ce dont on s'occupe activement aujourd'hui, ainsi que nous le verrons dans un autre chapitre. Il n'y a d'ailleurs dans cette contrée à peu près point de cultivateurs propriétaires.

A la gauche du Rhône et à l'est du delta dont nous venons d'indiquer quelques traits, commence la subdivision des terres et la petite culture. Sur quelques points rares et plus ouverts du pays, c'est-à-dire sur le littoral, on retrouve des moyennes et même quelques grandes propriétés, cultivées par des fermiers à rentes fixes, dont le travail, il est vrai, n'est exécuté qu'avec beaucoup de négligence. Le reste de la contrée n'est exploité que par des colons partiaires, auxquels il est d'usage de confier, outre le vignoble, le peu de prés, de terrains plantés et de sol arable que contient le domaine.

Ce système usité dans l'Orient, ainsi qu'en Toscane, attache ainsi une famille à chaque manoir. Cette famille y perpétue volontiers son domicile, et il n'est pas rare d'en voir qui y aient séjourné depuis plusieurs générations, tant le propriétaire a mis de confiance en elles, bien que leurs intérêts, identiques lorsqu'il s'agit d'obtenir les produits de la terre, se divisent quand vient le moment de les partager. Mais il s'est établi entre le propriétaire et le colon partiaire, par l'effet d'une habitude universelle dans le pays, un mode de vivre d'après lequel tous les intérêts s'enchaînent, tous les froissements s'aplanissent et toutes les difficultés se résolvent en une sorte de communauté bienveillante où chacun met du sien.

Le colon partiaire soigne avec affection le mulet du propriétaire, dont il partage le service. La femme et les filles du colon portent au propriétaire, dont la résidence principale est à la ville voisine, la primeur de ses fruits, et soigne l'intérieur de sa maison lorsqu'il y vient séjourner. Le jardin, les fruits, le laitage, les animaux, la vigne, les figuiers, les amandiers, la prairie, s'il y en a, et les céréales, aussi bien que l'olivier, tout est commun et sujet au partage entre eux.

Dans un tel pays, ce partage est avantageux au colon partiaire, attendu qu'une partie des produits sont arborescents, et que la récolte s'en fait ainsi sans avoir occasionné au métayer des frais de culture. Ses amandes, ses fruits secs, ses olives ne sont guère pour lui qu'un produit net qu'il recueille sur un espace resserré, et qui se réalise sans grande manutention. Aussi la population de ces départements présente-t-elle une apparence d'aisance supérieure à celle du reste du royaume. Cependant comme les oliviers, en entrant dans celui du Var, acquièrent une végétation triple au moins de ce qu'elle se montre dans le voisinage du Rhône, la part du colon partiaire serait trop belle, si on lui abandonnait la moitié de leur récolte. Aussi l'usage est-il de réserver au propriétaire les vergers d'oliviers qu'il fait soigner par sa propre économie et dont le plein de la récolte lui appartient. On n'abandonne au partage du métayer que les oliviers isolés.

La culture à économie de ce qu'on appelle les vergers, c'est-à-dire les grandes plantations d'oliviers, est assez généralement pratiquée dans le midi. Cet usage vient de ce qu'un laps de 50 années étant nécessaire pour qu'une plantation d'oliviers soit en plein rapport, un métayer ne saurait entrer dans de telles conditions. Ce ne peut être que l'affaire du propriétaire qui se dédommage seul de sa longue attente en jouissant de la part entière du produit de sa plantation et trouve facilement à vendre sa récolte sur pied aux petits marchands d'huile dont le pays abonde, en sorte qu'il est débarrassé du plus grand des embarras que donnent les oliviers, celui d'en faire la récolte et d'en fabriquer l'huile.

Les mêmes usages dominent dans les modes d'exploitation pratiqués dans la portion de la région des oliviers qui se prolonge sur la rive droite du Rhône, entre la mer et les montagnes, jusqu'à la chaîne des Pyrénées. Cette contrée est aussi en effet un pays de petite et moyenne culture où la propriété est très divisée, hormis le long du littoral où les terres salées de nouvelle création y forment, comme en Camargue, de vastes propriétés, et où ce qui n'est pas consacré aux marais salants est soumis à la culture du steppe et au parcours des troupeaux.

Le surplus de cette belle contrée qu'occupent tant de villes et de villages se partage en superficies bornées, devenues l'apanage des capitalistes citadins et des cultivateurs propriétaires. Les plus riches d'entre ces capitalistes ont plusieurs de ces propriétés et les administrent par des colons partiaires, car nous avons vu que tel était le seul moyen d'exécuter la culture horticulturale qu'exigent les produits de ces climats. Le sol de cette partie de la région des oliviers est en masse moins productif peut-être que celui de la contrée que le Rhône laisse sur sa rive gauche, mais il est travaillé avec beaucoup plus de soin, ce qu'il faut attribuer à une disposition plus intelligente et plus civilisée de la population champêtre. La vigne y est plus régulièrement alignée, les mûriers plus habilement taillés, les travaux d'irrigation plus multipliés, plus artistement ménagés, l'espace mieux appliqué à la production.

L'aisance est aussi générale parmi les cultivateurs de cette contrée. Les signes s'en montrent dans leurs demeures, dans leurs costumes, comme dans l'état florissant de leur agriculture. On y sent partout la présence d'un capital capable de pourvoir à tous les besoins, capital amassé par l'industrie mercantile qui s'infiltre partout dans cette agriculture, en raison de la nature de ses productions, et lui apporte des éléments de prospérité, en créant une foule de propriétaires aisés dont les intérêts se partagent entre les soins à donner, tant à leur domaine qu'à leur trafic.

On peut donc admettre qu'un tiers à peu près de la région des oliviers, à prendre dans le delta du Rhône et sur le littoral qui se prolonge sur ses deux flancs, appartient à la grande propriété, à la grande culture et aux fermages à rentes fixes, tandis que les deux autres tiers, tant à la gauche qu'à la droite du Rhône, se cultivent par leurs propriétaires ou par des colons partiaires, exploitation qui s'accorde avec la petite ou moyenne culture que comporte seule la nature de ce pays et de ses productions.

Des cultures dominantes dans la région des oliviers

Nous avons fait, sous le rapport agricole, trois parts de cette région ; nous allons nous occuper en premier lieu des cultures dominantes dans le delta du Rhône ; nous nous occuperons plus tard de celles qui distinguent les deux autres parts.

La grande culture arable se pratique au sommet du delta, dans les terres d'ancienne formation, c'est-à-dire dans le territoire qui s'étend entre Orange et Arles, ainsi que quelques bassins plus ouverts des deux autres parties de cette région ; mais, si ce n'est dans l'intervalle entre Arles et Tarascon, cette culture est fort entremêlée de vignobles et de mûriers, et très enrichie par des cadres d'irrigation qui contiennent les plus riches prairies. En sorte que les céréales sont loin d'en être l'unique produit.

La vigne se confie séparément à des colons partiaires ; les feuilles du mûrier se vendent sur l'arbre, par les fermiers, aux petits ménages de l'endroit, et eux-mêmes n'en gardent que ce que leur propre magnanerie peut débiter. Le produit des prairies, arrosées après avoir alimenté les beaux attelages qu'entretiennent les fermiers pour faire, après leur culture, le roulage de Marseille à Lyon, est vendu pour l'approvisionnement des villes et des auberges des grandes routes. Ceux des fermiers dont l'exploitation est en dehors du domaine des irrigations remplacent ce fourrage par de la luzerne, production vitale de toute cette agriculture.

L'assolement du sol arable qu'elle n'occupe pas est constamment jachère et blé. Ce dernier est donc en définitive la culture dominante de la plaine du Comtat et du delta du Rhône jusqu'à la latitude d'Arles, bien que les champs y soient entremêlés de vastes prairies et de beaucoup de vignes et de mûriers. La culture céréale domine également sur les points où l'espace et le sol ont engagé les propriétaires des autres parties de cette région à traiter en grand leur culture. Les céréales atteignent toujours dans le midi le maximum de leur prix sous la législation de balance qui régit maintenant la matière en France; car les grains que cette partie du pays récolte sont loin de satisfaire à sa consommation, et ils ne sauraient être introduits de l'étranger qu'autant que le cours a atteint ce maximum. Ceux que le Rhône y amène du nord n'y arrivent jamais avec assez d'abondance pour produire une baisse qui fasse tomber le prix des grains au-dessous de ce même maximum; ils l'empêchent tout au plus de le dépasser, en sorte que cette région a toujours la mercuriale la plus élevée du royaume, et pourtant la culture arable y est favorisée.

Entre Arles et Tarascon, cette culture est débarassée de toute concurrence; les champs ne sont plus encadrés de mûriers, la vigne a disparu, et les arrosements ne sont pas encore arrivés jusque-là. Une plaine régulièrement nivelée par les eaux se trouve ainsi divisée en vastes pièces de champs que séparent des fossés bordés de tamarins. Des champs de luzerne interrompent seuls l'uniformité d'une campagne où le blé n'alterne qu'avec la jachère.

Le même système de culture se retrouve dans le bassin d'Aix et dans tous ceux qui, en s'élargissant, présentent une superficie suffisante pour y exercer la grande et surtout la moyenne culture. Sur les plages du littoral, là où elles s'abaissent de manière à confondre leurs limites avec celle des flots de la mer, la culture pastorale est seule en honneur.

Cette culture, semblable à celle de tous les steppes, y est dominante, parce qu'elle s'accorde avec la nature d'un pays dépourvu d'habitants par l'effet d'événements historiques, ou de circonstances locales ; car s'il y avait des habitants, ce pays aurait cessé d'être un steppe

Celui qui s'étend sur une partie du littoral de la Méditerranée a dû ses conditions agricoles à sa formation tardive. Créées par des alluvions qui empiètent sans relâche sur le domaine des eaux, ces terres nouvelles et dont les limites restent longtemps indécises entre la terre et la mer, ne présentent pendant longtemps aucune assiette solide à la propriété, en sorte que ces alluvions sont dévolues à la propriété voisine, fondée sur de plus anciennes alluvions. Cette propriété s'en empare peu à peu en y envoyant paître ses troupeaux, ce à quoi nul ne s'oppose. Le droit naît de cette jouissance prolongée, jusqu'à ce qu'étant passée à l'état de propriété solide et vendable, le propriétaire a pu en détacher, en l'aliénant, la portion la plus anciennement sortie des eaux, en conservant pour lui les dernières alluvions.

De la sorte les steppes du littoral ont pu se diviser en plusieurs grandes propriétés ; mais par leur étendue même, elles en ont écarté une population qui n'y trouvait pas d'asiles, et dont la culture pastorale ne réclamait pas l'emploi.

Cette culture à son tour s'est établie, parce qu'elle était la seule praticable sur les alluvions de fraîche date, où le soc n'osait entamer des terres que les flots rendaient et reprenaient tour à tour en les couvrant d'une stérile saumure; mais cette saumure même était favorable aux troupeaux, qui prospéraient dans ces herbages, presque uniquement composés de bruyère et d'oseille.

Cette prospérité ne pouvait durer pour les bêtes à laine que pendant la saison d'hiver. Le hâle de l'été, le défaut d'herbes, les exhalaisons des marais leur seraient devenus mortels; aussi a-t-on fait usage des pâturages nuageux des Hautes-Alpes pour y conduire ces troupeaux pendant l'été. Ainsi s'est établie une transhumance fondée sur des convenances réciproques. Le steppe a donc fait naître la culture pastorale, et cette culture conserve à son tour le steppe, parce qu'elle le rend productif en raison même de ce qu'il est plus voisin des pays civilisés, où il trouve à vendre avantageusement ses produits.

Cependant, pour mettre plus à profit et la culture pastorale et les alluvions assez anciennes pour que les eaux douces aient lavé la saumure dont leur sol était imprégné, on a associé cette culture à celle des céréales, en défrichant des pièces de terre sur lesquelles on fait parquer les troupeaux dans l'année de jachères pour les semer en blé l'année suivante. Il y a donc, après cette culture pastorale, et en seconde ligne, une culture arable dans les steppes, qui ne manque que dans la plaine de Crau, parce qu'elle y est impossible à cause de la nature du sol, ainsi que sur l'extrême littoral, où la terre n'a pas encore été assez dépouillée du sel qu'elle contient.

Les cultures dominantes dans la portion de cette région, qui s'étend de la rive gauche du Rhône jusqu'aux frontières de l'Italie, sont en premier lieu celle de l'olivier, car elle prime celle de la vigne, du mûrier, des fruits de toutes espèces ; et les cultures céréales n'y prennent rang qu'à leur suite.

L'olivier grandit et se multiplie à mesure qu'on se rapproche du cours du Var ; et lorsqu'on est parvenu à la hauteur de Draguignan, les pentes des monts se couvrent de véritables forêts d'oliviers, dans lesquelles la lumière ne joue plus qu'à travers les interstices que laissent entre leur branchage touffu de vieux rameaux desséchés. Futaies de grand prix, ces bois témoignent des heureuses dispositions du sol à produire cet arbre oléifère, et laissent le regret de voir dans le pays tant de terres découvertes et tant de montagnes dépouillées de cet arbre qu'on croirait indigène à ce climat.

Nous n'hésitons pas à dire que si les départements du Var et des Basses-Alpes appartenaient à des propriétaires lucquois ou toscans, ils y auraient implanté le double des oliviers auxquels ces contrées doivent leur unique richesse. Ils n'y auraient laissé aucun vide, et se seraient emparés de toutes les pentes dont ils auraient soutenu les terres par des terrasses, qu'ils auraient fait monter sur les flancs les plus escarpés des montagnes, aussi haut que la froidure du climat le leur aurait permis. Une excitation suffisante à multiplier la culture de l'olivier leur serait venue de la demande et du prix toujours croissant de l'huile que produit cet arbre. Cette huile est la seule dont on puisse faire usage en France, sous le nom d'huile d'Aix, car toutes celles de l'étranger ont reçu de leur fabrication une odeur et un goût trop répugnants pour qu'on puisse les consommer comme aliment, à moins d'y avoir été habitué dès l'enfance.

Mais l'établissement d'une olivéterie n'est pas en la puissance des petits propriétaires, et moins encore des colons partiaires; les propriétaires aisés peuvent seuls confier à l'avenir la rentrée d'avances dont le remboursement se fait attendre de 25 à 50 ans. Il faut, pour exécuter de telles entreprises, un génie patient, que la nature, en l'accordant aux Italiens, a refusé aux Français. Cependant il y a eu une époque quelconque où les propriétaires des départements du Var et des Basses-Alpes ont planté les oliviers qui s'y voient aujourd'hui; les mêmes éléments existent encore maintenant, et ils pourraient suffire à propager, de proche en proche et sur des dimensions annuelles très rétrécies, les plantations d'oliviers.

C'est à quoi peut arriver le mouvement propagateur d'amélioration qui semble agiter toutes les populations, et quelque distants des centres de ce mouvement que soient ces départements, par leur génie particulier ou par leur position géographique, ils peuvent même, à leur insu, en subir l'influence.

Les habitants de ces contrées ne sont pas laboureurs, car ils sont plus favorisés par le ciel que par la terre, qui ne leur présente aucuns des caractères que demandent pour prospérer les cultures céréales. L'espace y est resserré par les plis du terrain, qui ne s'élargit qu'en approchant des rives de la mer. Sec et rocheux, il s'oppose au jeu de la charrue, tandis que le climat et les formes de ce terrain se prêtent aux cultures horticulturales. Aussi la vigne vient-elle partout disputer l'espace à l'olivier, et dans ce débat, c'est la vigne qui domine l'olivier, par la seule raison qu'on cueille dès la troisième année des raisins sur les jeunes ceps. Aucun vin de quelque mérite n'est cependant produit par cette culture vignicole, mais quel qu'il soit, il trouve son débit; car, s'il ne peut s'écouler à titre de vin, on le transforme en esprits, et il s'écoule à Marseille sous cette dénomination.

Mais avant de convertir en vin les raisins qu'on recueille dans les vignobles de cette contrée, on en prépare les plus beaux par la dessiccation pour être encaissés et livrés sous cette forme au commerce. Les pêches et les figues ont la même destination; aussi voit-on le pays parsemé des touffes épaisses du figuier à larges feuilles, ou animé par le léger branchage du pêcher, qui n'empêche pas la vigne de mûrir les raisins qui croissent à son ombre.

Les amandes et les câpres sont plantées dans les lieux les plus arides, et donnent un produit de quelque valeur, là même où des moutons trouveraient à peine leur pâture. Les mûriers, en revanche, sont négligés dans la contrée dont nous nous occupons, soit parce que, entre autant de productions variées, on ne saurait donner à toutes la même attention, soit parce que le sol leur est moins favorable qu'en Languedoc et en Dauphiné. Les mûriers sont en petit nombre en Provence, leurs alignements sont interrompus au bord des champs aux places où sont morts des arbres qu'on n'a pas remplacés, et ceux qui survivent sont mal ou négligemment taillés.

Mais il y a, dans le département du Var, une localité choisie où l'abri naturel et les eaux ont permis de réunir, sur un espace borné, les productions qui ne croissent qu'en Orient, comme pour en donner à la France un échantillon unique. C'est à Hières que l'on trouve ce phénomène, et de la plaine qui conduit au promontoire sur lequel s'étale cette riche scène agricole, on aperçoit à distance les palmiers venus d'Afrique. Ces arbres s'élèvent voisins les uns des autres sur un tertre, dont tous les autres sont bannis, comme pour ne pas mêler leur feuillage vulgaire aux pompes du midi et aux palmes de l'Orient. Plus bas se montrent des vergers d'orangers, peu pittoresques par leurs formes, mais brillants par la verdure de leur feuillage et la beauté de leurs fruits. Toutes les fleurs et tous les fruits s'entremêlent dans ces jardins, que l'on a beaucoup visités, beaucoup racontés, mais qui ne sont qu'une exception et restent étrangers à l'économie rurale, par cela même qu'ils sont exceptionnels.

La contrée qui se prolonge de la rive droite du Rhône jusqu'aux confins méridionaux de la chaîne des Pyrénées, appartient encore à la région des oliviers, quoiqu'ils n'y soient qu'en petit nombre et qu'ils y demeurent rabougris. Le sol où ils végètent est pauvre, et le climat marque dans cette contrée leur dernière limite; chaque grand hiver rétrécit même cette limite au profit de la vigne et du mûrier. Aussi faut-il ranger ici les cultures dominantes dans un ordre différent, et placer la culture vignicole au premier rang;

car nulle part en France cette culture n'a reçu un aussi prodigieux accroissement que dans le département de l'Hérault, qui comprend la majeure partie de cette région. Non-seulement on y a revêtu de vignes les penchants, et même les escarpements des coteaux, mais on en est venu à les planter en longs alignements sur les plages jusqu'ici incultes du littoral de la Méditerranée, où elles ont prospéré.

Placés à un mètre et demi de distance, ces alignements se cultivent avec l'araire attelé d'un mulet. Les ceps y deviennent assez robustes pour se passer d'échalas, en sorte que la culture de ces vignobles ne coûte pas plus que la culture arable qui occuperait leur place ; le soleil en mûrit les fruits dont les souches sont couvertes, en sorte que leur abondante récolte peut se livrer au plus bas prix, parce que le revient en est lui-même infiniment bas.

L'écoulement de ces gros vins ne souffre jamais de retard, parce que la chaudière du distillateur est toujours prête à recevoir ceux de la pire qualité, après que le commerce s'est emparé de ce qu'il y avait de moins mauvais pour l'expédier au nord où ils servent à colorer, en les détériorant, les vins supérieurs avec lesquels on les mélange, opération que rien ne peut empêcher à cause du bénéfice certain qu'on obtient sur la part du mélange provenant de vins livrés à cinq centimes le litre sur les marchés du Languedoc.

Aussi nulle considération n'arrêtera l'extension du vignoble dans cette région méridionale qui semble lui avoir été dévolue, tellement le sol et le climat lui sont favorables, et tellement il est facile d'en écouler les produits, à cause de la grande proportion d'alcool qu'ils contiennent. Aussi faut-il s'attendre à voir le vignoble s'emparer peu à peu de toutes les terres vaines, délaissées jusqu'ici, tant sur les rivages bas de la mer que sur les pentes de tous les coteaux. La production de ces terres avait consisté jadis dans celle des plantes dont on retirait la soude, mais depuis qu'on a appris à l'obtenir par la décomposition du sel, le prix de cette substance a baissé de manière à ne plus permettre la confection des soudes naturelles. Ces terres, peu favorables à la production des céréales, auraient été livrées au parcours des bêtes à laine, si l'essai de les planter en vigne, fait aux alentours de Cette, n'avait pas réussi ; mais son succès nous a paru de nature à décider l'avenir de cette question, d'autant plus que le peu de bras qu'exige la culture vignicole, lorsqu'on peut l'exécuter avec la charrue, permet de s'y livrer là même où, comme sur ce littoral, il ne se trouve encore qu'une faible population, certain d'ailleurs que la présence seule de la vigne fera bientôt naître cette population.

Quelque grande que soit dans cette contrée l'extension de la culture du mûrier, elle est dépassée par celle de la vigne, et l'une et l'autre se propagent aux dépens des oliviers, dont la faible venue a découragé les planteurs dans la majeure partie du pays dont nous nous occupons. Avant peu d'années, on ne pourra même plus le comprendre dans la région des oliviers, mais seulement sous la dénomination de région où peut croître l'olivier.

Les plantations de mûriers s'augmentent en revanche dans la même proportion que le prix de la soie.

Ces mûriers ne sont pas de l'espèce multicaule, ce sont des mûriers à haute tige, et peut-être y aurait-il de l'imprudence dans ce choix, si le mûrier à haute tige n'avait pas toujours comme arbre une valeur de quelque importance dans un pays où ils sont si rares. Il y aurait en effet de la présomption à croire fixer une chose aussi mobile que la mode, en lui donnant pour pivot les arbres séculaires dont la feuille est indispensable à la production de la soie.

Après la vigne, le mûrier et l'olivier, viennent les cultures céréales et celle des prairies artificielles. La culture céréale est restreinte dans une contrée peu spacieuse où la vigne s'empare avec avidité de tous les sols qui peuvent lui convenir et où les mûriers encadrent toutes les pièces de terre que la vigne n'occupe pas. Cependant ce qui reste au domaine de la charrue y est soigneusement traité et les blés y fructifient. Mais ce qui mérite plus d'attention, c'est la culture des prairies artificielles qui, dans ce pays, acquièrent un développement et une régularité qu'elle n'a nulle part ailleurs dans le royaume, si ce n'est dans la région des Pyrénées dont nous nous occuperons bientôt.

Le pays étant plus sec et plus aride qu'il n'est fertile, on y trouve beaucoup plus de sainfoin que de luzerne, au rebours de ce qui se voit dans le Comtat d'Avignon. Il a aussi bien moins de prairies arrosées, soit que les eaux y soient moins abondantes, soit qu'on ait moins su profiter de leur présence. Nous y avons vu aussi quelques trèfles, mais en petit nombre, et il faut convenir que le climat ne semble pas devoir en favoriser la culture, sans quoi elle serait hautement profitable pour remplacer en partie la jachère bisannuelle dans un pays où le fourrage est aussi précieux en raison du grand besoin d'engrais que crée une culture active de vignes, de mûriers, de céréales et de prairies artificielles.

Le sainfoin représente à lui seul plus de la moitié des fourrages qu'on y récolte. Il occupe à tour de rôle les terres arables, dont il s'empare complétement par la vigueur et l'égalité de sa végétation. Nulle autre plante ne s'entremêle avec lui, car sa végétation les étouffe toutes aussi longtemps que sa vie n'est pas atteinte par la décrépitude. Sept années sont ici la vie moyenne du sainfoin, après quoi il dépérit; sa fleur n'offre plus ces tapis rosés dont rien n'interrompt l'uniformité; les grappes grisâtres des gramens surmontent ces tapis et en ternissent l'éclat; c'est le signe auquel on reconnaît qu'il est temps de défricher ces sainfoins pour rendre le sol qu'ils ont occupé à la culture arable.

Les luzernes se sèment plus volontiers dans des terres choisies au voisinage des habitations, car leur végétation reste grêle, lorsqu'on en confie la semence aux sols moyens dans lesquels prospèrent le sainfoin. Les chicorées ne tardent pas non plus à se mêler à la luzerne dans les bons sols, en sorte qu'on n'estimerait pas qu'elle ait trouvé dans cette contrée d'aussi favorables conditions de réussite, qu'il en est dans la Provence et le Comtat. La luzerne compense il est vrai l'infériorité de sa première coupe sur celle du sainfoin, par les coupes subséquentes qu'on réserve soigneusement aux bêtes à laine.

La région des oliviers est, avec celle des Pyrénées,

la seule portion du royaume où les prairies artificielles soient entrées dans le cadre régulier des assolements, d'une manière permanente, incontestée, où leur usage ait remplacé celui de la vaine pâture et soit enfin devenu celui du pays. Partout ailleurs, hormis dans l'Alsace et la Flandre, elles y sont encore des hors-d'œuvre, des cultures exceptionnelles, auquel le cultivateur ne se croit pas obligé de se soumettre, mais dont il commence cependant à reconnaître l'efficacité.

Enfin celle des cultures qui vers le centre de cette région acquiert surtout un développement remarquable est celle de la garance, qui, renfermée d'abord dans les étroites limites des meilleures terres du Comtat, a passé la Durance et le Rhône et se cultive aujourd'hui dans tout le triangle formé par les villes de Tarascon, Avignon et Saint-Gannat. Culture qui suppose une grande aisance dans un pays, à cause des frais qu'elle occasionne et de la rentrée tardive de sa récolte.

Tel est au reste le caractère assez général des cultures méridionales, et tandis que les laboureurs du nord rentrent dès l'année suivante dans les produits de leurs céréales et de leurs colzas, il faut longtemps avant que les cultivateurs méridionaux puissent recueillir de l'huile ou de la soie sur l'olivier ou le mûrier qu'ils ont planté; il en faut plusieurs avant qu'ils puissent réaliser les produits de la vigne ou de la garance qu'ils ont établie. Il en faut encore avant de récolter la prairie artificielle qui doit nourrir leurs bestiaux; tandis que l'herbager normand n'a qu'à les jeter dans le riche pâturage toujours prêt à les alimenter, pour rentrer dans ses avances au bout de quatre mois.

D'une telle condition agricole, a dû nécessairement s'ensuivre l'usage adopté dans tous les pays méridionaux de confier la culture des terres aux colons partiaires, parce qu'il fallait faire à cette culture des avances de temps et d'argent qu'il n'appartenait pas à un fermier à rentes fixes d'entreprendre, et que le propriétaire pouvait lui seul exécuter. Mais après avoir fait ces avances, ce propriétaire a voulu entrer en partage des produits, afin de s'assurer une part des bénéfices de son entreprise; or, c'est ce qu'il ne pouvait se flatter d'obtenir d'une manière certaine qu'au moyen de colons partiaires, attachés au domaine par l'attente même de la part des bénéfices qui leur était promise sur les entreprises du propriétaire.

Il y a donc eu de puissants motifs pour adopter, dans les pays de culture arborescente, le mode d'exploitation par les colons partiaires; tandis que dans ceux à cultures céréales, on ne saurait en assigner d'autre que la pauvreté d'une classe de laboureurs à laquelle les moyens ont manqué pour faire à la culture les avances d'une année.

Des assolements dans la région des oliviers.

Nous répétons ici que l'assolement général des terres de cette région était bisannuel, et se formulait par

1re *année.* Jachère.
2e — Blé.

Mais, avant d'examiner tous les emplois qu'on a

donnés aux terres arables pour modifier cet assolement, nous tenons à dire de quelle manière il s'exécute.

L'instrument, dont on se sert, est l'araire des Romains, conduit généralement par des mulets et quelquefois par des chevaux. L'araire manie superficiellement le sol et n'en entame à la fois qu'une bande très étroite, en sorte qu'il exécute peu d'ouvrage; mais il compense ce désavantage, en ce que, offrant très peu de résistance à l'attelage, il marche vite et sans efforts.

L'araire travaillant toujours du même côté ne saurait labourer à plat; il forme nécessairement des ados ou plates-bandes. Mais, comme ces ados ne sont nullement nécessaires ici pour l'écoulement des eaux, ainsi qu'il en est dans la Bresse, les laboureurs tiennent les ados qu'ils forment larges de sept ou huit mètres; et comme les traits de charrue sont donnés en nombre pairs, le niveau du sol se rétablit par le dernier trait, qui ne fait que laisser une trace de direction entre les ados.

Cet instrument exécute les labours de manière à prendre la bande de terre qu'il soulève en la coupant par-dessous et en la posant retournée sur la superficie latérale du sol, en sorte qu'il superpose, pour ainsi dire, la couche labourée au plan inférieur qu'il n'entame jamais; et comme cette couche n'a pas plus de quatre pouces d'épaisseur, l'araire, loin d'enfouir les mauvaises herbes, ne fait guère que leur donner une culture salutaire. Aussi, peu après chaque labour, on les voit reparaître de toutes parts, ce qui oblige, ainsi que le faisaient les Romains, à répéter de fréquents labours, pour faire disparaître ces herbes à force de les tourmenter. On les répète, durant l'année de jachère, jusqu'à six fois dans quelques cas, toujours jusqu'à quatre.

Ces labours commencent de très bonne heure, et même dans l'hiver, peu redoutable dans cette région, par la nécessité de recouvrir le parc, qui n'a lieu que dans cette saison.

Le second trait de charrue se donne vers le premier de mai, et on en répète deux autres dans le courant de l'été, avant celui des semailles, qu'on place ainsi dans une terre meuble et très finement préparée. Aussi la moisson qui succède à cette préparation, pour peu que le sol ne soit pas ingrat, est d'autant plus productive en grains, que le climat favorise sa fructification, bien que la paille en soit plus courte et moins abondante que dans les plaines du nord.

Cet assolement se poursuit dans toute son intégrité au midi d'Avignon, dans toute la plaine du delta Rhodanique. Les fermiers prélèvent seulement une parcelle de leurs champs, où ils sèment de la luzerne pour avoir quelque fourrage de provision à distribuer à leurs animaux d'attelage. Ils font souvent parquer cette pièce de luzerne, en ayant soin d'étendre dans le parc la paille, dont ils ne font d'ailleurs aucun usage; car leurs animaux étant rarement à l'écurie, ils n'y font presque aucun engrais; le parcage des bêtes à laine devant suffire à tout.

Mais cet ordre n'est invariable que dans la portion de pays que nous venons de désigner. Car bien qu'il ne subisse ailleurs que peu de modifications, cependant, comme il n'y a ni en Provence ni en Languedoc les vastes parcours du delta, on y supplée par une beaucoup plus grande proportion de prairies artificielles, ainsi que nous l'avons déjà dit. On y cultive aussi, sur plusieurs points, de la garance qui exige beaucoup d'engrais; et enfin, le maïs se montre dans la culture des bonnes terres du Languedoc et du Comtat.

Dès lors on peut juger que la culture devient moins simple et que les assolements se compliquent. Aussi, pouvons-nous en formuler deux; l'un avec garance, l'autre avec maïs.

L'assolement avec garance offre la succession suivante, savoir :

  1re *année*. Garance défoncée et fumée.
  2e et 3e — Garance.
  4e — Luzerne.
  5e, 6e, 7e, 8e, 9e — Luzerne.
  10e — Blé.
  11e — Jachère, jusqu'à ce qu'il convienne de remettre la garance dans la même pièce.

L'assolement avec maïs; car on doit prévenir que les pommes de terre restent et resteront étrangères aux assolements de cette région, attendu que, n'y étant pas bonnes à manger, on ne pourrait les cultiver que pour les animaux; et dans ce but, la betterave leur est très supérieure. L'assolement avec maïs peut se formuler ainsi :

  1re *année*. Maïs, fumé.
  2e — Blé.
  3e — Jachère.
  4e — Blé.
  5e, 6e, etc., — Luzerne ou sainfoin, après la durée desquels l'assolement des céréales recommence.

Ce dernier assolement est plus usité dans le Languedoc et le Comtat; mais les formules que nous venons de donner indiquent assez que cette région n'est pas bien avancée dans cette science des assolements, qui constitue néanmoins aujourd'hui la presque totalité de l'art agricole. Nous verrons bientôt quel progrès il nous semble possible de lui faire faire dans une contrée où la culture arable est d'ailleurs subordonnée à beaucoup d'autres.

Des espèces d'animaux domestiques dans la région des oliviers.

Il faut, en tout pays, distinguer entre les espèces animales que l'agriculture entretient pour son exploitation, et celles qu'elle nourrit dans un but productif et pour accroître en même temps les engrais dont l'agriculture a besoin. Ici le travail de la charrue et du roulage s'exécute à l'aide du mulet, tandis que les bêtes à laine y sont la seule espèce animale qui fournisse à la fois le laitage, la laine, la viande et l'engrais dont le pays fait usage.

On ne trouve quelques vaches de chétive espèce qu'aux deux extrémités de cette région; c'est-à-dire dans le Var et au voisinage des Pyrénées.

Les mulets ne s'élèvent pas dans le pays; le commerce les y amène partie du Haut-Dauphiné, où ils ont été eux-mêmes importés de Savoie, et partie du Poitou et pays circonvoisins.

Le climat de cette région et la qualité d'une nourriture plus substantielle qu'abondante, conviennent mieux au mulet qu'à tout autre animal, si ce n'est à l'âne.

Cette dernière espèce est nombreuse, car la nature

du pays et le mauvais état des chemins rendent le transport à dos fréquent, et l'âne s'en acquitte mieux que tout autre animal. Il sert surtout à la monture des femmes qui, assises sur leurs selles à fauteuil, peuvent parcourir tous les sentiers et gravir sans peine toutes les aspérités de cette région. Aussi la race de l'âne, plus estimée, n'appartient pas à l'espèce grossière du nord. Son poil, dans le midi, est d'un bronze lustré, sa taille haute, ses membres sont fins et purement dessinés ; son allure est vive et franche.

Les chevaux proviennent à peu près tous de la Suisse ; quelques-uns se mêlent avec les mulets pour le service de l'agriculture et du roulage, mais en petit nombre. Les postes, les diligences et la remonte du Rhône en occupent beaucoup plus. Mais il est à remarquer que ces chevaux, naturellement flegmatiques et pesants, amenés vers l'âge de quatre ans dans le midi, y acquièrent au bout de quelques mois, par l'effet de la nourriture et du climat une vigueur et une agilité dont ils restent dépourvus dans leur pays natal. Il est bon d'ailleurs de remarquer que cette région est peut-être l'unique dans le royaume où l'on s'occupe avec intelligence des soins que demandent les animaux. Peut-être qu'une des causes en est dans le prix élevé que les habitants sont obligés de les payer ; il s'est formé par là de bonnes habitudes, qui sont devenues générales dans ces provinces.

Les bêtes à laine proviennent toutes de la race que nous avons appelée provençale. Elles ne se distinguent dans les diverses contrées de cette région que par des nuances provenant de la différence de régime et de nourriture auxquelles elles sont soumises. Ces bêtes à laine sont généralement plus vigoureuses et ont plus de vie que celles qui appartiennent aux espèces du nord. Ce qu'il faut attribuer à l'effet d'un climat sec, de plantes plus salines qu'aqueuses, d'où il résulte qu'elles sont rarement attaquées de cachexie; maladie qui les affaiblit et les énerve longtemps avant qu'elles ne succombent. Cependant les bêtes à laine de la Provence sont, en général, supérieures à celles du Languedoc.

Le nombre que cette région en nourrit est considérable, puisqu'aucune ferme n'en est dépourvue, et qu'elle possède de plus les troupeaux transhumants qui habitent les bouches du Rhône et le littoral de la Méditerranée. Aussi ces troupeaux alimentent toute la population avec leurs agneaux et leurs moutons, dont la qualité est supérieure à toute autre. Aussitôt que les agneaux mâles, qu'on se propose de vendre, ont été éloignés de leurs mères, celles-ci donnent leur lait au berger qui les trait pour en fabriquer des fromages. Ce produit, qu'on ne perçoit cependant que sur un quart ou un tiers des brebis, puisque les autres gardent leurs agneaux pour les élever, donne à peu près 3 fr. par tête de brebis. La toison vaut au minimum 4 fr., et au maximum 6. L'agneau gras se vend de 8 à 9 fr., ce qui est aussi le prix des brebis de réforme; tandis qu'un fort mouton de trois ans se paie par le boucher 14 et jusqu'à 16 fr.

Sans doute ces prix ne couvrent pas entièrement les frais de consommation qu'a occasionnés l'entretien de ces animaux dans les domaines où il faut leur procurer des nourritures artificielles, indépendantes du parcours, car il en est ici comme partout, où l'entretien des animaux productifs se fait à perte; c'est pour en obtenir de l'engrais qu'on les nourrit, et cette considération fait qu'on n'a jamais de troupeaux suffisants. Mais il n'en est pas de même dans le steppe, parce qu'il n'y a pas là de remboursement à demander aux troupeaux pour les avances de fourrage qu'on leur fait. Cette nourriture croît spontanément et le loyer du steppe est calculé de manière à laisser un bénéfice aux pâtres entre ce prix et le produit qu'ils retirent de leurs troupeaux. Le compte en est simple à faire et ne peut être dérangé que par l'effet des intempéries qui nuisent à ces troupeaux.

C'est là l'immense différence entre le revient des produits des steppes et ceux des terres cultivées; circonstance agricole et commerciale à la fois, sur laquelle les économistes n'ont pas encore apporté assez d'attention. Car il est évident que l'histoire politique des vastes contrées qui avoisinent la Méditerranée et la mer Noire ont permis que le steppe y ait survécu ou s'en soit emparé. Ces contrées manquent de la population et des capitaux nécessaires pour y fonder d'un seul jet un système agricole complet. Cependant elles en ont assez et elles ont acquis l'intelligence suffisante pour y établir l'agriculture pastorale, en même temps que l'extension de leurs relations a appris à ces pasteurs à perfectionner les races des animaux qui font leur unique richesse.

Aussi longtemps que ces troupeaux n'ont été qu'en petit nombre, ils ont profité de la demande des laines pour vendre les leurs au cours qu'elles avaient dans les grandes fabriques de l'Europe; mais il faut s'attendre à ce qu'à mesure que leurs laines augmenteront, ils ne prendront plus pour étalon que le propre prix de revient de celles du steppe, et ce seront ces dernières qui régleront les prix du commerce, au détriment de celles provenant des pays de haute culture.

Mais il est temps de nous occuper de la culture pastorale du seul steppe que renferme la France. M. de Lasteyrie a si bien décrit les procédés de cette industrie transhumante, qu'il serait aussi ridicule que superflu de montrer après lui ces longues caravanes de bêtes à laine partant pour les montagnes à l'ouverture de la saison, conduites par un vieux bouc qui, la clochette au col, marche seul en tête pour diriger le troupeau sur une route dont il connaît dès longtemps tous les détours; tandis que cette caravane est suivie par les bergers qui chassent devant eux une troupe d'ânes chargés de leur bagage, ainsi que des moutons blessés.

La même caravane revient dans le même ordre, dès que les premières neiges tombent sur les Alpes, pendant que des pluies bienfaisantes leur préparent une nouvelle pâture en recouvrant d'une plus fraîche verdure les plaines desséchées de la Camargue et de la Crau. Chaque troupeau va s'emparer de l'herbage que son propriétaire a loué pour l'y faire paître. Mais ce que n'a pu dire M. de Lasteyrie, parce que la circonstance que nous allons citer est postérieure à son ouvrage, c'est que, frappé des avantages de cette localité, nous avions avant même que le gouvernement y eut établi une bergerie, loué dans la Camargue les pâturages dépendants du château d'Avignon qui appartenait alors au général Miollis, dans le but d'y faire croiser des béliers mérinos avec des brebis indigènes. Notre entreprise avait réussi et nous comptions après dix ans sept mille têtes dans notre troupeau, lorsque des circonstances étrangères à cet établissement nous ont engagé à y renoncer en vendant des lots de métis à divers propriétaires ou fermiers du pays.

Le mouvement d'amélioration des laines, à partir de ce moment, ne s'est plus arrêté, et aujourd'hui il est plus rare de trouver dans ces plaines une bête pure de l'ancienne race, qu'il ne l'a été pendant longtemps d'y voir un mérinos. L'accroissement imprimé aux toisons par le métissage a été cependant moins remarquable ici que sur les races du nord, parce que ce métissage n'a rien fait gagner en taille à la race indigène, et parce que les toisons de cette race étaient déjà fort égales et tassées; mais la qualité des laines y a beaucoup gagné, et on peut estimer à 2 fr. par toison le bénéfice obtenu. A la vérité, ce bénéfice n'est pas resté en entier dans les mains des métisseurs, les propriétaires du sol s'en sont attribué une large part en élevant le prix locatif de leurs pâturages en raison de la concurrence que l'entreprise du métissage avait imprimée à cette économie.

Dans la plupart des pâturages se trouve un haras sauvage dont le nombre va de 15 jusqu'à 60 têtes.

Ces chevaux ont, comme tous ceux qui s'élèvent en liberté, des formes pareilles et un manteau semblable. Ils sont tous gris, couleur qui semble être primitive au cheval. Ils sont légers, ont de l'haleine et du feu; mais ils manquent de fond, comme tous ceux auxquels on refuse l'avoine. Quelques fermiers les emploient à l'agriculture; mais en général les meilleurs sont dressés par les garde-bêtes pour servir de monture au propriétaire, et tous ensemble ont pour destination le dépiquage des grains, méthode dont M. de Gasparin a démontré tous les inconvénients.

A cet effet, le haras est divisé en troupes de quinze chevaux, parmi lesquels il y en a de dressés, les autres ne font que les suivre; sous la conduite d'un garde-bêtes, la troupe se dirige vers les fermes à blé dont son maître a la pratique. Ces jours de battage sont en même temps des jours de fêtes dans ces fermes; les voisins arrivent à l'aide, les enfants ne vont pas à l'école, les femmes préparent les beignets à l'huile et l'*aigue bollide* qui doivent faire le régal du soir. Les gerbes sont placées en cercle et debout autour du manége, au centre duquel se tient le garde-bêtes, ayant en mains les longes auxquelles sont attachés sur trois de front les cinq rangs que forme son haras. Les enfants tiennent les fouets avec lesquels ils excitent les chevaux, qui s'arrêtent d'abord à chaque pas pour saisir les épis qui se présentent debout à leur portée. Cette nourriture étant la seule qu'on soit tenu de leur fournir, ils en sont doublement avides, et y cherchent une compensation au pénible travail de trotter sur cet entassement de gerbes, bientôt affaissées par ce foulement. Lorsque la paille est entièrement broyée, on conduit les chevaux à l'abreuvoir pendant qu'on regarnit le manége d'une nouvelle couche de gerbes.

Les ouvriers ramassent ensuite le grain demeuré sous la paille et le jettent vivement avec des pelles de bois d'un bout de l'aire à l'autre, dans le sens opposé au vent, afin qu'il sépare le blé de la paille, et l'opération se termine en livrant au garde-bêtes le 6 p. 100 du blé que ses chevaux ont dépiqué.

En estimant le prix de l'hectolitre à 20 fr., la rétribution due pour le battage est ainsi de 1 fr. 20 c.; la perte sur la paille est, il est vrai, considérable. Nous faisons, depuis plusieurs années, battre nos blés par une machine écossaise qui fonctionne à souhait, placée sur un beau cours d'eau, et dont, par conséquent, le moteur est sans frais. Cependant le battage de l'hectolitre nous est constamment revenu au 5 p. 100, soit à 1 fr., à cause du nombre des ouvriers nécessaires pour le transport des blés et le service de la machine. A la vérité, la paille reste dans un assez bon état de conservation, et l'épi est complétement purgé de grain. La méthode de battre le grain en plein air, usitée dans tous les pays méridionaux, nous semble donc être moins défectueuse et moins onéreuse que ne le pense M. de Gasparin ; elle a d'ailleurs sur le battage au fléau l'immense avantage de la promptitude de l'exécution.

Le gouvernement avait fondé à Arles, pour l'amélioration de la race des chevaux du pays, un dépôt d'étalons sous la direction de M. Desportes, et il s'y trouvait quelques étalons arabes d'une grande distinction. Mais avant d'améliorer l'espèce, il aurait fallu changer son régime, car les haras sauvages ont cela de malheureux que la race se proportionne exactement aux moyens de nourriture que lui fournit un parcours auquel on ne peut rien changer ni ajouter. Aussi ces tentatives n'ont-elles eu aucun succès, et le dépôt a été supprimé.

La Camargue nourrissait autrefois des troupeaux de bœufs sauvages qu'on a relégués à l'extrémité de l'île, vers ces lagunes que la mer dispute encore à la terre. Ces bêtes à cornes n'appartiennent à aucunes des races connues en France, mais à celles des bœufs gris à longues cornes du steppe d'Italie ; lesquels proviennent eux-mêmes de l'espèce de Hongrie. Ces animaux, réduits à un petit nombre, ont cessé d'être employés aux travaux agricoles et ne servent plus qu'à figurer dans les courses de taureaux qui ont lieu chaque année aux foires d'Arles.

On élève pour ces courses des gradins autour de la place de l'Archevêché, ainsi qu'on le fait en Espagne. Toutes les populations de la ville et de ses environs viennent s'y placer, dans une vive attente du spectacle. A l'heure fixée, et au son d'une fanfare, on fait entrer un des taureaux dans la lice, qu'on ferme après lui. Ses cornes sont ornées de deux cocardes de rubans assez artistement attachées pour qu'elles résistent à ses mouvements, et pour qu'on puisse cependant les enlever par un léger effort de la main.

Les jeunes gens les plus dispos du pays sont dans l'arène, en vestes blanches et en écharpes, un court bâton à la main, car c'est la seule arme qu'il leur soit permis de porter. Ils agacent le taureau, qui s'élance sur l'un d'entre eux ; d'un saut, il l'évite, et revient à la charge. Le taureau s'anime à ce jeu, s'irrite, ses mouvements deviennent plus violents, les jouteurs s'entr'aident pour l'éviter en s'offrant tour à tour à sa colère, jusqu'à ce que le plus adroit d'entre eux parvienne à lui enlever une de ses cocardes. La joute finit lorsqu'on est parvenu à lui enlever la seconde,

Six taureaux paraissent successivement dans la lice, et l'on réserve le plus fort pour le dernier. Le jouteur qui parvient à lui enlever sa dernière cocarde est proclamé le vainqueur de la fête, qui se termine par un grand bal. C'est à cela que se borne cette course qu'on a dépouillée de tout ce que les combats de taureaux ont encore de barbare en Espagne. Quoique ce jeu soit sans grand péril, il en reste encore assez pour exciter vivement l'émotion d'une multitude qui trouve dans ces courses un vif attrait.

C'est ainsi qu'avant d'avoir percé cette contrée de canaux et de routes, et avant d'y avoir suspendu des ponts, cette antique cité d'Arles, avec ses ruines et ses aqueducs, avait gardé une originalité de costumes et de mœurs qu'il est rare de trouver en France, et dont les derniers traits vont s'effaçant chaque jour sous l'influence d'un cosmopolitisme qui donne à tout la même teinte et la même uniformité.

Des améliorations dans la région des oliviers.

Nous sommes convaincu que la marche qu'a suivie l'agriculture de cette région, en conformant la nature de ses productions à celle d'un climat dont la chaleur moyenne dépasse celle de sa latitude, suffit pour ne pas reconnaître que cette culture a reçu une bonne direction, et que, loin de la changer, il lui convient, au contraire, d'ajouter sans cesse à ses productions commerciales, certains que sont les habitants de cette région que celles du nord lui enverront à coup sûr les blés, les animaux qui lui manquent. Le Rhône y conduit la houille qu'on extrait sur ses bords, et la mer, au besoin, l'approvisionnerait de tout. Le marché des productions que fournit le midi est immense et toujours ouvert, car le grand accroissement des populations, de leur civilisation et de leurs besoins a eu lieu depuis un siècle dans le nord de l'Europe et de l'Amérique, tandis que le midi commence à peine à participer à ce mouvement après plusieurs siècles de langueur. Il en résulte que les productions méridionales deviennent insuffisantes pour la consommation croissante qui s'en fait au nord. Aussi les huiles et les savons, les soies et les vins que ces climats produisent sans efforts sont-ils toujours plus demandés.

Ce que les propriétaires de la région des oliviers peuvent donc faire de plus habile, c'est d'accroître sans cesse ces productions diverses, en implantant, dans toutes celles de leurs terres qui en sont susceptibles, la vigne ou l'olivier, le mûrier ou l'amandier, la garance ou les câpriers. Ils savent comment il faut s'y prendre, et nous n'avons rien à leur enseigner à cet égard ; mais ce que nous pouvons leur dire, c'est que plus ils étendront leurs cultures horticulturales, plus ils auront besoin de leur fournir les engrais que ces cultures absorbent sans les reproduire.

Bien que les terres du midi consomment moins d'engrais que celles du nord, parce que les eaux ne les lavent pas aussi promptement, elles en exigeraient néanmoins beaucoup, et, quelques soins qu'aient donnés les cultivateurs à leurs prairies artificielles, ils sont loin d'avoir assez fait, soit parce qu'on ne saurait amener des fourrages de loin, soit parce que le pays lui-même n'offre à cette culture que des espaces trop resserrés, qu'elle est obligée de partager avec des cultures céréales.

On peut se convaincre du déficit qu'éprouve la généralité du pays des engrais dont il aurait besoin, et par le soin que les habitants savent apporter à en recueillir la moindre parcelle, et par la supériorité de végétation qu'on remarque dans les lieux voisins des villes, où il est facile de s'en procurer.

Nous bornerons donc ici nos moyens d'améliorations à l'adoption de deux productions qui sont, à notre sens, à peu près inconnues dans cette région, pour laquelle elles semblent néanmoins être indiquées, soit par leur disposition végétative, soit par la manière dont elles peuvent s'encadrer dans les assolements, sans y apporter la moindre perturbation. Nous voulons parler de la betterave champêtre et de la vesce d'hiver, mélangée de seigle.

La betterave pourrait se semer sur la jachère, dès le mois de mars, dans ce climat hâtif. L'expérience des cinq dernières années a appris qu'elle supportait mieux qu'aucune autre racine l'effet des saisons sèches. Les pluies qui, dans le midi, manquent rarement au mois de mai, décideraient de leur développement, et dès le mois d'octobre on pourrait les enlever pour faire place, soit au blé, soit à la prairie artificielle, qui leur succéderait au printemps suivant. La vesce d'hiver, ce fourrage si abondant, pourrait se semer, dans la même automne, après le blé, sur deux traits de charrue, mélangée avec le seigle destiné à lui servir de ramure. Elles seraient récoltées en fourrages sec pour les mulets ou les moutons, dès que le champ serait en pleine fleur, c'est-à-dire que, dès le commencement de mai, on pourrait y faire une récolte double de celle du plus beau sainfoin, pour peu que le sol ne soit pas trop ingrat, ne laissant debout que la portion de ce fourrage que l'on se propose de recueillir pour semences.

Entre le mois de mai et celui d'octobre on aurait un temps suffisant pour donner une pleine jachère à des terres où la récolte des vesces aurait étouffé les mauvaises herbes. L'assolement serait donc alors :

1re *année*. Blé fumé.
2e — Vesces d'hiver avec seigle, récoltés en mai et suivis de jachère.
3e — Blé.
4e — Betteraves, suivies de blé, de luzerne et de sainfoin.
5e — Blé, luzerne ou sainfoin.

Rien, dans cette combinaison, ne dérange le retour bisannuel du blé, retour auquel les métayers ne consentiront jamais à renoncer ; il laisse, à l'un de ces retours, la jachère préparatoire à laquelle ils sont accoutumés, et l'autre retour a lieu sur l'arrachement de betteraves, qui laissent le terrain aussi meuble et aussi net que celui d'un jardin. Nous ne saurions donc découvrir d'où viendrait l'opposition, sinon de la difficulté qu'on éprouve partout à commencer les innovations agricoles.

Mais il y a pour ces innovations certaines périodes favorables, où elles naissent les unes des autres, par l'effet d'un certain ébranlement produit par l'entraînement de l'imitation et l'éblouissement causé par l'espoir qu'on attache aux résultats espérés. Le delta du Rhône semble être arrivé à l'une de ces périodes où tout ce qui paraissait impossible devient exécutable, où tout ce qu'on n'osait prévoir se réalise par l'action d'un puissant levier, dont l'existence même était inconnue.

De grands capitaux, réunis par l'esprit d'association, ont pris dernièrement à tâche de faire disparaître le steppe de la France, en le rendant au domaine de la culture civilisée. La compagnie des dessèchements avec les grands moyens dont elle dispose, deux autres sociétés anonymes ont commencé à la fois cette œuvre dont nous n'avons pas vu nous-même les premiers essais, mais dont nous pouvons apprécier les effets.

Le sol de la Camargne est loin d'être stérile; car au sommet du triangle qu'elle forme, et par conséquent sur ses plus anciennes formations, la terre dessalée produit de superbes blés et de belles luzernes. Des ormes de la plus grande dimension s'élèvent autour des pièces de terre et donnent à cette nature un aspect grandiose qui frappe l'imagination; mais ces traits s'effacent à mesure qu'on se rapproche des atterrissements plus récents. Le sol est de la même nature; mais sa fertilité se trouve, de places en places, enfouie sous des couches de matières salines, où les plantes à soude peuvent seules végéter, et aucun art n'ayant présidé à la marche des inondations successives du Rhône, elles ont jeté çà et là les dépôts qu'elles traînaient avec elles, au lieu de limoner horizontalement les terres où ils se déposaient, ainsi qu'il en aurait été, si un ingénieur italien avait présidé à la confection des digues qui renferment le lit où coule ce fleuve; car il y aurait ménagé aux eaux des entrées régulières, afin qu'elles pussent, par une action égale et constante, laver et absorber le trop plein des sels qu'en se retirant la mer avait laissés sur ces lagunes, et, par leurs dépôts, combler à la longue les bas-fonds qui existent encore en grand nombre sous la forme de lacs marécageux sur ces tristes plages.

Mais ce qu'on n'a pas su faire jadis se reprend maintenant en sous-œuvre, et c'est au desséchement simultané de ces lacs et au comblement de leurs bas-fonds que s'occupe la compagnie des desséchements, en même temps que les travaux entrepris par ces diverses compagnies ont ouvert aux eaux du fleuve des rigoles par lesquelles on les répand dans cette vaste plaine.

Le plus grand des obstacles qu'elles auront à vaincre est celui du temps; car lorsqu'il faut employer les moyens qu'offre la nature, on doit s'attendre à ce qu'ils n'agissent qu'avec une lenteur qui s'accorde mal avec l'impatience des actionnaires d'une société industrielle. Aussi nous dirons à ces actionnaires, qu'en attendant le résultat de l'effet produit sur ces terres par les bains d'eau douce qu'on leur administre, il en reste beaucoup qui, indépendamment de ce moyen, peuvent être productives. Ainsi on peut récolter, dans la Camargue, des céréales et de la luzerne, on peut y cultiver la vigne; rien même ne s'oppose à ce que le mûrier s'y plante.

Les seules résistances qu'y éprouveraient ces cultures ne tiendront qu'au défaut de population, et ce défaut de population tient à son tour à la nature fiévreuse de l'atmosphère qui cédera sans doute à la longue à la transformation même du pays, mais qu'il faut commencer par vaincre à force de précautions hygiéniques, en faisant rentrer les ouvriers aux heures perfides de la journée et en combinant les travaux de manière à ce que le plus grand nombre ait lieu dans les saisons où le fléau ne sévit pas.

Le mauvais air de la Camargue est loin, au reste, d'être aussi dangereux ni aussi difficile à vaincre que celui du littoral de l'Italie. Nous avons été à même de comparer plusieurs fois ces deux influences, et la vue seulement de la population de la Camargue annonce qu'elle est loin d'être victime de son climat ainsi qu'il en est dans le steppe du Latium. Mais après avoir atténué l'influence du mauvais air de la Camargue, il faut y détruire le caractère sauvage qu'y a conservé le sol par le double effet de la culture et des engrais. Or, il est plus facile, avec une bonne charrue et des mulets, de cultiver le sol, qu'il ne l'est d'y mêler des engrais là où il n'y en a point; car celui qu'y répand le parcours des troupeaux est insuffisant à changer le naturel du terroir, répandu qu'il est sur une superficie où le soleil ne tarde pas à le réduire en poussière. Ce sont des substances azotées et chargées d'acide carbonique qu'il faut enfouir dans de pareilles terres.

On ne peut faire des engrais de cette nature qu'au moyen de fumiers d'écurie entassés et carbonisés par la fermentation, soit qu'ils proviennent de gros ou de menu bétail. Pour y parvenir, et si nous étions chargé de la direction d'une telle entreprise, notre premier soin serait de construire, en roseaux, de vastes bergeries où nous ferions nourrir, en hiver, à la luzerne ou au sainfoin, les troupeaux que nous continuerions à envoyer l'été dans les montagnes. Ces troupeaux profiteraient, durant l'automne et l'hiver, du parcours des jachères et de celui des friches que la charrue n'aurait pas encore entamées. Ils ne feraient ainsi à la crèche qu'un demi-hivernage ; mais cet engrais, du moins, ne serait pas perdu.

Au lieu de mulets, nous nous servirions d'attelage de bœufs, et si ceux de la Camargue remplissaient mal ce but, nous en ferions venir du Haut-Languedoc, ne conservant de mulets que ceux que les transports rendent indispensables. Ces animaux vivraient à l'étable de manière à ce qu'au lieu de se perdre, le fumier qui en proviendrait serait journellement entassé.

Ces attelages de bœufs, consacrés au labourage, défricheraient les landes à l'aide d'une forte charrue qui n'existe pas dans le pays, mais qui est en usage dans le département de la Drôme. L'écobuage n'est pas praticable dans le steppe de la Camargue, parce qu'il n'y a point de graminées et que, par conséquent, le sol n'y est pas recouvert d'un tissu gazonné dont les mottes puissent former des fourneaux, mais le défrichement y met à nu, ainsi que nous en avons fait l'expérience, une immense quantité de plantes et de racines d'oseille, de même que les touffes d'une grande bruyère qu'on nomme *inganne* dans le pays. Après que le passage de la charrue aurait déraciné ces végétaux et que le soleil les aurait desséchés, nous en ferions ramasser les débris par des ouvriers armés de tridents de fer pour en former de petits tas aussi rapprochés que possible. On y mettrait ensuite le feu, soit pour en débarrasser le terrain, soit pour profiter du bénéfice de leur combustion ; après quoi le sol, de nouveau labouré, serait préparé pour le blé.

Si la récolte en avait été satisfaisante, le même terrain serait préparé de suite et fumé au printemps pour recevoir de la luzerne ; sinon, il conviendrait de le labourer immédiatement après ce premier blé pour y ressemer du blé ou du seigle dans le même automne et après l'avoir fumé, car le sol n'est pas encore saturé par les excrétions des céréales, et peut en fournir deux récoltes de suite sans en être épuisé. Il arrive même fréquemment que les premiers grains que l'on confie à un défrichement échouent, parce que la terre conserve des crudités que la triple action des engrais, de la culture et du soleil parviennent seuls à décomposer. C'est une circonstance qu'on a souvent remarquée dans les défrichements forestiers.

La tendance qu'il importe de donner à ces cultures est de les destiner le plus tôt possible à recevoir la prairie artificielle, parce que dans l'abondance de leur production est tout le mystère du succès de semblables entreprises. Or, ce succès ne peut se réaliser qu'après que le volume des engrais donné par la production elle-même a procuré à ces terres la couche d'humus qui leur manque ou qu'il s'agit de rendre soluble. Ce n'est donc qu'après que l'engraissement a pu faire ainsi le tour du domaine qu'il faut s'attendre à lui voir rapporter des produits abondants.

On pourrait, pour hâter cet effet, trouver peut-être un amendement tel que l'offriraient la chaux, le plâtre ou la marne, dont on ajouterait la puissance à celle de l'engrais et dont les quantités ne seraient pas limitées comme les siennes. Nous manquons de données à cet égard, et ne pouvons que les indiquer en laissant aux personnes expertes chargées de ces belles entreprises le soin de prononcer sur l'emploi de tels amendements.

Mais ce que nous hasarderons de leur recommander, c'est de s'en tenir à des assolements peu compliqués et dont l'exploitation permette de réduire au minimum l'emploi des bras; car là ou ils manquent, comme dans la Camargue, on ne s'en procure qu'à haut prix, et les cultures sarclées et minutieuses ne sauraient convenir que là où les bras abondent. La plupart des fermes-modèles échouent contre cette difficulté.

Il convient donc d'adopter au commencement d'une entreprise de défrichement un système de culture que nous appellerons de début, lequel doit se fonder sur ce double principe : produire autant d'engrais que possible aux moindres frais possibles. Aussi recommandons-nous ici d'adopter la vesce d'hiver et le trèfle incarnat dans les assolements, parce que ces deux plantes n'exigent que très peu de préparatifs et nuls soins intermédiaires. L'assolement pourrait dans un cas pareil se formuler ainsi :

1re *année*. Blé fumé, suivi de vesces d'hiver.
2e — Vesces d'hiver, fauchées en sec pour les bêtes de trait.
3e — Blé, suivi de trèfle faruck ou incarnat, fauché en vert ou en sec pour les bêtes à laine.
4e — Trèfle incarnat, suivi de jachère pour le blé.
5e — Blé, suivi d'une préparation pour la luzerne.

Mais tandis qu'on poursuit cet assolement, dont toutes les plantes sarclées sont exclues, dans l'attente d'un autre où elles pourront être admises, lorsque le temps en sera venu, on peut en préparer l'arrivée en disposant les localités, les chemins, les villages qui doivent prendre un jour la place du désert, on peut, on doit même planter les arbres et les mûriers destinés à les ombrager un jour et à répandre sur cette nature aujourd'hui si dépouillée et si inerte, l'animation et l'aspect qui accompagnent la présence et les travaux de l'homme.

Nous avons vu une pareille transformation s'opérer dans l'Apennin, au val di Chiana où une vaste plage marécageuse a été, par les soins du ministre toscan Fossombrone, changée en domaines nombreux, aujourd'hui couverts de moissons, de vignes et de mûriers, animés par une multitude de fermes où se meut toute une population chargée d'exploiter ces domaines et d'ajouter, par son travail, à la richesse publique de la Toscane. Tel est le modèle que nous osons offrir aux zélés provocateurs des améliorations que demandent les plaines du delta du Rhône et celles qui bordent le littoral de la Méditerranée.

CHAPITRE V.

Des conditions rurales de la région des montagnes.—Nature et configuration de cette région.

Éloignons-nous maintenant des rivages de la Méditerranée, de ces monts éclairés de tous les feux du jour, de ces plaines embellies par la richesse de leurs végétaux, et les pompes de la nature. Nous allons parcourir une vaste région où cette nature, avare de ses dons, ne les livre à l'homme qu'après les lui avoir fait acheter par de pénibles labeurs, et où leur insuffisance le condamne à abandonner le toit paternel pour aller chercher ailleurs, au prix de son travail, une subsistance que son pays natal lui refuse.

Nous allons pénétrer dans cette vaste région montagneuse qui s'élève au midi de la partie centrale du royaume et sépare le bassin du Rhône de celui qui s'abaisse à l'ouest vers le littoral de l'Océan, et le bassin de la Loire de celui de la Garonne.

Le Rhône tranche à l'est par une ligne abrupte la limite de cette région, que l'abaissement des montagnes, en tournant à l'ouest, sépare naturellement de la région des oliviers; et, remontant jusqu'à Carcassonne, un abaissement semblable trace la limite où s'arrête vers l'ouest la région montagneuse. Elle remonte au nord en suivant les crêtes qui dominent cet abaissement, et s'arrête dans le département de la Vienne, d'où sa limite fléchit subitement en se dirigeant droit à l'est jusqu'à ce qu'elle rejoigne son point de départ à la hauteur qu'occupe la ville de Lyon.

Le Puy-de-Dôme appartient, ainsi que le Cantal, à la chaîne la plus élevée de ce plateau. De cette position culminante, les monts vont par abaissement descendre sur leurs trois faces du nord, de l'ouest et du midi jusqu'aux territoires inférieurs qui appartiennent aux régions des oliviers, de l'ouest et du centre, ou des ajoncs. La seule face des montagnes du Vivarais et des Cévennes termine à l'est cette région par un escarpement. Le Lot, la Dordogne, la Charente, la Vienne, le Cher, l'Allier et la Loire y prennent leurs sources; mais ces cours d'eau ne deviennent guère navigables qu'après leur sortie du territoire de cette région, car tant qu'ils la traversent ils conservent, à l'exemple de l'Ardèche et de l'Hérault, un caractère torrentueux.

Coupé cependant par le cours de ces différentes rivières et de leurs principaux affluents, ce massif montagneux est profondément sillonné par les vallons qui leur servent de bassins. Ces vallons sont plus ou moins étroits, plus ou moins profonds; quelques-uns ne présentent que des crevasses faites dans le massif des monts, d'autres s'ouvrent en fertiles et riantes vallées, entre lesquelles celle de l'Allier, qu'on nomme la Limagne d'Auvergne, est de beaucoup la plus riche et la plus belle. Le climat de ces vallées est assez tempéré pour permettre à la vigne d'y prospérer, et le mûrier même se plaît dans les vallons du département de l'Ardèche.

Les sommités, en revanche, éprouvent l'âpreté d'un climat que leur latitude combinée avec leur élévation devrait rendre plus tempéré; mais quoique le froment mûrisse sur la généralité des points qui ne sont pas culminants, il n'atteint néanmoins qu'à une faible végétation, et le pâturage y donne de meilleurs produits.

Cette région, qui devrait être boisée, ne l'est cependant pas; on y remarque quelques forêts de sapins sur les plans les plus élevés du Cantal et du Puy-de-Dôme; mais les taillis y sont rares et les superficies, qui devraient en être couvertes, ne présentent à l'œil que des broussailles rongées par le bétail. Des bosquets d'arbres épars sur de pauvres gazons ou sur des aspérités rocheuses, y tiennent lieu de futaies. Ces bosquets sont, il est vrai, nombreux et donneraient au pays l'aspect forestier qui caractérise les montagnes, si la serpe ne venait pas périodiquement couper le branchage de ces arbres pour les tailler en tête de saule. Le châtaignier, seul en considération de ses fruits, échappe à ces destructions régulières ; aussi voit-on sur le penchant des monts de beaux groupes de ces châtaigniers dont le tronc crevassé et les branches chenues attestent la longue durée.

Ce pays, partout accidenté et profondément sillonné, offre à chaque instant des points de vue inattendus, parmi lesquels il en est qui étalent une brillante verdure au bord d'un torrent mousseux et aux pieds de rochers dont les châtaigniers recouvrent les aspérités. Du sein de leur feuillage s'élève le clocher fraîchement reconstruit, et le village s'étend sur les deux flancs de la terrasse naturelle sur laquelle repose cet ensemble d'habitations et de végétations vivaces. Mais au-delà, la campagne se montre rude, ingrate et dépourvue de végétation. Des bêtes à laine de chétive espèce, qu'un enfant conduit, courent chercher parmi les débris rocheux une maigre nourriture, tandis que les étroites localités où la charrue trouve à mordre dans la terre produisent des pommes de terre, du seigle ou de l'avoine. Mais au pied du village, dans l'étroit vallon où coule le ruisseau, la terre est divisée par des alignements de frênes et de cerisiers sauvages en petits enclos qui renferment des prés de la plus riche espèce.

On ne voit donc rien de spacieux et rien de largement dessiné dans cette région, où tout se concentre autour des branches principales des montagnes. Une seule végétation s'y montre avec luxe, celle des prés, aussi est-ce sous ce point de vue que nous aurons à la considérer.

Nous avons déjà dit que les rivières dont la source est dans le centre de cette région ne fournissaient pas, en s'écoulant au dehors, de grands moyens de navigation. Les routes y sont en petit nombre ; deux seulement la traversaient jadis, l'une allant de Paris à Toulouse par Limoges et Montauban, l'autre de Bordeaux à Lyon par Périgueux, Limoges et Clermont. On a terminé en dernier lieu les routes qui de Clermont conduisent, par Saint-Flour, soit à Nîmes, soit à Rhodez, Albi et Toulouse, et enfin une dernière se dirigeant de Clermont par Tulle vers Montauban, Périgueux et Bordeaux. Il dépend maintenant des départements et des communes de tracer un réseau de communications aboutissant sur ces grandes artères ; mais ce travail ne saurait s'accomplir qu'avec une extrême lenteur, car l'ouverture des routes est toujours très onéreuse dans les pays de montagnes, à cause des ponts, des enrochements et des entaillures qu'il faut pratiquer dans les rochers, travaux qui dépassent de beaucoup la portée des prestations en nature. Et, alors même que ces départements, pauvres en centimes additionnels, se décideraient à les consacrer à l'ouverture de leurs routes secondaires, il faut ajouter qu'elles ne seraient que d'une mince utilité aux relations d'échange d'une région dont la consommation n'exige que de faibles importations, et dont les exportations se bornent à presque rien, sinon à ce qui se transporte par ses propres facultés locomotives, savoir : des hommes et des troupeaux.

Les grandes communications qui percent maintenant de part en part ce grand massif montagneux, qu'on était obligé de tourner autrefois par ses extrémités, ont rendu abordables des localités sans issues, et, par ce changement de situation géographique, on a mis tout d'un coup ces localités en rapport avec un monde qu'on y connaissait à peine. Aussi doit-il en résulter les effets qui ne manquent jamais de suivre un tel changement. Des industries inconnues arriveront pour se placer sur les belles chutes d'eau qu'on trouve répandues sur toute la superficie de cette région; ses richesses géologiques, encore enfouies, s'exploiteront, à l'exemple des pierres de Volvic, des marbres et des houilles du Forez. Autour des établissements formés par ces entreprises on verra s'élever des constructions, et, à l'ombre de ce mouvement, la culture, excitée par de nouveaux appâts, s'apprêtera à sortir de la longue inertie où l'avaient retenue les entraves résultant de l'isolement même où le pays était demeuré.

Des exploitations rurales dans la région montagneuse.

Les grands capitaux n'ont jamais été se fixer ni s'amasser dans de telles régions. De là vient qu'on y trouve rarement de la grande propriété; celle qu'on peut appeler de ce nom n'y consiste qu'en des parcours vastes, parce qu'ils sont au-dessus de la région habitée. La majeure portion du pays appartient aux petits cultivateurs, et la moyenne propriété s'y est répartie en petites exploitations que des métayers cultivent ; car la petite culture y est seule pratiquée, parce que seule elle est conforme à la nature d'un pays coupé de vallons, d'anfractuosités, et où il n'y a d'espace que sur les sommités mêmes dont le climat rend l'habitation pénible, si ce n'est pour les pâtres qui y séjournent durant l'été.

Cette petite culture n'y reçoit pas non plus les soins qui la font estimer ailleurs ; car certaines habitudes de négligence s'emparent du cultivateur, qui n'en attend pas une grande récompense, en raison de la pauvreté même du sol de sa fâcheuse situation et de son défaut de débouchés. Aussi, peu confiants dans leurs propres ressources, l'émigration est regardée par ces cultivateurs comme la plus sûre des ressources de leur existence. Ces émigrations sont périodiques, mais embrassent un espace et un temps plus ou moins longs. Un grand nombre de cultivateurs vont presque en famille chercher dans les belles régions du midi l'ouvrage que leur offrent des moissons plus précoces que les leurs. Lyon, et surtout la capitale, attirent ces ouvriers laborieux par l'appât des profits, qu'ils doivent autant à leur sobriété qu'à leur ardeur au travail. Nées de besoins réciproques, ces émigrations se sont réglées d'après des convenances réciproques aussi, dont le temps a fixé irrévocablement les époques. C'est le même jour que tous les montagnards quittent leurs demeures, laissant à leurs femmes le soin de leurs petits héritages et à leurs enfants la garde des bestiaux. Le loisir de ces enfants s'écoule en cherchant à deviner quels seront les cadeaux que le père rapportera de ses lointains voyages ; car jamais il ne revient à ses foyers rustiques sans y rapporter avec lui les vêtements qui doivent parer sa famille dans les jours de fête, et un sac du froment de la Limagne. Le surplus de ses gains de la saison est enfoui jusqu'à ce qu'il s'en soit amassé de quoi acquérir quelque parcelle de terre, seule nature de biens dont cette population soit avide.

De là vient ce fait remarquable du prix élevé de la terre dans ces vallons reculés, fait qui s'observe également dans les Hautes-Alpes, et partout où les profits de l'émigration laborieuse viennent se verser dans un pays de montagnes; car cette lente accumulation de petits capitaux venant s'ajouter sans cesse à celui du pays, y forme une prime continuelle en faveur d'une terre renfermée par la nature dans des limites que la culture ne saurait ni reculer ni outre-passer.

Cette action constante a tendu à la dissolution de la grande propriété pour multiplier la petite avec ses débris, lesquels, s'agglomérant de nouveau, tendent à recréer de la moyenne propriété. Mais cette sourde transmutation ne s'accomplit qu'en laissant un grand avantage à la petite propriété, dont cette région semble être le domaine.

Toute l'enceinte de la région que nous avons décrite n'est pas néanmoins taillée sur le même modèle, ni exploitée avec des moyens aussi bornés. Car il s'y trouve des vallées d'une admirable fertilité, et vers les abaissements qu'elle présente tant au midi qu'à l'ouest, il y a des contrées plus ouvertes où s'exécutent de plus grandes cultures; mais toujours par l'entremise des colons partiaires, les fermiers à rentes fixes étant à peu près inconnus sur toute la superficie de cette région.

Des cultures dominantes dans la région montagneuse.

La culture capitale de cette région est celle des prés et des pâturages, et par conséquent l'éducation des troupeaux. Les céréales n'y paraissent qu'en seconde ligne; car elles n'y trouvent pas la qualité de sol, de climat ni de superficie que demande leur culture. Le châtaignier, arbre privilégié de ces contrées, suppléait seul jadis à cette pénurie de céréales; mais la pomme de terre est arrivée, qui a pris une place importante dans l'approvisionnement de cette région, au grand détriment du châtaignier qui s'est vu sacrifié pour faire de la place à ce tubercule, dont la récolte est plus abondante et plus assurée.

Aussi partout où des bosquets de châtaigniers occupaient des sols défrichables, les voit-on disparaître sous la hache, le propriétaire gagnant à cette opération, en premier lieu, le capital même de ces arbres qu'il réalise, et en second lieu une terre dont le rapport est supérieur; les châtaigniers ne se conservent que sur les sols indéfrichables, en raison de la raideur de leurs pentes ou de la rudesse de leur sol. La culture des pommes de terre a pris ainsi une grande extension.

Le maïs se montre dans les vallées méridionales des départements de l'Ardèche et de la Lozère. Dans le haut pays le climat est trop sévère pour cette production. Là aussi il se sème plus d'avoine et d'orge que de blé. Le sarrasin se cultive aussi, mais en moindre abondance et avec moins de succès qu'en Bretagne et dans l'ouest.

Une espèce de navets, ou plutôt de raves, se sème après les blés et avec un grand profit dans le Limousin, et cet usage a pénétré dans une grande partie de cette région où il devait être général par le profit qu'on en retire pour la nourriture et l'engraissement des bestiaux.

Dans les vallées méridionales de cette région on retrouve des mûriers, ils occupent la contrée voisine du Rhône et de la région des oliviers, et partout où le climat le permet; sur le penchant méridional des montagnes la vigne a été plantée, mais on n'y recueille nulle part que des vins de très inférieure qualité.

Les bois, ainsi que nous l'avons dit, ont peu à peu disparu de ces contrées sous la dent meurtrière du bétail ; la plupart de ces bois ont été réduits en vaines pâtures, qu'on nomme guarrigues dans le pays, où des buissons ont repoussé çà et là sur les troncs, en sorte que les cultivateurs de la commune peuvent faire encore un menu fagotage là où vont paître leurs bestiaux.

Ces derniers forment le seul objet d'exportation du pays; c'est donc à leur éducation que les soins principaux des propriétaires s'attachent, car c'est toujours la production chargée de réaliser la rente d'un pays, qui y attire le premier intérêt. Le surplus des productions qu'on récolte dans cette région, hors un peu de soie, s'y absorbe et ne suffit à sa consommation que parce qu'une partie de la population s'en va la chercher au dehors. C'est donc incontestablement la portion du royaume qui jusqu'ici a livré le moins à la circulation générale, et par conséquent à l'échange des produits.

Mais ce qu'elle livre à cette circulation a néanmoins beaucoup d'importance, en ce que l'économie du surplus du royaume ne pourrait s'en passer sans éprouver un vide difficile à remplir. Cette région livre la plus robuste et la plus vigoureuse race d'ouvriers qui existe peut-être au monde, celle des montagnards de l'Auvergne et du Limousin. Nous trouvant un jour à Pontrémoli, dans l'Apennin, où Napoléon faisait tracer une route, l'ingénieur nous fit voir trois ateliers différents sur le chantier des travaux, l'un d'ouvriers du pays, dont la journée se payait 1 fr., un de Piémontais, auxquels on payait 1 fr. 50 c., et le dernier d'Auvergnats, qui gagnaient 3 fr.; et, nous dit l'ingénieur, ces 3 fr. coûtent le moins cher à l'entrepreneur par la supériorité du travail qu'exécute cet atelier.

Cette région livre à la France la grande masse des bœufs que le nord consomme; cette éducation pourvoit de bœufs de labour les départements de l'ouest, d'où ils passent plus tard dans les herbages de la Normandie, sans quoi les herbagers auraient à les tirer de l'étranger, puisqu'il ne se fait nulle part ailleurs en France une éducation de bœufs destinés à être transportés sur les points où le besoin s'en fait sentir.

Des assolements dans la région montagneuse.

Nous n'avons que peu de choses à dire sur les assolements d'une région où les terres arables ne peuvent jamais jouer qu'un rôle borné par la nature même de la localité. Il y a néanmoins toujours un certain ordre dans lequel viennent se ranger les productions; et nous en désignerons trois différents usités dans ces contrées, suivant leur climat et leur fertilité.

Dans les pays froids de cette région l'assolement serait, avec quelques variations :

  1re *année*. Pommes de terre fumées.
  2e — Blé, quelquefois suivi de navets.
  3e — Avoine.

Ce cours a banni la jachère depuis l'arrivée des pommes de terre, et il est aussi productif que le permet une nature ingrate; car il faut ajouter que ces productions demeurent pour la plupart chétives.

Sur les points plus favorisés de cette région, et où mûrit le maïs, l'assolement peut se formuler ainsi :

  1re *année*. Maïs fumé.
  2e — Blé, suivi de sarrasin.
  3e — Jachère.
  4e — Blé, suivi de navets.
  5e — Avoine.

Mais il est dans cette région une de ces contrées qu'on trouve rarement, et qui, à l'exemple du Graisivaudan, semble avoir été destinée à étaler les richesses de la création. Nous voulons parler de cette vallée où l'Allier, en la traversant, y a déposé ses plus riches alluvions et tout ce que les volcans avaient amassé de matières fertiles sur les monts que les eaux en ont dépouillés.

C'est à Lempde que commence à s'ouvrir ce bassin au sortir des monts du Cantal. Il se prolonge en s'élargissant sans cesse jusqu'au nord de Riom. Deux chaînes de montagnes forment son enceinte; leur sommet ne présente que des ruines, des scories et des sommités qui paraissent s'affaisser sous l'empire du temps. Mais leurs penchants, en descendant vers la plaine, s'animent à mesure en se revêtant de la verdure de vignobles, pour lesquels on a construit des terrassements à la cananéenne.

Le vignoble lui-même finit par disparaître sous une forêt de noyers gigantesques qui bordent tous les héritages et dérobent sous les flots de leur verdure la vue des villages et des clochers, des chaumières et des châteaux, parce qu'ils s'élèvent plus haut que leurs toitures.

Là où coulent les ruisseaux en descendant des montagnes, les enclos renferment des prés de la plus épaisse végétation, et au-delà des enclos pareils sont consacrés aux cultures arables; sur ces terres se poursuit un assolement inverse de ceux qu'on pratique partout ailleurs et où le blé n'occupe que le dernier rang, afin d'épuiser avant de le semer la surabondance de la force végétative du sol. Ainsi on commence par défoncer la terre à la bêche pour y semer :

1re *année*. Chanvre fumé.
2e — Seigle.
3e — Blé.
4e — Fèves.
5e — Avoine, suivie de navets, pour recommencer avec le chanvre à la 6e année.

Souvent on supprime l'avoine, et le chanvre revient à la quatrième année. Les propriétaires dépourvus de prés et de vergers consacrent à la luzerne une parcelle de champs, en sorte qu'on ne voit jamais de terres vacantes que dans l'intervalle où l'on prépare le terrain qu'on vient de récolter à recevoir de nouvelles semences.

C'est ainsi que se confirme notre première proposition, savoir : que les cultivateurs français sont habiles à tirer le meilleur produit des sols fertiles, et que leur art n'échoue que sur les terres ingrates.

Des animaux domestiques dans la région montagneuse.

Il y a d'autant plus d'importance à traiter cet article, qu'il est le seul point capital de l'agriculture de cette région, et nous dirons aussi capital pour l'économie du royaume.

La généralité de cette région se cultive avec des bœufs; le nombre des chevaux y est par conséquent borné, et il est rare qu'un même propriétaire en possède plus d'un; mais au lieu d'un cheval, c'est presque toujours une jument que nourrissent les cultivateurs, afin d'obtenir un produit de leurs bêtes de somme, car c'est à ce titre que la plupart des chevaux et des mulets sont employés dans cette région, où faute de chemins il faut beaucoup porter à dos. Cette nécessité a fait prévaloir l'éducation des mulets, dont les éleveurs trouvent d'ailleurs, en tout cas, à se défaire à plus haut prix.

Les mulets qu'on élève dans cette région sont loin d'équivaloir, pour la taille et les formes, à ceux de l'espèce poitevine. Les mères sont plus minces et plus basses, les baudets de la race espagnole plus faibles que les animaux dont on se sert dans l'ouest, et d'ailleurs le propre du pays est de produire des animaux fins et légers. Mais les mulets de cette région sont actifs, souples et vigoureux. Cette élève à laquelle on destine les meilleures juments a porté un grand discrédit sur celle des chevaux, et c'est en vain que le gouvernement avait placé des haras à Pompadour et à Rhodez, et des dépôts d'étalons à Aurillac et à Clermont.

Ces établissements ont produit quelques résultats, sans doute ; parce que dans un pays où tout le monde s'occupe d'élever, il se trouve toujours un nombre d'amateurs de chevaux pour profiter des moyens que le gouvernement met à leur portée, dans l'espoir d'élever des sujets de quelque mérite. Mais le cours des choses a trompé leur espoir. La paix, en annulant le besoin des chevaux de guerre à laquelle le cheval limousin est si propre et en amenant sur le continent le type des chevaux anglais, a repoussé en grande partie du commerce ceux que ces provinces s'apprêtaient à lui offrir. On a remplacé alors quelques-uns des étalons arabes de ces dépôts par des sujets venus à grands frais d'Angleterre, et qui ont donné des productions mal assorties, parce qu'il n'y avait nulle analogie entre le type que peut fournir ce pays et celui que nourrit l'Angleterre.

Au milieu de ces tentatives, personne n'a su retrouver l'ancien type du grand cheval de bataille limousin. Il semble être perdu sans retour, et c'est assurément dommage, car c'était sans contredit le plus parfait de l'espèce chevaline. Ce type, créé pour des mœurs et des temps différents, ne doit plus renaître, car il ne s'adapterait nullement aux habitudes moins actives qu'a créées la commodité des voyages en voiture.

Ce type ne s'adapterait pas non plus à l'habitude que nous avons contractée de viser en tout au produit net des choses. Or, le grand nombre des éleveurs de ces provinces ont reconnu que l'élève et l'engraissement des bœufs réalisaient beaucoup plus sûrement ce produit net que l'élève d'une espèce chevaux qu'il fallait attendre au moins jusqu'à l'âge de six ans.

Les petits chevaux qu'on élève dans cette région remplissent d'ailleurs très bien le service qui leur est demandé dans ces localités, d'un abord difficile, mais il ne s'en exporte que très peu, parce qu'ils sont trop déliés et au-dessus de la taille qu'on demande aujourd'hui pour les différents services auxquels on emploie les chevaux ; c'est du nord qu'il faut tirer les principales remontes.

La partie méridionale de cette région possède beaucoup de bêtes à laine, et il y avait dès longtemps, dans l'arrondissement de Saint-Affrique, une race indigène à laquelle on reconnaissait tous les caractères qui ont signalé dès lors les mérinos. Cette race, dite du Larzac, avait le double mérite d'approvisionner, avec ses laines, les fabriques de Carcassonne, et de fournir, avec son lait, la matière première des fromages de Roquefort.

Cette race, placée sur un sol trop calcaire pour être fertile, se conserve sur des parcours montueux, et compte plus de cent mille têtes. Mais, à l'arrivée des mérinos, que la guerre permit d'introduire en grand nombre en France, les propriétaires du Rouergue, où il existe de grandes propriétés, s'emparèrent vivement de cette industrie, et nous y avons vu des troupeaux nombreux et très fins auprès de Rhodez, chez M. Rodat, et, plus loin, chez M. Girou de Buzaringue, ainsi qu'à Sévérac-le-Château, dans le département de la Lozère.

Le pays où nous avons examiné ces troupeaux paraissait éminemment propice à leur réussite. Des pâturages d'une extrême finesse, sous un climat méridional, se prolongeaient à l'infini sur des collines formées de roches calcaires, et si nous avions dû choisir un site propre aux bêtes à laine, nous les aurions placées dans une localité pareille. Elles y étaient cependant travaillées par la cachexie, maladie à laquelle nous avons pu voir que le nombreux troupeau de M. Girou de Buzaringue avait échappé par les bons effets du régime adopté à la suite de nombreuses expériences.

C'est dans les départements du Cantal, de la Haute-Vienne et dans les portions adjacentes des départements voisins, qu'est établi le siége de l'éducation du gros bétail, et principalement des bœufs destinés à l'exportation. Non-seulement les prés sont nombreux et assez fertiles dans ces départements pour satisfaire à l'hivernage de ce bétail ; mais les sommités y sont tapissées des meilleurs pâturages. On y réunit, pendant la belle saison, les troupeaux de vaches et ceux d'élèves ; ils y restent, comme dans les Alpes, jour et nuit, en plein air, ne se rapprochant des chalets qu'habitent les pâtres que pour venir chercher, deux fois par jour, la pincée de sel qu'on leur distribue avant de les traire.

Ces pâtres pourraient être plus experts à fabriquer le laitage, car ils n'en font qu'un fromage très inférieur, tandis que rien ne les empêcherait d'en faire qui seraient recherchés. Mais ils s'entendent très bien à soigner les élèves. La première condition exigée des veaux qu'on se propose d'élever, est d'avoir le poil rouge, sans aucune marque ; au cas contraire, ils seraient rebutés par les acheteurs. On ne conserve de femelles que le nombre nécessaire au remplacement du troupeau ; mais on élève tous les mâles, parce que le revenu est essentiellement attaché à leur vente. Cette vente a lieu dans la seconde et, au plus, dans la troisième année de leur vie ; ils ont été opérés à trois ou quatre mois.

On charge les pâturages de gros bétail, du dix pour cent de chevaux ou de mulets, suivant l'usage universellement adopté partout où le bétail se nourrit dans les herbages. Rarement les bestiaux qui couvrent un de ces herbages appartiennent-ils au même propriétaire ; ils proviennent d'une association et souvent d'une commune entière qui possède ou loue l'herbage qu'on pâture en commun. Pendant l'hiver, chaque tête de bétail ou de cheval rentre sous l'étable de son propriétaire.

La race dont on élève pour l'exportation les veaux mâles, est singulièrement semblable à elle-même, et il est bien peu d'individus qui s'y fasse remarquer par des traits distincts. Son poil est uniformément d'un rouge vif, à peu près sans nuances ; elle a le front large, le museau court et les cornes assez épaisses et s'écartant sous une ligne horizontale ; le col, le rein, jusqu'à la naissance de la queue, droits ; le corps cylindrique, les hanches et les épaules hautes, larges et courtes, les membres charnus et d'aplomb.

Ces bœufs sont nerveux, diligents, et travaillent avec obéissance et bonne volonté. Leur chair est inférieure à celle des bœufs de la race grise qu'on trouve dans l'est de l'Europe. Ils sont inférieurs pour le travail aux bœufs fauves du bassin de la Garonne. Néanmoins ils appartiennent à une très bonne espèce.

Les bœufs de cette race sont différents de ceux de la Garonne, du Charolais, et surtout de ceux qui proviennent de la race flamande. Nous ne saurions leur découvrir de similitude qu'avec ceux qu'on élève dans les cantons de Vaud et de Fribourg, en Suisse. Ce n'est pas sans doute une raison pour qu'ils en soient originaires, car les mêmes traits peuvent se retrouver sur des races différentes par des analogies de régime d'air et de nourriture qui reproduisent, à distance, des caractères semblables. Mais la connaissance qui nous est acquise de plusieurs importations de bêtes à cornes, exécutées depuis trente ans de la Suisse en Auvergne, nous porte à croire que beaucoup d'autres ont pu avoir lieu antérieurement et ont réussi à identifier la race.

Parmi ces importations, nous citerons celle qu'a faite M. l'ancien archevêque de Malines dans la terre qu'il possédait dans le Cantal et dont il a fait don à ce département à titre de ferme expérimentale. Cette importation a consisté en vingt-sept têtes de vaches et trois taureaux, tous sous poil rouge et sans aucunes balsanes. Ces animaux étaient du plus beau choix et ont été accueillis avec faveur dans le Cantal, où ils se sont bien acclimatés; mais par un résultat inattendu, les produits du croisement des vaches suisses avec les taureaux indigènes ont été très supérieurs à ceux provenant des vaches indigènes avec les taureaux suisses, quoique ceux-ci fussent plus distingués par la taille et les formes. Ces derniers produits ont même été supérieurs à ceux de la pure race suisse.

Expérience fâcheuse, en ce qu'elle démontre qu'il faudrait importer des vaches et non des taureaux de la Suisse, et que, pour amener les mêmes résultats, l'importation devrait s'opérer sur une échelle cinquante fois plus grande, ce qui est, par conséquent, d'une exécution cinquante fois plus coûteuse et plus difficile. Néanmoins, l'importance de cette élève est telle aujourd'hui que les propriétaires de ces provinces, sans débouchés pour leurs fourrages, sont appelés à y donner tous leurs soins ; car l'accroissement de la consommation est de nature à agrandir sans cesse les marchés où l'on demande ces bœufs ; et ce sont à peu près les seuls dont le prix de revient permette de les livrer, sans perte pour les éleveurs, à un cours qui offre encore un bénéfice à l'engraisseur.

Cette combinaison n'a lieu qu'en raison du bas prix des fourrages consommés dans une localité où ils ne trouvent pas de marchés et de celui de pâturages d'été assez riches pour nourrir des élèves, mais trop peu pour qu'il soit permis d'y engraisser des bœufs. Ainsi, le même animal qui reviendrait à 500 fr. à l'herbager de la vallée d'Auge qui aurait entrepris de l'élever, en coûte à peine 250 à l'éleveur du Cantal. C'est donc dans de telles localités qu'il convient d'établir la source des productions de cette nature et d'en pousser le développement aussi loin que le permettent les bornes mêmes de l'étendue du pays.

La race du Charolais occupe la portion de cette région placée entre le Rhône et l'Allier, qui comprend le département de la Loire ; mais sans y former aucune industrie spéciale d'éducation ni d'engraissement. Les engraisseurs du Charolais y achètent au contraire les bœufs de réforme pour les conduire sur leurs herbages, d'où ils reviennent à Lyon, ou sont acheminés sur Paris. Cependant quelques propriétaires ou fermiers du Forez ont commencé à faire des engraissements à l'étable avec les sainfoins qu'ils ont semés.

Des améliorations dans la région montagneuse.

D'après ce que nous avons déjà dit de l'agriculture de la Limagne, on a pu juger qu'elle était peu susceptible de recevoir des améliorations, car leur but, qui est d'amener la terre à sa meilleure production, a déjà été atteint, et nous ne saurions qu'ajouter à l'abondance de productions, dont le retour incessant dénote, par une longue expérience, que la terre n'en a pas été épuisée.

Lors donc qu'un système de culture démontre qu'il remplit ces deux conditions, la science agronomique n'a plus qu'à contempler de tels résultats, à les étudier pour les transporter ailleurs, et tout au plus à offrir quelques améliorations de détail, ainsi que serait la culture d'un végétal nouveau destiné à remplacer un autre dont la culture paraît être moins avantageuse; car il ne s'agit pas ici de s'emparer d'une jachère vacante pour y faire fleurir le trèfle ou le sainfoin.

Il en est à peu près de même des vallons plus étroits de cette région; enrichi par les alluvions qu'y ont apportées les eaux, le sol de ces vallons, dévolu à la petite culture, en étale tous les miracles. Les productions s'y succèdent sans relâche; cultivées qu'elles sont par des ouvriers laborieux qui en attendent leurs plus précieux moyens d'existence. Productions que la nature semble cacher dans ses profondeurs, comme pour les réserver à leurs seuls habitants ! Mystérieuse richesse qu'on ne découvre nulle part en parcourant les contrées élevées et saillantes du pays, et qui sert à expliquer la présence des populations de tous les pays de montagnes ! Nous n'avons rien à ajouter à cette succession de chanvre, de navets, de céréales et de pommes de terre, à cette profusion de légumes et de fruits qui parent ces vallons et ces vergers de leur plus bel ornement. Peut-être aimerions-nous à y voir joindre la culture du colza, afin de doter cette population de la récolte de l'huile, qui serait si précieuse pour elle.

Mais, en revanche, il y aurait beaucoup à faire avant d'avoir amené à leur meilleur état de production les terres élevées ou en pente qui occupent la plus grande part de cette région ; car elles sont loin de l'avoir atteint. Sans doute que leur défaut de fertilité a découragé des cultivateurs qui ont préféré aller en grand nombre chercher leur subsistance ailleurs ; mais on remarque sur toutes ces terres qu'on n'a jamais cherché à faire d'appel à leur faculté productive. Un trait de charrue grossier, incomplet, tracé entre des fragments de pierres, a satisfait jusqu'ici les cultivateurs. Ils n'ont pas cherché à désencombrer leurs champs des obstacles que cette charrue a rencontrés, et tous ceux qu'elle n'a pu vaincre par sa seule impulsion y sont demeurés. Aussi est-il rare de voir dans ces rudes contrées une pièce de terre labourée dans toute sa superficie; la meilleure portion en est seule cultivée, les angles et les aspérités sont demeurés en friche et s'ajoutent au parcours du menu bétail.

Les terres auxquelles les pentes ont permis de s'ébouler n'ont jamais été reportées au sommet des champs qui en restent dépouillés, et mettent ainsi de nouveaux rocs à nu, jusqu'à ce que la charrue soit obligée d'abandonner la culture de ces sommités décharnées. La région perd ainsi constamment de sa superficie cultivable, sans regagner du sol forestier, car le parcours vient détruire à mesure l'espoir qu'on pourrait former de voir au moins se reboiser de tels sols. L'épine noire, le genévrier et l'épine vinette composent à peu près la seule verdure naturelle de ces terres livrées à elles-mêmes.

D'immenses espaces, autrefois boisés, ont conservé, il est vrai, leur sol, parce que la charrue ne l'a jamais exposé au ravage que causent les eaux sur le penchant des montagnes; mais le peu de valeur qu'avaient les bois, dans les temps où ils abondaient sans qu'on eût les moyens de les exporter, avait fait négliger les soins qu'exigeaient leur repousse et leur conservation. Les bestiaux s'en sont emparés, et il est difficile aujourd'hui de les en repousser, parce que l'entretien du bétail de la commune compte sur ce parcours et que pour l'en priver, on éprouverait une vive résistance de la part de son conseil municipal.

Les bois ont été beaucoup mieux conservés dans le département de la Loire, en raison du prix que leur a donné le voisinage d'une active industrie; circonstance qui sert à prouver l'influence que les prix exercent sur l'agriculture qui sait faire abonder d'autant plus les productions qu'elles ont une plus haute valeur, et qui les laisse ronger jusqu'à la racine là où le parcours paraît devoir etre d'un produit supérieur et plus vite réalisé.

A un tel abus on ne peut opposer que des limites capables d'en restreindre peu à peu l'effet. On ne peut y parvenir qu'à l'aide de cantonnements tracés par l'administration forestière, et qui permettent de défendre de la dent du bétail la portion réservée. Nous avons vu dans le Jura qu'après avoir laissé calmer la première irritation causée par ce cantonnement, les cultivateurs s'étaient décidés, dans leur désespoir, à semer du trèfle sur leurs terres. Au bout de quinze ans on leur avait accordé de faire un recépage sur leur réserve, dont ils avaient retiré beaucoup de fagots, tandis que leurs bestiaux avaient prospéré par l'effet du trèfle. Ce sont aujourd'hui ces mêmes cultivateurs qui demandent à l'administration d'agrandir les réserves.

Pareille chose arriverait sans doute aussi dans la région montagneuse. La difficulté est tout entière dans le premier cantonnement. Il a excité des émeutes et des révoltes dans la région des Pyrénées; mais après qu'on s'en est rendu maître, les résistances diminuent jusqu'à finir par se retourner dans le sens inverse. L'ouverture des nouvelles routes qu'on a ajoutées à celles qu'avait cette région, en facilitant le transport des bois, vient au secours de ce genre d'amélioration, en leur donnant une valeur qui leur manquait.

Qui peut même savoir si telle industrie ne se développera pas, ou si telle richesse métallurgique ne se découvrira pas dans cette région déjà riche en houille et dont les exploitations donneraient aux bois une valeur qui laisserait amèrement regretter l'incurie avec laquelle on les a laissé détruire?

On peut donc juger d'après tout ce que nous venons de dire, qu'il s'agit moins dans cette région de corriger des assolements, que de disposer d'un terrain pour les recevoir; c'est d'améliorations par entreprise qu'il est ici question. Ces entreprises, à la vérité, ne sauraient être faites sur de grandes échelles, ni exiger la présence de grands capitaux; parce que l'espace manquerait et que la subdivision de la propriété ne met à la charge de chaque cultivateur que des superficies très bornées.

Mais il faudrait que tous concourussent à enlever les pierres incommodes de leurs champs, pour les rassembler en murs de soutènement sur leurs plans inférieurs. Il faudrait que tous consacrassent un temps et un travail donnés, à défoncer avec la houe les parcelles de terre que la charrue n'ose pas entamer; il faudrait qu'ils y reportassent les terres qui s'en sont éboulées; il faudrait enfin qu'ils y fissent une partie des travaux qu'on ne craint pas de consacrer ailleurs à l'établissement de la vigne, afin de donner à la surface du pays cet aspect qui indique à l'agronome que, depuis longtemps, on travaille à son amélioration. Mais deux obstacles retardent ce progrès, le peu de mérite des productions qu'après l'avoir amélioré, on pourrait obtenir d'un sol de cette nature, et la difficulté qui en résulte d'engager des cultivateurs à faire un travail qui leur semblerait ingrat, comparé aux gains annuels que leur vaut l'émigration.

Toutefois, l'accroissement continuel des consommations, le renchérissement de la terre qui en est la suite, et enfin ce besoin d'innovations qui tourmente notre siècle, provoqueront tôt ou tard, mais inévitablement, les améliorations dont nous avons tracé les rudiments. Alors et à mesure qu'on aurait mis les terres à l'état que les ingénieurs appellent de simple entretien, nous voudrions y voir adopter un assolement formulé ainsi :

1re *année*. Pommes de terre fumées.
2º — Blé, suivi de trèfle.
3º — Trèfle.
4º — Blé, suivi de navets.
5º — Orge ou avoine.
6º — Sarrasin.

Nous avons introduit le trèfle dans cet assolement, parce que nous n'avons vu que des sainfoins très inférieurs dans la plupart de ses localités, et que nous sommes porté à croire qu'il n'y trouve pas un sous-sol convenable. Comme le trèfle est beaucoup moins difficile à cet égard et qu'il lui suffit d'une superficie bien amendée pour réussir, nous croyons essentiel de l'introduire dans cette région où nous en avons à peine aperçu quelques vestiges.

Nous insistons surtout dans cette région sur l'accroissement des moyens d'alimentation du bétail, non-seulement et comme partout ailleurs, parce que l'augmentation de ces moyens est le plus puissant agent d'amélioration, mais parce qu'ici l'éducation des bestiaux est en même temps un moyen de réaliser des bénéfices, ce qui n'a pas lieu ailleurs, où cette éducation ne se fait jamais qu'à perte. La preuve en est que la culture pastorale est déjà dominante dans cette région, ce qui n'aurait pas lieu, si elle n'était favorisée par les circonstances locales. Or, il y a toujours à gagner à pousser aussi loin que possible la branche agricole qui est déjà en faveur dans un pays quelconque, avant d'en entreprendre une autre. Il convient tout au moins, avant de donner à l'agriculture cette nouvelle direction, d'être arrivé au point de saturation de la culture dominante.

CHAPITRE VI.

Des conditions rurales dans la région du Sud-Ouest.—Nature et configuration de cette région.

Cette région que nous appellerons aussi des Pyrénées, parce qu'elle comprend dans ses limites cette chaîne de montagnes, commence là où se termine la région des oliviers et occupe la large superficie de l'isthme qui sépare sur le versant septentrional des Pyrénées la Méditerranée de l'Océan. Les frontières de l'Espagne la limitent au midi, l'Océan à l'ouest, et au nord la ligne que forme l'abaissement des hauteurs qui appartiennent à la région montagneuse.

Le vaste bassin ouvert d'une des mers à l'autre et qui compose le domaine de cette région est cependant traversé au sud et près de la Méditerranée par une arête de montagnes transversales, parties du plateau de la région montagneuse pour aller s'appuyer sur les premières assises de la chaîne des Pyrénées. Cette arête se termine à Carcassonne, et forme le point de partage des eaux, lesquelles courent de ce point les unes à l'Océan, les autres à la Méditerranée. De ce point aussi, la plaine s'ouvre en offrant un vaste triangle dont le sommet est à Carcassonne et dont l'Océan forme la base, de Bayonne jusqu'à l'embouchure de la Gironde.

Cette belle superficie n'est alignée sous un niveau parfait qu'aux abords du littoral de l'Océan, où se trouve cette vaste arène sablonneuse connue sous le nom de Landes de Bordeaux ; car en remontant sur ses deux bords et vers le sommet du triangle, le bassin, loin d'offrir ce niveau, est au contraire sillonné par le cours des eaux, et relevé par des coteaux plus ou moins exhaussés, suivant qu'ils se rapprochent davantage du pied des monts.

Des Pyrénées s'écoulent l'Adour et la Garonne, et des monts opposés le Tarn, le Lot et la Dordogne. La Garonne occupe, de Toulouse à l'Océan, le milieu du bassin dont elle est la principale artère; mais il restait une lacune entre Toulouse et la Méditerranée, où il s'agissait d'ouvrir par une artère artificielle la communication de ce fleuve avec la Méditerranée. C'est à quoi le canal du Midi, en surmontant l'arête qui sépare les deux versants, a magnifiquement pourvu. En sorte que cette région est traversée dans toute sa longueur par une communication qui réunit les deux mers et la pourvoit ainsi d'une arrivée facile aux plus grands débouchés.

Des routes nombreuses aujourd'hui amènent à cette communication, par des perpendiculaires, les productions qui croissent sur ses deux flancs, tandis que l'Adour et la Dordogne portent à l'Océan celles de ses productions qui croissent à trop grande distance de la grande artère dont nous avons tracé le cours.

Terre de prédilection, cette riche contrée déploie aux regards un horizon borné par l'amphithéâtre que forment les Pyrénées; noble ceinture qu'il n'était pas au pouvoir de l'homme d'élever, et qui porte l'empreinte des cataclysmes par lesquels l'œuvre de la création s'est accomplie ; tandis que rien en revanche ne borne son horizon vers le côté qui n'a pour limite que les flots de l'Océan.

Des monts agrestes placés en face, mais à distance des Pyrénées, achèvent son enveloppe en la dessinant par des traits moins sévères et moins gigantesques.

Dans cette heureuse contrée et sous l'influence du beau soleil qui l'éclaire, s'épanouissent tous les fruits et toutes les productions qu'il plaît à l'homme de lui confier. Elle n'en refuse aucun, ni la vigne, ni les céréales, ni les prairies, ni les sainfoins, ni le tabac, ni le maïs, non plus que les grands végétaux qui parent cette terre sur le sein de laquelle ils élèvent leurs tiges, afin de pouvoir la couvrir de leur ombrage. Sur la plage seule, formée par les sables de la mer, cette riche nature se montre ingrate, et des landes que couvrent des bois de pin maritime y rappellent, par leur branchage monotone, l'apparence de la vie végétative, qui disparaît là où la violence des vents, en agitant les sables, a détruit cette végétation.

Il y a donc trois caractères agricoles bien distincts dans cette région, celui du pied des monts où le sol accidenté, mais arrosé et fertile, offre les détails gracieux qui signalent la petite culture, le centre du bassin, où des pays plus riches et plus ouverts réalisent tout ce qu'on peut attendre d'une moyenne culture habilement maniée, et enfin le pays des landes moitié forestier et moitié inculte.

Quoique ce territoire des landes soit une tache, on n'en doit pas moins regarder cette région comme la plus belle d'entre les contrées agricoles que la France renferme, après celle du département du Nord; car si son sol n'a pas plus de fertilité que celui de la grande région septentrionale, elle jouit en revanche d'un climat bien supérieur, et par conséquent de productions plus précieuses. Ses débouchés sont aussi faciles puisqu'ils s'ouvrent sur deux mers, et ses cultivateurs ont appris des méthodes de culture fort supérieures. Ils sont placés plus loin de la capitale, et cette distance est l'unique reproche, si c'en est un, qu'on puisse adresser à cette région.

Du mode des exploitations rurales dans la région des Pyrénées.

La moyenne culture domine dans cette région, où la grande propriété elle-même a subdivisé ses exploitations en domaines qui comportent entre une et trois paires de bœufs ; car il est rare qu'une même exploitation en occupe un plus grand nombre. Et il est à remarquer que cette division moyenne des corps de ferme se trouve à peu près pareille dans le département du Nord; c'est-à-dire dans les deux portions du royaume où la culture est la plus avancée sous le rapport des assolements, de la culture des prairies artificielles et des soins apportés dans l'ensemble de la manutention rurale. D'où l'on pourrait conclure qu'il faut attribuer une partie au moins de ces avantages à ce que l'étendue moyenne des domaines est suffisante pour que leurs cultivateurs puissent y appliquer des combinaisons plus ou moins savantes, et que cependant elle n'est pas assez grande pour rendre difficile l'application des soins de détail que demande une culture active et avancée.

Il y a de grandes tenures dans les landes ; mais la majeure partie en est ou forestière ou complétement inculte ; les portions cultivées ne le sont que sur de petites échelles.

La petite culture et la petite propriété se retrouvent à la fois et en grand nombre dans les vignobles et vers les bases des montagnes ; car ici la force des choses ramène ces petites divisions du sol, et les moyens bornés d'après lesquels on les cultive.

Le vignoble si important, si étendu dans une région appelée à pourvoir à l'approvisionnement des quatre parties du monde, est soumis à deux systèmes différents d'exploitation, d'après le double système de sa culture. Ainsi les vignes situées sur les penchants des monts et des coteaux ont été implantées d'après la méthode générale qui a présidé à l'établissement de la plus grande partie des vignobles de la France, et sont exploitées de même par des vignerons, c'est-à-dire par des colons partiaires. Mais celles des vignes, et elles sont en grand nombre, qui n'occupent que des plans assez mollement inclinés pour que la charrue puisse, sans efforts, en descendre et en remonter la pente, celles-là ont été plantées en lignes comme dans la plaine du Languedoc, assez distantes pour que les cultures puissent y être faites à l'aide d'un araire attelé de deux bœufs. Les ouvriers n'ont dans ce système d'autre travail que de fossoyer le pied même des souches où le soc ne peut atteindre, afin d'y détruire la végétation des herbes parasites.

On conçoit dès lors qu'une telle culture ne doit occasionner que de modiques avances; qu'elle doit s'exécuter promptement et à l'aide d'attelages fournis par un corps de ferme et sortis par conséquent de la compétence d'un vigneron. Ces vignes, de plus, produisent des vins du Bordelais, c'est-à-dire que le prix en est élevé et la récolte précieuse. Aussi demeure-t-elle en totalité dans la possession du propriétaire, qui réunit la culture du vignoble à celle du surplus de son domaine, qu'il exploite généralement par sa propre économie.

Ce mode d'exploitation ingénieusement combiné est assez général dans cette région, et y prend la place du fermage à rentes fixes des colons partiaires, ainsi que du fermage parcellaire.

Le cheptel dans ce système, ainsi que les récoltes, appartiennent au propriétaire dont la culture a été exécutée par un maître valet aidé de sa famille. Ce maître valet, dénomination essentielle au pays, n'est pas colon partiaire, mais régisseur intéressé dans l'exploitation, sur les produits de laquelle il perçoit une aliquote, moyennant laquelle il exécute les travaux agricoles avec les valets et les journaliers que le propriétaire fournit, et dont il a d'autant plus d'intérêt à surveiller le travail que son salaire se compose d'une part des produits.

Ce mode d'exploitation par régie intéressée, dont il y a quelques exemples dans le Piémont, nous semble être singulièrement propice au bien de l'agriculture.

Nous voyons que l'exécution en est confiée d'une part au propriétaire pourvu du capital nécessaire pour faire toutes les avances, et qui devant en percevoir directement le produit a dès lors intérêt de ne rien négliger pour l'accroître, et d'autre part à un agent intéressé lui-même à appliquer au mieux et à surveiller l'emploi des avances faites à la culture par le propriétaire. L'intérêt direct que les propriétaires, dans ce système, apportent à leur culture est de nature à leur donner des notions positives sur la nature de leurs terres, sur leurs besoins et sur les procédés qu'ils peuvent employer pour augmenter leur produit, sans nuire à la fertilité. Ils doivent en retirer ces notions auxquelles nous avons témoigné le regret de voir le grand nombre des propriétaires du royaume aussi complétement étrangers.

C'est aussi sans doute à ce mode d'exploitation, inusité partout ailleurs, que nous devons attribuer en partie la supériorité de la culture de cette région, aussi bien que l'étendue de la plupart de ses exploitations, car un tel mode ne peut guère s'appliquer qu'à des domaines d'une étendue que l'activité de l'agent puisse facilement embrasser, sans quoi ils échapperaient à sa surveillance.

Celle des cultivateurs propriétaires s'exerce ici comme partout ailleurs, avec le bénéfice pour eux d'avoir à exercer leur industrie agricole dans un pays où ils sont entourés de bons modèles, où d'habiles assolements sont pratiqués dès longtemps, dans un pays enfin où les meilleurs procédés agricoles sont en usage, et où il leur est permis de les imiter sans effort, car ce n'est qu'après avoir ainsi généralisé les procédés d'une bonne culture, après qu'ils sont devenus communs aux grandes comme aux petites propriétés, aux fermiers comme aux colons partiaires, aux cultivateurs propriétaires comme aux vignerons ; ce n'est qu'alors qu'un pays peut être réputé pour sa culture et ce n'est qu'alors qu'il lui est permis de prendre, dans l'économie générale du pays, le rang qui lui est assigné soit par la nature, soit par l'espèce de ses produits. Pareil privilége ne saurait être accordé aux productions exceptionnelles obtenues à grande peine par l'agronome qui travaille isolément à provoquer par ses expériences et ses travaux des améliorations, quelque heureuse d'ailleurs qu'en puisse être l'adoption, parce que le commerce ne vient pas à lui pour s'emparer de ses productions solitaires, la quantité en valant rarement la peine, et il est condamné par la nature même des choses à se livrer pendant longtemps à un labeur ingrat. Aussi les sociétés agricoles doivent-elles encourager ces travaux en leur décernant des primes, dédommagement mérité pour des peines et des travaux dont elles sont souvent la plus sûre récompense.

Des cultures dominantes dans la région du Sud-Ouest.

On peut répondre sans hésitation que la culture dominante dans cette région est celle de la vigne. Après celle-ci doit se placer celle des céréales, puis la culture des prairies artificielles, enfin celle du tabac et des fruits de diverses espèces, mais principalement de ceux à noyaux.

Cette région serait sans doute aussi éminemment

propice à la culture du mûrier, et s'il n'y paraît qu'en aussi petit nombre, il faut l'attribuer à ce que l'intérêt du cultivateur ne peut pas se partager sur autant d'objets, et qu'ici la culture de la vigne a droit d'attirer sa principale attention, car non-seulement la vigne occupe dans cette région de vastes superficies, non-seulement elle y est très productive, mais elle fournit aussi des vins d'une qualité précieuse, ce qui n'a pas lieu dans la région des oliviers.

Aussi dans cette région sont-ils l'objet d'un commerce étendu.

La qualité des vins que cette région produit devient plus recherchée à mesure que le terroir où ils se récoltent se rapproche davantage de la mer. Mais sur toute la superficie de la région, ils participent des qualités qui font priser si haut les vins du Bordelais, savoir leur nature particulière qui se refuse à tout mélange de vin étranger, et la propriété dont ils jouissent de pouvoir être transportés dans les régions intertropicales où ils doivent seuls fournir à la consommation. C'est un privilége qu'ils partagent avec les seuls vins de Madère et de Porto.

Il y a dans les développements agricoles une gradation à suivre que la nature même des choses indique et aux lois de laquelle nul ne peut se soustraire sans succomber. C'est par la culture pastorale que doivent débuter ces développements. Pour y joindre ce que nous avons appelé la culture arable du steppe, c'est-à-dire celle qui, sans nulle combinaison, se borne à déchirer, à l'aide des bœufs qu'a fournis la culture pastorale, le sein d'une terre fécondée par un repos séculaire, pour en obtenir des récoltes céréales, et abandonner cette portion du sol dès qu'il se montre épuisé pour en défricher une autre. Dans cet ordre de choses en effet, la terre ne représentant d'autre capital que celui du travail qu'on y applique, chacun en prend d'après la seule mesure des moyens de travail qu'il peut y appliquer.

Telle est la marche que suit la civilisation agricole du steppe de la mer Noire, des plaines du cap de Bonne-Espérance, des pampas du Brésil et de la Nouvelle-Galles du sud. Là où cette civilisation a procédé d'une autre manière, comme dans les colonies à sucre des Antilles, elle a emprunté le travail des esclaves, et nous ne pensons pas qu'il pût y en avoir un autre à employer. Mais aujourd'hui, qui voudrait recommencer à l'aide d'esclaves une nouvelle civilisation agricole ? A qui tomberait-il dans la pensée de ressaisir ce système défaillant pour le créer de toutes pièces sur des points du globe où il n'existe pas ? Ce n'est qu'à grande peine, ce n'est qu'en froissant l'esprit de nos législations, de nos mœurs et de nos croyances, que l'on conserve l'esclavage au nom des intérêts acquis et de l'économie politique, là où cet esclavage est son unique rouage, jusqu'à ce que tout cet échafaudage vienne à s'écrouler à la fois.

La culture vignicole est donc placée dans cette région sous les conditions les plus favorables, et il nous reste à comprendre les plaintes amères que font retentir de temps à autre les propriétaires de ces vignobles sur l'avilissement de leur produit et le défaut de leur écoulement.

Ces plaintes ne devraient pas porter sur le poids de l'impôt spécial qui frappe les boissons. Car nul produit en France n'en est moins affecté que les vins de Bordeaux, soit parce que le tarif qui leur est applicable pèse moins sur eux, en raison de leur qualité, que sur aucuns de ceux du royaume, soit parce qu'ils échappent plus qu'aucuns autres à ce droit, attendu que la majeure partie s'en exporte hors du royaume.

Ces plaintes devraient moins porter sur l'étranger depuis que l'Angleterre a réduit de beaucoup le tarif des droits d'entrée qu'elle avait imposés aux vins français.

Ces plaintes devraient s'apaiser à mesure que l'accroissement des populations civilisées de l'Amérique, de l'Inde, et surtout du nord de l'Europe augmente annuellement le nombre des consommateurs de vin de Bordeaux.

Où peut donc s'en trouver la cause? car nous n'admettons pas que des doléances si vives puissent être sans fondement. Or, nous croyons la trouver dans ce seul fait, que la matière première s'est accrue dans une proportion plus grande encore que celle des consommateurs. Cet accroissement doit avoir lieu, parce qu'on a dû faire dans cette région ce que nous avons signalé partout, c'est-à-dire qu'on y a multiplié démesurément le territoire du vignoble en implantant tous les points qui semblaient promettre une réussite à la vigne, et que, vers tous ces points, on a poussé la culture de la vigne vers la plus forte production.

Mais il y avait dans cette extension à donner ici à la production vignicole un danger qui n'existait pas ailleurs. Dans la Côte-d'Or, par exemple, le mérite de tels ou tels crus est différencié par une étroite limite, hors de laquelle le vin qu'on y récolte ne peut jamais se revêtir du nom fameux d'un clos voisin, ni en se mêlant avec lui, ni en s'efforçant d'usurper ce nom, car justice en serait immédiatement faite.

Mais la qualité des vins dans la région du sud-ouest descend par gradation du meilleur au pire. Le commerce peut rapprocher par degrés, en les mélangeant, les qualités moins prisées des supérieures, et en augmenter ainsi démesurément le volume, de manière à offrir aux consommateurs un approvisionnement qui déborde leur demande et accroît ainsi les trop pleins au grand détriment des prix.

Les propriétaires du Bordelais ont aussi à lutter contre la concurrence fatale pour eux de tous les négociants en vin du midi, lesquels font de toutes pièces avec des mélanges habiles et nullement malfaisants des vins de Bordeaux dont ils vont abreuver le nord de l'Europe, ces vins s'y conservant sans altération et ne trahissant leur origine qu'autant qu'on les soumet imprudemment à l'épreuve du passage de la ligne.

A un tel mal nous ne voyons de remède que le temps qui, en travaillant sans cesse à augmenter la consommation, finira par rétablir l'équilibre entre elle et la production, équilibre qui peut être d'ailleurs brusquement rétabli par une mauvaise récolte.

Ce qu'il est permis de prévoir, c'est qu'en dépit des plaintes portées par les propriétaires, la culture de ces vignobles ne rétrogradera pas, parce qu'elle est placée sur le sol de cette région dans des conditions tellement favorables qu'elles mettent cette culture en possession d'un monopole naturel, dont chacun se rend confusément compte, mais dont l'effet suffit pour attacher la population agricole à la branche qui la possède.

C'est donc à juste titre que nous avons placé le vignoble au premier rang des cultures dominantes dans la région du sud-ouest.

Celle des céréales, dont le rang vient immédiatement après, a d'autant plus d'importance que le monopole de l'approvisionnement des colonies est attribué aux farines provenues de cette région, que le port de Bordeaux expédie aux Antilles. Cet approvisionnement est aujourd'hui réduit à de bien faibles proportions ; mais le canal du Midi, en permettant de verser ces céréales sur le littoral de la Méditerranée, où les prix en sont toujours les plus élevés du royaume, place aussi la culture arable de cette région dans des circonstances favorables.

Ces circonstances tiennent enfin à ce que la nature du sol, sa disposition et les dimensions de la propriété conviennent aux cultures céréales. Aussi l'art de les préparer a-t-il été poussé dans cette région à un grand point de perfection.

Le maïs et le blé se cultivent à l'exclusion de toute autre céréale dans les bonnes terres du bassin ; vers les montagnes et dans les landes, le maïs devient rare, et l'orge et le seigle remplacent souvent le blé. Partout, à peu près, le sarrasin se joint aux céréales à titre de culture dérobée; mais s'il se cultive dans le pays des navets et même de la betterave, il n'y a encore, en revanche, que peu de pommes de terre, circonstance qu'on remarque dans tous les pays à maïs.

Ce qu'on a su allier dans cette région mieux que nulle part ailleurs, c'est la culture des prairies artificielles avec celle des céréales ; car c'est dans les mêmes champs que ces deux cultures doivent alterner.

Ces prairies consistent en sainfoin et trèfle incarnat. La luzerne et le trèfle ordinaire s'entremêlent rarement avec ces deux plantes; mais le sainfoin atteint, dans cette région, à une vigueur de végétation et se cultive sur une si grande échelle qu'il pourvoit à tous les besoins de l'agriculture; tandis que le trèfle incarnat, semé après la moisson du blé avec la récolte dérobée du sarrasin, sert de pâturage aux troupeaux et principalement aux bœufs de labour, dès l'ouverture du printemps jusqu'à l'apparition des fleurs roses du sainfoin, car il est rare que ce trèfle se récolte en sec, et l'usage de nourrir en vert à l'étable, si rarement pratiqué en France, hormis dans la Flandre et dans l'Alsace, n'a pas pénétré dans la région des Pyrénées.

Au moins y a-t-on adopté l'usage d'y nourrir largement les bestiaux, à la crèche, durant l'hiver, au moyen de l'abondance du sainfoin qu'on y recueille. Ils ne sont pas comme dans l'est et le centre du royaume réduits à la paille pour principale consommation d'hiver. Aussi tout se ressent de ce meilleur entretien, les bestiaux, les engrais, les terres et les récoltes. Si l'agriculture peut, à cet égard, faire mieux encore, on doit pourtant reconnaitre qu'elle est ici déjà sur la bonne voie et que le pays s'en aperçoit.

On consacre au sainfoin au moins le quart de la superficie de chaque domaine, en sorte que ses retours sur le même terrain n'ont lieu qu'après un intervalle d'à peu près vingt ans, qui est largement suffisant pour que le sol se soit purgé de toutes les sécrétions dont l'avait saturé le sainfoin précédent par un séjour de sept années consécutives. Ce sol se montre aussi très disposé à faire rejeter la nouvelle semence du sainfoin qu'on lui confie à la suite d'une préparation soigneuse du terrain. Il s'en empare complétement sans mélange et sans vide; ses rameaux touffus, repliés sur eux-mêmes par leur propre poids, ont souvent un mètre de longueur lorsqu'on les déploie en entier. Chacun de ces rameaux porte une longue grappe le long de laquelle s'épanouissent des fleurs du rose le plus tendre, tellement pressées les unes contre les autres que le champ paraît n'être qu'un tapis d'étoffe étendue sur les prairies. Cet aspect, il est vrai, est trop uniforme pour qu'il soit pittoresque; mais sa vue éveille involontairement l'impression ineffable qu'on éprouve à l'aspect des signes de la fécondité de la terre et de la puissance de l'homme.

Il existe ainsi, dans cette région, un système méthodique d'après lequel les terres arables se changent périodiquement en prairies pour rentrer après ce repos dans la rotation des cultures céréales, en sorte qu'il existe dans chaque domaine un rapport bien entendu entre les productions destinées à être consommées sur place pour son amélioration et celles dont la vente doit assurer le revenu.

Vers le point central de cette région, occupé par les villes d'Agen et de Tonneins, les alluvions ont fait des dépôts assez profonds et assez riches pour y avoir permis l'introduction de la culture du tabac, et la loi qui en a fondé le monopole en a réservé le droit à cette contrée.

Cette culture, au reste, ne présente quelque avantage que dans ces sols privilégiés par la nature, qui réunissent toutes les conditions de la fécondité, et après qu'une longue expérience a démontré la qualité du tabac produit par les terres qu'on y consacre; car ces deux points sont indispensables pour retirer, de la culture du tabac, les bénéfices qu'on s'en promet.

Ce n'est donc qu'après s'être assuré de cette double condition qu'il est avantageux aux cultivateurs d'aspirer à la culture du tabac. Culture d'ailleurs ruineuse pour les terres, qu'elle prive d'une grande proportion de leur humus sans pouvoir leur en restituer la moindre parcelle. Et c'est aussi pourquoi on ne peut cultiver le tabac que dans les sols qui sont naturellement dépositaires d'une grande quantité de cet humus, d'autant que ce sont aussi ceux où se produit la plus grande abondance d'engrais, en raison même de l'abondance des pailles et des fourrages qu'on récolte dans ces terres fécondes. C'est ainsi qu'il en est dans le Bas-Rhin, dans le nord et dans l'Agénois, et qu'il en pourrait être dans le Graisivaudan et dans la Limagne d'Auvergne.

La culture du tabac doit donc toujours se lier à une forte proportion de prairies artificielles dont elle favorise d'ailleurs l'établissement par la belle préparation qu'elle donne au terrain; c'est aussi ce qui a lieu sur tous les points où cette culture est permise. C'est un produit qui se trouve d'autant plus facilement que la feuille du tabac procure aux cultivateurs la denrée vendable dont ils ont besoin pour assurer leur revenu ; en sorte qu'ils sont mieux disposés que d'autres à sacrifier plus de terrain à la production d'engrais dont le tabac fait une si grande consommation.

La culture de ce tabac serait donc, en définitive, un

avantage agricole pour un pays où le prix des céréales est assez bas pour que les cultivateurs s'efforcent aujourd'hui à chercher des moyens supplémentaires pour faire de l'argent avec autre chose que du blé. Elle serait un avantage agricole, en ce qu'elle provoque et enseigne les procédés de la culture des prairies artificielles, qu'elle met ainsi en honneur. Enfin, par cela seul que le tabac exige beaucoup de soins et une manutention très minutieuse, sa culture serait une excellente école.

Il est donc à regretter que cette culture ait été réduite aux étroites proportions d'un monopole, et nous concevons que tant de réclamations se soient élevées contre la législation qui a fondé cette restriction; mais c'est de plus haut que cette question doit être considérée.

Envisagée en effet du point de vue financier, tous sont d'accord sur deux faits: le premier, qu'il faut percevoir beaucoup d'impôts pour balancer les colonnes d'un budget dont chaque année voit grossir les dépenses; le second, qu'en fait de matière imposable, nulle ne réunissait au même point que le tabac les conditions voulues, puisque l'emploi en est entièrement facultatif. Dès lors aussi tous ont été d'accord pour le frapper d'un droit de consommation; les avis n'ont varié que sur le mode à donner à l'assiette de ce droit.

Ceux qui sont partis du point de vue fiscal ont voulu rendre l'impôt aussi productif que possible sans néanmoins prohiber, comme en Angleterre, la culture du tabac, mais en la restreignant à des limites déterminées où elle peut être surveillée sans beaucoup de frais, et d'où ses feuilles passent immédiatement dans les fabriques du gouvernement à un prix fixé par lui assez haut pour satisfaire les cultivateurs, et assez bas pour laisser à la fabrication l'énorme bénéfice que le budget réalise à son profit.

Le mérite de ce système consiste dans la simplicité et l'économie de son exécution ; en sorte que le produit net de l'impôt s'élève, sans contredit, par ce mode, plus haut que par nul autre, sans priver néanmoins l'agriculture du royaume de toute la part des bénéfices qu'elle peut y trouver. Cette part, il est vrai, se distribue par voie de privilége à un certain nombre de cultivateurs, ce qui, sans doute, est contraire à l'esprit général de la législation qui régit la France. Mais l'esprit de cette législation souffre encore d'autres exceptions, et nommément celle qui interdit le défrichement des bois à moins d'une autorisation du gouvernement. Il y a tout autant d'arbitraire dans cette interdiction que dans celle qui frappe la culture du tabac, et cependant on l'a maintenue jusqu'ici par des motifs d'intérêt général.

Ceux, en revanche, qui ont combattu le monopole du tabac auraient, par la liberté de sa culture et de sa fabrication, réduit jusqu'à néant le produit de l'impôt en l'absorbant dans des frais de perception tellement multipliés qu'ils seraient devenus insupportables à la population ; et cela en même temps que la multiplication indéfinie de la culture du tabac aurait fait tomber la valeur de ses feuilles au-dessous de leur prix de revient.

Nous croyons donc que si le monopole du tabac est diamétralement opposé à l'esprit des institutions du royaume, il est en revanche conforme à son intérêt bien entendu.

La culture forestière devait avoir une haute importance dans une région où se développe, sur une longueur de soixante lieues, un des versants des Pyrénées, et où se trouve, sur les rivages de l'Océan, la contrée inculte des Landes, car ces deux superficies sont essentiellement de nature forestière.

Le versant des Pyrénées produit des sapins de grandes dimensions et la nature du sol et du climat est propice à leur végétation. Mais le nombre en est singulièrement réduit, et les belles sapinières y sont maintenant très clair-semées. Il faut attribuer cet état de choses à ce que la demande des bois a disposé les communes, qui étaient propriétaires de la plus grande partie, à anticiper sur les abattages à la suite desquels elles ont jeté sur le terrain défriché leurs bestiaux, dont le parcours n'a pas tardé à anéantir les repousses. On a pu apprécier les ravages qu'ont dû faire ces bestiaux par les résistances qui ont été apportées de la part de ces communes, lorsque l'administration a tenté l'expulsion du bétail qu'elles s'étaient habituées à faire vivre dans ces parcours.

La vigilance de cette administration, à l'aide de beaucoup de temps, pourra seule revêtir de nouveau ces plans inclinés de la gigantesque verdure des sapins séculaires qui les ombrageaient jadis. Car ces essences résineuses ne sauraient s'employer en taillis ; c'est à l'état seul de futaie qu'elles acquièrent leur importance, et c'est aussi pourquoi on décide difficilement les populations à faire ainsi l'avance d'un siècle à l'avenir.

Les landes étaient implantées d'une futaie claire et grêle de pins maritimes dont on extrayait la résine. Mais diverses causes ont produit de grandes clairières dans cette vaste superficie forestière. Les vents, sur le littoral, ont fatigué et détruit beaucoup de bois. Ailleurs ce sont des défrichements. Ailleurs encore le ravage des troupeaux et partout la négligence qu'on met à soigner les territoires communaux qui comprennent la majeure partie de ces landes. Aujourd'hui on s'efforce de rendre à la civilisation cette contrée qui semblait s'être mise à l'écart. Il en est ici comme de la Camargue, et nous aurons à nous occuper des moyens mis en œuvre, à cet effet, dans l'article où nous traiterons des améliorations dont la culture de cette région est susceptible.

Des assolements dans la région du Sud-Ouest.

Nous avons déjà donné les éléments dont se composent ces assolements, il nous reste à dire quelles sont les combinaisons d'après lesquelles on parvient à les formuler.

Le maniement de la terre est soigneusement exécuté dans le territoire de cette région au moyen de l'araire attelé d'une seule paire de bœufs. Les guérets y sont généralement tracés en sillons étroits, relevés, comme dans la Bresse, au-dessus du niveau du sol ; la terre des berges y est partout soigneusement rapportée au centre ou à la sommité des champs dont l'étendue dépasse rarement un hectare ; le grand nombre reste au-dessous.

La culture des terres s'opère ainsi d'après des procédés semblables à ceux du Piémont, et lorsqu'on voit flotter sur ces guérets, si régulièrement alignés, les fleurs et les panaches du maïs, on est tenté de se croire dans les belles plaines qu'arrose le Pô. Celle de la Garonne ne sont ni moins brillantes ni moins riches, et leur aspect même est plus varié, parce que les accidents du terrain y sont plus rapprochés.

Avec ces procédés d'une culture avancée, on pratique divers assolements suivant la force du sol, dont le plus riche comporte la plantation du tabac. Il peut se formuler ainsi :

- 1re *année*. Maïs fumé.
- 2e — Blé, suivi de navets.
- 3e — Préparation du terrain avec triple fumure pour la plantation du tabac.
- 4e — Luzerne ou sainfoin.
- 5e, 6e et 7e — Luzerne ou sainfoin.
- 8e — Sarrasin avec trèfle incarnat, sur luzerne ou sainfoin rompu après la première coupe.
- 9e — Trèfle incarnat pâturé au printemps, suivi de maïs, et ensuite de blé fumé.
- 10e — Blé, suivi de navets.

Telle est la formule d'un assolement que nous regardons comme étant l'un des plus productifs qui existent à la fois, sous le double rapport de son produit en argent, et de la fertilisation que le sol y gagne par la grande place qu'y occupe la prairie artificielle.

Les sols doués d'une moindre fécondité, privés qu'ils sont de la culture du tabac, n'en sont pas moins cultivés d'après les meilleures combinaisons, ainsi qu'on en peut juger par la formule suivante :

1re *année*. Maïs fumé.
2e — Blé, suivi soit de navets, soit de sarrasin, avec trèfle incarnat.
3e — Pâturage de trèfle incarnat, suivi d'une jachère pour le blé.
4e — Blé, suivi de navets
5e — Sainfoin.
6e ou 7e — Sainfoin.
8e — Sarrasin sur le défrichement du sainfoin, suivi de blé.
9e — Blé.
10e — Maïs fumé.

Les retours de maïs et de blé occupent dans cet assolement une plus longue série d'années, comparativement au sainfoin, que nous ne l'avons indiqué dans cette formule, puisque la prairie artificielle ne prend guère qu'un quart du domaine ; mais nous avons voulu éviter des répétitions superflues, nous bornant à exposer le canevas d'un assolement auquel Arthur Young a décerné il y a près de cinquante ans le tribut d'éloges dont il n'était pas prodigue envers la France.

Mais il y a dans cette région des terres de qualité inférieure, où l'on pourrait difficilement suivre des cours de récoltes aussi exigeants envers la faculté productive du sol. Ces terres ont été soumises à l'assolement que nous allons formuler :

1re *année*. Maïs fumé.
2e — Blé ou seigle, suivi de sarrasin.
3e — Jachère.
4e — Blé.
5e — Maïs fumé.
6e — Blé, suivi de sarrasin.
7e — Sainfoin pour 5 ou 6 années.

Le sarrasin paraît dans cet assolement en plus grande abondance ; parce que cette plante est l'attribut essentiel des terrains de maigre nature, et tout l'engrais est réservé au maïs, lequel sans ce secours n'aurait ici qu'une faible végétation.

En se rapprochant des montagnes on retrouve la petite culture et le morcellement de la propriété. Là il n'y a, à proprement parler, pas d'assolements régulièrement suivis ; car chaque petit cultivateur destine sa parcelle de terre à produire les denrées dont il a besoin. Ces denrées consistent en maïs, chanvre, haricots, blé et sarrasin. On les voit s'entremêler parmi les divisions de ces petits héritages, dont pas un ne reste dépourvu de récoltes. Les prairies artificielles y sont plus rares, attendu que les eaux que les Pyrénées versent en abondance dans chaque vallon, ont été habilement employées à leur irrigation ; aussi ces vallons offrent-ils un assemblage de prairies agrestes, inégales et parsemées d'arbres, où croît le plus vert et le plus riche des gazons.

Les foins qu'on y récolte servent à nourrir, dans la mauvaise saison, les vaches et les brebis qui vont pendant l'été chercher leur pâture sur les herbages des hautes montagnes et sur les parcours autrefois boisés, et que ces troupeaux ont réduits à l'état de bruyères.

Les faibles portions du territoire des Landes qui ont été défrichées produisent le seigle et le sarrasin, et quelques plantes de maïs, sans qu'on puisse leur assigner de cours régulier. Un maigre parcours et les produits forestiers ont formé jusqu'ici la principale ressource des rares habitants de cette pauvre contrée.

Des races d'animaux dans la région du Sud-Ouest.

La culture de cette région s'exécute en entier à l'aide des bœufs; c'est-à-dire que la race chevaline n'y est que faiblement représentée. Elle y est non-seulement peu nombreuse, mais négligée, et par conséquent chétive. On peut dire même qu'il n'y a point de race chevaline affectée au grand bassin de cette région, les chevaux qui s'y trouvent y sont amenés de la région de l'ouest et des montagnes, et ces transports sont mi-partie de chevaux et de mulets.

L'espèce poitevine fournit les chevaux du moyen échantillon que réclament le roulage, les postes et les diligences. On n'y fait d'ailleurs aucun usage des chevaux du grand échantillon, qu'on remplace par des mulets poitevins.

Mais vers les Pyrénées les chevaux reprennent l'importance que leur donne l'âpreté des communications dans tous les pays des montagnes, où le grand nombre des transports se fait à dos. On se sert beaucoup de mulets dans les Pyrénées. On choisit à cet effet les moindres individus de l'espèce poitevine, car les plus distingués sont vendus à haut prix pour le roulage. On en tire aussi beaucoup de la région montagneuse. Cependant il y avait aux pieds de ces montagnes une race, connue jadis sous le nom de navarrine, dont les qualités étaient assez remarquables pour les faire rechercher par la cavalerie légère. Moins élevés et moins fins que les chevaux limousins, ceux de cette race avaient la tête plus longue et le chanfrein légèrement busqué, les membres plus robustes, mais élastiques et souples, la queue mal attachée et les jarrets clos, ce qui ôtait toute distinction à leur figure. Le gouvernement, pour faire renaître cette race, avait placé deux dépôts d'étalons à Tarbes et à Pau. Il n'est pas à notre connaissance que le commerce en ait tiré des produits. Au reste, à l'époque où ces établissements auraient pu donner des élèves, la mode des chevaux du type anglais est devenue générale ; en sorte que les améliorations qu'ont pu amener les établissements du gouvernement sont restées enfouies dans la localité environnante, dont elles n'ont pas même satisfait les besoins, en ce qu'elles n'en ont obtenu que des sujets beaucoup trop menus pour être employés aux travaux rustiques.

La race bovine de cette région a des caractères distincts de toutes les autres. Elle est sous poil fauve, dont les extrémités tirent quelquefois sur le noir. Sa tête est légère, le garrot, les épaules et l'avant-main très puissants, tandis que son arrière-train est effilé. Sa queue est d'ailleurs mince et bien attachée au rein, son corps cylindrique et ses membres robustes, mais déliés. Ce bœuf est, entre tous, le meilleur travailleur. Plein de feu, il attaque la résistance avec un courage qui ne cède qu'à son impuissance démontrée. Sa taille et son poids sont d'ailleurs pareils à ceux des bœufs de l'espèce rouge de l'Auvergne et du Limousin. Il est moins disposé à l'engraissement, il en est même tels d'entre eux qu'on ne saurait parvenir à engraisser, précisément parce que leur système musculaire est d'une énergie particulière, c'est-à-dire que le tissu en est très serré, circonstance à laquelle cette race doit les qualités qui la distinguent comme animaux de labour.

La même conformation, fait qu'en revanche la femelle est mauvaise laitière. Non-seulement cette femelle est peu productive de lait, mais elle reste proportionnellement d'une taille très inférieure à celle du mâle. C'est une observation que l'on peut également faire dans la race grise de l'est de l'Europe, à la différence des races suisses et flamandes où l'on voit les femelles se rapprocher beaucoup de la taille et des formes du mâle.

Les bœufs de la race fauve de cette région sont d'ailleurs très bien tenus et abondamment nourris de sainfoin. On les élève à peu près dans chaque ferme, où ils sont peu à peu dressés au travail ; à l'âge de sept ou huit ans, ils sont engraissés avec la farine du sarrasin et du maïs, et livrés à l'approvisionnement des nombreuses populations citadines que cette région renferme.

La femelle étant mauvaise laitière, ce n'est pas sur les vacheries que les cultivateurs ont dû compter pour tirer un revenu de leurs fourrages. C'est aux bêtes à laine qu'ils ont demandé ce revenu. Aussi chaque domaine est-il pourvu d'un troupeau. Le nombre de ces troupeaux ne dépasse jamais cent têtes, et le plus souvent il n'en compte qu'entre trente et cinquante ; car dans un pays à peu près sans jachère et où il n'y a que fort peu de vaine pâture, il est difficile de faire vivre des troupeaux nombreux. Mais en les additionnant, on en trouve assez pour pouvoir ranger cette région au nombre des pays à moutons.

L'espèce indigène est formée sur le type de toutes les races méridionales. Moins forte que l'espèce provençale, elle est aussi bien conformée et ses toisons étaient égales, bien tassées, et dignes d'être employées dans la confection des draps de Castres et de Carcassonne. Dès lors la grande facilité avec laquelle on a pu pendant quelques années s'y procurer des béliers mérinos, y a prodigieusement répandu le métissage. En sorte qu'il est peu de troupeaux où il ne se soit infiltré du pur-sang, par le moyen des produits métis dont on s'est servi pour étalons. Car cette diffusion du sang mérinos opérée sans méthode et sans choix, par la masse des cultivateurs qui ne savaient ou ne pouvaient faire mieux, a exercé une immense influence, en dehors du chiffre des statistiques qui ne pouvaient en tenir compte, sur presque toutes les races du royaume. Leurs toisons ont revêtu les traits les plus apparents de celles de l'espèce mérine et surtout le tassement et l'égalité des brins. Et quoiqu'il leur manque de la finesse et qu'elles présentent encore beaucoup de jarres, le volume total de ces toisons a fort augmenté et on peut les employer avec fruit dans des fabrications grossières, auxquelles elles n'étaient pas même propres autrefois.

Dans les Landes on trouve une race distincte et très inférieure, qui vit misérablement en parcourant les bois de pins, et qui durant l'hiver manque de toute autre nourriture que celle que la rigueur de la saison a épargnée dans ces bois, jointe à quelque peu de paille de sarrasin. Aussi cette race à laine noire ou tachetée demeure chétive, et ses toisons ne fournissent que de la laine à matelas. Contre-sens fâcheux en tant que les pays stériles devraient s'efforcer au contraire de compenser la faiblesse de leurs productions en faisant un choix de qualités plus précieuses.

Des moyens d'améliorations de la région du Sud-Ouest.

Après avoir donné les formules des assolements pratiqués dans le riche bassin de la Garonne, on a pu juger que la science avait bien peu de chose à ajouter aux procédés agricoles qui y sont en usage ; puisqu'ils n'y laissent aucune place vide dont cette science puisse s'emparer, et que l'assortiment des productions et l'ordre dans lequel on les a placées ne laissent rien à désirer. Aussi peut-on regarder cette belle contrée comme un des modèles agricoles que présente la France.

Nous devons, par un autre motif, nous taire également sur les améliorations dont serait susceptible la contrée montagneuse des Pyrénées. Car dans les très petites cultures de cette contrée l'intelligence individuelle a fait, pour s'approprier le peu de place que la nature des lieux lui avait comme réservé, tout ce qu'il était permis d'en attendre. Les règles de la science sont ici en défaut, parce qu'il y a d'autres lois que le cultivateur est appelé à suivre, et la première de ces lois est de chercher à assurer son existence avec le petit coin de terre qui lui est échu en partage. Et dès que l'espace s'est élargi devant lui, il a su profiter de l'abondance des eaux pour arroser des prairies de la plus grande beauté. A Dieu ne plaise qu'il fasse autre chose de ces terres arrosées ! puisque tout ce qu'il en pourait faire ne vaudrait pas, ni loin de là, l'abondante récolte qu'il en obtient, c'est-à-dire que la terre y est arrivée à son meilleur produit.

La culture de la vigne, la plus importante dans cette région, puisqu'elle y crée son principal produit vendable, se pratique sous les plus favorables conditions; c'est-à-dire qu'elle obtient à peu de frais un produit de grande valeur, ce qui est rare. Sans doute les plants fins du Bordelais ne se chargent pas de grappes aussi nombreuses, ni aussi lourdes que celles qu'on voit pendre aux ceps vigoureux des vignobles communs du littoral de la Méditerranée; mais elles n'occasionnent pas plus de frais pour en obtenir la vendange; tandis que le vin s'en vend 1 ou 2 fr. le litre, au lieu que le distillateur de Cette ou de Lunel ne paie celui du littoral que 5 à 10 centimes. Il y a donc, en faveur du producteur de Bordeaux, une marge immense qui se compense, il est vrai, par la différence du prix capital de la terre, et dont le bénéfice vient se niveler dans l'intérêt même de ce capital que la terre doit à son propriétaire.

C'est cette différence que l'on gagne en partie par la conversion de la terre arable en vignoble, qui donne tant de faveur à cette opération rurale, jusque-là où le trop plein des produits de la vigne obligera à faire rétrograder cette culture. Mais la France n'en est pas encore là. Elle est appelée par la marche générale de la civilisation à jouir pendant longtemps encore d'une production dont elle a le monopole naturel. Cette jouissance lui fait gagner tout le surplus que la valeur capitale de la vigne a sur celle de la terre arable, surplus qui va chaque année s'additionner à la somme du capital national et qui sert à expliquer l'accroissement du capital et du revenu d'une population qui augmente sans cesse.

C'est donc à la contrée des Landes que se borne ici le champ des améliorations que réclame encore la culture de cette région. Ici même, nous avons été devancés par M. le baron d'Haussez, qui, successivement préfet des Landes et de la Gironde, a pù imprimer un mouvement qui ne s'est pas ralenti et commencer un système d'améliorations destiné à rendre à la civilisation une vaste contrée. La compagnie des desséchements a porté sur ce point ses capitaux et sa longue expérience ; une autre compagnie a ouvert le canal d'Arcachon, lequel faisant communiquer ensemble une suite de lacs contenus par les dunes en-deçà de la mer, ouvre à toute cette contrée une communication facile avec Bordeaux, et plus tard avec Bayonne. D'autres compagnies encore se sont formées dans des buts de défrichement et d'exploitation. Ces moyens puissants, agissant à la fois, doivent produire dans le pays une secousse qui ébranlera les habitudes locales et finira par mettre cette contrée au même degré de bien-être que le reste du royaume, en proportion toutefois de sa fertilité native.

Tout consiste à savoir si ces entreprises seront dirigées dans un sens conforme à ce que demande la nature du pays, et lors même que les améliorations lui seraient sagement adaptées, il reste encore pour assurer leur succès, à savoir : si l'économie générale du royaume en est arrivée à ce point où il y a de l'avantage à mettre en valeur des terres d'une espèce aussi inférieure que le sont celles dont il est ici question.

Cette dernière condition est à la fois la plus essentielle et la plus difficile à étudier. La revue des conditions dans lesquelles se trouve telle portion du pays vis-à-vis du reste demande un examen faute duquel nous avons vu échouer un grand nombre d'entreprises, et cela seulement parce qu'elles n'étaient pas faites en temps opportun. Il ne faut pas s'y tromper, un jour viendra où toutes les terres abandonnées seront occupées, où toutes les terres négligées seront mises en valeur; mais ce moment ne peut pas être anticipé, et il n'est au pouvoir de personne d'en précipiter l'arrivée. Les symptômes en sont dans une pression générale de la population et des capitaux et dans une activité fébrile qui porte d'abord les communes à s'emparer de leurs vaines pâtures pour les défricher. A leur exemple, les propriétaires voisins des mauvaises terres les entament peu à peu avec le soc de leur charrue. D'autres, à leur exemple, séduits par le faible capital auquel ils peuvent acquérir ces terres, s'en laissent tenter, espérant qu'avec leur temps et leur travail, ils accroîtront cette valeur de manière à laisser à leurs enfants un honnête héritage. Le moment vient enfin où des émigrations régulières se forment pour amener sur ces points incultes des populations laborieuses dont le pays est dépourvu et qui surabondent ailleurs.

Mais ces entreprises s'opèrent de la sorte avec les plus petits moyens, c'est-à-dire par un travail longuement et gratuitement appliqué, en ce qu'il l'est par les bras de la famille qui bâtit d'abord une hutte et commence son cheptel avec une chèvre et deux brebis. Son premier défrichement lui donne dans la même saison une récolte de pommes de terre, après laquelle viennent le seigle et le sarrasin, jusqu'à ce que la totalité du terrain dont elle dispose ait été ainsi mise en valeur. Si l'entreprise de cette famille échoue, sa perte sera minime, car l'accroissement du cheptel la dédommagera en quelque chose de la perte de son temps, et son pire sort sera de rentrer dans la classe des journaliers d'où elle était sortie, et de trouver sa subsistance à la fin de sa journée de travail.

Il n'en saurait être de même d'une entreprise de défrichement fondée avec de grands capitaux sur un sol ingrat, car la perte de ces capitaux, en détruisant l'entreprise, anéantit ce capital et laisse les entrepreneurs au dépourvu.

Dans le cas présent, nous reconnaissons que l'ouverture, tant celle des routes que celle du canal d'Arcachon, sont essentielles en tout état de choses pour ouvrir des communications dans une contrée où il n'y en avait point ; nous reconnaissons que le système de plantation adopté par M. d'Haussez dans le but de boiser, et par là de fixer les sables qui, le long du littoral de la mer, forment des dunes que les vents élèvent et détruisent tour à tour ; nous reconnaissons, disons-nous, que ce système qui s'est déjà appliqué avec succès à plus du tiers de la côte est d'une incontestable utilité.

Il en est peut-être de même des travaux entrepris par la compagnie des desséchements, attendu qu'ils ont eu pour objet de saigner des portions basses et marécageuses, formées dans des enfoncements d'un sol à fond d'argile, et qui manquaient d'écoulement. Par cela seul que ces sols étaient marécageux, ils étaient dépouillés de bois, en sorte qu'on n'en tirait aucune espèce de produit, et ils pourront devenir même plus susceptibles que le reste de la contrée de subir la mise en rapport à laquelle on les destine. Mais c'est une grande question à résoudre que celle de savoir si, dans l'état présent des choses, il y a plus de convenances à destiner ces Landes à rester une contrée forestière qu'à les rendre à la culture avec tous les désavantages attachés à la nature de leur sol.

Nous avons déjà tranché cette question dans l'intérêt général du royaume, que nous avons cru voir au contraire dans le boisement des sols ingrats et dans le défrichement des bois placés sur des sols féconds. Nous n'hésiterons pas ici à placer les Landes au nombre des territoires que nous croyons plus avantageux de maintenir en nature forestière plutôt qu'en sol arable, car nous regardons ce sol comme un de ceux de la pire espèce. Cependant il produit non-seulement des pins maritimes, mais du chêne-liége, parce que les sables siliceux amassés par la mer et que les vents y ont transportés ont recouvert un sous-sol d'argile où les racines des arbres trouvent leur nourriture, tandis que celles des plantes ne sauraient y atteindre.

La situation géographique des Landes est d'ailleurs favorable à l'extraction des bois, depuis surtout qu'on a percé cette contrée par un canal ; mais les bois qui y existent aujourd'hui sont aussi mal aménagés que possible ; car ils servent à la vaine pâture des bêtes à laine, et il ne s'y élève que les sujets qui ont échappé à leur dent. C'est donc par des cantonnements qu'il faudrait commencer avant d'en changer l'aménagement et d'en opérer le repeuplement.

Ce repeuplement devrait être fait en essence de

chênes, autant du moins que la nature du sol le permettrait; sur les dunes, par exemple, cette essence ne saurait réussir. La France n'en est plus à l'époque où elle pouvait consacrer des terrains à la production de la résine qu'on obtient du pin maritime. Il lui vaut mieux de l'acheter dans les forêts du Nord, et là où le climat interdit toute autre production, afin d'employer la richesse du sien à de plus précieuses récoltes.

Notre opinion penche donc en faveur du système d'après lequel les Landes seraient consacrées à devenir une contrée forestière, régulièrement aménagée, et mise à ce titre, en pleine valeur, d'autant plus que s'il est un moyen de créer à bon marché de l'humus sur ce sol, c'est sans contredit à l'aide du détritus forestier. Si l'économie générale du royaume vient à demander plus tard la culture de ce territoire, il y sera d'autant plus propice qu'il se sera enrichi de cet humus qu'y auront déposé la dépouille annuelle des bois.

Mais si l'on penche toutefois à y opérer dès aujourd'hui des travaux agricoles, nous croyons devoir recommander aux cultivateurs de suivre les procédés qui ont si bien réussi aux premiers défricheurs de la Campine belge, localité fort analogue à celle des Landes de Bordeaux, et où, dans son état naturel, le sol ne produisait que de la bruyère sur un fond de sable siliceux apporté par la mer. Le secret consistait de même à créer de l'humus sur un sol qui en était dépourvu.

Les cultivateurs de la Campine ont très bien compris qu'il leur fallait faire de toutes pièces cet humus avec les seuls ingrédients qui se trouvaient à leur portée. Ils ont en conséquence fait dans leurs étables d'immenses réservoirs dans lesquels ils ont jeté le fumier et dirigé les urines de leurs bestiaux. Ces substances animalisées ont dû leur servir à carboniser par la fermentation les mottes de bruyères qu'ils enlevaient, en écroûtant leurs terres pour les en débarrasser, et qu'ils venaient précipiter chaque jour dans les réservoirs où elles s'imprégnaient des substances animalisées pour entrer avec elles dans une fermentation que favorisait la chaleur des étables. Lorsqu'on venait à décanter les réservoirs, on en retirait une boue épaisse, dans laquelle toutes les propriétés de l'humus se trouvaient amassées. Ce terreau, reporté sur les terres, leur a donné assez de puissance pour produire des racines, du seigle et du trèfle, récoltes qui ont à leur tour reproduit de nouveaux et de plus abondants engrais, jusqu'à ce qu'enfin toute la superficie du pays ait été ainsi, en quelque sorte, animalisée, et ait été par là mise en état de fournir les plus abondantes récoltes du petit nombre de végétaux analogues à sa nature ultra-siliceuse.

Par un autre phénomène dû à la science agricole, la Campine, où il n'existe pas un are de pré naturel, ni de pâturage d'aucune espèce, est néanmoins le pays où il existe à superficie égale la plus nombreuse population d'animaux domestiques; circonstance évidemment due à l'usage, né de la nécessité, d'alimenter les animaux avec des substances cuites durant toute la saison où il n'y a plus de trèfle vert à faucher. C'est avec ce procédé qu'on y élève tous les bestiaux et les chevaux.

C'est à l'application d'un tel système que nous aimerions à confier l'amélioration du territoire des Landes, si tant est qu'il convienne de la tenter. En reconnaissant toutefois que le climat des Landes est bien moins favorable que celui de la Campine à la culture racinienne, sur laquelle a été fondée toute l'amélioration de cette dernière contrée, il faut donc s'y donner des ressources plus conformes à la nature du pays, mais les employer d'après les mêmes méthodes, afin de créer des masses considérables d'humus, en transformant le sol lui-même d'après le procédé des Campinois.

CHAPITRE VII.

Des conditions rurales de la région de l'Ouest.—Nature et configuration de cette région.

Cette région, la moins étendue de celles entre lesquelles nous avons réparti la superficie du royaume, suit, à l'est, le rivage de l'Océan de l'embouchure de la Gironde à celle de la Loire, et, formant de ces deux points une large courbe, ses limites vont toucher aux confins de la région montagneuse, dont elle forme ainsi l'abaissement occidental.

Sa superficie, plus ou moins accidentée, n'élève pas ses sommités jusqu'au rang de montagnes; ce n'est qu'aux approches de la mer que sa surface acquiert le parfait nivellement des plaines; aussi, une telle disposition du sol est-elle éminemment favorable à l'agriculture.

Cette région est parcourue par la Vienne, la Charente et la Sèvre; ces rivières, avec leurs affluents, forment des bassins occupés par des prairies dont la plupart nourrissent de riches herbages. Au voisinage de la mer, l'écoulement des eaux, refoulé par les marées, a rendu marécageuses les terres basses où elles vont s'infiltrer; aussi, la côte de cette région est-elle regardée comme peu salubre, et la population des villes a-t-elle diminué : c'est le cas de Rochefort, de La Rochelle, et surtout des Sables-d'Olonne et de Brouage. Des travaux de desséchement qui ont été entrepris sur ces différents points font espérer qu'on y ramènera, avec la salubrité, l'augmentation de leur valeur rurale, ainsi qu'il en a été dans le marais de la Vendée, où l'ouverture de nombreux fossés d'écoulement ont raffermi le sol de manière à pouvoir en faire des herbages assez riches pour y engraisser des bœufs.

La région n'est pas forestière; mais les pièces y sont encloses sur plusieurs de ses points, et l'épaisseur des haies, jointe à la hauteur des arbres qui s'élèvent de leur sein, imprime à ces contrées un aspect tellement boisé qu'il leur a fait donner le nom de Bocage. Mais ce caractère agreste se perd en se rapprochant des côtes de l'Océan, où le saule, en bordant les prairies, présente seul aux vents son branchage flexible et sa verdure glauque.

Le plus heureux des climats favorise avant tout, dans cette région, la production de fruits plus beaux et plus parfaits qu'il ne s'en récolte nulle part. Les vins seuls qui y abondent n'y atteignent qu'à des qualités inférieures; la plupart se réduisent en alcools destinés à l'exportation. Une si heureuse situation aurait dû provoquer, dans cette belle région, un mouvement qu'on ne remarque cependant ni dans ses cités, ni dans ses campagnes. Les villes n'y sont qu'en petit nombre, et nulle d'entre elles n'est importante parce que, hormis les alcools et quelques surplus de blé, elle ne fournit à peu près rien à l'exportation maritime. N'étant le siége d'aucune industrie spéciale, les villes de l'intérieur ne fournissent que des marchés d'une faible importance. Enfin cette région n'est percée que par deux routes principales dans le sens du nord au sud, celle de Bordeaux à Paris par Angoulême et Poitiers, et celle de Bordeaux à Nantes par La Rochelle et Bourbon-Vendée. Trois autres grandes communications les coupent en allant de l'est à l'ouest, savoir celle de Nantes à Poitiers, de Poitiers à Rochefort, et de Limoges à Bordeaux par Angoulême. D'autres routes départementales viennent sans doute s'embrancher sur celles-ci; mais elles ne sont encore qu'en petit nombre et les communications vicinales sont généralement les moins avancées dans le territoire de cette région.

La conséquence qui a dû résulter de cette réunion de circonstances a été le bas prix des denrées et la disposition du pays à s'adonner à la culture pastorale, dont les produits se transportent eux-mêmes aux marchés lointains où ils vont chercher leur débit.

Mais l'effet de la culture pastorale et du bas prix des autres produits est partout d'imprimer une certaine grossièreté aux procédés agricoles, une sorte d'insouciance sur la netteté de leur exécution qu'on remarque en effet dans cette région; ce qui l'a fait contraster avec le riche pays que nous avons parcouru en venant de Narbonne à Bordeaux. Le champ est encore ouvert ici aux améliorations, bien que le trèfle et le sainfoin y soient largement cultivés, et qu'on y trouve de fertiles et belles plaines couvertes de riches moissons. Mais bien d'autres portions du pays montrent encore des landes d'ajoncs, d'autres ne pratiquent qu'une culture peu avancée, et partout le défaut de communications faciles imprime au pays, comme aux cultivateurs, l'aspect agreste qui signale les lieux dépourvus de ce mécanisme régulier indispensable au mouvement de la civilisation.

Des modes d'exploitations rurales de la région de l'Ouest.

Il y a de la grande propriété dans cette région ; mais la culture en est rarement confiée à des fermiers à rentes fixes. Elles ont été divisées en moyennes exploitations, afin qu'on pût les remettre à des colons partiaires. En sorte que tout ce qui n'appartient pas à la petite propriété, laquelle, comme partout, a ici son domaine, s'est rangé dans la classe de la moyenne culture, soit qu'elle fasse partie de la grande, soit qu'elle dépende de la moyenne elle-même, soit enfin qu'elle se trouve dans les mains de ses propres cultivateurs. C'est sous ce caractère que l'agronome est appelé à la considérer.

La petite propriété est en moindre quantité dans cette région que dans celles qui occupent l'est du royaume, circonstance que nous pouvons attribuer en grande partie au sort dont jouissent dans l'ouest les colons partiaires, sort heureux par les rapports que de longues habitudes ont établies entre eux et leurs propriétaires. Ces derniers, en effet, loin de chercher à obtenir de leurs colons tout ce que ceux-ci peuvent retirer de leur culture, les encouragent au contraire par leurs bons procédés, participent à leurs espérances, jouissent de leurs petits profits, et se rendent religieusement sur leur double bidet à la foire prochaine où le colon vient d'amener la paire de bœufs et le poulain dont le produit doit se partager entre eux. Mais avant d'avoir terminé ce marché, que de conférences secrètes, que d'allées et de venues, quelle confiance de la part du colon dans la supériorité des lumières qu'il attribue à ce propriétaire, seul pouvoir dont il dépende, puisqu'il pourrait le renvoyer de sa ferme! mais il n'en fait rien ; car à l'abri de cette communauté d'intérêts il y a tel de ces colons dont la famille occupe de temps immémorial le même manoir, et toute son ambition se borne à y mourir en y laissant ses descendants.

De telles dispositions ne portent pas la classe des cultivateurs à vouloir, à tout prix, avoir à cultiver son propre champ; car personne ne lui dispute le droit de cultiver sans termes celui d'autrui. Et si ces mœurs ont quelque chose de simple et d'attachant, il faut dire aussi qu'elles ont tenu pour beaucoup à cette absence du mouvement de civilisation qui engendre le besoin de changement, besoin qui n'est autre chose que le mouvement progressif qu'on provoque aujourd'hui de toutes parts, bien qu'il soit hors de sa nature qu'il puisse jamais être le terme de rien, et qu'il condamne la société à ne vivre que dans un état transitoire.

Mais quels que puissent être le tort ou le mérite des mœurs rustiques qu'on retrouve encore dans l'ouest du royaume, il est vrai de dire qu'elles ne sont pas de nature à favoriser le développement des améliorations agricoles, par la raison même que l'exploitation des terres est confiée à des colons partiaires, c'est-à-dire au mode d'exploitation le moins propre à faire prospérer l'agriculture. Aussi n'est-ce pas par ceux des traits de cette agriculture auxquels il faut faire des avances d'intelligence et de temps que celle de l'ouest se distingue. C'est au contraire par les soins donnés au cheptel, parce que ces soins sont immédiatement récompensés par le profit que le métayer retire de sa part dans la vente des animaux qu'il a nourris ou engraissés.

Mais il faut ajouter à l'honneur des colons partiaires de l'ouest qu'ils ont su porter ces soins jusqu'à la prévision et bien au-delà de ceux qu'ils étaient appelés à distribuer dans l'étable à leurs bestiaux; car ils ont préparé pour eux à l'avance, et non compris le foin de leurs prairies, du trèfle, du sainfoin et même des navets.

Ces soins pastoraux et cette abondance de fourrages ont fini par se réaliser en engrais, ce qui a tendu chaque année à fertiliser le sol, et par conséquent à en obtenir des produits plus abondants.

Le territoire de cette région est moins subdivisé qu'il ne l'a été généralement dans l'est, et les compagnies des marchands de terre en détail l'ont jusqu'ici respecté davantage. La moyenne propriété et la moyenne culture y dominent encore; les forêts n'y sont pas en grand nombre, mais le pays est assez généralement enclos et boisé.

Il renferme peu de villes, peu d'industrie, parce

qu'il a peu de communication, et par conséquent de débouchés, et parce qu'il n'a jusqu'ici cultivé qu'en petit volume les récoltes commerciales qui savent attirer de loin les chalands ; mais sa position, son sol et son climat la rendent propre à fournir un assortiment plus complet de productions et la condition agricole des cultivateurs, quoiqu'elle ne soit pas de tous points disposée en vue de l'adoption des innovations, n'a cependant rien en elle-même qui leur oppose un obstacle invincible.

Des cultures dominantes dans la région de l'Ouest.

Ici, comme dans la Normandie, ce sont les prairies et les animaux domestiques qui forment le trait le plus saillant de l'agriculture ; en seconde ligne doivent se placer les cultures céréales et celle des fourrages artificiels ; les vignobles enfin n'occupent que le troisième rang dans les intérêts agricoles ; la culture forestière vient ensuite ; car nous répétons que le sol forestier est trop parsemé dans cette région pour y donner lieu à aucun emploi important, ni en faveur des fabrications métallurgiques, ni de l'exportation.

Il y a beaucoup de prairies dans cette région ; elles s'y présentent sous deux aspects. Dans les pays bocagers on trouve des prés sans arrosements, et nourris par la seule fraîcheur du sol, entremêlés avec les terres arables.

Les prés sont enclos par de larges haies implantées de futaies de chênes et de châtaigniers, de même que les champs. On a seulement choisi, pour les laisser gazonner, ceux des enclos qui se trouvaient situés au plus bas et au plus frais du territoire de chaque commune ; en sorte que, sans avoir d'arrosement régulier, ils reçoivent néanmoins l'écoulement des eaux qui proviennent des territoires et des champs supérieurs.

Enveloppés de futaies, comme le sont à peu près tous ces prés, et défendus par des haies de coudriers et d'aubépine, chacun d'eux semble être comme une clairière de forêts où pâturent en automne les bœufs, auxquels on a ôté le joug jusqu'au retour de la saison prochaine, les vaches qu'on voit se poser à l'ombre pour ruminer l'herbe qu'elles ont broutée, et la pesante jument suivie du muleton qu'elle allaite. Ces prés du Bocage montrent ainsi un tableau complet de la nature pastorale, où ce qu'elle a de plus agreste et de plus riant se groupe dans la même enceinte pour offrir l'image du repos et de ce silence que troublent seuls la cloche des troupeaux et le bourdonnement des insectes.

Ces prés ne fournissent que des récoltes d'une médiocre abondance, car le bocage nuit à leur végétation ; mais la qualité de leur fourrage est très nourrissante, ainsi qu'on en peut juger par la force des animaux qu'on élève dans le pays.

Là où ce pays s'ouvre en larges bassins au fond desquels coulent des rivières, le territoire situé au bord de ces rivières se prolonge en spacieuses prairies, d'une qualité supérieure partout où elles ne dégénèrent pas en marais, et là même encore on élève avec succès les grands chevaux difformes, mais vigoureux de la race poitevine. Des bœufs s'engraissent même sur les parties desséchées de ces marais, tant l'herbe, nourrie par l'air humide et salin de la mer, y devient épaisse et vigoureuse.

Les terres arables se présentent, comme la prairie, sous deux aspects très différents ; les unes occupent les vastes plateaux ouverts qui séparent les bassins herbeux par où s'écoulent les rivières, et sur ces plateaux se trouvent les terres où la culture des céréales s'opère sur de larges dimensions, et où l'on récolte d'abondantes moissons de blé, de fèves, d'avoine et de sarrasin, entremêlées de champs de trèfle et de sainfoin. Ces territoires peuvent être rangés au nombre des bonnes terres de la France, et c'est comme telles aussi qu'elles sont considérées, d'autant plus que les intempéries du climat viennent rarement en altérer ou en détruire les récoltes. Ces terres se montrent aussi plus fécondes et plus spacieuses à mesure qu'on s'avance au midi, et c'est dans le département de la Charente qu'elles atteignent à toute leur beauté.

En revanche, la culture arable est renfermée dans les pays de bocage entre les enclos boisés qui se partagent tout le pays ; aussi s'opère-t-elle en petit. Ces enclos contiennent rarement plus d'un hectare ; mais rarement aussi moins de 40 à 50 ares, et il est bien rare qu'ils soient divisés entre plus d'un propriétaire, car leurs limites étant déterminées par des lisières de futaies, on est habitué à regarder chacun d'eux comme un tout indivisible que doivent respecter même les dispositions du Code civil, ainsi que le font le sentiment et les habitudes de la population.

Il est rare aussi qu'un de ces enclos porte à la fois différentes récoltes. Le cours en a été calculé de manière à ce que chacun d'eux représente à lui seul une sole, ou du moins la portion d'une sole affectée à la même production. Ainsi, chacune de ces pièces porte tour à tour le froment, l'avoine et le sarrasin, ou demeure en jachère, à moins que le sol n'en soit assez sauvage pour demeurer pendant plusieurs années couvert du genêt épineux, qu'on nomme ajonc dans le pays, ainsi qu'il en est en Bretagne.

La production céréale des terres du Bocage est donc bien inférieure, et ne saurait se comparer en rien à celle des belles plaines de l'Angoumois. C'est pourquoi les pays de Bocage, n'ayant à vendre qu'un peu de blé, se sont adonnés à la nourriture des animaux, et n'accordent même à leurs terres arables que des travaux peu perfectionnés, à l'aide d'instruments aratoires grossiers. Leurs chemins sont peu praticables, l'abord même de leurs pièces est difficile, et les habitants semblent se complaire à séjourner ainsi sur des points inabordables, malgré la gravité des inconvénients qu'en éprouve la culture de leurs terres.

Le Bocage est dépourvu de vignobles. Ce sont, en effet, les deux types les plus opposés de la nature agricole, l'un étant l'image de tout ce que l'art et le travail de l'homme ont pu ajouter à la fécondité de la terre; l'autre offrant, au contraire, aussi intact que possible, son état de rusticité primitive.

Ces deux types s'excluent donc mutuellement. Les vignobles se retrouvent dans cette région, placés entre les prairies et les terres arables sur toutes les pentes qui séparent les plateaux des bas-fonds. Le développement qu'acquièrent ces vignobles est d'autant plus grand que l'on approche davantage du midi et des bords de la mer dont l'atmosphère humide et saline est partout propice à la végétation de la vigne. Mais, ainsi que nous l'avons dit, malgré l'avantage de cette situation et d'un climat qui se rapproche de celui du Bordelais, les vins que produit cette région ne ressemblent nullement à ceux des coteaux de la Gironde.

On en distille néanmoins la meilleure eau-de-vie connue, et c'est sous cette forme de produit que la France en fait une très grande exportation.

Des assolements dans la région de l'Ouest.

Après avoir passé la limite méridionale de cette région, on cesse bientôt de voir, avec l'araire, les champs relevés en sillons étroits, scrupuleusement allongés d'une extrémité des pièces à l'autre sur des lignes qu'on ne tracerait pas avec une plus sévère exactitude à l'aide du cordeau. La charrue reparaît dans sa forme grossière et avec son exécution incomplète. Aussi, au nord des plaines de l'Angoumois, où se voient encore les procédés suivis dans le bassin de la Garonne, on se retrouve dans la vieille France, la France celtique, et où les Romains n'ont pas, comme dans la Gaule narbonnaise, laissé des traces visibles de leur séjour. Toutefois, ce n'est que dans les pays de bocages que les antiques procédés de la culture sont restés dans leur entier; car, dans les contrées plus ouvertes, on y a apporté de grandes modifications, et les terres y sont assez bien travaillées pour donner de belles récoltes.

L'assolement suivi dans la partie méridionale de cette région comporte encore le maïs, qu'on voit peu à peu disparaître en s'élevant au nord. Par le seul fait de la présence du maïs, on comprend assez que l'assolement dont il fait partie est trop semblable à ceux du bassin de la Garonne pourqu'il soit nécessaire de le formuler de nouveau. La culture du sainfoin accompagne celle du maïs par la raison que, plus on s'approche des régions méridionales, plus les prairies se montrent rares.

Au nord de la ligne du maïs nous donnerons séparément la formule des assolements qu'on suit, soit dans les pays ouverts, soit dans les pays bocagers. Dans les premiers, il faut distinguer encore entre l'assolement des meilleurs et des médiocres sols, car l'un et l'autre s'y rencontrent. Dans les bons sols, le cours des récoltes peut se formuler ainsi :

 1re *année*. Jachère.
 2e — Blé fumé.
 3e — Fèves.
 4e — Blé, suivi de trèfle.
 5e — Trèfle.
 6e — Blé, suivi de navets.
 7e — Sarrasin.

Ce cours mérite peu de reproches si l'on ajoute encore qu'on réserve, soit sur la sole en jachère, soit sur celle du sarrasin, un emplacement pour les pommes de terre qui sont arrivées jusqu'à la limite du maïs.

Les sols de qualité inférieure suivent un cours où l'avoine remplace la fève; à cela près, il est assez semblable, et c'est plus par l'exiguïté des récoltes que par leur espèce qu'il en diffère, ainsi qu'on peut en juger par la formule ci-jointe :

 1re *année*. Jachère.
 2e — Blé fumé, suivi de trèfle.
 3e — Trèfle.
 4e — Blé.
 5e — Sarrasin.
 6e — Avoine.

Le blé ne revient ici que deux fois en six ans, bien que l'ordre des récoltes ne soit pas le même que dans le système triennal; mais ce retour a lieu d'après une autre combinaison, laquelle tient uniquement à l'adoption du sarrasin à titre de récolte pleine dans les cours adoptés dans le centre et l'ouest du royaume. Cette céréale y est employée dans l'intérieur des ménages, tant sous forme de gruau que sous celle de pain, lorsqu'elle est mélangée avec du seigle. C'est à la puissance de la végétation qu'elle développe dans ces contrées qu'il faut attribuer l'adoption qu'elle a reçue en grand dans les assolements; car, sans engrais et semé dans les premiers jours de juin, le sarrasin produit fréquemment 40 grains pour 1, et à la superficie 10, attendu qu'on le sème au quart seulement de l'épaisseur du blé. Ce rendement du 10 à la superficie, non compris l'économie faite sur la semence, équivaut à un rendement de cinq en blé, parce que le sarrasin donne précisément moitié en substance nutritive. Mais il serait rare que le blé produisît le cinq pour un dans l'espèce de terre et avec la culture qui permet au sarrasin de donner une telle récolte. Il y a donc de l'avantage à le cultiver là où il fournit des produits aussi abondants; et nous devons ajouter, qu'en raison même de son grand déchet, il laisse dans les fermes un volume considérable de résidu dont profitent les animaux et surtout les porcs.

On éprouverait peut-être quelques difficultés à introduire l'usage du sarrasin là où il n'est pas connu, car il pourrait y être rebuté comme n'offrant qu'une substance d'une qualité inférieure, mais lorsqu'elle a été adoptée sans résistance par une population tout entière, ce serait folie de la bannir, et nous la respecterons dans les assolements que nous aurons à proposer aux cultivateurs des régions du centre et de l'ouest, en qualité de récolte pleine, et non comme à l'est et au midi, à titre de récolte dérobée.

Il faut cependant reconnaître que, principalement dans les départements de la Bretagne, le sarrasin remplit l'office des pommes de terre en Irlande, c'est-à-dire que l'alimentation de la population est ainsi dévolue à la plus infime des productions. Il ne reste rien en effet au-dessous du sarrasin, en sorte que, s'il vient à manquer, il n'y a point de supplément qui puisse empêcher la famine ou, au moins, les disettes ; tandis que dans un système mieux réglé l'alimentation générale de la population d'un pays devrait reposer tout au moins sur l'avant-dernière de ces productions, afin d'en avoir toujours une ou portion d'une en arrière au service des animaux en temps ordinaire, et à celui de l'homme en cas de nécessité.

Telle serait, sans contredit, l'organisation qu'il faudrait adopter si pareille chose était possible, et s'il n'avait pas lieu partout en vertu de circonstances toutes particulières et sur lesquelles l'autorité est sans pouvoir, parce quelles proviennent uniquement des convenances d'une population tout entière.

C'est aussi sans doute à la surabondance du sarrasin, comme à celle de la pomme de terre en Irlande, que l'on doit attribuer la forte population des départements de la Bretagne. Car elle contraste avec la culture et la nature du sol de cette province, et l'on peut dire à coup sûr que, si cette culture n'était appliquée qu'à la production du blé et de l'avoine, elle serait loin de pouvoir alimenter une telle population.

Considérée sous ce seul point de vue, l'introduction du sarrasin a été d'un grand avantage pour la France, et ce serait à en régler plus sagement l'usage que devraient se borner les efforts des agronomes. Or il nous semble que le but de ces efforts devrait être de faire consommer une plus grande part du sarrasin recueilli pour l'engraissement des bestiaux, dont les fumiers serviraient à leur tour à faire croître de plus grandes quantités de blé que la population consommerait à la place du sarrasin ; quitte, en cas de besoin, à consommer les bestiaux eux-mêmes avec le sarrasin qui devait les nourrir.

L'assolement dans les pays de bocages suit la marche que nous allons indiquer :

1re *année*. Jachère.
2e — Blé fumé.
3e — Sarrasin.
4e — Avoine et pommes de terre.

Dans les parties les plus sauvages du pays on sème l'ajonc avec l'avoine, et dans ce cas l'assolement devient :

1re *année*. Sarrasin sur défrichement d'ajoncs.
2e — Seigle.
3e — Blé fumé, du moins en partie.
4e — Sarrasin.
5e — Avoine semée avec les ajoncs.

Sept années consécutives en ajoncs servent de parcours et de combustible.

Ce système de culture pratiqué sur les sols granitiques ou argilo-siliceux, sur lesquels le genêt épineux se montre également, se rapproche de celui qu'on pratique sur les steppes, où l'homme confie au temps et au repos le soin de rendre à la terre une nouvelle puissance de reproduction, dont il la dépouille périodiquement, en lui demandant, après l'avoir défrichée, une suite de récoltes céréales jusqu'à ce qu'elle s'en montre épuisée. Il en agit ainsi plutôt que de réparer à mesure cet épuisement par l'emploi des engrais et l'alternat de ses produits.

L'office de l'engrais est ici rempli par le repos que reçoit la terre semée en ajoncs, joint au détritus qui provient d'une sorte d'état forestier dans lequel la terre demeure pendant sept ans. Durant ces sept années elle fournit un chétif parcours aux bestiaux qui peuvent ronger les jeunes pousses du genêt, tandis que ses vieilles pousses ligneuses fournissent un mauvais combustible. Mais après ce temps, il est vrai que le défrichement, aidé de l'action des cendres provenant des débris du genêt qu'on brûle sur place, fait produire à ces terres des récoltes bien supérieures à celles qu'on pourrait attendre de leur faible degré de fertilité. Mais nous aurons à discuter ce système après un examen plus approfondi.

Des animaux domestiques dans la région de l'Ouest.

Le département des deux Sèvres qui occupe à peu près le centre de cette région, est aussi celui de la plus belle éducation de mulets qui se fasse nulle part, non-seulement en raison du grand nombre des individus qu'elle produit, mais aussi de leur grande beauté.

Comme on ne fait pas de mulets sans juments, cette élève suppose celle d'une race de chevaux, d'où proviennent les juments.

Quelquefois le commerce peut les amener, mais ici la race existe dans le pays et s'élève concurremment avec les mulets. L'éducation des chevaux a principalement lieu sur les parties marécageuses des prairies, celle des mulets dans les lieux plus élevés et les pays de bocages.

La race chevaline du Poitou est de haute taille, et vient sous ce rapport immédiatement après celle de la Flandre, mais elle en diffère sous tous les autres. Son poil est généralement noir, sa tête longue, pesante et chargée de ganache, son encolure effilée, son garrot saillant, ses épaules sèches, son ventre plongeant, ses hanches singulièrement proéminentes, ses cuisses abattues et sa queue attachée très bas. Ses membres enfin sont haut jointés, très plats, mais serrés et volontiers clos dans les jarrets. Ces grands animaux, très difformes ainsi qu'on en peut juger, ont les allures très allongées et l'haleine longue. Aussi le service des postes et des diligences se fait-il plus rapidement avec les chevaux poitevins qu'avec ceux d'aucune autre race.

Les plus forts d'entre eux s'emploient au roulage, les moins étoffés font tout le service exigé par la circulation dans cette région, ainsi que dans le bassin de la Garonne jusqu'à Narbonne et Béziers, où ils se trouvent remplacés par les chevaux de la race suisse. Les juments demeurent dans les fermes pour y être employées aux travaux rustiques, ainsi qu'à la reproduction. Les cultivateurs commencent par donner leurs juments au baudet, qu'on nomme *animal* dans le pays, et ce n'est qu'après avoir inutilement cherché à lui faire porter un mulet, qu'elle est abandonnée à l'étalon et sert à la reproduction de la race chevaline, tant l'élève du mulet est plus appréciée dans l'ouest.

La cause de cette préférence est dans le prix du mulet, plus élevé du double au moins que celui du cheval à qualités correspondantes. Cette supériorité de prix tient en premier lieu à la plus longue durée du mulet, et en second lieu au besoin particulier que l'on a de cet animal dans les régions méridionales, où néanmoins on ne peut pas en élever de puissants, par suite du défaut de juments étoffées. Il faut donc que les habitants du midi viennent les chercher plus au nord, et cette demande du commerce tend à élever un prix qui n'est pas fondé, pour les mulets comme pour les chevaux de luxe, sur des formes de convention ou des qualités rares. L'âge, la taille et la force étant les seules choses qu'on demande aux mulets, l'éleveur peut y arriver sans autre effort que de choisir des générateurs de grand échantillon, et de nourrir abondamment des élèves qui atteignent parfois jusqu'au prix de 1,500 fr.

L'Espagne et les côtes d'Afrique sont les débouchés où s'écoulent, à ces hauts prix, les mules élevées dans l'ouest de la France; ces mules étant l'unique animal au moyen duquel on puisse y exécuter le service des transports et le portage à dos. Ce commerce avec l'étranger, lorsqu'il n'est entravé par aucune circonstance, peut s'élever jusqu'à quatre ou cinq millions et compense ainsi l'importation qui se fait en France des chevaux du nord et de l'est. Les mulets se vendent dans le midi du royaume, et en estimant leur valeur à peu près à celle des mules qu'on exporte, le montant total de l'éducation des mulets créerait annuellement, en faveur des départements de l'ouest, une valeur de 8 à 10 millions acquise au moyen de la vente de 10 à 12,000 têtes estimées plus de 800 fr. l'une, à l'âge de quatre ans.

La production de ces 10 à 12,000 têtes suppose l'emploi de 13 à 16,000 juments poulinières, pour le moins, et de 200 baudets, en supposant qu'on donne 80 juments à chacun d'eux. Elle suppose de même que 45 à 60 mille têtes de muletons sont à la fois en présence dans le pays, du moment de leur sevrage à celui de leur vente ; mais à côté d'une telle élève il en faut nécessairement une autre, savoir : celle des baudets. Sans doute qu'on aurait pu se contenter, comme on le fait en Savoie, de faire venir des ânes étalons des pays où cette race est renommée et peut fournir des sujets de quelque mérite, ainsi qu'on en trouve sur quelques points de l'Espagne, en Toscane, sur les côtes de Gênes et surtout en Egypte ; mais les éleveurs du Poitou ne s'en seraient pas contentés, parce qu'ils ont voulu faire mieux que partout ailleurs et s'attribuer le monopole d'une production qui n'existât nulle part.

Pour arriver à ce but, quelques-uns d'entre eux se sont attachés à l'élève d'une espèce d'ânes choisie sans doute, dans l'origine, parmi l'une de celles que nous venons de citer, mais à laquelle ils ont fait acquérir des formes, une taille et une corpulence inusitées parmi cette espèce, à l'aide d'une nourriture consistant en fèves et en tiges de sainfoin distribuées avec surabondance. On ajoute qu'à la naissance de l'ânon, on le soustrait à sa mère en lui donnant pour nourrice une forte jument, après quoi on l'élève uniquement au milieu de la race chevaline de manière à ce que, n'ayant jamais vu de femelles de son espèce, il soit plus disposé, étant devenu étalon, à se croiser avec les juments.

L'effet de cette éducation a fini par produire des animaux d'une espèce insolite par la vigueur et le développement qu'elle leur a imprimés. Aussi, leur prix, lorsqu'ils ont été éprouvés, s'élève-t-il jusqu'à 6,000 fr. et même au-delà; et il est tel d'entre eux qui reproduit jusqu'à 80 mulets par monte. C'est du croisement de tels animaux, avec les grandes juments poitevines, que proviennent les mulets qui n'existent que dans cette contrée.

Ces mulets sont tous exportés, l'espèce chevaline suffisant de reste aux besoins du pays, attendu qu'on le cultive généralement avec des bœufs et que les juments, qui y sont nombreuses, suppléent à tout ce que ceux-ci ne sauraient faire. Ces bœufs à poil rouge sont, pour une portion, élevés dans le pays, mais la majeure partie provient de l'Auvergne et du Limousin, ainsi que nous l'avons dit en traitant de ces provinces. Ils arrivent dans l'ouest à l'âge de deux ans; on les dresse au joug avec patience et par de légers travaux, et on les en retire pour être engraissés à l'âge de six ou sept. Mais nous devons ajouter qu'en dernier lieu la demande faite par la consommation a été si active qu'il a fallu anticiper sur cet âge pour fournir à l'approvisionnement et que beaucoup de ces bœufs ont été mis à l'engraissement dès celui de cinq ans; fait qui, à lui seul, doit provoquer l'éducation des bêtes à cornes bien autrement que ne pourraient le faire tous les encouragements de l'agronomie.

Les herbagers normands achètent la majeure partie des bœufs qu'on réforme dans l'ouest, mais ceux du Bas-Poitou leur font concurrence, et beaucoup de bœufs s'engraissent aussi à l'étable avec les farines de sarrasin et les navets qu'on leur distribue. Ils arrivent au marché de Sceaux depuis le mois de janvier jusqu'à celui d'avril, époque pendant laquelle les herbages cessent d'en fournir. L'engraissement des bœufs à l'étable est nécessairement appelé à fournir dorénavant tous les bœufs que le surplus de la consommation demandera, attendu que les herbages ne sauraient engraisser une seule tête au-delà de ce que comporte une superficie que rien ne saurait augmenter. Cette circonstance est heureuse pour l'agriculture de la France, en ce qu'elle motive une production et une consommation de fourrage dont le résultat définitif retourne en engrais dans les terres.

C'est un de ces cas que nous avons regardé comme points de départ du mouvement progressif d'amélioration et dont l'effet doit être surtout sensible dans l'ouest du royaume, parce que ces contrées sont en mesure d'en profiter, possédant déjà les matières premières sans lesquelles ce mouvement ne saurait s'opérer; c'est-à-dire une bonne espèce bovine, des fourrages abondants, tant naturels qu'artificiels, et de bonnes méthodes pour l'entretien des bestiaux.

Cette région ne doit pas être comptée au nombre des pays à moutons, car ni les pays bocagers ni ceux à prairies basses ne conviennent aux bêtes à laine. Il y en a cependant des troupeaux dans les plaines arables, et de petits lots mêlés partout avec le bétail des métairies. Dans le bocage, ces petits lots appartiennent déjà à l'espèce grossière de Bretagne, dont les toisons jarreuses et de couleur sombre servent à confectionner à domicile les vêtements des cultivateurs. Là où les bêtes à laine sont réunies en troupeaux, elles appartiennent à l'espèce qui peuple le bassin de la Garonne. Les animaux en seraient peut-être un peu plus forts et les toisons moins fines. On trouve enfin, dans le Bas-Poitou, des sujets à haute taille, à tête busquée et à oreilles tombantes qui portent, comme la race flandrine, des laines à peigner. C'est le seul point où l'on aurait pu, ainsi qu'en Flandre, tenter avec quelque chance de succès le croisement avec les béliers anglais du New-Leicester.

Une éducation qu'on a poussée très loin dans cette région est celle des porcs de la grande race blanche. Les cultivateurs y étaient invités parce que le pays fournit à bas prix beaucoup de substances farineuses, y compris le gland, que les chênes du Bocage fournissent en abondance; et, de plus, parce que l'Espagne était habituée à faire de ces porcs une importation annuelle de douze à quatorze mille têtes. La consommation de Paris, qui s'accroît sans cesse, et plus en viande de porc qu'en aucune autre, va chercher aujourd'hui son approvisionnement jusque dans ces contrées de l'ouest, où tout dispose les habitants à se mettre en mesure de fournir à ces nouvelles demandes.

Des améliorations rurales dans la région de l'Ouest.

Les améliorations dont cette région est susceptible portent plus encore sur les changements matériels à apporter au pays que sur le système de sa culture proprement dite. Ainsi, c'est par le défaut de circulation et de grands marchés que cette région pèche. Absence de villes importantes, absence de bonnes voies de communications pour aller chercher les villes et les grands marchés qui ne se trouvent qu'à ses deux extrémités, savoir : à Nantes et à Bordeaux, tandis que ces deux points sont eux-mêmes approvisionnés par les affluents qui y apportent à peu de frais les produits des contrées supérieures traversées par ces affluents.

Le gouvernement a compris cette nécessité, et déjà le Bocage de la Vendée a été percé de routes qu'on a appelées stratégiques, ce qui n'indique nullement le but que nous leur assignons ici ; mais la pensée d'ouvrir dans cette contrée des voies régulières à la civilisation, de changer les mœurs des habitants en les associant de tous points au mouvement général des esprits. Quel que puisse être d'ailleurs le but dans lequel ces routes ont été tracées, le résultat, quant à l'économie du pays, sera le même ; elles y ouvriront des débouchés, et provoqueront un mouvement agricole qui ne saurait avoir lieu sans cette condition.

Or, nous avons vu que partout où ce genre d'entreprise avait eu commencement d'exécution, il ne tardait pas à se propager de proche en proche, et finissait par réaliser des travaux dont la pensée même aurait effrayé les populations qui nous ont précédés de quelques années. Il faut donc s'attendre à voir, avant qu'il soit peu, cette belle région de l'ouest mise à portée de prendre part au mouvement de civilisation qui agite pacifiquement le reste du pays.

A l'aide des voies de communications et des débouchés, l'industrie viendra prendre séjour dans un pays où tout est disposé pour la favoriser, hormis les habitudes d'une population étrangère jusqu'ici aux occupations industrielles. Aussi n'est-ce pas sans doute par les industries à procédés délicats qu'il faudrait commencer, mais par celles des industries qui sont comme attachées au sol, et se lient ainsi intimement à l'agriculture, telle qu'est la fabrication du sucre indigène.

Les sucreries trouveraient ici, avec un sol riche et un climat plus doux que dans le nord, des cours d'eau et une économie de main d'œuvre qui lui manquent ailleurs. Aussi, croyons-nous devoir recommander ce genre d'établissement aux grands propriétaires et aux industriels, qui trouveraient dans cette région des terres à des prix inférieurs, sans être pour cela moins fertiles.

La culture des plantes oléagineuses nous paraît être aussi une importante amélioration à introduire dans l'agriculture de cette région, d'autant plus qu'il n'en est aucune qui s'allie mieux avec la moyenne culture des colons partiaires, parce qu'elle ne change rien à la nature des ateliers dont disposent ces colons. C'est avec les bras de la famille qu'on donne les sarclages que demande le colza, et cette famille y trouve un puissant moyen de bien-être intérieur, en ce qu'elle peut s'éclairer à bas prix, et que l'huile, fondue avec le beurre, double le volume de l'approvisionnement sans nuire essentiellement à sa qualité.

Les pommes de terre sont entrées sans doute ici dans les éléments de cet approvisionnement ; mais dans une proportion bien moindre qu'il n'en a été dans l'est et le nord du royaume, parce que l'ouest était déjà pourvu d'une substance alimentaire abondante, à bas prix et inférieure au blé, c'est-à-dire du sarrasin qui a fait, comme le maïs, une concurrence aux pommes de terre, devant laquelle elles ont dû reculer. Cet obstacle empêchera que ce tubercule ne prenne de longtemps place dans les assolements. Il n'y figurera qu'en petit, et plutôt comme légume, qu'en qualité de supplément au pain.

Quant aux améliorations qu'il s'agirait d'apporter à l'agriculture des terres de qualité inférieure de cette région, et des pays à genêts qu'elle renferme, nous les renvoyons au chapitre suivant où, ayant à traiter spécialement d'une contrée dont la majeure partie des terres appartient à cette catégorie, nous serons conduit à traiter de leur amélioration avec des développements auxquels nous renvoyons les lecteurs.

CHAPITRE VIII.

Des conditions rurales de la région du Centre ou des ajoncs. — Sa nature et sa configuration.

Nous avons dû réserver l'examen de cette région pour le dernier, parce qu'entre toutes celles dont nous avons cru devoir tracer les délimitations, elle présente l'agriculture la plus languissante, et offre le plus d'obstacles à son amélioration par le double effet de la qualité du sol et des conditions agricoles auxquelles cette vaste contrée est en majeure partie soumise. Cependant c'est sur les améliorations agricoles de cette vaste région que repose une grande partie de l'accroissement à venir de l'approvisionnement de la France, accroissement demandé par celui d'une population que le dernier recensement vient de porter à 33 millions 540 mille individus.

L'attribution que nous accordons ici à cette région, lui est dévolue sous la triple considération de la position géographique qu'elle occupe au centre du royaume, de son étendue relative, et enfin de l'état actuel de sa production, comparé à celui où il lui serait permis d'atteindre ; car la marge est d'autant plus large, que les extrêmes sont plus distants. Or, pour fixer tout d'un coup le point extrême de l'état agricole où se trouve encore cette région, nous certifierons avoir lu, au mois d'août 1836, dans les annonces de *la Gazette de France*, l'offre d'une terre à vendre dans le Sancerrois, contenant des bois, des étangs, trois domaines et une maison dans la ville de Sancerre, d'une contenance totale de 770 hectares, le tout à céder pour la somme de 115 mille francs, soit à 149 fr. 35 c. l'hectare.

Sans doute cette terre était située dans les plus mauvais sols argilo-siliceux de la province, sans doute les abords en étaient impraticables, il y avait beaucoup d'étangs et de fièvres ; mais tous ces motifs, en expliquant le vil prix d'une terre située a quelques lieues de la Loire et à moins de cinquante de la capitale, nous semblent démontrer l'assertion que nous avons émise sur le mauvais état agricole des terres de cette région, et par conséquent sur la marge qu'il ouvre à leur amélioration.

Elle est limitée au nord par la Manche et par une ligne qui part au sud-est de Granville pour se terminer à Blois, où elle suit le cours de la Loire jusqu'entre Châteauneuf et Sully, pour se diriger à l'est vers Auxerre; de là elle va au sud-ouest à Nevers, suit le cours de la Loire jusqu'à Roanne, puis se dirige à l'ouest jusqu'à Montmorillon et remonte à Saumur, où elle suit de nouveau le cours de la Loire jusqu'à Nantes; au sud-ouest et à l'ouest par l'Océan.

Cette enceinte étroite, mais prolongée, renferme trois contrées dont le sol est de nature tout-à-fait différente, bien que la production naturelle, qui est le genêt épineux, soit commune à toutes les trois, c'est-à-dire que leur sol manque partout de l'élément calcaire qui serait nécessaire à sa fertilité. A l'est et vers le cours de la Loire est un sol ocreux, pierreux et léger. Celui de la portion qui occupe le centre de cette région est argilo-siliceux, et enfin le massif du promontoire que forme la Bretagne est granitique. Les dépôts fluviatiles formés par le courant des rivières interrompent çà et là par des accidents le type géoponique que nous venons de tracer.

Aucune montagne ne s'élève sur cette superficie, où le climat n'est sujet à aucune intempérie. En Bretagne seulement, le sol montre comme des sommités de montagnes dont la masse serait enfouie dans la mer et dont le temps aurait usé les aspérités. Au midi de la

Loire, qui forme l'enveloppe de cette région, cette rivière reçoit l'Allier, le Cher, l'Indre et la Creuse, au nord le Loir et la Mayenne. En Bretagne, hormis la Vilaine, il n'y a que des cours d'eau de peu d'importance.

Mais les rivières que nous venons de nommer sillonnent le plat pays de bassins fertiles, où les vergers, le vignoble, les prairies et la petite culture ont établi leurs domaines. Là comme partout la fertilité d'un sol d'alluvions a produit ses miracles agricoles, et ils frappent d'autant plus qu'on n'arrive sur leurs bords qu'après avoir traversé de plus tristes contrées. C'est l'un de ces bassins qu'on a nommé à juste titre le jardin de la France, dénomination donnée au théâtre champêtre que la Loire parcourt en traversant la Touraine.

Il faut avoir visité ce bassin à l'époque où l'on s'apprête à couper les foins, où les moissons étalent des épis que le soleil n'a pas encore dorés et que le moindre vent fait balancer sur leurs tiges. Il faut avoir parcouru ce bassin, ainsi que nous l'avons fait nous-même, à l'époque où le feuillage est dans toute sa pompe, pour en admirer à loisir la riante beauté. Saison qui ne dure que peu de jours et qu'il faut passer dans ce jardin de la France, si l'on veut jouir de toute la douceur d'une atmosphère à la fois brillante et suave qu'aucun souffle ne trouble, qu'aucun nuage n'altère ; si l'on veut parcourir cette levée de la Loire, digue et chaussée à la fois, et d'où l'œil plonge sur ce bassin formé de mille îlots dont chacun recèle un verger assez touffu pour le rendre impénétrable aux regards, qui n'y découvrent que la primeur des fruits destinés à mûrir sur ses arbres. Des cultures potagères s'entremêlent parmi ces vergers, tandis qu'on voit au loin des coteaux couverts de pampres borner un horizon, où l'on ne remarque d'autres accidents que ceux qui proviennent des éboulements de quelques rochers crayeux, dont l'aspect abrupte s'offre comme un contraste au sein de cette richesse végétale.

L'Allier, le Cher, l'Indre et la Creuse, présentent sur de moindres dimensions une nature également fertile et riante; mais après avoir dépassé la sommité des collines qui enceignent les bassins de ces rivières, on trouve sur le plat pays un monde inanimé et dont l'aspect est attristé par la monotonie de ces steppes d'ajoncs qui enveloppent les champs, lorsqu'ils n'en ont pas envahi la superficie même. L'horizon se termine dans le lointain par des lisières de bois, et dans l'intervalle on voit s'élever de loin en loin des clochers qui dominent un groupe de chaumières, et annoncent ainsi la présence d'un village. Aux alentours de ce lieu, on voit des paysans la bourant sans trop de soins de maigres guérêts, coiffés d'un bonnet de laine et couverts d'une blouse faite de la toile écrue que leurs femmes ont filée. La langue française leur est à peine familière, et ils étaient néanmoins déjà Français, alors que tant d'autres étaient encore Allemands, Lorrains, Flamands ou Anglais. Aussi cette population a conservé les habitudes et les mœurs des temps où elle défendait l'oriflamme avec tant de confiance et de courage. Mais avec l'antique simplicité de ces temps, elle en a conservé l'ignorance et l'antipathie pour toute innovation, c'est-à-dire pour tout ce qu'elle n'a pas vu pratiquer à ses pères.

Les divisions de la propriété y sont taillées sur de

grandes dimensions, par le double motif que la valeur capitale des terres étant faible, il en faut beaucoup pour représenter la somme qui le serait en Flandre avec quelques arpents, et parce qu'il faut dans cette région beaucoup de ces arpents pour assurer l'existence d'une famille, soit à cause du minime produit des terres, soit à cause de celles qu'on laisse sans culture et couvertes de genêts. Les bâtiments d'exploitation de ces corps de fermes sont rustiques et négligés, leur arrivée mal tracée sur le bord des champs, leurs alentours mal tenus, dépourvus de clôtures, de jardins et de vergers, les fagots, les fumiers et les instruments aratoires restent épars au-devant des maisons, dont l'ordre et l'aisance sont comme enfouis dans les hauts genêts qui les environnent. Aussi l'âme, à la vue de ce pays, s'empreint de tristesse et de découragement, et ne peut s'en relever qu'en songeant que les habitants de ces chaumières ne partagent pas ces impressions et qu'ils sont satisfaits de leur sort, par cela seul qu'ils n'en n'ont pas connu d'autre. Grâce à cette ignorance, ils trouvent leur pays moins triste, leurs genêts moins lugubres, leur pain de sarrasin plus savoureux, et l'on apprend ainsi à se défendre contre ce prestige de l'imagination qui nous porte à n'apprécier le sort d'autrui que d'après l'image que nous nous sommes plu à nous faire de la félicité champêtre. Il faut se défaire de ce prestige avant de se qualifier d'économiste, pour examiner ce qui se passe en réalité sous le toit du cultivateur, et savoir s'il y a sous ce toit quelque sourde inquiétude sur la subsistance et le sort de la famille. Car tant qu'il est assuré dans les champs ou dans les greniers, le sort du cultivateur ne doit plus nous attendrir; parce que l'apparence du bien-être n'en est pas la réalité, et cette réalité ne provient nullement de l'aspect du pays, de la construction des chaumières et de l'élégance du costume; la force de l'habitude ayant aplani toutes ces différences dans les objets accessoires.

En s'avançant à l'ouest et au nord de la Loire, le pays revêt des caractères plus prononcés; il perd sa triste uniformité, s'abrite sous l'ombrage des chênes et des châtaigniers, se plisse en mille petits accidents de terrain, et se dessine par des enclos. C'est un pays bocager, plus ou moins couvert, suivant que les plis du sol sont saillants ou espacés; car en pénétrant plus avant en Bretagne l'aspect des campagnes devient plus monotone, parce que les arbres diminuent, que les champs d'ajoncs occupent plus d'espace, et que les roches bleuâtres du granit apparaissent sur les sommités dans leur triste nudité.

Mais la mer vient au secours de la province qu'elle enveloppe de toutes parts, et l'activité des industries maritimes de toutes espèces que son voisinage développe alimente la population des nombreuses villes fondées sur les côtes. Ces foyers d'active population d'une part, et de l'autre l'abondante et facile production du sarrasin, dont les cultivateurs se nourrissent, a élevé la population des départements de la Bretatagne bien au-delà de ce que l'état industriel et l'apparence agricole du pays pourraient faire supposer.

D'ailleurs, la population champêtre a conservé dans cette province une apparence pauvre et sauvage; son langage n'est connu que d'elle, ses vêtements ne consistent qu'en peaux de moutons couvertes encore de leur laine ; ses habitations sont sales et de construction grossière ; ses moyens de communication incomplets et peu praticables. Mais cette population est fortement constituée et douée d'un caractère énergique qui la dispose à supporter les fatigues de la terre et de la mer, à braver leurs dangers, comme à rester invariablement fidèle à ses habitudes, à ses croyances, c'est-à-dire aux mœurs dont elle a hérité.

De tels éléments offrent peu de prise sans doute aux agronomes améliorateurs, et cependant un grand établissement d'une ferme-modèle s'est créé dans le Morbihan. Nous ne connaissons pas l'histoire des succès qui ont dû signaler sa marche, et après avoir fait des vœux en faveur de ces succès, nous offrirons pour modèle un autre genre d'amélioration instituée par le comte du Taya, et dont le récit nous a singulièrement frappé ; mais nous devons auparavant poursuivre notre enquête sur l'état agricole de cette région.

Des modes d'exploitations rurales en usage dans la région du Centre.

La petite propriété occupe moins de place dans cette région que dans l'est et le midi du royaume, parce que le cultivateur s'y contente d'y vivre dans la condition de colon partiaire, à laquelle il est accoutumé. D'ailleurs le plat pays n'offre pas au petit propriétaire les conditions qu'il cherche dans sa propriété. Il ne les trouve que dans les riches bassins formés par le cours des rivières et dans les vignobles dont se couronnent les coteaux qui les renferment. Là sont de nombreux villages, de la petite propriété et des châteaux nombreux, dont les terres s'étendent en arrière dans le plat pays, et qu'on a placés sur la lisière des bassins pour jouir de leur riant aspect.

Partout ailleurs les exploitations ont reçu de grandes divisions, et par les motifs que nous avons déjà énoncés, c'est-à-dire de 100 jusqu'à 200 hectares dans la portion qui occupe le midi de la Loire, et de plus, réduites, il est vrai, dans les pays bocagers. Règle générale, les exploitations sont d'autant plus vastes que le pays est plus ingrat et plus ouvert, puisqu'il faut un plus grand nombre d'hectares pour représenter un revenu capable de fonder et de soutenir une exploitation rurale. Un de ces corps de ferme constitue à lui seul une moyenne propriété, et beaucoup de cultivateurs sont pourvus d'une telle possession. La réunion de leurs habitations constitue le chef-lieu de la commune, sur le territoire de laquelle se trouvent nombre de fermes placées sur la superficie même des domaines qu'elles exploitent. Ces fermes et ces domaines sont l'apanage de la grande propriété, lorsque le même possesseur en réunit trois ou au-delà, et qu'il y joint des bois; lorsque la propriété ne contient que deux de ces domaines, on la range encore dans la classe de la moyenne, car elle ne produit guère qu'un revenu de 15 ou 1,800 fr.

Tous ceux de ces domaines qui n'appartiennent pas aux cultivateurs sont, à peu près sans exceptions, exploités par des colons partiaires. Divers motifs ont rendu ce mode d'exploitation indispensable dans cette région; le cultivateur y a manqué des capitaux nécessaires pour se charger d'un fermage à rentes fixes; il y est disposé à craindre les chances qu'un tel fermage emporte avec lui, puisqu'il commence par se constituer débiteur d'une somme que la culture doit rembourser, tandis que le colon partiaire n'est débiteur de rien que du travail de sa famille. Il y a donc une grande sécurité dans cette position du colon partiaire ; car après avoir acquitté la moitié proportionnelle des produits qu'il doit à son propriétaire, il reste toujours de quoi assurer la subsistance et le vêtement de la famille, qui trouve son logement sous le toit de la ferme, et son chauffage dans ses genêts. Rien, dans la nature du pays, n'a pu tenter des cultivateurs du dehors de venir y prendre des fermes. Il n'y a donc jamais eu de concurrence capable d'ébranler des habitudes que ces métayers conservent avec le même respect que les routines de leur agriculture.

Enfin le fermage parcellaire a été impossible à introduire jusqu'ici, parce que chaque cultivateur a plus de terre devant lui qu'il n'en peut mettre en valeur.

Ces raisons, toutes locales, nous paraissent être cependant d'un tel poids que nous n'essaierons pas même de proposer un changement dans un mode d'exploitation qui s'oppose aux améliorations, mais qui nous semble inhérent au pays. Nous montrerons comment on peut essayer de tourner la difficulté, ne pouvant l'aborder de front.

Les métayers de la moyenne propriété, dont le maître habite la ville voisine, où il est juge, praticien ou marchand de bois, et d'où il vient dans sa patache visiter avec sa famille, au temps où la moisson jaunit, la métairie dont il est fier, ces métayers, disons-nous, ont une assez douce condition. Car tandis que, lors de la visite solennelle, la femme fait cuire des œufs frais et met le beurre et le pain de seigle sur la table vermoulue où la maîtresse prend place avec ses enfants, le mari adresse au propriétaire ses lamentations sur la mauvaise année, il lui montre l'endroit où le chaume pourri laisse tomber la pluie sur ses moutons, le trou où sa patache menacera d'être engloutie, et à compte de toutes ses plaintes, il en obtiendra la promesse de quelques réparations, de quelques améliorations, grâce à ce que le propriétaire pourra venir compter le soir ses largesses au café de la grande place et en faire la nouvelle du jour.

Mais ceux des métayers qui dépendent de la grande propriété sont loin de jouir de ces petits encouragements, parce qu'ils n'ont presque jamais affaire avec le propriétaire, lequel, peu séduit par l'habitation d'un pays dépourvu de tout charme, séjourne au loin; à Paris s'il le peut, sinon à Orléans, à Bourges, ou dans une terre située dans une autre contrée. Il ne saurait alors recueillir lui-même la part des denrées que le colon partiaire lui doit. Il ne se fie guère au régisseur qu'il chargerait de recevoir et de vendre ces denrées. Il prend alors un troisième parti, celui de substituer à ses droits, vis-à-vis de ses métayers, un fermier général, gros personnage des environs, lequel se charge de tous les recouvrements à faire moyennant une rente fixe qu'il s'engage à payer au propriétaire.

Ses profits consistent dans le bénéfice qu'il peut faire sur la vente des céréales et celle des bestiaux, aussi est-il impitoyable envers les métayers qui dépendent de lui. Non-seulement il ne fait aucune avance pour une amélioration quelconque, mais il se refuse aux réparations mêmes les plus urgentes et attend le renouvellement du bail pour les exiger lui-même du propriétaire.

Cette forme d'exploitation, très usitée dans la région, y a été fatale à ses progrès, et malheureusement elle se prête trop naturellement aux convenances des grands propriétaires pour que l'on puisse s'attendre à les en voir changer. Il faut que les améliorations arrivent et se propagent par des voies étrangères en dehors de ce contrat et malgré les habitudes qu'il a créées.

Des cultures dominantes dans la région du Centre.

Les céréales, les bestiaux, les bois et enfin le vignoble sont les cultures qui, dans l'ordre où nous venons de les ranger, dominent dans ce pays. Nous devons y ajouter encore celle des arbres à fruits qui distingue le bassin de la Loire et celle des plantes textiles en honneur sur la côte septentrionale de la Bretagne ; mais ces industries rurales ne sont que locales, et en considérant l'ensemble d'une vaste région, on ne peut que les mentionner, parce qu'elles ne jouent qu'un trop petit rôle dans son économie. Nous devons faire de même mention des établissements formés dans la Touraine sous le ministère de Colbert, dans le but d'y fonder à la fois la production de la soie et les fabriques destinées à la mettre en œuvre.

La douceur du climat de cette province devait favoriser la croissance du mûrier et le travail des vers à soie. Sous ce rapport la localité avait été bien choisie, mais il est à croire qu'elle l'avait été mal sous d'autres, car cette industrie agricole n'a pas pu y prendre pied. La fabrication seule des étoffes de soie avait fait quelques progrès à Tours, puisqu'on a eu des étoffes auxquelles le nom de cette ville avait été attaché. Ces fabrications y ont été en diminuant, et nous ignorons si le mouvement récent imprimé à la production de la soie s'est propagé dans l'ouest ainsi que dans le sud-est et le midi de la France. Nous sommes disposé à le croire, puisque les alentours mêmes de la capitale en sont préoccupés; mais il ne suffit pas qu'un accès fébrile mette en jeu, sur quelques points, une industrie agricole quelconque pour que l'économiste puisse en tenir compte; les faits accomplis entrent seuls dans le domaine de ses investigations, les tentatives et les essais restent dans celui des agronomes améliorateurs.

Les céréales, à la culture desquelles on s'adonne dans cette région, sont le froment, le seigle, le sarrasin et l'avoine, et ces quatre espèces sont ensemencées à peu près en superficies pareilles; en sorte que le blé proprement dit ne figurant que pour un quart et ne donnant qu'un médiocre produit, la région ne peut se compter au nombre des pays à blé. C'est un titre qu'on n'acquiert qu'en raison des masses de grains qu'on peut verser sur les grands marchés; or il est rare qu'il y en vienne d'outre-Loire. Le surplus des blés que fournit cette région descend jusqu'à Nantes, d'où suivant les demandes du commerce, la mer peut en transporter le trop plein partout où le besoin s'en fait sentir.

La consommation des populations champêtres consiste en seigle et en sarrasin, dont on fait un pain mélangé assez savoureux. Le sarrasin seul se consomme sous forme d'une bouillie à laquelle l'habitude fait attacher un grand prix. Le maïs ne figure pas dans le catalogue des céréales de cette région parce qu'il n'est pas compris dans la zone qu'il occupe dans le royaume, soit à défaut du climat, soit plutôt à défaut d'une fertilité suffisante dans la généralité du sol. Les pommes de terre y sont connues et cultivées sans doute, mais le sarrasin ayant déjà pourvu le pays d'un approvisionnement inférieur en prix au blé et d'un produit très abondant, le besoin de trouver, dans la pomme de terre un supplément au pain ne s'y est pas fait sentir, aussi n'est-ce qu'à titre de légume qu'elle entre dans la consommation.

L'éducation des animaux domestiques est importante dans cette région, non qu'elle renferme beaucoup de prairies, elles y sont rares au contraire; non que les prairies qu'on y compte soient souvent d'une nature riche, mais parce que la grande étendue de terres en friche et en ajoncs fournit aux troupeaux de grossiers mais vastes pâturages. Aussi les animaux sont-ils généralement d'espèces communes, si ce n'est dans le Berry, où l'on trouve une petite race de bêtes à laine, bien faites et d'un lainage assez fin. Mais le pays verse au dehors beaucoup de chevaux communs de petit échantillon et des poulains qui, élevés dans de meilleurs herbages, gagnent en taille et en formes et deviennent des chevaux de moyen échantillon. Il verse des masses considérables de moutons dans les pays de grande culture, au nord de la Loire, où ils vont être parqués et engraissés jusqu'à l'époque où ils sont en état d'être conduits à Sceaux ou à Poissy. La statistique de ces marchés a démontré qu'il y avait été amené, en 1836, 13,000 bœufs engraissés à la crèche dans les contrées situées au midi de la Loire et comprises dans cette région, tandis que les herbages normands n'y en ont versé que 53,000.

Certes, après avoir approvisionné toutes les villes intermédiaires, le nombre de 18,000 bœufs figurant dans l'approvisionnement de Paris indique une industrie déjà très avancée et qui doit produire une véritable réaction dans l'économie du pays. Outre les bœufs, le pays nourrit et engraisse beaucoup de porcs de l'espèce blanche. Il en vient jusqu'à Paris, mais nous en ignorons le nombre. Il nourrit enfin une immense quantité d'oies, produit mesquin, mais qui a quelque mérite pour les femmes des métayers qui, dans ces contrées reculées, ont bien de la peine à faire de l'argent avec leurs productions.

Cette région pourrait être forestière, car le sol est de l'espèce de ceux qui devraient être consacrés à la production des bois. La preuve en est dans l'étendue même des friches et des landes qu'elle renferme ; aussi sommes-nous portés à croire que ce territoire a été surchargé de forêts, et que c'est précisément pour en avoir eu trop qu'il en est maintenant réduit à celles des forêts que les grands propriétaires et les mainmortables ont seuls défendues.

Qu'est-il arrivé en effet dans un pays dépourvu de toutes voies charretières, de canaux, et pauvre en rivières navigables, tandis que la superficie offrait de grandes masses de forêts? Il est arrivé que le combustible y était à vil prix et la production forestière, par conséquent, peu prisée et négligée. A chaque abattis, les cultivateurs se hâtaient de jeter leurs bestiaux sur le sol qui, dépouillé des arbres qu'il avait nourris, se couvrait de menues herbes; ces troupeaux en avaient bientôt détruit les repousses, jusqu'à ce que le genêt épineux, portant avec lui ses propres défenses, se fût emparé d'un terrain que les bestiaux ne se hasardaient pas à lui disputer.

Le combustible, devenu rare et précieux partout, est devenu enfin d'un prix trop élevé pour servir au chauffage des pauvres cultivateurs et des métayers, qui ont fini par mettre les genêts en coupe réglée pour leur usage; tandis que les ventes des forêts, restées sur pied, fournissent par leur aménagement à la consommation des villes, à celles de quelques hauts-fourneaux et de plusieurs fabriques de porcelaine qu'on est venu placer à portée des bois et entre le Limousin, d'où elles tirent leur matière première, et la capitale, où elles trouvent leur débit.

On a recommencé à planter et à semer des bois dans cette région; on a, il est vrai, choisi à cet effet les sols les plus ingrats, et ces bois sont à peu près tous en essences de pins sylvestres. Ceux d'entre ces bois qui avoisinent le cours de la Loire, celui des autres rivières flottables ou du canal qui va se terminer au travers du Berry, donneront sans doute des bénéfices à leurs propriétaires, et ils ne pouvaient se faire aucune entreprise plus avantageuse à leur propriété; mais ceux dont la localité est en dehors de tout débouché n'auront pas beaucoup à s'en louer.

Ainsi, quoique le Berry fournisse des fers d'une qualité estimée, ils ne s'y fabriquent pas en assez grande masse pour que cette région puisse en prendre, comme celle du nord-est, un caractère forestier.

La vigne s'y retrouve, en revanche, comme partout

où la localité permet au raisin de mûrir, car sa culture, en France, est l'objet de la prédilection du cultivateur. Aussi la vigne ne s'arrête qu'aux confins de la Loire, au nord de laquelle on cesse d'en voir les coteaux revêtus ; mais dans toute la partie de cette région qui occupe sa rive méridionale, de Nantes jusqu'à Roanne, ses bords sont couverts de vignobles, de même que ceux de tous ses affluents, parce que leurs bassins sont enfermés par des collines où la vigne trouve des emplacements favorables.

Les vins qu'ils produisent sont même d'assez bonne qualité pour qu'il s'en exporte beaucoup en Belgique et en Hollande ; les meilleurs se récoltent le long de la Loire, entre Orléans et Saumur. Mais comme l'immense étendue du plat pays est dépourvue de vignoble aussi bien que la Bretagne, leur culture est loin de pouvoir caractériser cette région agricole.

La culture des plantes textiles avait autrefois une grande importance sur la côte septentrionale de la Bretagne, et nommément dans les environs de Saint-Brieuc. On avait l'usage d'y fumer la terre où l'on semait le lin avec des débris de plantes marines que la mer produit en abondance sur ces bords. Cette excellente méthode de se procurer des amendements en dehors des engrais animaux ne se perdra pas, nous l'espérons, quoique la production des toiles de Bretagne ait éprouvé l'effet de la grave concurrence que l'arrivée des cotons a fait subir à l'usage des toiles de lin et de chanvre.

Ainsi cette région ne fournit aucune production remarquable ni en qualité ni en quantité ; elle est, sous le rapport agricole, la plus insignifiante du royaume, car; ce qui y abonde, c'est le genêt, c'est-à-dire une plante dont tous les efforts de l'agriculture doivent tendre à se débarrasser.

Des assolements dans la région du Centre.

Cette région comporte trois assolements appliqués aux trois qualités de terres qui se rencontrent ici comme partout ailleurs, assolements parmi lesquels nous ne comprenons pas celui des domaines situés au fond des riches bassins formés par le cours des rivières ; car ceux-ci, dévolus en grande partie à la petite propriété, produisent sans intervalle tout l'assortiment des récoltes dont leurs propriétaires ont besoin. Le chanvre, le blé, les racines, les fèves, l'avoine y alternent avec la luzerne et le trèfle de manière à ce que l'agronomie ne trouve pas même une place pour y introduire des procédés qui n'ajouteraient à peu près rien à la somme de production de ces terres privilégiées.

Mais sans faire partie de ces terres de prédilection, cette région en renferme néanmoins quelques-unes qu'on peut ranger parmi celles de la qualité moyenne du royaume; parce que le caractère argilo-siliceux n'y est pas trop prononcé et qu'elles contiennent quelques portions d'humus et de chaux. Là se pratique un assolement qui n'est pas interrompu par de longues stations sous l'abri des genêts, ainsi qu'il en est ailleurs. Les champs y sont soumis au cours triennal, avec la seule différence que l'avoine n'occupe pas seule la sole qui lui est destinée et qu'une portion en est ensemencée en seigle après la récolte du blé. Souvent aussi l'année de jachère est occupée par du sarrasin. Dans ce cas, l'assolement se formule ainsi :

1re année. Jachère.
2e. — Blé.
3e — Seigle et avoine.
4e — Sarrasin.

Les terres inférieures ne se cultivent pas de même et sont soumises à un autre système, car on ne les cultive qu'avec des intermittences pendant lesquelles elles sont, durant sept ans, abandonnées aux ajoncs, et ce n'est qu'après ce temps que les ajoncs sont coupés lorsque leur graine est en maturité, liés en fagots, battus pour en recueillir la graine et mis en tas pour servir de combustible. C'est pendant ce temps que les steppes d'ajoncs servent au parcours des bestiaux. Les racines du genêt sont ensuite arrachées, réunies en petits tas pour être brûlées sur place, dès que leur dessiccation est complète. Comme il y a toujours du gazon joint à ces tas, leur combustion procure assez de cendres et de carbone pour donner à la terre un amendement qui la met en état de produire des récoltes fort supérieures à celles qu'annoncerait sa fertilité naturelle. Le long repos qu'on lui a laissé sans lui demander d'autres productions que celle d'une plante naturelle au sol et qui, chaque année, y dépose ses débris, ajoute encore à l'effet de l'amendement et garantit au cultivateur qu'au moins sa patience et le sacrifice qu'il a fait d'une si grande étendue de son terrain ne seront pas perdus.

Une charrue mal fabriquée attelée de six bœufs et quelquefois de huit conduits par deux enfants, vient ensuite défoncer grossièrement ce terrain, où se trouvent encore beaucoup de racines de genêts et où le labourage laisse la terre jonchée de grosses mottes inégales. Dès qu'elles ont été dissoutes par l'action atmosphérique, on recommence un labour dont l'apparence est un peu moins difforme, puis un troisième qui permet alors de semer le blé, sur des mottes réduites par les cultures, le hersage et l'effet du temps. Ce blé ne présente pas sans doute à la récolte l'aspect d'un beau champ de la Brie, étant inégal et moins élevé, mais il n'est pas rare qu'il produise cinq grains pour un dans un sol qui ne comporterait que trois grains pour un dans le système triennal. Mais cette récolte n'a lieu que sur la douzième partie de la ferme tout au plus : parce qu'il y en a sept en ajoncs et que le blé n'occupe que la 5ᵉ partie du sol en état arable, ainsi que nous allons le voir ; tandis qu'il en aurait couvert le tiers d'après le système triennal. Il y a donc une perte en produits nutritifs dans la proportion d'un douzième à un tiers à suivre ce système. Reste à savoir si dépourvus de secours d'engrais comme le sont ces cultivateurs, leurs terres pourraient soutenir une production de trois grains pour un, en suivant sans intermittence le système triennal. C'est une question importante et qu'un examen très approfondi pourrait seul aider à résoudre.

En compensation, nous allons voir que ce terrain amendé par l'écobuage et par un long repos est devenu habile à donner plusieurs récoltes que le système triennal ne comporte pas, car immédiatement après une jachère, la terre est retournée et on y transporte le fumier qui s'est amassé pendant l'année dans la ferme, on l'enterre par un troisième coup de charrue et on y sème du seigle, auquel le sarrasin succède à la quatrième année, et à celui-ci l'avoine avec laquelle on sème la graine d'ajoncs. Le champ demeure alors oublié pendant sept années et fait partie des parcours où errent les troupeaux sous la verdure glauque des genêts. Le cours des récoltes des terres de seconde qualité se formule donc ainsi:

1re *année.* Jachère de défrichement.
2e — Blé.
3e — Jachère.
4e — Seigle.
5e — Sarrasin.
6e — Avoine avec semence d'ajoncs.

Dans les terres granitiques de Bretagne dont le sol offre beaucoup moins de résistance, on sème le sarrasin dès la première année sur le labour de défrichement, et sa végétation est prodigieuse; puis le blé, le seigle et enfin l'avoine. Souvent même on supprime le seigle pour le remplacer par une seconde récolte de sarasin, attendu que la forme pyramidale d'après laquelle les sols granitiques se cristallisent à la gelée est souvent fatale aux blés d'hiver et surtout au seigle. Alors l'assolement a lieu dans l'ordre suivant:

1re *année.* Sarrasin sur le labour de défrichement.
2e — Jachère fumée autant que l'engrais peut s'étendre.
3e — Blé.
4e — Sarrasin.
5e — Avoine semée avec la graine d'ajoncs.

Sur la plus mauvaise qualité des terres de cette

région, on a renoncé à semer du blé-froment, on n'y cultive que le seigle et l'avoine, auxquels on joint le sarrasin là où la silice argileuse est un peu moins compacte. Mais des sols semblables sont d'une trempe tellement ingrate et d'une culture si pénible à cause de leur ténacité, que tout ce qu'on peut faire de mieux c'est de les ensemencer en pins sylvestres et en bouleaux, comme étant les seules essences que la nature ait destinées à végéter sur des terrains de cette espèce. C'est aussi ce que font maintenant beaucoup de propriétaires de la Sologne. Peut-être même que le détritus forestier et l'écartement que la végétation des troncs produit dans le sol pourront, après vingt ou vingt-cinq ans passés dans l'état forestier, rendre ce même sol apte à donner de meilleures récoltes pendant quelques années. Car il ne faut pas admettre qu'une plantation de pins puisse jamais faire une forêt permanente, mais s'encadrer seulement dans un assolement à long terme.

Cette expérience au reste doit être près de s'accomplir, car il y a déjà vingt ans au moins que les premiers semis de pins ont été faits dans la triste Sologne, et ils doivent arriver au terme où leur croissance s'arrête dans de pareils terrains.

Toute la contrée argilo-siliceuse contient beaucoup d'étangs, et quelque chétif qu'en soit le revenu, il avait paru préférable à tout autre à des propriétaires déjà trop chargés d'une superficie que sa mauvaise qualité et le défaut de culture les empêchaient de faire valoir; et quoiqu'on en ait desséché un grand nombre, il en reste encore beaucoup à faire disparaître. Il n'y en a, en revanche, que très peu en Bretagne, ou il aurait été ridicule de nourrir de mauvais poissons en présence d'une mer où les meilleurs abondent.

Mais après avoir décrit les cours de récoltes suivis dans les diverses parties de cette région, nous devons ajouter qu'elle renferme de vastes étendues qui restent étrangères au système de cette culture et à ses assolements, et demeurent perpétuellement en landes, soit parce qu'elles sont la propriété des communes, soit parce que leurs propriétaires les regardent comme trop ingrates pour les dédommager des frais qu'occasionnerait leur défrichement. La partie arable est donc dans cette région resserrée dans d'étroites limites, et sans les miracles qu'y produit la végétation du sarrasin, elle ne pourrait suffire à l'approvisionnement de sa population.

Des espèces des animaux domestiques dans la région du Centre.

Cette région n'élève pas de mulets, si ce n'est quelques-uns peut-être sur les confins de celle de l'ouest; mais on y distingue deux espèces chevalines, dont l'une s'élève en Bretagne, tandis que l'autre occupe tout le pays situé au midi de la Loire. Celle-ci affecte généralement un manteau blanc, sa tête est lourde, son encolure rouée, son garrot enseveli; accroupie sur ses membres, ses jarrets sont volontiers clos, mais quoiqu'elle ne dépasse guère la taille de six à sept pouces, elle est épaisse et forte. Douée de beaucoup de vigueur, cette race a sous sa grossière apparence beaucoup d'haleine et peut trotter longtemps, lorsqu'elle est bien engrenée. Comme elle se vend beaucoup au-dessous des percherons, la moitié à peu près des chevaux qui desservent les postes à l'est et au midi de Paris en proviennent.

Chaque métairie possède une ou deux juments destinées aux transports, à traîner la herse et souvent à seconder les bœufs à l'œuvre de la charrue. Ces juments portent en même temps leurs poulains, qui ne sont procréés que par le meilleur des chevaux de la commune ; car l'usage de la castration n'étant pas pratiqué, on trouve des étalons dans chaque ferme. Les mères et les poulains vont également chercher leur subsistance dans les halliers que forment les ajoncs ; ils s'y tracent des sentiers et broutent leurs jeunes pousses, ainsi que les herbes grossières qui croissent sur leurs bordures et dans les clairières. La paille fait leur nourriture durant les mauvais jours d'hiver, et on réserve un peu de foin pour leur être distribué dans les moments où de grands travaux ne leur permettent pas de chercher eux-mêmes à se nourrir dans les parcours.

L'augmentation de la demande et du prix des chevaux de colliers du moyen échantillon a fait mettre un peu plus de soins aux élèves de cette race, qu'on appelle berrichons dans le commerce ; en sorte qu'on peut la regarder comme étant au début d'une phase de progrès. Mais les poulains sont transportés annuellement en grand nombre sur la rive droite de la Loire pour être élevés dans le Perche, le Maine et même en Normandie, où ils acquièrent un plus grand développement, et prennent le nom de percherons.

La Bretagne nourrit deux espèces de chevaux également vigoureuses ; mais dont l'une, fixée dans l'intérieur, est très petite et ne s'exporte jamais, parce qu'elle ne peut servir qu'aux travaux rustiques de la localité même où ces chevaux sont nés. Mais sur les côtes du Nord où les herbages sont beaucoup plus riches, la race a pris plus de développement, en conservant ses caractères de vigueur et d'énergie. Aussi les poulains passent ils en grand nombre de Bretagne en Normandie, d'où ils sont, à l'âge de quatre ans, revendus comme normands.

Le bétail à cornes de la Bretagne est petit, mais fin et bien conformé. Les bœufs n'ont pas le poids nécessaire pour supporter l'octroi de Paris, en sorte qu'ils sont délaissés par les engraisseurs. Les vaches sont bonnes laitières, à tel point qu'on en a importé en Angleterre sur le bruit de leur réputation.

Au midi de la Loire se retrouve l'espèce du Charolais, moins régulièrement marquée de ses taches blanches, moins bien conformée, plus osseuse; mais large d'épaules et de hanches, vigoureuse et forte au travail. Les vaches sont en proportion plus chétives que les bœufs, et faibles laitières. Ceux-ci deviennent en revanche assez puissants pour être engraissés et dirigés sur Paris, où, comme nous l'avons vu, il en est arrivé 13,000 en 1836. Cet engraissement n'a pas lieu dans les herbages, attendu qu'il n'y a rien qui y ressemble dans la superficie de cette région. Les cultivateurs et les métayers élèvent eux-mêmes leurs bœufs. Ils commencent à les mettre sous le joug dès l'âge de deux ans à trente mois, mais sans abuser de leurs forces. Ils travaillent entre deux paires de bœufs faits, pendant cette première année, et ce n'est qu'à la seconde qu'ils prennent rang dans l'attelage. Les plus âgés sont mis à l'engrais dès que les travaux des semailles sont terminés.

Cet engraissement est dû en entier à la farine, car leur ration de fourrages n'est ni abondante ni de bonne qualité. A cet effet, les cultivateurs font moudre grossièrement un mélange de sarrasin, de seigle et d'avoine, dans lequel domine l'espèce de ces céréales dont le prix est le plus vil et l'abondance plus grande. Cette farine est délayée avec la quantité d'eau suffisante pour la réduire en une pâte assez tenace pour qu'on en forme de grosses boulettes qu'on met avec la main dans la bouche des bœufs. On répète trois fois dans la journée ce mode d'alimentation, et au bout de trois mois ces animaux peuvent être présentés au marché. Ils y arrivent successivement ainsi depuis la fin de janvier jusqu'à celle de mars, époque où les herbages n'en fournissent pas.

La proximité de Paris, la demande que crée l'approvisionnement de ses marchés, et le bas prix des substances avec lesquelles on opère l'engraissement dans ces contrées d'outre-Loire, concourent aujourd'hui à y étendre le champ d'une industrie dont tous les avantages restent au pays. Elle doit y servir de point de départ à l'amélioration, puisqu'elle offre un moyen d'y faire des fumiers sans perte. Problème dont la solution est souvent difficile, et dans quelques localités impossible. Ici, en revanche, où ni l'état des communications, ni les besoins de la consommation ne permettent de vendre des denrées de grand encombrement, comme le sont les fourrages, et où le prix des céréales inférieures qu'on emploie à l'engraissement ne peut jamais être que très bas, les 80 fr. environ que vaut aux cultivateurs le bénéfice de cet engraissement couvrent ses avances, en permettant de réaliser sur ce bénéfice la valeur des denrées consommées, plus celle du fumier.

A chaque domaine est attaché un lot de bêtes à laine, qui rarement dépassent le nombre de cinquante têtes. Nuls soins ne leur sont donnés, un appentis appuyé contre le corps du bâtiment leur sert de bergerie. Là, on les enferme pendant la nuit, et ils y passent aussi les temps de neige et de frimas, où l'on supplée avec de la paille au défaut du parcours. Hors de là, ils sont constamment gardés dans ce parcours par un enfant qui les laisse errer dans les landes ou sur les chaumes. Ils n'y trouvent pas un herbage assez abondant pour avoir élevé la race, mais suffisant pour la maintenir. Cette race est très bien conformée, et par une circonstance exceptionnelle, elle porte des toisons égales et assez fines pour avoir été recherchées avant l'introduction des mérinos.

L'usage est de vendre les moutons de deux ans qui, sous le nom de solognots, vont s'engraisser en parquant les terres arables des grands fermiers de la Beauce et de l'Ile de France.

Les bêtes à laine de la Bretagne appartiennent à une petite race noire ou tachetée, qui vit à peu près toute l'année en plein air, et dont le lainage grossier ne peut servir que pour l'usage des cultivateurs ou pour faire de la laine à matelas.

Ce n'est donc ni par la nature ni par l'abondance de ses productions que cette province se distingue. La mer fait sa richesse à l'aide de la forte et vigoureuse population qui exploite ce champ sans limites.

La race des porcs est nombreuse dans l'étendue de cette région agricole. Elle appartient à l'espèce blanche; les élèves se nourrissent au parcours avec les bêtes à laine et le bétail à cornes, ou ils vont fouiller parmi les genêts dans l'espoir d'y trouver des racines, des vers et des reptiles qui, avec l'herbe des champs, suffit à leur entretien jusqu'à l'époque de leur engraissement. Alors on leur distribue le même aliment qu'aux bœufs. Au bout de trois mois ils sont assez gras pour être acheminés vers la capitale, où la consommation s'en augmente annuellement.

Des améliorations dont la région du Centre est susceptible.

Cet article sera long, parce que cette région est, entre toutes, celle qui a le plus à gagner aux améliorations; elle est, comme nous venons de le voir, la plus ingrate, la plus dépourvue de débouchés et de marchés, et partant, la plus mal cultivée du royaume. Quelques essais d'améliorations ont néanmoins prouvé qu'elle pouvait répondre aux soins qu'on y donnait à la culture; si, d'un autre côté, beaucoup de ces essais ont, par la ruine des entrepreneurs, témoigné de l'ingratitude du sol, et dégoûté les agronomes de lui donner leur temps, leurs soins et leurs capitaux, nous signalerons les écueils contre lesquels ils ont échoué, et nous tâcherons d'indiquer les voies les plus sûres pour se rendre maître de ces sols rebelles, sans compromettre les capitaux qu'on y consacre.

Le pays avait autant besoin d'un système général d'améliorations dépendant du seul gouvernement, que d'améliorations locales dans sa culture, car faute d'un système de communication et de débouchés que l'autorité supérieure pouvait seule exécuter, les améliorations locales devaient échouer ; en effet, pour réussir, ces deux mouvements doivent être simultanés.

Le gouvernement s'est mis en mesure, et il a beaucoup fait pour une contrée qu'il faut voir encore dans l'avenir, et à laquelle il faut préparer par avance des débouchés pour ses produits. Ainsi, quatre voies postales percent parallèlement aujourd'hui la contrée d'outre-Loire du nord au midi ; la première partant de Nogent-sur-Vernisson pour aller, par Gien, à Bourges ; la seconde est l'ancienne grande route de Limoges qui, d'Orléans, arrive aussi à Bourges par Vierzon, au travers de la Sologne ; la troisième va directement de Blois à Châteauroux par Valencey, et la dernière de Châteauroux à Tours par Loches. Dans l'intérieur, et de l'est à l'ouest, la contrée est percée par une route qui court, de Châteauroux en passant par Bourges, jusqu'à la Charité-sur-Loire, tandis qu'au midi de Tours partent deux routes, l'une sur Clermont par Montluçon, l'autre sur Guéret par La Châtre ; l'une et l'autre traversent ainsi une portion de cette région avant d'atteindre à celle des montagnes, et desservent le pays environnant.

La Bretagne est longitudinalement percée par trois routes ; celle d'Alençon à Brest par Fougères, Dol et et Saint-Brieuc ; celle de Nantes à Brest par Vannes et Quimper, et celle de Rennes à Hennebon par Josselin. Elle est traversée, dans sa plus grande largeur, par la route de Nantes à Saint-Malo par Rennes, et par celle de Lamballe à Vannes par Pontivy ; un dernier embranchement court de Rennes à Saint-Brieuc.

Assurément on ne saurait avoir plus raccourci le réseau des grandes communications qu'il ne l'a été dans cette province, d'autant plus que les deux principales de ces communications se prolongent sur les deux flancs de la côte, et ne sont d'aucun usage à l'intérieur du pays. L'action départementale elle-même s'annule lorsqu'on ne place pas au bout des routes qu'elle voudrait entreprendre une grande communication sur laquelle elles pourraient aboutir, et l'action communale se refroidit à son tour, lorsque le département ne donne aucuns aboutissants à ses chemins vicinaux.

Deux canaux doivent de plus desservir cette région; l'un, allant de Nantes à Brest, lui sera d'une bien minime utilité, en ce qu'il ne fait que longer une côte, en concurrence avec la mer et une grande route. Aussi, le but de sa confection était-il dans un intérêt général de pouvoir communiquer librement avec le port de Brest en temps de guerre. L'autre, en revanche, appelé canal du Berry, était, entre tous ceux qu'a entrepris le gouvernement, le plus réellement utile à l'avancement du pays.

Le canal du Berry part de la Loire à la hauteur du Bras de Fer, entre Nevers et la Charité, pour rentrer dans son cours avec le Cher, c'est-à-dire à Tours, après avoir traversé Bourges, Vierzon et Selles. Il forme la corde du grand arc que décrit le cours de la Loire, en s'élevant au nord jusqu'au point culminant coupé par la position d'Orléans.

Le but de ce canal était à la fois d'abréger la navigation de la Loire, en substituant la corde à l'arc, et de diminuer d'autant les difficultés qu'offre la navigation de la Loire ; mais il en remplira, chemin faisant, un autre beaucoup plus essentiel encore à l'économie du royaume. Il coupera par le milieu la moins fertile de ses provinces, ouvrant ainsi pour ses deux flancs une communication d'un effet décisif sur une superficie qu'on ne peut estimer à moins de 400 lieues carrées.

Ainsi, la portion argilo-siliceuse de cette région a déjà participé, dans une forte proportion, aux améliorations générales que lui devait le gouvernement, mais presque rien n'a été encore fait à cet égard dans sa portion granitique, c'est-à-dire en Bretagne. Les départements situés au midi de la Loire n'ont déjà plus d'excuses s'ils n'embranchent pas des routes départementales sur les grandes voies de terre et d'eau que le gouvernement leur a ouvertes ; ceux de la Bretagne sont, au contraire, à excuser comme à plaindre.

Tout système d'amélioration applicable à cette région doit être, avant tout, rendu praticable par les métayers ; car l'exploitation de la majeure partie du pays leur est confiée, et l'on ne peut s'attendre à ce que les propriétaires cultivateurs fassent d'eux-mêmes de grands efforts, éloignés comme ils le sont de tous les exemples d'une bonne culture. Nous ne pouvons pas non plus fonder un grand espoir sur les entreprises des agronomes améliorateurs, parce qu'ils sont toujours trop clair-semés sur la surface d'un pays, et que nous en avons vu échouer un trop grand nombre pour ne pas chercher ailleurs des moyens d'amélioration.

Nous nous estimons heureux d'avoir eu pleine connaissance de l'exécution d'un plan de régénération agricole, à laquelle nous avons nous-même contribué, et que nous croyons utile de présenter au lecteur avec toute la suite de ses développements. Il s'agit précisément d'une terre exploitée par des métayers, sur un sol ingrat et avec des avances de fonds très bornées de la part du propriétaire; mais avec beaucoup de persévérance et de suite.

Le baron Gerbier était propriétaire depuis longtemps du château du Buffe, sur le territoire de la commune de Somensois, située à 5,200 mètres du village de Rousselan, lequel est à quatre lieues de la Charité-sur-Loire, sur le grand chemin qui conduit à Bourges, et à la même distance à peu près de cette dernière ville.

La grande communication se trouvait donc à portée du château, dont il n'était séparé que par un trajet de 5,200 mètres, mais, à la vérité, impraticable dès que le temps n'était pas au beau fixe, parce que ce trajet ne se faisait qu'au travers des Landes, dans une direction que les ornières seules avaient tracée. A deux mille mètres environ du château s'ouvrait un embranchement également impraticable qui conduisait au village de Somensois, paroisse où l'on comptait soixante feux réunis, non compris les métairies écartées.

	hectares.
La propriété comportait une réserve, autour du château, d'une superficie totale de	37
Un bois taillis, essence de chêne, mêlée de quelques charmes et trembles	150
Un autre bois attenant au premier et oc-	
A reporter...	187

	hectares.
Report...	187
cupant un plateau siliceux, en futaie de bouleaux.....................	60
Quatre étangs situés dans un vallon, d'un mètre d'enfoncement, d'une superficie ensemble de...................	49
La métairie de Grange-Neuve, au nord du château.......................	174
La métairie du Triage, située sur la même direction, mais plus distante de 2,000 mètr.	158
La métairie de Bois-Robert, au midi du château, et attenant au bois..........	276
Total de la superficie...	904

Plus, le château, grand corps de logis en briques, avec deux ailes, situé sur une vaste esplanade fermée de murs et exhaussée par les terres rapportées du creusement des étangs. Le long de la muraille qui renfermait au levant le jardin et le château, coulait un ruisseau dont le cours, après avoir fait un angle droit en tournant dans le fossé qui séparait la cour d'honneur de la cour rustique, desservait un moulin et allait alimenter trois des quatre étangs. Un pont jeté sur ce fossé servait d'arrivée au château, et terminait la cour rustique qu'il fallait traverser pour y arriver. Cette cour assez large, présentait sur son flanc, de l'est, un bâtiment contenant le logement du jardinier-concierge, une écurie et remise à l'usage du propriétaire, et une vaste buanderie. Sur l'autre flanc s'élevait un corps de bâtiment d'égale dimension, divisé en une grange et deux étables, plus le toit à porcs.

En dehors, et à l'ouest de ce bâtiment, s'élevait le moulin dont le cours d'eau faisait mouvoir les rouages, en les prenant en aval ; car la chute était trop faible pour qu'il pût les ébranler en tombant sur leurs godets.

Le revenu de la terre du Buffe se composait à cette époque :

1° Du revenu des bois aménagés à 20 ans, soit du la vente de 7 hect. 1/2, 300 fr. l'an, et du produit de bois de bouleau estimé 300 fr. . . . . 2,550 fr.

2° Du revenu de la pêche des étangs . . 400

3° Du revenu provenant de la réserve du propriétaire et des petites redevances des métayers. 850

4° De la ferme du moulin et de 3 hect. de prés 1,200

5° De la part des céréales versées par les métayers, en moyenne 160 hectol. de froment, à 10 fr. 1,600

6° De la part des menus grains, avoine et seigle. 1,030

7° De la part du propriétaire dans les produits et les ventes du cheptel. 1,145

Total du revenu du domaine, dont à déduire les impositions et l'entretien 8,775

Ce qui ne représente qu'un revenu, par hectare, de 9 fr. 70 c.

Et défalcation faite de l'usine, des bois et réserves, ne donne par hectare, sur les terres tenues par les métayers, qu'une rente de 6 fr. 50 c.

Les circonstances ayant tenu le baron Gerbier constamment éloigné de cette terre, elle était, comme de raison, négligée de tous points. Mais se trouvant sans emploi en 1815, et par suite du découragement qu'il en éprouva, il forma la résolution de venir habiter sa terre du Buffe et de se vouer à son amélioration ; car l'agriculture est le refuge des vaincus. Il y arriva dans l'été de cette année 1815, et d'autres circonstances nous ayant mis alors à portée de cette terre, ce fut ensemble que nous en fîmes l'examen et ensemble que nous traçâmes l'ébauche du plan d'administration qu'il a réalisé.

A vrai dire, les améliorations qu'il a opérées étaient plus encore du ressort d'un administrateur que d'un agronome, car il ne s'agissait nullement, ainsi qu'on le verra, de s'appliquer à l'exercice de l'agriculture dans cette terre, mais d'embarquer les métayers dans un système progressif d'améliorations dont les procédés fussent à leur portée, et de les aider dans ce qu'il exigeait hors de cette portée.

Avant de s'arrêter à rien, nous fîmes une revue scrupuleuse de la propriété. Les bois attirèrent notre première attention ; ils occupaient sur un carré long assez prolongé presque tout le fond du domaine, en se plaçant de manière que son front fît face au nord, c'est-à-dire au côté par lequel on y arrivait. Le taillis de chênes était peu mélangé, et il n'était couvert que d'un petit nombre de futaies dépouillées de sous-bois; ses brins s'élevaient sur les souches du milieu d'un tapis mousseux. Ils ne montaient guère en vingt ans qu'à cinq ou six mètres ; mais ils acquerraient un assez fort diamètre.

Les bestiaux étaient exclus du parcours du taillis,

mais ils étaient admis dans une espèce de futaie qui terminait à l'ouest le sol forestier, où croissaient des bouleaux entremêlés de genêts et de quelques sous-bois; des chênes rabougris s'entremêlaient avec les bouleaux qui se reproduisaient par les semis naturels dont la jeune pousse se trouvait protégée par des touffes de genêts.

On coupait annuellement les plus anciens de ces bouleaux qui se vendaient pour faire des sabots à 6 fr. sur place, l'un dans l'autre, après en avoir prélevé le nombre nécessaire à l'entretien des bâtiments. On vendait le surplus, qui défrayait les bois de la garde et de l'impôt et laissait un produit net de trois cents francs.

Le produit de la coupe du taillis fournissait par hectare 30 moules de bûches de 4 pieds cubes, 10 cordes charbonnières et deux milliers de fagots, outre 60 quintaux d'écorce.

Le moule à 10 fr. nets, sur place, faisait. .	300 fr.
La corde à 7 fr. 50 c., aussi nets	75
2 milliers de fagots à 80 fr. nets.	160
60 quintaux d'écorces à 3 fr. 50 c. nets . .	210
Total. . .	745

Après avoir posé ces chiffres d'après l'assertion du garde, confirmée par l'assentiment du garde-vente, il nous fut évident que l'acquéreur des coupes, qu'aucun concurrent ne venait jamais surfaire, s'était attribué un gain exorbitant. Il fut donc arrêté que dès l'année suivante le propriétaire prendrait des bûcherons et un commis, et ferait procéder lui-même à ses abattages, et qu'après avoir prélevé la consommation de sa maison il ferait procéder lui-même à la vente. Le revenu, sur cette branche de la propriété, a été en effet doublé, et il a été en outre pourvu à l'approvisionnement du propriétaire. Nous verrons plus tard comment cette exploitation s'est liée avec l'amélioration du domaine.

En quittant les bois, nous nous sommes trouvés sur le territoire de la grande métairie de Bois-Robert, dont les 276 hectares occupent tout l'espace qui sépare ces bois du château. Ce vaste territoire est partagé par le cours du ruisseau en deux portions inégales dont le léger enfoncement, qui marque le vallon au fond duquel ses eaux s'écoulent, trace la limite. Un barrage a fait un étang d'une portion de ce vallon ; tandis que le surplus fournit la métairie du pré dont elle a besoin, et qui produit un foin où dominent les acrostis, mélangés de beaucoup de renoncules. Il est grossier, mais nourrissant pour les animaux qui y sont élevés. Ce pré ne se fauchait qu'une fois ; il servait de pâture le reste de l'année. Assez étroit, mais très long puisque le vallon traverse diagonalement toute la métairie, nous avons évalué sa superficie à 25 ou 30 hectares, ce qui représente aussi le nombre des voitures de foin qu'on y recueillait.

Le vaste corps des bâtiments était construit au-dessus du vallon et près de l'étang qui servait en même temps d'abreuvoir, tandis que le chemin pour aller au bois passait sur le barrage pour traverser le cours d'eau. Le reste du domaine offrait à perte de vue une vaste plage d'ajoncs, trop élevés pour laisser voir à distance les défrichements qu'on avait opérés au travers de ces ajoncs. Il fallait être conduit par le métayer. Il nous fit voir ainsi ses champs, ses moissons et ses défrichements. Le tout était conduit d'après le système dont nous avons donné plus haut l'esquisse. Plus de 200 journaux, c'est-à-dire près de 70 hectares, attenant à la futaie de bouleaux, restaient constamment étrangers aux défrichements et ne servaient qu'au parcours. Sur les 170 restants, défalcation faite de la prairie et de l'étang, il n'y avait qu'environ 15 hectares en blé, autant en avoine, dix en seigle et dix en sarrasin; 15 hectares étaient en défrichement et le surplus en ajoncs, c'est-à-dire plus de 100 hectares. Le parcours s'étendait ainsi sur les 50 hectares de bouleaux, les 70 de mauvaises terres et 100 des terres en repos, total : 220 hectares.

Ce parcours, naturellement très pauvre et encombré d'ajoncs, ne suffisait, y compris celui de la prairie et des chaumes, qu'à l'entretien de 8 bœufs, de 3 juments et de leur suite, de 10 vaches et de 7 ou 8 élèves, de 40 brebis avec 60 agneaux ou anténoises. Soit 33 têtes de gros bétail et 100 de menu, non compris 5 ou 6 porcs et une femelle portière.

Ce bétail fournissait assez d'engrais, bien que la moitié en fût perdue dans les landes, pour fumer passablement l'étendue arable de la métairie, surtout après le long repos et l'écobuage dont elles avaient reçu l'amendement; mais pour obtenir la fumure de 10 hectares, il avait été nécessaire d'en consacrer plus de 200 à la vaine pâture, non compris les 30 consacrés à la prairie. Quinze ou seize hectares, semés en trèfle, auraient suffi pour alimenter plus richement le même bétail dans la Flandre ou l'Alsace.

Or, c'est précisément en ceci que se révèle l'infériorité des sols, car, ne pouvant produire de vigoureuse végétation, il en faut de beaucoup plus vastes superficies pour alimenter le même bétail et fournir le même engrais. La valeur vénale de la terre est en raison de ce qu'une étendue donnée peut fournir au marché de denrées vendables. Ici encore les cultivateurs ont su proportionner l'étendue des terres qu'ils cultivaient à celles qu'il était nécessaire de laisser en friche pour nourrir leurs bestiaux, en sorte qu'au moins la parcelle des terres ensemencées se trouvait l'être sous de bonnes conditions, tandis que dans beaucoup d'autres localités, et malgré la stérilité des terres, les cultivateurs en ont cultivé beaucoup plus qu'ils ne pouvaient en engraisser. Il faut attribuer cette anomalie aux grandes difficultés qu'éprouve la préparation des terres dans les sols argilo-siliceux, circonstance qui tend à borner l'action de la charrue, facile au contraire et à bon marché dans les terres chargées de sable ou de chaux.

Le système suivi dans la métairie de Bois-Robert était donc fondé en raison, et avant de l'intervertir il fallait réfléchir sérieusement à celui qu'on voulait lui substituer.

En sortant des terres de cette métairie, nous nous sommes trouvés près du château et sur la réserve du propriétaire. A peu près dix-huit hectares de cette réserve s'étendaient à l'est du clos dans lequel le jardin et le château étaient renfermés, et n'en étaient séparés que par le ruisseau, encaissé dans cette partie par la muraille dont le clos se trouvait enceint. Vis-à-vis de cette muraille, le terrain se relevait par un plan légèrement incliné jusqu'au niveau général de la plaine, et cette pente présentait une pâture gazonnée d'à peu près 2 hectares. Les 16 autres consistaient en terres arables négligées et envahies par les genêts.

Le jardin contenait 1 hectare et demi. Les murs d'enceinte avaient été jadis garnis d'espaliers, ainsi que l'attestaient encore la présence d'un mûrier noir et quelques vieux troncs d'abricotiers. Quelques poiriers, taillés en gobelets, indiquaient encore le dessin des carrés, qui avaient été régulièrement tracés, mais dont les alignements s'étaient perdus sous les herbes, devenues maîtresses des deux tiers de ce jardin.

Notre revue commença le lendemain à l'ouest du château. Le vallon, interrompu par la terrasse élevée sur laquelle avait été construit le bâtiment, reparaissait après avoir tourné cet obstacle, et se prolongeait dans la direction de la ville de Bourges. Un barrage, placé à quelque distance, formait un premier étang, dont la superficie pouvait avoir 9 à 10 hectares, assez bien encadrés d'ormes et de bouleaux, et qui offrait, vu de la terrasse du château, un riant aspect. Entre cet étang et cette terrasse il restait un espace de 8 ou 9 hectares, que le cours du ruisseau partageait en deux portions inégales, l'une et l'autre en prés, et dont la plus petite, estimée à 3 hectares, était louée avec le moulin. Le reste appartenait à la réserve du propriétaire et la complétait.

Au-delà du premier barrage, il s'en trouvait deux autres à des distances un peu plus grandes, dont chacun contenait un étang, qui laissait à sec et à l'état de prairie une superficie au moins égale à celle qu'occupaient les étangs, c'est-à-dire une quinzaine d'hectares. La plus voisine de ces prairies était affectée à la métairie de Grange-Neuve, la plus éloignée à celle du Triage.

Le surplus du domaine affecté à ces métairies occupait la rive du vallon, et se prolongeait dans le plat pays du côté opposé à celui de la métairie de Bois-Robert, c'est-à-dire au-devant du château. Dans l'un et l'autre on suivait le système de culture que nous avions examiné la veille. La triste verdure des ajoncs dominait l'aspect des campagnes, et leur donnait une apparence sauvage que les défrichements ne suffisaient pas à effacer.

Nous visitâmes d'abord la plus distante des deux métairies, celle du Triage. On n'y défrichait annuellement que 7 ou 8 hectares. Aussi n'y vîmes-nous que six bœufs, une jument et deux élèves, six vaches, quelques génisses et une quarantaine de moutons. Ces animaux étaient tous un peu inférieurs à ceux que nous avions vus la veille, parce que leur parcours était plus restreint ; il comportait à peine 100 hectares. Les récoltes d'ailleurs n'étaient pas sensiblement inférieures.

Un aspect et des dispositions pareilles nous attendaient à la métairie de Grange-Neuve de 174 hectares. Le bâtiment n'en était qu'à une petite distance du château, et très voisin du chemin par lequel on y arrivait. Dix hectares s'y défrichaient annuellement, bien qu'une vingtaine fussent de trop mauvaise nature pour être jamais entamés par la charrue. Nous comptâmes dans la ferme six bœufs, deux juments, deux poulains, six vaches et quatre élèves, cinquante bêtes à laine et trois ou quatre porcs. Les récoltes y étaient un peu supérieures ; ce que nous dûmes attribuer à une légère différence de fertilité en plus du sol, car la culture nous parut être d'ailleurs en tout semblable.

Le propriétaire consentait à consacrer 12,000 fr. à l'amélioration de sa terre, sans entamer toutefois le revenu qu'il en retirait ; mais à titre d'avances générales, et, à vrai dire, il n'a dépassé ce budget que de peu de chose.

Tels étaient les éléments avec lesquels il fallait agir, et qu'on était obligé de combiner de sorte que sans intervertir le système d'après lequel cette terre était exploitée, on opérât des améliorations qui ne pouvaient être que successives et lentes, puisqu'il fallait ménager le capital qu'on y consacrait. Nous allons maintenant décrire les procédés suivis et les progrès obtenus, après adoption de ce plan de conduite.

Trois changements nous parurent essentiels à introduire dans la culture des métairies, savoir : une meilleure charrue, la culture de la pomme de terre et du trèfle, et une espèce améliorée de bestiaux. Mais il était inutile d'aborder de front les métayers pour en exiger de tels changements ; il fallait leur en montrer l'exécution et le résultat pour les convaincre. Cela ne pouvait avoir lieu qu'autant que le propriétaire leur en ferait voir lui-même l'exemple sur les terres de la réserve, et voici de quelle manière il y procéda.

L'amélioration des animaux domestiques demandant un long terme pour s'effectuer, on pouvait jeter les rudiments de cette amélioration avant d'avoir préparé les nouveaux moyens d'alimentation que les progrès de l'agriculture devaient fournir à des animaux qui n'étaient pas encore nés. Le baron Gerbier était arrivé dans sa calèche, attelée d'une paire de grands chevaux du Mecklembourg, très inutiles dans les chemins du pays qu'il allait habiter désormais. Il les vendit tout harnachés au préfet qu'on venait de nommer dans la Nièvre, et acheta, pour les remplacer, trois chevaux de collier, percherons à poil fleur de pêcher, dont le plus distingué fut destiné à servir les juments de ses métayers, les deux autres à mener sa calèche ou sa patache, et tous les trois à desservir la culture de sa réserve et à faire ses transports.

Après avoir terminé cet échange, il lui resta près de 400 fr., qui furent employés à faire venir du Charolais un beau et jeune taureau et deux génisses d'un bon choix, dont il se proposait d'élever la descendance. Il se procura ensuite trois forts béliers mérinos provenant d'un troupeau établi dans les environs par un agronome qu'on venait de nommer à des fonctions publiques, et qui se hâtait de liquider son entreprise champêtre. Un de ces béliers fut remis à chacun des colons partiaires, en exigeant qu'ils vendissent ou fissent opérer de suite ceux qui se trouvaient dans leurs troupeaux. La même exigence eut lieu à l'égard des taureaux, et ils s'y prêtèrent volontiers, car tous reconnurent la supériorité des étalons dont on leur accordait l'usage. Les chevaux étant toujours destinés, d'après la coutume du pays, à rester entiers, ne pouvaient pas être traités comme les béliers et les bouvillons; mais on prit des précautions pour s'assurer que les juments des métayers seraient toujours servies par l'étalon du propriétaire.

Ainsi fut pourvu à peu de frais à l'affaire de l'amélioration des races animales.

Il était plus difficile de choisir les instruments aratoires propres à manier une terre pesante, rebelle et que la moindre humidité rendait lourde et collante. Ce fut à la charrue flamande, qu'après beaucoup de réflexions nous crûmes devoir accorder la préférence, et l'expérience a prouvé que nous ne nous étions pas abusés. M. Gerbier s'en fit en conséquence expédier une paire de la plus forte dimension, et pour dire la vérité elles péchèrent encore par leur faiblesse et il fallut leur faire ajuster des perches plus fortes et un peu plus longues, moyennant quoi elles marchèrent bien, expédièrent dans le même temps près du double de l'ouvrage qu'un plus fort attelage ne parvenait à faire en déchirant le sol par le seul effort du coin. La terre se trouvait ainsi régulièrement remuée et tournée, les mauvaises herbes enterrées et l'apparence du labourage était toute autre.

Après la charrue il fallut s'occuper de faire confectionner une herse à dents de fer d'une très forte dimension; car le misérable instrument qu'on employait comme tel était incapable d'aplanir le terrain et les semences se perdaient dans ses enfoncements, ou restaient à découvert sur les mottes. Plus tard il fallut y ajouter un extirpateur ou plutôt un sillonneur à cinq socs qui compléta les moyens de préparer plus vite et beaucoup mieux les terres destinées à recevoir des semences.

L'introduction de la culture des pommes de terre et du trèfle ne pouvait guère avoir lieu dans un sol de cette nature avant qu'il eut été amendé par le chaulage. Le bel ouvrage qu'a publié M. Puvis sur cette importante amélioration n'avait pas encore paru. Toutefois le chaulage était pratiqué dans le Maine et le Perche avec un succès qui ne permettait pas de douter de celui qu'il devait avoir dans le sol argilo-siliceux de la terre du Buffe; mais il fallait certains préparatifs pour en faire l'essai qui demandaient du temps.

En attendant, le propriétaire réserva pour la nourriture de ses chevaux le foin qu'il avait recolté dans les huit hectares de prairie de sa réserve et en conserva le regain pour les cinq bêtes à cornes qui étaient alors dans son étable; c'est-à-dire les trois qu'il avait fait venir du Charolais et deux du pays qu'il possédait auparavant. A cet effet il pratiqua une rigole avec une prise d'eau au-dessous du moulin, qu'il dirigea le long du plan incliné de la prairie jusque là où elle se confondait avec l'étang. Cette rigole déversait les eaux sur la bande de pré qui se trouvait entre elle et le cours naturel du ruisseau. Ce déversoir réussit si bien qu'il y récolta trois voitures de regain. Il avait pu les préserver du pâturage, parce que par suite du mauvais état où l'on avait laissé les 19 hectares de terres à l'est du château ils avaient offert à ses bêtes à cornes un pâturage surabondant. Mais elles allaient en être bientôt privées et c'est à le remplacer que devaient aboutir les améliorations qu'il projetait.

Il s'occupa de suite à augmenter autant que possible le volume de ses fumiers en y mêlant des gazons que lui procurait le nettoiement du jardin et de tous les alentours du château, ainsi qu'il eut au printemps de 1816 au moins cent voitures de compost gras à employer. Il en fit la distribution suivante. Dès la fin des semailles il avait employé des journaliers du village de Somensois à couper et à extirper six hectares des plus vieux ajoncs de sa réserve. Il s'en servit pour litière après les avoir écrasés sous la pierre à cidre du moulin, pour briser leurs épines, car il n'avait pas récolté de paille cette première année. Il fit conduire quarante charretées de fumier sur l'un de ces hectares et 60 qu'il fit repandre sur trois autres. Puis ayant attelé ses trois chevaux à sa charrue flamande, il donna en deux semaines un plein et complet labour à ces six hectares, labourant ainsi un demi-hectare par jour. Il en sema de suite en avoine les trois qui avaient reçu 60 charretées de fumier, il réserva pour les semer plus tard en sarrasin les deux auxquels le fumier avait manqué, et il planta à mesure des pommes de terre de trois raies l'une, dans celui qui avait reçu 40 charretées d'engrais.

Ces pommes de terre, pour n'y pas revenir, furent houées avec la même charrue flamande attelée de deux chevaux de file; après avoir versé la terre contre une des lignes à son premier passage, elle la versait contre la ligne opposée à son retour dans la même raie, en sorte que chaque ligne recevait la terre de deux sillons. Ce buttage, tout grossier qu'il fut, réussit cependant assez pour avoir produit une recolte de 150 hectolitres sur l'hectare. Il avait été à la vérité richement fumé, et le sol était celui d'un nouveau défrichement.

Nous croyons cependant qu'il faut attribuer en

grande partie cette réussite, aussi bien que celle de l'avoine dont on recueillit 85 hectolitres, à ce qu'au moyen de la charrue flamande le terrain avait été soulevé et aligné en ados de six coups de charrue seulement, en sorte que le dessèchement du sol ensemencé s'était opéré tout autrement que dans les labours à plat, en usage dans cette région.

Le tour de pêche de celui des étangs qui était compris dans la réserve du propriétaire étant arrivé dans ce même hiver, les vannes en furent levées. Mais au lieu d'en labourer le fond pour y semer de l'avoine suivant l'usage banal du pays, il se borna à y semer sur la superficie 10 kil. de trèfle rouge et deux de blanc par hectare, avec l'intention de convertir cet étang en pré à demeure. Il fit ensuite fortement herser ce terrain et en abandonna la suite au hasard. Au mois de juillet suivant le jeune trèfle apparut, mais fort inégalement réparti, et peu après le sol se garnit d'une immense quantité d'acrostis, de renoncules et de menthes sauvages. Cependant on y récolta du regain dès la même année et du foin la suivante. Nous dirons plus tard comment on vint à bout de réduire le terrain de ce fourrage sauvage en un assez bon pré, ce qui dota la réserve de 18 hectares d'une seule prairie et d'un produit double au moins de celles du pays, c'est-à-dire d'un produit de 50 voitures de foin de 2 milliers, soit de 100 milliers par année.

L'exploitation des bois commença avec le printemps et devait se lier à l'entreprise du chaulage des terres, parce que les voitures chargées de conduire les écorces à la Charité, où s'en trouvait le débit, devait au retour rapporter la chaux qu'on ne pouvait se procurer que là. M. Gerbier s'y transporta pour faire son double marché. Son calcul portait, sur la vente de 300 quintaux d'écorces, lesquels faisaient la charge de 12 voitures ; il arrêta en conséquence 12 tonneaux de chaux hydraulique, la seule au reste que fournit cet entrepôt. Le tonneau contenant 18 hectolitres, soit : 216 hectolitres au prix de 1 fr. 25 c. l'hectolitre, plus 3 fr. payés aux voituriers pour leur retour, ce qui, avec 6 fr., donnés pour le transport des écorces, faisait gagner à leurs deux chevaux 9 fr. pour une journée, un peu rude à la vérité. A ces conditions, l'hectolitre revenait à 1 fr. 45 c., et comme il en fallait 6 tonneaux, c'est-à-dire 108 par hectare, son amendement coûtait 156 fr. 60 centimes.

Dans la même course, M. Gerbier vit des marchands de bois, lesquels lui offrirent 18 fr. du moule de ses bûches, ce qui lui remboursait ses frais de coupe et de voiture et faisait ressortir son bois à 10 fr. net. Il accepta ce marché, comme un essai, pour une vingtaine de moules seulement, parce qu'il y vit un moyen de doubler son approvisionnement de chaux en profitant du retour de ses voituriers. Il arrêta donc une seconde douzaine de tonneaux, bien entendu qu'il était tenu à rendre la futaille vide que les voituriers rapportaient par-dessus leur charge.

Les métayers trouvèrent ainsi un gain à faire sur leurs chevaux. Ils pouvaient, en s'aidant des plus jeunes, faire 4 voitures et le propriétaire une, de sorte qu'en vingt-cinq voyages ou cinq journées les doubles transports furent terminés.

La chaux fut déposée en tête de la pièce où étaient l'avoine et les pommes de terre, et mélangée en forme de compost avec une triple quantité de la terre qu'on puisa sur les bords mêmes des tas, afin de l'y laisser infuser lentement et sans l'exposer à se délayer en mortier par l'effet des pluies.

Au printemps de cette même année, M. Gerbier, prévoyant qu'il serait appelé à faire des plantations sur son vaste domaine, avait pourvu à l'établissement d'une pépinière. Il y consacra 80 ares, pris sur l'emplacement du jardin, d'ailleurs trop étendu pour les besoins de l'approvisionnement de sa maison. Il divisa cette superficie en cinq carrés, dont chacun fut consacré à une même essence, savoir: d'ormes, de bouleaux, d'acacias, de pins sylvestres et de peupliers d'Italie. Il fit venir les sujets, en *porrette*, de la pépinière de Lieursaint, pour ne pas perdre les deux années nécessaires, soit à la levée des semis, soit à la reprise des boutures. Les bouleaux, les pins et les peupliers dépassèrent de beaucoup en succès les ormes et les acacias; nous verrons plus loin l'usage qui fut fait de ces différents plants.

Dès que la récolte des 3 hectares, semés en avoine, eut été enlevée, on se hâta de transporter et de répandre sur le chaume le compost de chaux en raison de cinq tas d'un hectolitre par are. On les distribuait dans la longueur des ados, afin de pouvoir labourer immédiatement ceux où l'on avait répandu le compost. Deux chevaux, loués aux métayers, servaient à le conduire pendant que ceux du propriétaire l'enterraient avec la charrue. Celle-ci versait la terre de la première raie dans le sillon précédent, de manière à laisser le nouveau sur l'emplacement où avait été le sommet de l'ados. Celui-ci était moins élevé, mais les sillons recevaient toujours l'écoulement des eaux qui en transsudaient.

Ce travail achevé, et pendant que la terre, fraîchement remuée, mûrissait la préparation par l'influence atmosphérique, on procéda à la récolte du sarrasin, dont la saison n'avait permis qu'à une portion des grains d'arriver à maturité ; puis l'on fit conduire, sur 150 ares environ, tout le fumier qui s'était amassé pendant l'été, et sur les 50 restant, le surplus du compost de chaux, en raison de 10 hectolitres par are; c'est-à-dire qu'on y fit un chaulage double, comme expérience et parce que ce terrain n'avait reçu aucun engrais. Le tout fut labouré et prêt à semer le 20 septembre.

La herse qu'avait fait faire le propriétaire embrassait précisément le champ d'un sillon, et pour ne pas le piétiner avec les chevaux, il les fit atteler à un palonnier assez long pour leur permettre de marcher dans les deux sillons, pendant qu'un bâton, fixé au mors par deux courroies, les plaçaient à cette distance sans leur permettre de se rapprocher. La herse, mue ainsi par deux chevaux de front, aplanissait régulièrement le sol de chaque ados en enterrant la semence par deux traits de herse. Des femmes suivaient avec des râteaux pour nettoyer les sillons de la terre et des mottes que le passage de la herse y avait fait ébouler. Nous avons vu nous-même alors l'apparence de ces champs et nous pouvons affirmer qu'elle ne ressemblait en rien aux semailles grossières du reste du pays.

La semaille de cinq hectares étant achevée le 25 de septembre, on entama la récolte des pommes de terre. Comme leur fane était encore verte, il fallut la faire couper à la faucille par des ouvrières et l'emporter à mesure pour la mêler parmi le fumier; après quoi, la charrue commença à retourner la terre en la versant dans les sillons ; des femmes étaient réparties à distance égale sur la longueur des ados, tenant d'une main un panier et de l'autre un court bâton fourchu pour fouiller les tubercules qui se trouvaient encombrées par la terre. Aussitôt que la charrue avait mis à découvert le sillon où les pommes de terre avaient été plantées, les femmes se hâtaient de ramasser celles qui appartenaient à leur station.

La récolte enlevée, le terrain fut semé en blé de la même manière que l'avaient été les cinq autres hectares, et le 10 octobre mit fin aux travaux des semailles.

Cette funeste année 1816 avait été moins fatale aux céréales dans cette portion de la France que dans l'est et le nord. Aussi, quoique la récolte ne s'y élevât qu'aux deux tiers de la moyenne, le prix exorbitant des subsistances donna aux propriétaires une forte mieux-value sur leur revenu. La part de M. Gerbier fut de 160 hectolitres de blé et de 60 d'avoine, non compris les 85 qu'il avait recueillis dans sa réserve. Il préleva, pour sa consommation et pour les semences, 60 hectolitres de blé et 60 de pommes de terre, et pour celle de ses chevaux, qu'il réduisit à 1 hectolitre par mois, 65 hectolitres y compris ses semences. Il eut ainsi à vendre :

100 hectolitres de blé à 50 fr.	5,000 fr.
80 — d'avoine à 13 fr. . . .	1,040
90 — de pommes de terre à 10 fr.	900
Total.	6,940 fr.

C'est-à-dire une mieux-value de 3,000 fr. environ sur son revenu moyen, somme qu'il destina à poursuivre l'opération du chaulage, si l'essai qu'il en avait fait se montrait satisfaisant.

Mais cette circonstance eut encore un autre effet, celui de hâter ses plans d'amélioration en décidant les deux métayers de Bois-Robert et de Grange-Neuve à semer des pommes de terre, et dans ce but de l'inviter à leur prêter l'une de ses charrues flamandes. Cette bonne volonté qu'il n'avait pas eu l'air d'exciter, l'engagea à faire venir deux nouvelles charrues de Flandre qu'il donna généreusement à ses deux métayers.

Leur intention n'avait été de s'en servir que pour exécuter une petite plantation de pommes de terre; mais lorsqu'ils eurent reconnu, en faisant eux-mêmes ce travail, que quatre bœufs opéraient sans plus de peine, avec cet instrument, un tiers de plus d'un travail beaucoup mieux exécuté; lorsqu'ils eurent reconnu en tenant la corne de cette charrue qu'elle donnait au laboureur bien moins de travail et de fatigue, ils continuèrent à s'en servir pour le reste de leur labourage et cette importante partie fut gagnée par le propriétaire; car le troisième des métayers adressa sa demande pour l'année suivante.

Les semailles étaient à peine finies, qu'un travail nouveau et considérable attira toute l'attention du baron Gerbier. Habitant maintenant de sa terre, en exploitant les bois, y créant un nouveau système d'exploitation, il avait éprouvé depuis plus d'une année le grave obstacle qu'opposait à l'exécution de tous ses plans les déplorables voies de communication dont il était obligé de se servir. Il en avait conféré avec le maire, qui n'avait su que lui dire, et il comprit qu'il fallait commencer par donner un exemple et un modèle de ce qu'on pouvait faire dans le pays, en fait d'améliorations de routes.

Les ingénieurs avaient reconnu qu'il existait sur beaucoup de points du pays argilo-siliceux un banc de galets propre à charger les chemins. Plein de cet espoir, M. Gerbier fit exécuter des sondes le long de la route par laquelle on allait de son château au village de Somensois, et plus loin à la grande route de Bourges à la Charité, car ce trajet était le plus important. Il reconnut la présence du banc de galets sur trois points de cette direction ; mais à une profondeur qui variait de trois à cinq mètres. A la vérité, la puissance du banc de galets était de deux à trois mètres. Ce fait reconnu, il fit tracer jusqu'auprès du village de Somensois, c'est-à-dire sur 2,200 mètres, terme où finissait sa propriété, un chemin de 8 mètres de largeur, en coupant les gazons qui en formaient la bordure et les rejetant au centre, afin de bomber légèrement la route sans creuser des fossés, qui dans un pareil sol n'auraient formé que des mares d'eau croupissante. Il mit en même temps ses attelages à enlever la terre dont les bancs de galets étaient recouverts. Travail ingrat, mais indispensable, pour parvenir au gisement de ces matériaux. Cette terre servit à compléter le nivellement de la route projetée ; on amoncela le surplus. Deux de ces carrières ayant été ouvertes à 1,600 mètres de distance, l'une voisine du château et l'autre de Somensois, sur une superficie assez spacieuse, il demanda aux métayers de lui fournir des attelages dont il offrit de payer le travail 3 fr. par jour, pour deux paires de bœufs ou une paire de chevaux y compris leur conducteur. Il y joignit son propre attelage, en sorte qu'il y en eut sept à la fois en mouvement, et dans une seule semaine d'une belle gelée d'hiver on put transporter 900 mètres cubes de graviers, lesquels suffirent à charger sur 2 mètres de largeur 1,200 mètres de longueur. Une seconde semaine termina le chargement jusqu'aux limites du domaine.

L'ouvrage avait coûté pour le terrassement, à 3 centimes par mètre . .	132 fr.	» c.
Pour la découverte des terres des deux carrières, soixante-dix journées à 75 centimes	51	50
Pour cinq chargeurs pendant douze journées, à 75 centimes.	45	»
Pour six attelages, pendant douze jours à 3 francs.	216	»
Total.	444 fr.	50 c.

Non compris l'ouvrage fait par l'attelage du propriétaire qu'on peut évaluer à 180 fr., ce qui porte le tout à 624 fr. 50 cent. A la vérité, ses métayers le servaient à moitié prix, les transports se faisaient en plaine, par une belle gelée et à de très courtes distances, les journaliers étaient au plus bas prix et les matériaux gratuits. Le propriétaire y gagna de communiquer facilement pendant l'hiver avec le chef-lieu de sa commune. Il remit à l'année suivante la suite de ce travail, car il était en même temps occupé du défrichement de 6 autres hectares de sa réserve.

Sa première occupation au printemps de 1817, fut de semer en trèfle les 6 hectares ensemencés en blé. C'était beaucoup plus qu'il n'aurait fallu, puisqu'il n'aurait pu poursuivre un tel assolement au-delà de trois ans; mais il tenait à constater la différence de végétation qui se manifesterait sur ses différentes préparations. Il tenait également à montrer à ses métayers, aussi bien qu'aux cultivateurs des alentours, les prodiges de la culture de cette plante.

Il pouvait déjà leur faire voir celle de ses blés d'hiver qui pointaient avec une égalité et une vigueur inconnues dans les environs. Les semailles des pommes de terre, de l'avoine et du sarrasin, occupèrent le reste du printemps, et jusqu'au moment où l'exploitation forestière commençait. Décidé à conduire cette année une masse considérable de chaux sur ces terres, M. Gerbier se transporta à la Charité pour avoir la certitude de l'y trouver, et pour y vendre une quantité beaucoup plus considérable de bois, afin de s'assurer des retours.

D'autant plus que le métayer du Bois-Robert plus aisé et plus intelligent que les autres, lui avait témoigné le désir de faire un arrangement pour chauler aussi ses terres. Cet arrangement fut conclu aux conditions que le métayer ramènerait gratis sa chaux, et qu'il en paierait le tiers, c'est-à-dire 7 fr. par tonneau. Arrangement qui a fait la base de tout ce que les métayers ont dès lors employé de chaux sur leurs terres.

A l'époque du transport des bois et des écorces, les blés étant en pleine fleur on pouvait déjà juger que la supériorité appartenait au demi-hectare succédant au sarrasin sans fumure, mais avec un double chaulage. En second lieu, venait celui qu'on avait semé sur le sarrasin, sans chaulage, mais après une abondante fumure; puis le blé qui avait succédé à l'avoine et qui avait reçu une demi-fumure et un demi-chaulage. Le dernier était enfin celui que les pommes de terre avaient précédé, effet qui se renouvelle à peu près toujours dans les sols argileux et par cela même froids. En revanche, cet hectare donna le plus beau trèfle.

Cette expérience, bien que la conclusion en fût précipitée, puisque la récolte n'en était pas faite, décida pourtant le baron Gerbier à doubler la proportion de son chaulage. En sorte qu'il en destina 60 tonneaux aux 5 hectares qu'il se proposa de chauler cette année sur les terres de sa réserve et 40 dont l'usage devait avoir lieu sur la nouvelle prairie, plus 6 tonneaux pour la métairie du Bois-Robert. Ce qui occasionna une dépense de 2,400 francs pour la réserve et de 84 pour la part du propriétaire dans l'essai de chaulage du metayer. Les fonds en étaient faits, ainsi que nous l'avons dit, sur la mieux-value du revenu de 1816.

Le transport des 106 tonneaux de chaux s'exécuta par le retour des voitures qui avaient conduit à la Charité-sur-Loire l'écorce et le bois. Les 60 tonneaux destinés aux terres de la réserve furent mis en compost comme l'année précédente pour être répartis sur le chaume des cinq hectares semés en avoine et en sarrasin; car la préparation du sol pour opérer la semaille tardive du blé, qui succédait aux pommes de terre, ne permettait pas d'en opérer le chaulage; on se promit de l'éxécuter plus tard et dans une autre circonstance.

Les 40 tonneaux destinés à être repandus sur la nouvelle prairie furent déposés sur la sommité de l'un de ses flancs et mélangés avec 3 à 400 tombereaux de mottes gazonnées, prises sur des bordures de genêts voisins. Cette prairie avait donné une récolte d'à peu près 40 milliers, parce qu'elle avait présenté des superficies où les trèfles avaient été très touffus et d'autres où les acrostis avaient poussé avec une grande vigueur, mais beaucoup d'autres n'offraient qu'une végétation sauvage ou très faible. Néanmoins le propriétaire put vendre le foin recueilli sur les huit hectares de l'ancienne prairie, soit 16 milliers à 60 francs, ce qui produisit 960 fr. ; car en destinant à ses chevaux 25 milliers du fourrage provenu de la nouvelle, il put disposer pour ses bêtes à cornes de 15 milliers de ce fourrage, outre dix voitures de second foin récoltées sur la totalité. En tout 35 milliers, et par conséquent fort au-delà de ce que ce bétail pouvait en consommer pendant son hivernage, puisqu'il ne consistait encore qu'en un taureau, quatre vaches laitières et six élèves, dont un mâle et trois femelles de quinze mois et deux femelles de trois mois. Aussi fit-il venir de rechef deux jeunes vaches du Charolais : car leurs produits purs ou croisés annonçaient, tant chez lui que chez ses métayers, une supériorité évidente de finesse et de formes. Son étable se trouva contenir alors 13 têtes de bétail, et pourvu comme il l'était maintenant d'une abondance de pailles et de litières, le tas de fumier en fut considérablement grossi.

La nouvelle prairie rendit encore un autre service à l'amélioration du domaine. Les emplacements où le trèfle s'était montré le plus vigoureux et le plus net furent réservés pour en recueillir la graine, elle fut tellement abondante que son poids monta à 3 quintaux métriques. Cette récolte venait d'autant plus à point que l'étang dépendant de la métairie de Grange-Neuve avait été pêché dans l'hiver précédent et que M. Gerbier avait l'intention de le reduire en prairie, ainsi que le précédent, afin de doubler la récolte de fourrage de ce domaine et successivement des deux autres; mais comptant sur la graine de trèfle qu'il s'attendait à récolter lui-même, il avait laissé pour cette année le métayer labourer comme à l'ordinaire et semer de l'avoine sur le terrain desséché de l'étang.

La moisson des six hectares de la réserve semée en céréales d'automne produisit en paille à peu près le double des moissons du pays, mais en grains seulement un peu plus, c'est-à-dire cinq grains pour un. Chaque hectare avait été ensemencé avec trois hectolitres et en produisit quinze soit 90 sur les 6 hectares. Vendus encore en 1817 à 27 fr. 50, le produit total de cette récolte monta à 2,475 francs. Les metairies produisirent aussi un revenu supérieur d'un tiers à leur moyenne, résultat heureux dans le début d'un système d'amélioration auquel il fallait, comme nous venons de le voir, faire beaucoup d'avances quelles que fussent d'ailleurs les précautions qu'on y mit.

Nous ne répéterons pas l'histoire des procédés à l'aide desquels on exécuta la récolte des mars et des pommes de terre, non plus que ceux de la semaille des blés d'hiver qui leur succédèrent, parce qu'ils furent en tout pareils à ceux de l'année précédente. Nous dirons seulement que le metayer du Bois-Robert fit une assez bonne récolte de pommes de terre sur les

20 ares environ qu'il en avait ensemencés. Elles lui servirent de légumes et il en donna aussi aux porcs qu'il engraissait. Il répandit le compost qu'il avait fait avec sa chaux sur un peu moins d'un hectare, et il opéra surtout ses semailles sur une préparation bien plus parfaite du sol, qu'il avait exécutée au moyen de sa charrue flamande. Elle lui permit de mettre à l'engrais deux paires de bœufs au lieu d'une, attendu que son tirage lui en économisait l'emploi d'une paire.

Les semailles terminées le baron Gerbier ne fut plus occupé qu'à reprendre le travail relatif aux chemins. Il avait à cœur en premier lieu d'obtenir la mise en état de la portion de la route allant au village de Somensois à son debouché sur la route royale de la Charité au village de Rousselan ; en second lieu, de fonder le chemin conduisant du château jusqu'au bois, au travers du domaine de Bois-Robert. Enfin il fallait refaire un chargement sur la portion fondée l'an dernier entre le château et le village de Somensois, où il s'était fait çà et là des enfouissements du gravier et partout des ornières.

On débuta par ce travail, lequel n'offrait d'autre difficulté que le transport et l'étendage des graviers, puisque les carrières en avaient été ouvertes. Les transports s'exécutèrent sur les mêmes bases, et la distribution des matériaux eut lieu en raison d'un mètre cube sur trois mètres courants, moyennant quoi la voie se trouva complétement fondée et nivelée; 3,000 mètres séparaient le château de la forêt. Il importait d'autant plus d'y fonder un chemin qui devait servir à la fois à l'exploitation des bois, à celle de la métairie du Bois-Robert et à celle de la réserve dont les terres venaient aboutir sur le tracé de ce chemin. Il partait en effet de l'entrée de la cour rustique où il s'embranchait à celui de Somensois qui lui servait d'avenue. Il tournait l'angle de la cour du côté de l'est et longeant le mur de clôture du jardin au-dessus de la pente qui formait le cours du ruisseau, il suivait cette pente jusqu'au barrage de l'étang du Bois-Robert, sur le sommet duquel il traversait le vallon à deux jets de pierre de la métairie et parvenait à la forêt au travers des terres et des genêts.

Le tracé jalonné a peu près sur l'emplacement de l'ancienne voie charretière, on fit des sondes pour chercher le banc de galets; il fut reconnu sur trois points : l'un près du château, les deux autres, en revanche, voisins de la forêt. Il fut convenu qu'on ne découvrirait qu'une de ces deux carrières, afin d'éviter la dépense des fouilles et de l'enlèvement des terres. La carrière voisine du château devant fournir les transports jusqu'au point du barrage, on se mit à l'œuvre et l'on procéda à la fois au terrassement du chemin et à l'ouverture des carrières.

Ce travail se faisait concurremment avec le chargement du chemin de Somensois; après quoi on entreprit le transport des matériaux, qui occupa pendant tous les temps de gelée de l'hiver, car il n'y avait que cinq voitures au lieu de sept employées à ce travail, attendu qu'il manquait une paire de bœufs, et que l'attelage du propriétaire profitait de ces temps de gelée pour conduire sur la nouvelle prairie le compost de chaux qu'on avait préparé dans ce dessein. On en garnit trois hectares, soit à peu près le tiers de la superficie du pré.

Cependant le chargement, tant sur le chemin du bois que sur l'embranchement de la ferme du Bois-Robert, fut terminé dans l'année. On termina aussi la courte avenue qui, de la route de Somensois, conduisait à la ferme de Grange-Neuve, distance de moins de 500 mètres, qu'on chargea avec les matériaux provenant de la carrière voisine du château. La grande difficulté résidait dans les travaux à exécuter sur le chemin communal du village à la route royale, parce que c'était à la commune qu'ils incombaient. Cependant l'exemple donné par le baron Gerbier, 300 fr. qu'il alloua dans ce but, non compris les prestations en nature auxquelles il serait tenu, décidèrent le maire et le conseil municipal à dresser un rôle de prestations en nature, que le préfet se hâta de rendre exécutoire, et au moyen duquel on se mit à l'œuvre avec assez de bonne volonté pour que le travail pût être terminé en deux années.

Pendant la seconde de ces années, M. Gerbier eut à fonder le chemin conduisant, sur une longueur de 1,500 mètres, de la ferme de Grange-Neuve à celle du Triage, ainsi qu'à parachever la route de la forêt par un second chargement, moyennant quoi le service des principales communications fut complété sur sa propriété, ainsi que sa communication avec la route royale. Cette propriété, située auparavant dans une impasse impraticable, se trouva tout d'un coup en communication avec le monde civilisé, et cela, au moyen d'une dépense d'environ 4,000 fr., tandis que la valeur de sa terre en fut accrue dans une proportion bien autrement importante; considération de nature à frapper tous les propriétaires et qui, néanmoins, reste inaperçue pour la plupart d'entre eux, par cela seul qu'elle ne peut pas s'escompter d'avance et avant que l'on ait pourvu à la réparation des chemins.

Au printemps, le reste des terres de la réserve se trouva entièrement défriché, et on y planta un hectare en pommes de terre, deux furent semés en sarrasin et deux en avoine, car il n'y en avait que cinq. Tous reçurent de l'engrais, les pommes de terre en quantité double. Le trèfle de l'année précédente s'annonçait bien, surtout celui qui avait succédé aux pommes de terre à double fumure; il se montrait supérieur à celui dont le chaulage avait été doublé, mais avec absence d'engrais.

On sema de nouveau de la graine de trèfle, sur trois hectares seulement du blé d'hiver; mais on dépensa le surplus de la graine sur l'étang de la métairie du Triage qu'on avait pêché dans l'hiver, et sur celui de Grange-Neuve, qui avait rapporté de l'avoine l'année précédente. Cet emplacement, labouré de nouveau, reçut encore de la semence d'avoine avec la graine de trèfle, et celui-ci eut une meilleure réussite que celui qu'on avait jeté sur la superficie brute de l'étang.

M. Gerbier fit ramasser chez lui, et chercher partout, les poussières de foin pour les faire semer sur les trois hectares de sa nouvelle prairie où il avait fait répandre le compost de chaux. Il y fit passer la herse garnie d'épines, afin d'égaliser, en le réduisant en poussière, ce compost dissous par la gelée. Cette opération enterrait en même temps la poussière de foin qu'on y avait répandue auparavant. Il ne tarda pas à voir les jeunes pousses de l'herbe percer cette enveloppe, et la végétation vigoureuse de ces trois hectares le confirma dans le projet d'exécuter le même chaulage sur toute la pièce.

Ses trois métayers lui demandèrent aussi, cette année, à faire usage du chaulage ; celui du Bois-Robert pour douze tonneaux et les deux autres, chacun pour six ; car la végétation surprenante qu'ils avaient vue succéder à cette opération sur la réserve du propriétaire, les avait émus, et ils commençaient à s'en promettre de grands résultats ; et, pour tout dire, ajoutons qu'ils n'avaient qu'un franc à débourser par tonneau, attendu que les transports payaient le surplus de ce qu'ils auraient dû acquitter sur leur part, et le maître déboursait volontiers les 14 francs qu'il s'était engagé à payer pour la sienne, puisqu'il comptait en être largement remboursé par la moitié qu'il percevait en nature sur le produit de ses métairies ; combinaison qui, en intéressant le propriétaire, l'appelle seul à faire des avances d'amélioration, pour peu qu'on y soit porté par amour de sa propriété, par des goûts agricoles ou même par le désir de paraître capable et de se faire élire membre du conseil d'arrondissement, et peut-être même du département.

L'approvisionnement de chaux devait ainsi consister, pour cette campagne, en 48 tonneaux pour 4 hectares de la réserve, 40 pour la prairie et 24 pour les métayers, en tout 112 tonneaux.

La récolte des fourrages fut très abondante, parce que les 6 hectares de trèfle produisirent 24 milliers à la première coupe, non compris ce que les vaches en avaient consommé en vert à l'étable, et 15 milliers à la seconde, sans celui réservé pour graine, en tout 39 milliers et autant sur la prairie en première coupe et 10 en seconde, soit 88 milliers, et il en restait 5 ou 6 milliers de l'année précédente ; aussi, quoique M. Gerbier en eût vendu 20 milliers, il en restait encore au-delà de la consommation de son bétail ; car quoiqu'il l'eût augmenté de deux vaches et de 12 élèves de différents âges, il avait vendu son premier taureau et ses deux vieilles vaches, en sorte qu'il restait 15 têtes dans son étable. L'embarras consistait alors à obtenir un revenu de ce troupeau, car outre les six livres de beurre que devaient livrer les métayers par tête de vache, ce troupeau en produisait beaucoup au-delà de ce que la maison du propriétaire pouvait en consommer, et on trouvait difficilement à vendre à vil prix le surplus.

Ce fut après qu'on eut resserré ces récoltes que nous sommes revenus visiter la terre du Buffe, où tant de changements nous attendaient. La difficulté présente nous fut exposée et ne nous surprit pas; car, à moins d'être dans le voisinage d'une ville de quelque importance, l'embarras du placement d'un laitage surabondant se fait sentir universellement en France. Trois moyens se présentaient pour sortir de cette difficulté : convertir le trop plein de la vacherie en bêtes à laine, consommer, par un engrais de bœufs, le superflu des fourrages, ou bien enfin fonder un établissement de fromagerie. Ce fut ce dernier expédient qu'adopta M. Gerbier, par la raison qu'il pourrait faire profiter ses métayers de cet établissement ; lesquels ne tardaient pas sans cela à se trouver dans le même embarras que lui. Cela répondait à l'ensemble de son système d'amélioration, et il fut décidé que nous lui enverrions un fromager du canton de Fribourg, pendant qu'il ferait confectionner une chaudière qui devait être placée dans la buanderie, transformée dès ce moment en fromagerie. Un caveau, fondé sous le château, devait servir de dépôt et de saloir pour les fromages.

Ces préliminaires arrêtés, nous jugeâmes qu'on éprouverait des difficultés à rendre, de prime abord, les métayers sociétaires dans cet établissement, et qu'il serait plus simple d'acheter leur lait au prix de 7 centimes le litre, le propriétaire restant seul chargé de la responsabilité d'une entreprise qui ne concernait que lui. On fit, en conséquence, part aux métayers de ce projet, qui parut leur agréer d'autant mieux que M. Gerbier les libéra jusqu'à l'expérience faite des six livres de beurre qu'ils lui devaient. Il fut convenu en outre que le sérac, que les fromageries produisent en abondance, leur serait revendu à 10 centimes le kilog. pour l'approvisionnement de leur ménage.

Le Fribourgeois, arrivé au Buffe, trouva le bétail bien chétif et les herbages bien maigres, mais il fut assez satisfait de la fromagerie et du caveau qu'on lui avait destiné. On l'apaisa d'ailleurs sur toute l'entreprise par la promesse que lui fit madame Gerbier de lui donner, par jour, deux jattes de café et deux bouteilles d'un méchant petit vin blanc qu'on récoltait dans le voisinage. On l'approvisionna de grandes jattes plates de terre cuite pour déposer le lait, et lorsqu'il eut complété ses appareils, la manipulation commença.

Le lait apporté le premier jour provenait de 7 vaches appartenant au propriétaire, de 11 appartenant à la métairie du Bois-Robert et de 13 des deux autres métairies, total : 31 ; mais 9 génisses promettaient de porter, au printemps, ce nombre à 40. Toutefois, ce n'était pas encore un nombre suffisant pour alimenter une fromagerie, où l'on doit fabriquer chaque jour un fromage de 20 à 30 kilog., outre 5 ou 6 livres de beurre, 12 litres de lait étant nécessaires pour produire 1 kilog. de fromage. Or, la mensuration quotidienne du lait apporté à la fromagerie démontra que les vaches du propriétaire, nourries dans l'hiver avec un mélange de foin, de regain et de paille d'avoine, et de trèfle vert ou de parcours pendant la belle saison, produisaient, en moyenne dans l'année, 5 litres de lait par jour, et celles auxquelles on ne donnait que de la paille, lorsqu'elles ne trouvaient pas à vivre au parcours, seulement trois litres.

Il aurait donc été nécessaire de réunir le lait de 100 vaches pour faire convenablement marcher la fromagerie. C'est aussi ce qui eut lieu au bout de quelques semaines; parce qu'on y apporta le lait des vaches de deux métairies du voisinage et de quelques propriétaires du village de Somensois. En attendant, on ne fit le fromage que de deux jours et même de trois jours l'un. Au prix de 7 centimes le litre, payé par la fromagerie, les vaches du propriétaire rendirent brut 35 centimes par jour, et celles des métayers, 21; soit, par an : 126 fr. 75 c. pour les premières, et 76 fr. 75 c. pour les secondes, à quoi il faut ajouter 10 fr. pour la valeur de leur veau; produit qui, dans ce canton, ne s'était jamais réalisé qu'en engrais et en consommation, et qui devint pour les métayers un puissant stimulant à augmenter et soigner leur vacherie.

Le compte de la fromagerie, considéré à part et

comme industrie, a donné les résultats suivants lorsqu'elle eut atteint son maximum :

300 litres de lait à 7 c.	21 fr.	c.
Frais du fromager, 600 fr. par an et par jour.	1	70
Combustible et sel.		15
Entretien du mobilier et menus frais.		15
Par jour. . . .	23	

2 kilog. et 1/2 de beurre à 50 c. . . .	2 fr.	50 c.
10 kilog. de sérac à 5 c.		50
25 kilog. de fromages à 90 c.	22	50
Petit-lait et lavures servant à l'engraissement de 18 porcs, dans l'année, y contribuant dans la proportion de 20 fr. par tête, soit par jour.		98
Par jour. . . .	26	48

Le bénéfice, par jour, a été ainsi de 3 fr. 48 c., et, pour l'année, de 1,260 fr. 20 c., auxquels il faut ajouter la rente que le propriétaire obtint de 15 vaches laitières qui composèrent sa vacherie dès la seconde année de cet établissement, lesquelles, en raison de 136 fr. 75 c. par tête, lui procurèrent un revenu annuel de 2,151 fr. 25 c. Il dota ainsi sa propriété d'un revenu de 3,411 fr. 45 c., lequel y était inconnu, et non compris les puissants moyens d'amélioration qu'il trouva dans les engrais fournis par une telle vacherie.

A l'aide de ces moyens il put pourvoir à l'amélioration de sa prairie, et transformer en cette qualité les deux hectares de pâture qui occupaient le plan incliné du ruisseau à l'ouest de la terrasse, formée par le clos du jardin et du château. Il changea aussi l'économie de la vacherie sous la direction du fromager; le parcours cessa d'être pratiqué, si ce n'est durant les trois mois d'automne, on la nourrit à l'étable en trèfle vert pendant les quatre mois de l'été, et au sec dans l'étable pendant les cinq autres mois. 20 milliers de foin continuèrent néanmoins à se vendre au prix de 30 fr. en moyenne, soit 600 fr. pour le tout.

Mais ces moyens permirent encore au baron Gerbier d'établir sur les 17 hectares du sol arable de sa réserve un assolement de sept ans, que nous allons décrire et que sa pleine réussite devrait faire adopter dans tous les sols argilo-siliceux de la nature de celui dont nous nous occupons maintenant.

Les 17 hectares formant la superficie de ces terres, avaient été entièrement chaulés, parce que les emplacements qui ne l'avaient pas été dans le principe ou ceux auxquels on n'avait donné qu'un demi-chaulage, l'avaient reçu en plein dans l'année suivante. Après quoi on les avait divisés en sept parties égales, chacune de la contenance de 241 ares. Division qui ne présenta aucune difficulté, attendu que ces terres formaient un carré long d'une seule tenue. L'assolement de chacune de ces parcelles fut :

1re *année*. Pommes de terre, fumées avec 40 voitures par hectare.
2e — Blé, suivi de trèfle.
3e — Trèfle fauché deux fois et pâturé en automne.
4e — Avoine semée sur le défrichement du trèfle.
5e — Blé semé sur le chaume de l'avoine, avec une fumure de 20 voitures.
6e — Sarrasin.
7e — Blé, succédant au sarrasin.

Les pommes de terre ont toujours été la meilleure

préparation pour le trèfle, et leur produit montant, suivant l'année, entre deux ou trois cents hectolitres, était en majeure partie réduit en soupe par la cuisson avec le petit-lait, et distribué aux porcs qu'on renouvelait trois fois dans l'année, afin de n'en avoir que six à la fois, la place manquant pour un plus grand nombre. A l'époque où les pommes de terre venaient à manquer, ce qui n'avait lieu que pendant les mois d'août et de septembre, on y suppléait par du sarrasin qu'on faisait également cuire dans du petit-lait.

Les 7 hectares 23 ares semés en blé sur trois parcelles soutinrent un rendement moyen de quatre et demi grains pour un ; c'est-à-dire qu'on récoltait 100 hectolitres de blé.

L'avoine produisit généralement entre huit et neuf pour un, soit sur une parcelle de 48 à 50 hectolitres, et par conséquent de quoi pourvoir à l'approvisionnement des trois chevaux du propriétaire.

Le sarrasin fut de toutes les productions celle à qui ce mode de fumure et de culture profitèrent le mieux ; car on en récolta plusieurs fois jusqu'à 80 hectolitres sur une parcelle.

Le trèfle n'atteignit sans doute jamais qu'à la demie de la végétation qu'on lui voit souvent dans les beaux champs de la Brie ; mais c'était encore beaucoup dans une nature de terrain qui lui est si contraire, ce qu'on ne peut même attribuer qu'à l'abondance du fumier employé à sa préparation, joint à l'effet du chaulage. On voit donc que pour sa réserve, M. Gerbier était entièrement sorti du système des longs repos réparateurs à l'état d'ajoncs sur lequel était basé celui de la région. Il se confiait pour en avoir adopté un autre sur la petite étendue de sa culture, sur la masse d'engrais qu'il pouvait y verser, sur la supériorité de cette culture et sur l'opération préparatoire du chaulage, et les faits ont prouvé qu'il ne s'était pas abusé.

Sa tâche en tant qu'agronome était donc accomplie, puisqu'il avait réalisé la ferme destinée à servir de modèle; mais celle de propriétaire administrateur ne l'était pas encore. Il avait sans doute fondé les chemins destinés à desservir sa propriété. Il les avait soigneusement entretenus. Il avait renoncé au mince revenu de la pêcherie de ses étangs pour doter ses métayers du doublement de leurs prairies. Il leur avait donné une charrue qui diminuait d'un tiers le besoin de force dans l'attelage en augmentant l'ouvrage d'un autre tiers. Il leur avait enfin appris l'usage de la chaux.

Mais il lui restait à planter les chemins qu'il avait tracés, en commençant par celui de Somensois qui servait d'avenue à sa demeure. Il lui restait à embarquer ses métayers dans les voies d'améliorations dont il avait fourni le modèle.

Les jeunes plants avaient grandi dans la pépinière, il était temps de les employer. Sur les 2,200 mètres qui séparaient le château de Somensois le baron Gerbier fit creuser de 8 mètres en 8 mètres, et sur les deux flancs extérieurs de la route, des creux en quinconce, et alternativement de 1 mètre et de 4 mètres carrés sur 1 mètre de profondeur, soit 275 de chaque dimension, moyennant 16 cent. pour ceux de 1 mètre et 64 cent. pour ceux de 4 mètres, soit en tout pour 220 fr. La terre de la première moitié du creusement était placé sur deux des côtés du creux et celle du fond sur les deux autres. Après quoi la plantation commença en faisant jeter au fond du creux quelques paquets d'ajoncs, sur lesquels on rejetait la terre de la superficie, regardant celle du fond pour couvrir les racines de l'arbre, en sorte que le sol s'en trouva bouleversé à la profondeur de 1 mètre. Des peupliers d'Italie furent placés dans les creux de 1 mètre, et des ormes dans ceux de 4 mètres. Il fit envelopper les tiges de ces jeunes sujets par de l'ajonc dont les épines devaient écarter pendant deux ans les bestiaux. Cette opération coûta 8 cent. pour les peupliers et 28 cent. pour les ormes, soit en tout 326 fr., non compris les arbres.

Les mêmes plantations furent successivement exécutées sur les chemins menant aux métairies ainsi qu'à la forêt ; leur développement, étant à peu près double, porta le total de cette dépense à 1,000 fr. Le surplus des ormes et peupliers, et la totalité des acacias et des pins fut alors planté ; mais en massifs, et avec beaucoup moins de frais, sur les deux flancs du vallon, qui maintenant ne formait plus qu'une seule tenue de prairie d'au moins 60 hectares, dans l'espoir de créer par cette enveloppe forestière une scène de verdure dans l'unique site qui en fût susceptible.

Ce projet eut une exécution aussi bonne que la faible qualité du sol pouvait le permettre, mais le succès des arbres d'avenue fut beaucoup plus complet et imprima un autre caractère à l'aspect de cette terre.

Les prairies nouvelles destinées aux métairies, n'ayant pas reçu les mêmes soins que celle du propriétaire, furent plus longtemps à se garnir des herbes naturelles au sol, et on n'y fit jamais de second foin, les bestiaux y allant en pâture dès que le premier en était enlevé. Néanmoins leur approvisionnement s'en trouva doublé dans le temps où la fromagerie fut fondée. Alors aussi les métayers commencèrent à récolter du trèfle sur les terres qu'ils avaient chaulées et fumées, tandis que la charrue économisait à chacun d'eux l'emploi d'une paire de bœufs. Ils doublèrent donc à peu près le nombre de leurs vaches et le portèrent à près de 50, qui, mieux nourries durant l'hiver, augmentèrent de quelque chose leur produit en lait, en sorte que la rente de ces vaches fut portée à 80 fr., et créa ainsi pour les trois métairies un revenu d'environ 4,000 fr. dont ne jouissaient aucuns de leurs confrères.

Mais M. Gerbier ne participait non plus en rien à ce revenu, puisque, à titre d'encouragement, il avait voulu que ses colons partiaires en eussent la jouissance en entier au moins durant ce premier bail, mais il avait avec raison attendu une compensation dans le surplus de sa part des récoltes céréales. Il ne fut pas déçu dans cet espoir.

Les métayers avaient constamment accru la masse de leurs engrais et la superficie du chaulage. Ils consommaient environ 50 tonneaux de chaux par année et occasionnaient ainsi une dépense annuelle de 700 fr. à M. Gerbier. Mais avec le secours de la charrue flamande, les récoltes de céréales s'augmentaient dans une proportion sensible, et il ne s'agissait plus que de régler l'assolement qui convenait à la fois à la nature de ces terres et au système général de leur culture.

Voici quelle fut la formule de celui qu'on estima le plus propre à remplir cette double condition :

1re *année*. Sur défrichement de genêts un 5e en pommes de terre, richement fumées, 4/5e en jachère pour être semés en seigle; blé sur les pommes de terre. Chaulage de 4 hectares sur la jachère.

2e — Blé, suivi de trèfle sur 1/5e ; seigle sur 4/5e.

3e — Trèfle sur 1/5e, avoine sur le surplus ; fumure sur le chaume de l'avoine, et labourage du tout pour le blé.

4e — Blé.

5e — Sarrasin, suivi de blé, fumé, avec le surplus de la fumure de la 3e sole.

6e — Blé.

7e — Avoine semée avec la graine d'ajoncs.

Cet assolement septennal, en admettant le défrichement et le retour périodique des terres à l'état sauvage, devait placer le chaulage au début de l'assolement pour qu'il pût profiter aux sept récoltes successives qu'on demandait au terrain, car son effet était nul sur les ajoncs, attendu qu'ils ne viennent que dans les terrains dépourvus de parties calcaires. La minime quantité que le chaulage en apportait ici était d'ailleurs à la septième année bien près d'être épuisée, quoique son effet ait été puissant pendant cet intervalle. C'est pourquoi on répandait le compost chaulé sur la jachère du défrichement. C'est au seigle qu'il servait avant tout, parce que cette récolte a, dans ces contrées, d'autant plus d'importance qu'elle fait avec le sarrasin l'unique consommation du métayer. Semé de bonne heure et traité de la sorte, le seigle est arrivé à une croissance surnaturelle pour le pays.

Un cinquième de cette sole a été dérobé au seigle pour produire des pommes de terre, du blé et du trèfle; c'est à quoi se bornait au fond l'innovation apportée dans l'assolement. Aussi l'espace en fut réduit à un cinquième seulement de la sole. Mais il faut ajouter que cette superficie tendit constamment à s'élargir à mesure que les métayers disposèrent d'un plus grand volume d'engrais, parce qu'ils trouvèrent une économie de ménage et une grande ressource dans les pommes de terre pour l'élève et l'engraissement de leurs porcs, et dans le trèfle pour l'entretien de leurs bestiaux.

Deux soles et un cinquième rapportaient la denrée essentiellement vendable, le blé froment; cette proportion était d'une moitié en sus plus forte que celle que comportait l'ancien assolement, même après avoir diminué de quelque chose l'étendue annuelle du défrichement, en raison de ce que le sol restait sept ans en culture au lieu de cinq. Ce surplus de la culture du blé fut le principal dédommagement des avances faites par le propriétaire, ainsi que nous allons le voir.

Deux soles en avoine et une en sarrasin ne demandent aucune explication, parce que ces cultures rentrent dans les usages ordinaires de la localité.

Nous devons ajouter que chacune des soles comportait à peu près 12 hectares dans la métairie du Bois-Robert et de 7 à 8 dans les deux autres. C'est sur cette base que nous allons poser le revenu que la terre du Buffe avait atteint en 1829, pour qu'il suffise de le comparer à celui de 1815, afin de comprendre le résultat des améliorations dont nous venons de tracer la marche.

REVENU DE 1829.

Art. 1ᵉʳ. Revenu des bois. . . . . . . 4,000 fr.
Art. 2. Vente de 20 milliers de foin de
                                    A reporter.   4,000

Report..	4,000 fr.
la réserve, à 30 fr.	600
Art. 3. Produit industriel de la fromagerie	1,200
Art. 4. Produit des graines et de la vacherie, frais déduits.	1,650
Art. 5. Produit de la ferme du moulin.	1,200
Art. 6. Produit de la part du propriétaire dans la récolte de 61 hect. semés en blé, à 3 hectol. l'un, au grain quatre, 276 hect., semence déduite à 10 fr.	2,760
Art. 7. Produit de la part du propriétaire en menus grains, seigle et avoine.	1,250

Art. 8.
- Produit de la part du propriétaire dans la rente des vaches en raison de 15 fr. par tête, d'après le nouveau bail consenti en 1827, sur 48 têtes 720
- Demie de la vente de 4 bœufs gras 500
- Demie de la vente de 2 chevaux de 3 ans 330
- Demie de la tonte de 150 métis à 6 fr. par toison. 450
- Demie de la vente du croît montant à 60 têtes, à 7 fr. 50 c. 225

2,225

Revenu de la terre du Buffe en 1829..	14,885
Revenu de ladite en 1815	8,775
Augmentation.	6,110

Report... 6,110 fr.

Nous devons, il est vrai, distraire de cette somme celle de 1,450 fr., provenant de la mieux-value sur l'exploitation des bois, laquelle est indépendante des améliorations agricoles, aussi bien que celle des 1,200 fr., laquelle appartient à l'intervention industrieuse du propriétaire... 2,650

Total de l'augmentation obtenue par les améliorations............. 3,460

Dont nous soustrairons encore sur le faire-valoir du propriétaire, croyant devoir réduire l'augmentation du revenu net de 1,650 à 1,170, la somme de...... 480 fr.

Nous soustrairons encore la somme nécessaire pour acquitter la part du propriétaire dans les 48 tonneaux de chaux que les métayers répandent annuellement sur leurs terres, car cette amélioration, inhérente à la marche imprimée, doit continuer... 670

} 1,150

Il reste donc pour augmentation du revenu produit tant par les métayers que par la réserve............. 2,310

Au capital de la terre en raison de 4 p. 0/0, de la somme de 57,750 fr., auxquels il faut ajouter la fondation des chemins desservant la propriété, la plantation de 2,000 pieds d'arbres d'avenues, et de près du double en arbres de bosquets.

Ces améliorations se sont réalisées au moyen de l'avance d'un capital, savoir :

1° Pour l'établissement des chemins et plantations	5,300 fr.
2° Pour achat et confection d'instruments aratoires	910
3° Pour achat des ustensiles de la fruitière.	400
4° Pour achat de béliers et bestiaux. .	500
5° Pour achat de chaux.	9,890
Total.	17,000

Dont 3,000 ont été fournis par la mieux-value obtenue sur la vente des céréales de 1816, et 14,000 par le capital avancé par le propriétaire et qu'on pourra appliquer à l'augmentation que les plantations ont fait acquérir au capital de la terre, ou déduire des 57,750 fr. qui ressortent de la mieux-value du capital.

C'est donc à 2,310 fr. qu'il faut définitivement fixer la mieux-value du revenu de la terre du Buffe ; mais il faut y ajouter le changement qu'avait subi l'aspect de cette terre et l'impression qu'on en recevait. On n'y arrivait plus par un chemin fangeux au travers des bruyères, l'abord en était moins sauvage, les alentours moins déserts ; de grandes prairies, enveloppées d'épaisses plantations, avaient remplacé les étangs marécageux ; tout était vivant dans les cours du château, et lui-même avait perdu cet air d'abandon que prennent si promptement les demeures inhabitées. Tout, dans ce séjour, se montrait enfin sous d'heureux auspices, lorsqu'arrivèrent les événements de 1830. Bientôt après, le baron Gerbier partit pour Paris, où il ne tarda pas à être revêtu de fonctions publiques. Nous avons dès lors perdu de vue l'histoire de ses entreprises et de ses améliorations dont nous ignorons le sort.

Quelque longue que soit l'histoire que nous venons d'en tracer, nous avons cru le devoir faire, parce qu'elle est applicable à l'agriculture de toute cette région, aussi bien dans sa partie granitique que dans la partie argilo-siliceuse ; car la division et l'exploitation des terres y sont pareilles, les productions et les mœurs agricoles semblables en tout, si ce n'est que dans la portion granitique les pâturages sont meilleurs, et que l'avoine et le sarrasin y ont une végétation plus vigoureuse. Le chaulage y obtiendrait des effets surprenants, jusqu'à la distance de quatre ou cinq lieues des côtes, où il est possible de s'en procurer, si cet amendement est interdit dans le cœur de la province.

Cette province a été, au reste, le théâtre de trois entreprises diverses d'améliorations, dont l'une, que nous avons déjà citée, celle des comices agricoles institués par le baron du Taya, sur les côtes du Nord, a excité tout notre intérêt, en ce qu'avec le plus simple des moyens, elle a mis en action une puissante amélioration sur le territoire de plusieurs communes. C'est un rouage dont l'effet peut se propager rapidement et au loin, précisément parce qu'il se meut avec peu de force et de faibles avances.

La seconde de ces améliorations provenait de la formation d'une compagnie forestière, organisée dans le but d'implanter en essences résineuses une étendue considérable, celle des landes, qu'on ne cultive jamais dans cette province. Cette entreprise était de celles que le temps doit faire réussir, parce qu'elle n'est pas de nature à dévorer des capitaux en frais d'exploitation. Nous avons ouï dire que les essences plantées ou semées devaient consister principalement en mélèzes et en sapins, et ici nous croyons devoir prémunir les entrepreneurs de ce genre d'améliorations contre une faute qu'ils ont généralement commise, celle de mettre à part chacune de ces essences. Habitant des Alpes, nous pouvons leur dire que dans les forêts naturelles qui couvrent leurs pentes, le mélèze s'entremêle partout avec le sapin dans la proportion d'un quart à une moitié; rarement on y trouve de forêts pures de mélèze; mais là où l'exposition lui déplaît, le sapin s'empare à lui seul du terrain et s'y conserve.

Il ne faut donc pas faire figurer isolément l'essence du mélèze, mais l'entremêler ainsi que l'indiquent ses habitudes dans son pays natal, et c'est peut-être à cette faute seule qu'il faut attribuer les désastres qui, depuis quelques années, ont menacé d'anéantir les immenses plantations de mélèze faites dans les montagnes d'Ecosse par les ducs d'Argyle, de Sutherland et par tant d'autres des grands propriétaires de ce pays, lesquels, après avoir déporté en Amérique les antiques races habitantes de ces montagnes, les ont plantées en forêts résineuses.

Enfin l'entreprise de la grande ferme-modèle du Morbihan laissera toujours, quels que soient ses succès, pour lesquels nous faisons des vœux, des exemples et des traces d'amélioration dans le pays. Il était une autre entreprise agricole de nature à s'incruster plus profondément encore dans le sol, celle que les Trappistes avaient fondée à la Meilleraye, entre Nantes et Châteaubriant, car elle ne reposait pas sur le fragile échafaudage d'une société anonyme formée d'actionnaires frustrés dans leurs espérances, mais sur des vœux qui ne prennent point de fin. On ne les a pas cru compatibles avec l'esprit d'une époque où tout se transforme et se change à vue, et les Trappistes ont été arrêtés dans leur entreprise rurale.

Puissent d'autres propriétaires suivre leur exemple ou celui du baron du Taya, ou même enfin celui que nous avons donné en décrivant les améliorations opérées dans la terre du Buffe !

Mais nous devons souhaiter que le gouvernement fasse percer la Bretagne et principalement le département du Finistère par un plus grand nombre de communications ; qu'il appelle ces routes stratégiques ou qu'il leur donne une autre dénomination, le nom ne fait rien à l'affaire, pourvu que l'agriculture en profite.

LIVRE VIII.

COUP D'ŒIL GÉNÉRAL SUR L'AGRICULTURE
DE LA FRANCE.

CHAPITRE Ier.

Du caractère général de l'agriculture.

Le trajet que nous venons de faire au travers des huit régions agricoles entre lesquelles nous avons réparti le territoire du royaume nous permet de considérer l'état de son agriculture sous un rapport plus général.

Nul pays ne donne des productions aussi variées, en raison des climats divers que sa superficie renferme. Il ne peut donc y avoir rien d'homogène dans l'agriculture de la France. C'est un trait qui lui est particulier et qu'il ne faut jamais perdre de vue en traitant de son agriculture. Elle ne peut donc adopter en masse ni l'agriculture, à laquelle le nord doit sa richesse actuelle, ni celle qui fleurit dans le midi, mais elle doit les admettre l'une et l'autre, et tout l'invite à les porter à leur perfection, ce dont elle est encore très éloignée, car les vastes plaines qui occupent ses régions du nord doivent être placées, en raison de leur fertilité, entre la Belgique et l'Angleterre et jouissent d'un plus beau climat que ces deux pays. Leur agriculture, hormis celle des provinces flamandes, est néanmoins inférieure encore de 18 pour cent à celle de l'Angleterre, et de beaucoup plus vis-à-vis de celle de la Belgique. La culture de ces régions pourrait donc se placer entre celle de ces deux pays en dépassant l'Angleterre, si elle reste inférieure à l'agriculture belge.

Tel est le terme où celle du nord de la France peut légitimement se flatter d'arriver dans un avenir qui n'est pas très éloigné.

Le spacieux littoral que la France possède sur la Méditerranée pourrait à son tour rivaliser de culture avec celui de l'Espagne et de la Toscane, et cependant ce littoral est encore loin d'offrir le même aspect agricole, parce qu'on y a été avare des deux moyens par lesquels seuls on parvient à donner ce riche aspect aux terres du midi, savoir : la culture cananéenne sur les coteaux et les irrigations dans les plaines. Quelle que soit la beauté de ce midi de la France, lorsqu'on le parcourt, on est, à chaque pas, frappé de cette idée, qu'il est resté complétement étranger à la diffusion des capitaux, qui a relevé en terrasses les collines de la Toscane pour les couvrir d'oliviers, de vignes, de mûriers et de figuiers, comme aux travaux par lesquels les Maures ont répandu l'arrosement sur le littoral de l'Espagne.

Le peu de ces travaux qu'on a exécutés dans le midi de la France indiquent assez quelle pourrait être leur efficacité s'ils en embrassaient l'ensemble.

La vaste contrée qui sépare le nord du midi de la France, inférieure pour le sol, hérissée dans une grande portion de montagnes d'une difficile culture, sans avoir été stationnaire, a néanmoins faiblement participé aux améliorations qui ont signalé le demi-siècle dont nous avons essayé de décrire l'histoire agricole. Ce fait a tenu sans doute à ce que le prix des denrées n'a pas élevé assez haut la rente des terres de qualité inférieure, pour avoir stimulé assez puissamment l'amélioration de leur culture, et ici nous devons signaler un fait dont Ricardo n'a pas tenu compte : c'est que la hausse du capital de la terre peut produire des effets semblables à celui de la hausse des productions pour décider à faire des avances à la culture des terres inférieures en qualité, car si le même sol, vendu à 300 fr. l'arpent, monte par l'accroissement et la diffusion des capitaux à 500 fr., le propriétaire gagne une prime de 200 fr. qui peut être pour lui un stimulant pareil à celui de l'élévation des denrées pour défricher ou pour améliorer son mauvais fonds. Or, ce stimulant existe pleinement aujourd'hui en France et doit nous expliquer le grand nombre d'entreprises agricoles qui surgissent de toutes parts dans cette contrée centrale. Nous devons nous attendre à la voir devenir bientôt le théâtre où de larges améliorations rurales viendront s'entreprendre et s'accomplir.

Au nord-est de la France se trouvent cantonnées la culture et l'industrie forestière du royaume.

Le mouvement qu'ont éprouvé les améliorations agricoles a dû être plus saillant encore que nous ne l'avons signalé au début de ce travail, parce que nous n'avions pas connaissance alors du dernier recensement qui a porté à 1,000,000 de plus l'accroissement de la population, c'est-à-dire à 8,540,000 individus l'augmentation qu'a reçue la population de la France depuis l'année 1789. Soit un tiers en sus ou 34 p. 100 de plus, et cependant les denrées ne sont pas à un prix plus élevé, et peut-être est-il moindre. L'agriculture produit donc, d'après le calcul que nous avons posé, 34 p. 100 de plus pour satisfaire à une consommation pareille pour une population accrue de 34 p. 100, en sus, et 8 p. 100 affectés au mieux-être de cette population, soit, en tout, 37 p. 100.

Les premières années de la Révolution donnèrent une forte prime à la culture du blé, soit pour l'abolition de la dîme sans indemnité, ce qui valut aux céréales un encouragement très marqué, soit par les prix excessifs dus aux diverses circonstances qui firent monter les blés; aussi y eut-il, à cette époque, beaucoup de défrichements opérés sur des vaines pâtures, tant communales que particulières, ainsi que sur les bois, aucunes lois exceptionnelles ne s'y opposant alors. La tendance de l'agriculture eut donc pour unique objet la production des céréales, tendance qui a dû se soutenir pendant la guerre, parce que les prix restèrent avantageux tant qu'a duré toute cette période. La culture des céréales est d'ailleurs celle que préfèrent les cultivateurs français, bien plus laboureurs et vignerons que pasteurs.

A ces causes, ajoutez celle de la participation qu'a dû nécessairement avoir cette culture au mouvement général de l'amélioration qui s'est prononcé en toutes choses depuis 1815; c'est-à-dire depuis vingt-deux ans, pendant le laps desquels on a successivement adopté, ou la charrue de M. Guillaume ou celle de Roville, et l'on s'expliquera ainsi l'abondance et le bas prix des grains, chargés néanmoins qu'ils sont d'alimenter une population accrue de 8,540,000 âmes.

La culture des prairies artificielles a reçu son développement à l'arrivée des mérinos, et si celle de la luzerne et du sainfoin est encore concentrée sur des points spéciaux, celle du trèfle est à peu près générale dans le royaume. Il y a ainsi un premier indice du besoin qu'ont ressenti les cultivateurs de se faire créer des produits en dehors des céréales.

Mais cette tendance des cultivateurs s'est prononcée d'une manière bien plus ostensible encore dans l'extension qu'ils ont donnée à la culture de la vigne. Ils dérobent, pour cette culture de l'espace, aux rochers, aux bruyères et aux terres arables. Tous les coteaux du royaume se revêtent aujourd'hui de pampres; il n'y a d'exception que pour les contrées forestières et montagneuses, et l'on peut aller de Paris à Lyon, de Lyon à Avignon, de là, à Bordeaux, et revenir par le littoral de l'ouest à Saumur, et par Orléans à Paris, sans cesser de voyager en vue de vignobles. Si l'on compte quelques lacunes, elles sont plus que compensées par ceux des vignobles placés en dehors de la ligne parcourue. Nous avons donné ailleurs les motifs d'une extension dont le principe est dans cette disposition à soustraire des terres aux cultures arables qu'un avertissement donné par les mercuriales annonce pour être peu lucratives.

Aujourd'hui cet avertissement est patent, et tous les efforts de l'agronomie tendent à trouver, en dehors des céréales, de nouvelles cultures à opposer à la leur en lui dérobant des parcelles de la superficie qu'elles occupaient. Ainsi on préconise de toutes parts les cultures raciniennes, et nommément celle des betteraves, devenues si importantes par la fabrication du sucre. On demande à cultiver librement du tabac. La production des plantes oléagineuses, renfermée autrefois dans la Flandre et dans l'Alsace, s'est répandue maintenant sur un tiers du royaume. Les plantes tinctoriales, et spécialement la garance, y occupent aujourd'hui une place de quelque importance et les derniers efforts viennent d'être tentés en faveur de la production de la soie, qu'on voudrait transplanter du midi dans le nord de la France. Enfin, ceux d'entre les propriétaires dont les terres sont trop ingrates pour se prêter à fournir tant de récoltes diverses se résolvent à les semer ou planter en bois, afin que rien du moins ne reste stérile dans leurs mains.

Telle est la marche que nous paraît avoir suivie, depuis un demi-siècle, l'agriculture du royaume et tels en ont été les motifs. Maintenant, quel sera le terme de cette transformation dans un pays dont la population s'accroît sans relâche ? La culture des céréales s'y restreindra-t-elle assez pour que la demande en relève les prix de manière à en rendre la consommation onéreuse ? Nous ne le pensons pas, par la raison que la France est, par son climat et par la disposition de son sol, un pays très favorable aux cultures céréales, parce que les cultures collatérales, à l'exception de celle de la vigne, entrent dans des systèmes d'assolements et obligent, en quelque sorte, à en adopter qui profitent, en définitive, à celle du blé ; par la raison enfin que les petits propriétaires cultiveront toujours du blé pour leur propre consommation, et les métayers, pour remplir les conditions de leur bail. Ce régime agricole prend à peu près la moitié du territoire de la France. Ces petits propriétaires et ces métayers profiteront, pour leur part, des méthodes perfectionnées qu'ils verront à leur portée et maintiendront un équilibre sur lequel reposent la prospérité et la tranquillité du royaume.

Mais on ne saurait obtenir tant de productions variées du sol qu'en le préparant par une quantité proportionnelle d'engrais. Or, la France est pauvre en prairies naturelles parce qu'elle manque de la prédisposition du sol, indispensable à l'établissement de telles prairies; celles même qu'elle possède à titre d'herbages ne servent, ainsi que nous l'avons montré, que peu à l'agriculture, parce qu'elles y sont comme une exception et ne s'y encadrent pas. La multiplicité des droits de parcours sur les communaux, dans les bois et les propriétés particulières, avait accoutumé les cultivateurs à ne compter que sur la vaine pâture pour nourrir leurs bestiaux. L'Assemblée constituante, qui dans un instant aurait pu abolir tous ces droits, ainsi qu'elle l'a fait de tant d'autres, n'a pris, à cet égard, que des dispositions incomplètes. L'usage du parcours, si invétéré en France, s'est conservé, et ce ne peut être que par son abolition que l'agriculture pourra voir se soutenir utilement l'impulsion qu'elle a reçue et qui importe à l'économie de l'avenir.

Qu'on ne croie pas la chose impossible, car elle s'est exécutée en dernier lieu en Allemagne, et depuis bien plus longtemps dans la Haute-Italie, la Suisse et la Belgique, où les bestiaux n'en sont plus réduits à chercher dans un maigre parcours une nourriture que les saisons leur donnent ou leur refusent. Mais les inconvénients agricoles qui résultent de la vaine pâture ne sont pas bornés à celui de la perte des engrais d'un bétail mal nourri, elle en a sous le point de vue de l'économie générale du pays un plus grave encore, celui d'occuper, pour atteindre au même but, une superficie beaucoup plus considérable. Elle occasionne ainsi une perte inutile de terrain, perte dont l'importance s'accroît en raison de la pression de la population sur une surface qui a des limites et qu'il n'est au pouvoir de personne de rendre susceptible d'extension.

La législature est maintenant nantie d'une proposition de loi restrictive des droits de vaine pâture sur les domaines d'autrui. Il est peu probable que cette proposition arrive à bien, car il existe encore beaucoup de préjugés en faveur de ce droit. Quelque déplorables qu'en soient les effets, il faudra encore un certain temps avant que les esprits soient éclairés sur cette question ; mais quel que soit son sort aujourd'hui, elle ne pourrait recevoir d'exécution qu'autant qu'un approvisionnement suffisant en prairies artificielles viendrait remplacer, par une nourriture à l'étable, le déficit laissé par le parcours.

C'est donc à l'établissement de telles prairies que les efforts simultanés de l'agronomie doivent tendre avant tout, car c'est ce qui manque encore à la France et ce dont elle a le plus pressant besoin. C'est la condition indispensable pour se livrer avec fruit à toutes les cultures industrielles auxquelles les sociétés agronomiques ne cessent d'offrir des encouragements.

Ce n'est plus de l'introdction de ces prairies qu'il s'agit aujourd'hui ; cette période est dépassée; c'est de leur développement qu'il est désormais question. Il faut arriver à créer, en France, l'usage de la nourriture en vert, à l'étable, en réduisant celui du parcours au pâturage de l'automne et à celui que certaines circonstances lui offrent parfois dans les autres saisons ; c'est de répandre assez l'usage des cultures raciniennes pour qu'on puisse distribuer journellement, dans le cours de l'hiver, une ou plusieurs rations de betteraves champêtres, de pommes de terre ou de navets à chaque tête de bétail ; c'est enfin d'enseigner à la généralité des cultivateurs l'art de traiter et de préparer les engrais tel qu'il est pratiqué dans la région du nord-est au lieu de les abandonner au hasard.

Ces méthodes exigent, il est vrai, plus de manutention et par conséquent plus de main-d'œuvre et de dépense qu'il n'en faut pour jeter des bestiaux sur une vaine pâture, où il suffit d'un enfant pour les garder ; mais ce ne sera qu'alors que ces méthodes auront été généralement adoptées que la France prendra ce riche aspect agricole qui distingue les pays que nous avons cités, et surtout l'Angleterre. Jusqu'alors elle gardera cette apparence négligée qu'impriment, sur les campagnes, le piétinement et le rongement des troupeaux qui vont en toute saison y chercher leur pâture.

L'abolition, non-seulement des droits, mais de l'usage de la vaine pâture rendra à la culture une superficie qu'aucune statistique ne nous autorise à désigner, mais qui n'en est pas moins très considérable. Ces terrains n'appartiennent sans doute qu'à ceux de qualité inférieure, et les plus mauvais parmi ceux-ci seront consacrés à remplacer, dans la culture forestière, les sols aujourd'hui boisés et dont la qualité est supérieure; sols que la loi a condamnés à rester ce qu'ils sont, mais qu'une autre loi ne peut tarder à retirer du régime exceptionnel où ils ont été placés. Les bois livrés au défrichement et le surplus des vaines pâtures seront rendus à la culture au fur et à mesure que le capital de la terre ou le prix des denrées éprouveront une hausse déterminante pour faire à ces terrains les avances qu'exigera leur défrichement.

Il y a, dans cette ressource encore intacte, dans celle des améliorations à obtenir sur les deux cinquièmes des terres cultivées de qualité inférieure, dans celle même d'une qualité supérieure, de quoi rassurer sur l'avenir des générations que l'accroissement incessant de la population promet à la France. Il n'y a pas même lieu à mettre en doute ces progrès futurs, parce que les progrès passés leur servent de garantie et que la marche qu'ils ont déjà suivie suffit pour amener, par une voie naturelle, les développements qu'on peut ainsi prédire sans être accusé de témérité.

Nous ne poserons pas ici le terme que peuvent atteindre à la fois la population et l'agriculture chargée de l'alimenter, car qui pourrait s'avancer à dire quels seront, dans un demi-siècle, les circonstances et les événements qui auront hâté ou retardé la croissance de la population? Qui pourrait s'avancer à dire quels seront, à cette époque, les rouages qui feront mouvoir l'agriculture, quelles seront les découvertes qui l'auront enrichie, de quelles productions elle sera dotée, quelles seront les transformations qu'auront subies les procédés agricoles et les moyens de transports, quelle sera alors, en un mot, la physionomie de la civilisation de la France ni comment les choses s'y passeront?

Qui oserait d'ailleurs imposer des limites à la faculté productive de la terre, ni savoir d'avance quels agents peuvent se découvrir capables de la développer à un point jusqu'ici inconnu? Nous gardons le silence en présence de pareilles questions, ayant voulu seulement chercher dans le passé les jalons qui peuvent nous servir à tracer la route que les probabilités ouvrent à l'avenir.

CHAPITRE II.

Du revenu agricole de la France.

Ce n'est pas une chose facile que d'apprécier le revenu que doit produire l'économie rurale d'un pays tel que la France. La preuve en est dans les divergences mêmes qu'offrent, à cet égard, les écrits des économistes qui ont essayé d'en faire l'évaluation. Young avait estimé le revenu net ou la rente produite par l'agriculture du royaume à 2,455,000,000. Quelque temps avant lui, Varenne-de-Fenil ne l'avait évalué qu'un peu au-delà de 1,000,000,000, et M. de Calonne avait porté ce revenu à 1,500,000,000, tandis que Forbonnais n'avait voulu l'accepter que pour 800,000,000.

Il est vrai que dès lors des défrichements ont accru

l'étendue cultivable du royaume, et que son agriculture a nécessairement gagné en améliorations 37 p. 100 en sus, y compris ces défrichements, puisqu'elle alimente une population qui s'est augmentée de 8 millions 540 mille âmes. Ce sont là des faits que les auteurs précités ne pouvaient faire entrer dans leur calcul, puisqu'ils n'existaient pas.

Mais pour arriver à établir leurs évaluations diverses, ces économistes, aussi bien que le marquis de Mirabeau, avaient tous procédé par voie d'appréciation ; c'est-à-dire d'après les données fournies par des calculs approximatifs d'étendue, de produits et de consommation. La civilisation d'alors n'avait d'ailleurs pas mis d'autres éléments à leur portée. Un seul, Arthur Young avait procédé par voie d'enquête ; c'est-à-dire qu'après avoir rassemblé dans ses nombreux trajets au travers du royaume, une foule immense de dépositions sur le prix locatif des terres de nature et de cultures diverses, et après avoir débattu ces données avec sa sagacité ordinaire, il a pris pour terme de son produit général la moyenne de cette immensité de produits locaux. Nous sommes aussi disposé à accorder plus de confiance au résultat de son appréciation qu'à celle de nul autre, surtout en considérant qu'il a fait erreur dans le chiffre de l'étendue totale du royaume, qu'il a portée à 129 millions d'arpents, tandis qu'elle n'est que de 111 millions 280 mille. C'est par conséquent 17 millions 120 mille arpents, qu'il faut retrancher du multiplicateur total dont il s'est servi. Ce surplus porte principalement sur le sol forestier, auquel il suppose, d'après l'inspection des cartes de Cassini, une capacité de 24 millions d'arpents, tandis qu'il n'en a que 15 ou 16 millions.

Dès lors on a pu procéder à l'évaluation des produits de la France par voie géométrique ; grâce à la confection d'un cadastre qui a donné avec assez d'exactitude l'état de la superficie totale du royaume et celui des diverses natures de culture entre lesquelles cette superficie se divise, grâce aussi à un impôt foncier uniformément réparti, d'après des opérations aussi homogènes que faire se peut. Ces documents ont fourni aux économistes d'aujourd'hui des moyens d'appréciation dont leurs devanciers étaient dépourvus.

Mais quelle que soit la rectitude qu'on ait cherché à mettre dans ces bases d'évaluation, elles sont loin de satisfaire aux exigences d'un économiste qui voudrait percer tous les voiles dont s'enveloppe le chiffre rigoureusement exact du revenu réel d'un grand peuple. En effet, après avoir déterminé l'étendue et la nature de culture de toutes les parcelles dont se compose son territoire, il reste encore à lui assigner un revenu brut et un revenu net, et cette appréciation est de toute nécessité facultative, parce qu'elle ne peut être faite que par des répartiteurs sujets à l'erreur et intéressés à ce que la commune à laquelle ils appartiennent présente le plus faible revenu imposable. Pour cela, et sans qu'il soit possible d'y mettre obstacle, ils classent le plus de terres qu'ils peuvent dans les qualités inférieures, et comme les prix affectés à ces diverses qualités doivent concorder avec celui que paie, d'après son bail, un des fermiers à rentes fixes de l'endroit, s'ils y en trouve de tels, on a soin de s'enquérir du bail le plus infime, qu'on réduit encore par différentes réserves et considérations, jusqu'à ce qu'il cadre avec les faibles évaluations qu'on est résolu d'avance à donner au domaine de la commune ; en sorte que le revenu net cadastral ne représente qu'un minimum et nullement la moyenne réelle du revenu total des terres du royaume.

Nous sommes donc forcé de recourir encore aux voies d'appréciation pour arriver à nous faire une notion aussi vraie que possible du montant de ce revenu. A cet effet, nous procéderons à son évaluation par deux voies parallèles, dont les points d'arrivée serviront à poser les deux termes dont la moyenne nous semble devoir être voisine de la vérité.

Notre premier moyen d'évaluation consistera dans la recherche de la consommation moyenne que chaque individu est appelé à faire des produits directs de l'agriculture, laquelle multipliée par le nombre total de la population donnera avec assez d'exactitude le total du revenu brut foncier du royaume ; le second de ces moyens se trouvera dans l'appréciation des produits de chaque nature de culture d'après l'aliquote de la superficie respective que chacune d'elles occupe sur celle du pays. L'addition des totaux de ces produits fournira le second terme que nous devons chercher.

Examinant dans ce système ce à quoi doit s'élever la consommation moyenne de chaque individu appartenant aux différents degrés de richesse et de pauvreté, ainsi qu'aux âges et sexes différents, nous croyons devoir évaluer à 8 hectolitres par an celle qui se fait en pain de froment ou de seigle, c'est-à-dire de céréales d'hiver, parce qu'aucun peuple ne consomme autant de cette substance soit en soupe, soit sur table que celui qui habite la France. A ce compte il se consommerait par tête :

Art. 1ᵉʳ. Pour la consommation en pain de grains d'hiver 3 hectolitres à 14 francs 50 c. l'un	43 fr.	50 c
Art. 2. Pour maïs, sarrasin, pommes de terre, légumes secs et verts. .	21	62
Art. 3. Pour la consommation en vin, cidre et bière	17	12
Art. 4. Pour la consommation en viande, beurre et lait.	26	21
Art. 5. Pour la consommation en huile, sucre indigène, plantes textiles et tinctoriales	9	35
Art. 6. Pour la consommation des chevaux de transports, de luxe, répartie par tête.	8	40
Art. 7. Pour celle de combustible. . .	16	50
Art. 8. Pour objets divers non compris ou omis dans ce classement . . .	3	30
Total.	146	»

En arrêtant au chiffre de 146 fr. la consommation de chaque individu, de tout âge et de tout sexe, celle des 33,540,000 auquel monte celui de la population s'élèverait à . . . . . . 4,896,000,000 fr.

Auxquels nous devons ajouter la valeur des exportations brutes pour 77 millions et la consommation des étrangers, pour 30 millions 107,000,000

Ce qui fait ressortir le revenu brut des terres du royaume à 5,003,840,000

Peut-être avons nous placé nos évaluations bien près de la limite de la consommation du pauvre. Ce qui nous a décidé à en agir ainsi, c'est que ce sont les classes peu aisées qui, par leur nombre, font pencher la balance lors qu'on cherche à établir des moyennes.

Nous avons été engagé à donner des estimations basses par une autre raison que voici : Pour la plus grande partie des denrées les prix sont calculés d'après leur valeur, dans le lieu où elles ont été créées, qui est aussi celui où elles ont été consommées.

Nous allons maintenant chercher à évaluer le revenu brut des terres de la France par l'autre procédé que nous avons indiqué, et qui consiste à apprécier les produits de chaque nature de culture en raison de leur valeur et de la superficie respective que chacune de ces cultures occupe dans le pays.

La France contient 31,800,000 hectares de terres arables ; mais ces terres ne sont pas ensemencées toutes les années ; elles sont soumises à des assolements dans lesquels le retour du blé varie, ainsi que nous l'avons vu.

Sur cette superficie

	hectares.
10/18es soumis à l'assolement triennal ne sont ensemencés que tous les 3 ans, ce qui donne par année une étendue de	5,796,275
5/18es soumis à l'assolement bisannuel sont ensemencés tous les 2 ans, soit par an	4,347,221
3/18es sont soumis à des assolements plus longs ; nous rangerons dans cette classe tous ceux qui dépassent 2 ou 3	
A reporter. . .	10,143,496

	hectares.
Report...	10,143,496

ans, tels que ceux des landes et ajoncs, nous les porterons en moyenne à 4 ans; ainsi chaque année il sera semé sur ces terres 1,304,166

Total des terres ensemencées chaque année en grains d'hiver. 11,447,662

Nous avons évalué la consommation de ces grains à 3 hectolitres par tête, ce qui, pour les 33,540,000 habitants, donne . . . .

hectolitres.
100,620,000

Les semences des 11,447,662 hectares que nous estimons à 2 1/2 hectolitres par hect., exigent une quantité de 28,619,155

Total du produit en blé d'hiver. . 129,239,155

Par conséquent le produit moyen, en raison de la semence, est de 4 grains et 1/2 pour 1.

Le produit moyen, en raison de la superficie, est de 11 hectolitres et 1/4 par hectare.

En estimant à 14 fr. 50 c. le prix moyen de l'hectolitre, parce qu'il y a une proportion de méteil et de seigle qui ne valent pas le blé et l'épeautre, le produit total s'élèvera pour les 100,620,000 hectolitres, quantité consommée, à .

fr.
1,458,990,000

Les terres arables produiront en outre, pendant les années où elles ne sont pas ensemencées en blé, de l'a-

A reporter... 1,458,990,000

	fr.
Report...	1,458,990,000

voine, de l'orge, du sarrasin, du maïs et quelques autres récoltes que nous croyons pouvoir estimer aux 2/5ᵉˢ de celle des blés, pour leur valeur en argent, soit............... 583,590,000

Les plantes sarclées cultivées en grande partie sur les années de jachères, nous paraissent, d'après des calculs que nous avons faits sur un assez grand nombre de communes en pays différents, devoir produire des récoltes qu'on peut estimer à.... 356,000,000

Les 4 millions d'hect. de prairies naturelles et les 3 millions de prairies artificielles, nous paraissent devoir donner en moyenne 30 quintaux métriques par hectare, lesquels estimés à 4 fr. produiront un revenu de 120 fr. à l'hectare, soit........... 840,000,000

A ce produit nous devons ajouter celui qui provient de la vaine pâture, non-seulement sur les landes et les steppes, mais aussi sur les chaumes et les dernières pousses des prés, car ce sont sur ces parcours que vivent en majeure partie les bêtes à laine, et dans une moindre proportion les troupeaux de gros bétail et de porcs; l'appréciation d'une nourriture four-

A reporter...	3,238,580,000

	fr.
Report...	3,238,580,000

nie de la sorte est sans doute difficile à poser; cependant nous croyons qu'en estimant à 20 fr. par hectare celle que les bestiaux trouvent durant toute l'année sur les vaines pâtures, et à 5 fr. celle que leur offrent momentanément les chaumes, les jachères et les prairies, nous ne portons pas trop haut un tel produit en l'estimant à............ 154,000,000

Nous sommes mal placé pour assigner une valeur aux produits des cultures qui fournissent des denrées commerciales; d'après les renseignements qui nous ont été donnés, nous les porterons à............ 460,000,000

Quant aux produits des vignobles, dont nous estimerons l'étendue à 1,900,000 hectares en raison des plantations considérables qui se sont faites depuis quelques années, nous en porterons le produit brut à 350 f. par hectare, soit à......... 665,000,000

Les forêts couvrent une étendue de 7,800,000 hectares, nous les supposerons aménagées en moyenne à 25 ans, la coupe annuelle portera donc sur 312,000 hectares. Nous estimons à 800 fr. la valeur de cette coupe pour

A reporter... 4,517,580,000

	fr.
Report...	4,517,580,000
chaque hectare, soit............	249,600,000
Les jardins, les pépinières et les produits divers occupent une superficie de 900,000 hectares, dont nous estimerons le produit brut à 300 fr., soit.......................	270,000,000
Total du revenu brut des 50,000,000 d'hectares productifs de la France..	5,037,180,000

Nous sommes arrivé, par notre première évaluation résultant de la consommation moyenne de chaque individu, à un revenu brut de.... 5,003,840,000

La moyenne entre ces deux sommes est de.............. 5,020,510,000

C'est à cette dernière moyenne résultant des deux modes d'évaluation, que nous nous en tiendrons, la considérant comme représentant assez approximativement le revenu brut des terres de la France.

Maintenant quel en est le revenu net? Pour le savoir, il faut déterminer quelle partie du produit brut est absorbée par les frais divers d'exploitation dont les semences et l'entretien des bâtiments ruraux font partie. Nous pensons, après en avoir fait le calcul pour un grand nombre d'exploitations soumises dans différents pays, aux divers systèmes de fermage, de métayage et de culture à économie, qu'on sera assez près de la vérité en estimant que tous les frais d'exploitation absorbent les trois cinquièmes du produit brut, soit une somme de.............. 3,012,306,000

Il reste donc deux cinquièmes, représentant l'impôt et le revenu net, soit................ 2,008,204,000

Nous avons estimé, au début de cet ouvrage, les impôts portant sur la terre à la somme de......... 250,000,000

Il resterait donc un revenu net de 1,758,204,000

qui, divisé par 50,000,000 d'hectares, laisse un produit net à l'hectare de 35 fr.

Cette moyenne du revenu paraîtra faible au premier coup d'œil, mais si l'on considère quelle grande proportion de terres peu productives figurent dans les 50,000,000 d'hectares que présente la superficie de la France, on trouvera qu'il faut que les bonnes terres, même à cette estimation, donnent un revenu assez élevé pour compenser ce que ne produisent pas les médiocres et surtout les mauvaises.

L'examen de la proportion qui existe entre l'impôt et le revenu net des terres, nous avait déjà conduit au même résultat dans le chapitre IX du 1er volume, qui traite de l'influence de l'impôt sur l'agriculture.

Ici se termine le travail que nous avions entrepris. Laissant à d'autres un vaste champ d'explorations agronomiques à parcourir, nous ne sortirons pas du cadre que nous nous étions tracé. Beaucoup d'autres questions d'économie rurale restent sans doute à étudier mais nous nous sommes surtout attaché à traiter celles qui présentaient le plus d'utilité pratique. Si nous sommes parvenu à fixer l'attention des hommes qui s'occupent d'agriculture, sur les points de théorie et d'application agricole, qui importent aux cultivateurs de la France, le but que nous nous étions proposé aura été atteint.

FIN DU DEUXIÈME ET DERNIER VOLUME.

TABLE DES MATIÈRES

CONTENUES

DANS LE SECOND VOLUME.

LIVRE V.

DES ANIMAUX DOMESTIQUES.

			Pages.
Chap.	I.	Des races de chevaux.	1
		De l'amélioration de l'espèce chevaline. . .	13
—	II.	Des races de bêtes à cornes	25
—	III.	Des bêtes à laine	43
—	IV.	Des races de porcs.	70

LIVRE VI.

DESCRIPTION AGRICOLE DU TERRITOIRE DE LA FRANCE.

Chap.	I.	De la carte agricole de la France	77
		— Région du nord	78
		— Région du nord-est.	79
		— Région du sud-est et des Alpes.	80
		— Région du sud ou des oliviers	81
		— Région du centre et des montagnes . . .	id.
		— Région du sud-ouest ou des Pyrénées . .	82
		— Région de l'ouest.	83
		— Région du nord-ouest ou des Landes et ajoncs.	id.
—	II.	Des motifs d'après lesquels on a tracé la division agricole de la France.	85

TABLE DES MATIÈRES.

			Pages.
Chap.	III.	De la fertilité du sol de la France.	98
—	IV.	Des compensations à la fertilité du sol . . .	115

LIVRE VII.

DES AMÉLIORATIONS RURALES APPLICABLES A L'AGRICULTURE DE LA FRANCE.

Chap.	I.	Description de la première région.	125
		— Division rurale de la première région. . .	133
		— Des cultures dominantes dans la région du nord	143
		— Des assolements dans la région du nord.	146
		— Des animaux domestiques dans la région du nord..	155
		— Des moyens d'amélioration propres à la région du nord de la France.	164
—	II.	Des améliorations rurales dans la région du nord-est	179
		— Des différents modes de culture pratiqués dans la région du nord-est	187
		— Des assolements usités dans la région du nord-est.	198
		— Des animaux domestiques dans la région du nord-est..	206
		— Des améliorations rurales dans la région du nord-est	212
		Des améliorations exécutées par M. Rousseau au Fresnois, arrondissement de Châtillon-sur-Seine	218
—	III.	Des conditions rurales de la région du sud-est, sa nature et sa configuration	266
		— Du mode de l'exploitation des terres dans la région du sud-est.	274
		— Des cultures dominantes dans la région du sud-est , ...	278
		— Des assolements dans la région du sud-est.	285

TABLE DES MATIÈRES.

		Pages.
	— Des améliorations rurales dans la région du sud-est.	299
Chap. IV.	Des conditions rurales de la région des oliviers, nature et configuration de cette région.	302
	— Du mode d'exploitation des terres dans la région des oliviers	311
	— Des cultures dominantes dans la région des oliviers.	317
	— Des assolements dans la région des oliviers	330
	— Des espèces d'animaux domestiques dans la région des oliviers.	334
	— Des améliorations dans la région des oliviers.	343
— V.	Des conditions rurales de la région des montagnes, nature et configuration de cette région	353
	— Des exploitations rurales dans la région montagneuse.	358
	— Des cultures dominantes dans la région montagneuse.	361
	— Des assolements dans la région montagneuse.	363
	— Des améliorations dans la région montagneuse.	373
— VI.	Des conditions rurales dans la région du sud-ouest. Nature et configuration de cette région.	379
	— Du mode des exploitations rurales dans la région des Pyrénées.	382
	— Des cultures dominantes dans la région du sud-ouest.	386
	— Des assolements dans la région du sud-ouest.	398
	— Des moyens d'amélioration de la région du sud-ouest.	406
— VII.	Des conditions rurales de la région de l'ouest.	

TABLE DES MATIÈRES.

Pages.

Nature et configuration de cette région.. 414
— Des modes d'exploitation rurale de la région de l'ouest................ 417
— Des cultures dominantes dans la région de l'ouest................. 420
— Des assolements dans la région de l'ouest.. 424
— Des animaux domestiques dans la région de l'ouest................. 429
— Des améliorations rurales dans la région de l'ouest................. 436

CHAP. VIII. Des conditions rurales de la région du centre ou des ajoncs, sa nature et sa configuration................. 438
— Des modes d'exploitations rurales dans la région du centre............. 445
— Des cultures dominantes dans la région du centre................... 449
— Des assolements dans la région du centre. 455
— Des espèces d'animaux domestiques dans la région du centre............ 460
— Des améliorations dont la région du centre est susceptible............. 465
— De l'exploitation de la terre du Buffe... 469

LIVRE VIII.

COUP D'ŒIL GÉNÉRAL SUR L'AGRICULTURE DE LA FRANCE.

CHAP. I. Du caractère général de l'agriculture..... 520
— II. Du revenu agricole de la France......... 529

FIN DE LA TABLE DU DEUXIÈME VOLUME.

www.ingramcontent.com/pod-product-compliance
Lightning Source LLC
Chambersburg PA
CBHW071405230426
43669CB00010B/1458